图解最新企业会计准则

陈朝琳　叶丰滢　编著

中国财经出版传媒集团
中国财政经济出版社

图书在版编目（CIP）数据

图解最新企业会计准则／陈朝琳，叶丰滢编著．—北京：中国财政经济出版社，2018.3

ISBN 978-7-5095-8067-7

Ⅰ.①图… Ⅱ.①陈… ②叶… Ⅲ.①企业-会计准则-中国-图解
Ⅳ.①F279.23-64

中国版本图书馆CIP数据核字（2018）第035404号

责任编辑：周桂元　　　　责任校对：胡永立
封面设计：孙俪铭　　　　版式设计：齐　杰

中国财政经济出版社 出版

URL：http：//www.cfeph.cn

E-mail：cfeph@cfeph.cn

社址：北京市海淀区阜成路甲28号　邮政编码：100142

营销中心电话：010-88191537　北京财经书店电话：64033436　84041336

北京中兴印刷有限公司印刷　各地新华书店经销

787×1092毫米　16开　23.75印张　440 000字

2018年6月第1版　2018年6月北京第1次印刷

定价：83.00元

ISBN 978-7-5095-8067-7

（图书出现印装问题，本社负责调换）

本社质量投诉电话：010-88190744

打击盗版举报热线：010-88191661　QQ：2242791300

序

为适应社会主义市场经济发展的需要，与国际财务报告准则保持持续趋同，不断提高会计信息质量和财务透明度，从2014年初开始，财政部对企业会计准则进行了大范围的修订和增补。修订和增补后的准则，蕴含了新思维、新理念、新方法，需要财务报告编制者、使用者和监管者深刻领会和运用。

准则的变化带来新的解读需求。“标准”的准则解读通常以繁杂的文字说明为主、以案例为辅。本书的两位作者独辟蹊径，以直观、通俗、有趣的方式来解读新准则，颇具创新性，可谓本书的一大亮点。

首先是直观解读。本书以大量简明、易懂、形象的图表为载体，提炼准则规定的重点、难点。用结构图表示对业务实质判断的过程，用流程图描绘会计操作的流程，用表格列示交易或事项的主要特征及差异，具象直观，让人一目了然，对准则的总体和精髓理解得更精准，效率因此显著提高。

其次是通俗解读。本书的两位作者长期从事准则相关的培训教学和研究工作，从教学经验出发，抛弃了一本正经的语气，不说教、不灌输，以通俗的话语阐述自己对准则相关条文的理解，如同与读者面对面的沟通，整个阅读过程轻松愉快，零负担。

当然，通俗并非不专业。对于准则的理解和掌握，需要一定的专业背景知识。本书尽量用通俗的语言、简洁的图表，将专业理论与分析贯穿其中，降低了阅读者的专业“门槛”，不失为企业会计准则的“科普”读物。

最后是幽默解读。段子、俚语、小故事出现在本书的各个角落，博君一笑之余，化晦涩为畅达，为枯燥的准则学习过程减压，寓学习于娱乐之中。

移动互联网时代，信息泛滥，文章书籍汗牛充栋，有趣才能吸引注意力。这本书对准则的解读很有趣，相信本书定能给读者别具一格的阅读体验！

黄世忠

厦门国家会计学院院长

目录

第一章 引 言

第一节 了解最新会计准则的必要性

在互联网时代，信息技术突飞猛进，会计电子账取代了手工账，财务软件代替了纸笔算盘，大数据收集与分析更是让许多简单的日常账务处理变得可有可无，一些老会计引以为豪的做账技巧在精巧的电脑软硬件面前相形见绌，会计职业甚至被列入“未来即将消失的职业”之列。一些从业人员难免产生困扰：财务软件就能处理账务，甚至根据日常输入的生产经营信息自动生成复杂的三大报表，为什么还要了解和学习会计准则呢？

简单、重复的日常交易与事项确实可以运用电脑软件和大数据技术得以完美处理，但一些复杂、不常见的业务，虽然发生的频率不高，却可能对企业影响巨大。因此，合理地处理这些业务信息，对财务报表使用者意义重大。例如，2004年的中航油事件以及近年来国内航空公司套期保值的集体巨亏事件，都说明了期货部门操作的衍生金融工具交易，不仅不能达到原先设定的套期效果，反而可能引发远远超过预先设定范围的潜在风险，甚至导致企业在瞬息间产生巨额亏损乃至破产。此时，合格的财务报告尤其重要，合格的会计人员不可替代。可以预见，未来大量简单业务都将通过电脑流程化处理，但也有少量复杂交易与事项需要财务人员的专业判断，并遵循相关准则予以恰当列报与披露，以向财务报告使用者提供相关的可靠信息。

本书讲解的几项准则，都相对比较复杂，并非每个企业都适用，但涉及相关交易事项的企业需要认真对待，遵循准则，合理处理，才能为财务报告使用者提供更可靠、更相关的信息。

当然，所谓“最新”，是就当前时刻而言。随着时光流逝，再美的新娘也会老去。本书冠以“最新”之名，是希望根据读者遇到的新情况、新问题，提出笔者的建议，也用以自勉，在未来拿出与时俱进的“最新解读”。

第二节　阅读准则原文的困惑

2006 年，出于适应并推进经济发展的使命，也出于与国际会计准则趋同的战略方向，中华人民共和国财政部（以下简称“财政部”）公布了由 1 项基本准则与 38 项具体准则共同构成的相当完整的企业会计准则体系。从此以后，除了以《企业会计准则解释》等形式发布对现行准则提供部分修改与解释意见以外，该体系保持了长期的稳定。直至 2014 年初，财政部陆续出台一些修订版或全新的企业会计准则，这些新准则在形式与内容上都与以往有很大的不同。

在形式上，以往将所有准则汇总成合订本《企业会计准则》，再辅以《企业会计准则——应用指南》规定会计科目与具体账务处理，《企业会计准则讲解》吸收国际准则体系中的最新内容与准则实施过程中出现的问题，解释准则在实务操作中的应用，这三本书构成了会计人员阅读和理解会计准则的必备三件套。而今，针对每一项新准则发行单行本，包括准则正文、应用指南、修订或起草说明与正文英语翻译等。市面上已经有 8 本这样的“蓝皮书”了。这些蓝皮书针对某准则，内容全面，方便查阅，厚度适中，便于携带，但 8 本的厚度加起来却超过了原来的三件套。

在内容上，许多会计人员反映，难以理解：每个中文字都认识，但由这些字组成的一些术语及句子相当拗口难懂，非常适合作为枕边读物——失眠时翻几页。百思不得其解，自然有助于睡眠。原因无他——国际趋同，这些准则都是我国准则与国际准则持续趋同的产物。英文翻译成中文，要达到信、达、雅，这对于专业性与技术性很强的会计准则来说，很难实现。

随着社会经济与技术的发展，业务创新与金融创新层出不穷，这些都离不开营销策划专家与金融工程师等高智商人士的天才与努力。特别是发达国家在许多行业与领域的业务创新与金融创新都远远超过中国。而会计人员历来保守（自称为“稳健”）的性格特征，尤其是财务会计这种典型的反映职能，难免给人留下“死板”甚至是“拖后腿”的印象。看似会计人员只能跟在创新者身后，琢磨创新的经济实质及其对企业的财务影响，并用会计语言表达和呈现给财务报告使用者。但事实是，会计人员是专业人士（Professional），不存在智商方面的硬伤。能够发明飞机并改进其飞行性能的人固然需要很高的智商与创新精神，但能够发明击落飞机的对空导弹的人，智商也不会低人一等。会计准则所规定的会计处理原则与方法，不仅能反映业务的经济实质，而且更具前瞻性，对某些尚未出现的经济现象的会计处理也作出了规范。但这种超前就如同对导弹飞行速度、拐弯操纵等方面的设计和改进，是有代价的。这在我国市场机制不够完善的司法领域表现的尤其明显。在实务需要的“压迫”下而制定出来，用于规范发达国家已经普遍出现的某些实务问题的国际准则，在我国许多财务会计人员看来，还弄不清怎么回事，不知道新准则中的这些规定用于规范什么样的交易与事项，文字上不好理解，业务上没有见过，内容上自然想不明白，更谈不上怎么做会计分录。这样的准则，即使形式上再完美，也只能陈列于书架上，作为向外行人士展示知识渊博、专业形象、与时俱进的装饰品。

第三节　笔者理解会计准则的“辛”路历程

兼具初学与好事于一身的笔者，心有不甘。

先是下载一大堆英文版准则文件，潜下心来，逐字逐句翻译阅读，取得了明显的初步成果——英文阅读水平明显提高，专业人士形象逐渐树立，脱口而出几个专业术语，还可以自带英文翻译功能。其实，自己心里清楚得很：头脑一片浆糊，勉强糊弄外行。

然后，积极参加相关研讨，只要是与企业会计准则，特别是国际准则有关的学术会议，赖所在单位慷慨支持，热切前往，虚心学习。这样折腾了一阵子，又拿下一城——感受到财务会计这一学问的博大、精深与微妙。你从来碰不到，甚至想不到的业务，准则中没有明文规定，需要你对准则的精确理解与融会贯通，才能判断其适用哪些准则，如何处理。精明人士的灵活处事及其对会计准则的“多角度解读”，打哪儿指哪儿，想要什么数字就给什么数字。自此，头脑依然浆糊，俯首自称外行。

再之后，豁出面子，主动与实务界同仁交流，收获颇丰，也很无奈——准则中的许多规定不切实际，弃之不用。许多规定根本无法理解，如读天书。听说又来了一批新准则，纸质不错，作为枕头应该不错。呵呵！

最后，重回书斋，撇去浮躁，静下心来，整理以往教学过程中的文件，以一个外行人的眼光来看待会计准则，希望能够通过直观的图表形式来理解准则所规范的业务实质及其会计处理要求。借助培训教学之后与学员的深入交流，指导硕士研究生过程与学生的教学互长，电脑软件的强大图表制作功能，会计专业网站的高人指点，实务专家的智慧点拨，创作出这本书来，希望能够用外行都能看懂的图表，说内行难以反驳的话。尽量直白，尽量浅显，尽可能不出错，尽可能有价值。不足之处，敬请批评。

第四节　用图表解释准则的益处

同样一种思想，可以通过多种不同的方式来表达。远游未归的游子，表达思乡之情，可以吟诗，可以作画，可以欣赏一曲充满乡音乡情的戏剧，可以品尝一餐地道的家乡美食，也可以找三两老乡用方言聊聊家乡美景与往事。同样一个道理，可以用充满逻辑的书面语言来阐述，可以用口号式的名言警句，可以用乡村俚语，还可以用漫画诙谐地表达。当然，对于标准理工男而言，以解析式或图像法来表示的函数就够了，简洁、优雅、完美，堪比女神。

会计准则是对会计处理的规范要求，正式文件在语言风格和形式上自然不能过于随便。所以，我们经常看到的会计准则相关图书往往使用干巴巴的催人入眠的书面语言。如果仔细琢磨，我们一定可以发现其中清晰的思路、严密的逻辑、精炼的文字，只是这样的美经常被大段枯燥的文字所掩盖。准则制定者也知道这个问题，在指南，特别是讲解部分，会使用一些图表与示例，帮助读者理解。但毕竟是权威机构发布的用于指导专业人士实务操作的正式文件，一本正经的官方口吻是主线，能否理解只能靠读者自己的“悟性”了。

研究表明，人类接受知识主要靠视觉和听觉，特别是视觉。当然，相对于三维图形与视频信息，图表有很大的局限性。但是，它们仍然具有文字叙述不可比拟的优点。

图形直观、简明、易懂、易记，便于信息的传递，特别是一些图形符号，不同年龄、具有不同文化水平和使用不同语言的人都容易接受和使用。因而，图形广泛应用于社会生产和生活的各个领域，涉及各个部门、各个行业。交通标识、警示符号、回收标识，日常生活中，图形无处不在。

表格所呈现的信息条理性强、系统、紧凑、醒目，使人一目了然，也便于比较各个项目（指标）之间的关系。如今，那些经常与统计信息打交道的人很难想象没有 EXECL 等制表软件自己的工作怎么完成。财务人员最为常见和使用的就是各种财务报表，它承载了会计人员多少情感！

市面上也有一些“图解会计准则”的图书，遗憾的是，大多只是将会计准则主要内容的结构安排及准则规定的操作步骤以结构图及程序图的形式标示出来，对于理解准则助益有限。

笔者认为，会计反映业务、理解业务必须专注分析其经济实质，据此把握其对企业产生的财务影响，进而通过会计语言表达，也就是“会计处理”，包括会计确认、计量、列报与披露，再者生成财务报表及其附注（即会计结果）。引导我们理解会计准则的思维框架如图 1－1 所示。

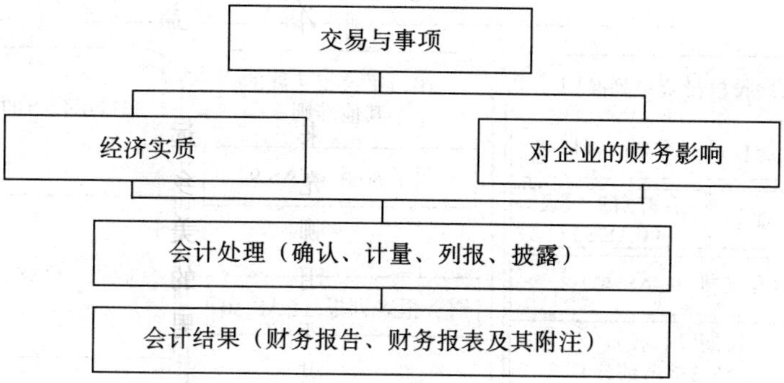

图 1－1　本书理解会计准则的思维框架

因此，本书力求通过图表帮助读者理解业务的经济实质，进而理解在会计上应该如何反映才会更如实、更相关，这也是会计准则相关规定的核心内容。具体而言，本书使用结构图表示对于业务实质的判断，使用流程图表示会计操作的流程，使用表格来列示或对比相关类别事项的某些主要特点及其差异。

当然，不同的理论对于某个事项或业务的经济实质会有不同的理解，如何才能更如实、更相关地反映其实质，自然也有不同的看法。这是由经济事项本身的多样性与会计理论的可争议性决定的。考虑到主要针对实务操作，本书只采纳正式准则文件中有关规定的支持意见来解释交易与事项的经济实质及其会计处理规范，不在理论上做更多的探讨，如有读者对此感兴趣，欢迎与笔者联系商榷。

第五节　让人感兴趣的内容

本书内容包括 2014 年公布实施的 7 项新准则。其中，《企业会计准则第 37 号——金融工具列报》虽已修订，但仍需根据金融工具相关准则的修订结果而再次修订，并于 2017 年 5 月发布最新修订版，本书不做解读。本书加入了 2017 年 7 月公布的修订版《企业会计准则第 14 号——收入》（CAS 14）（如图 1－2 所示）。

在内容安排上，CAS 2《长期股权投资》、CAS 33《合并财务报表》、CAS 40《合营安排》、CAS 41《在其他主体中权益的披露》4 项准则都与长期股权投资有关，它们之间相互关联，并称为“长期股权投资系列准则”，规范了企业因持有其他主体的权益性投资而对被投资方有不同程度影响力的评估与认定、相应的会计处理及披露要求。因此，需要先从框架上整体把握长期股权投资及其相关事项

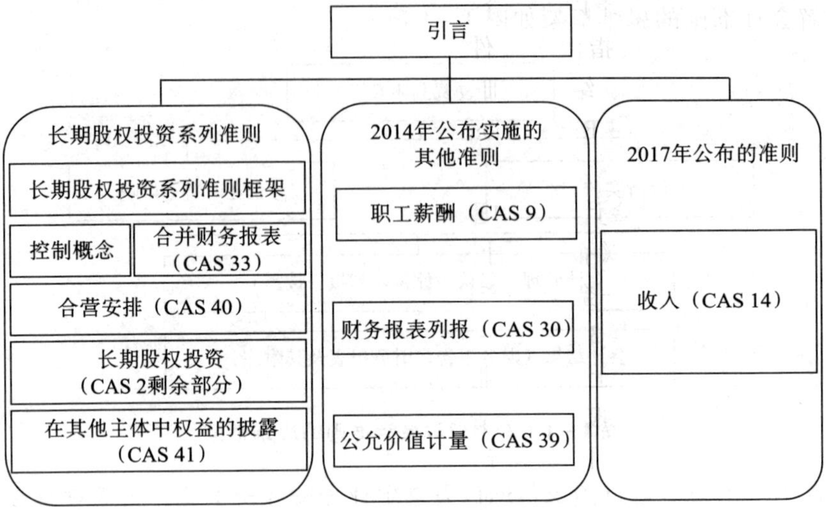

图 1－2　本书内容安排

对企业的影响，再从细节上了解企业在涉及长期股权投资时的会计处理、投资后的经济实质及其会计处理等问题，重点掌握新准则与原准则有区别及新增加的内容。

在章节安排上，本书构建并描述长期股权投资系列准则框架（第二章），以此为基础，分别阐述三项准则：合并财务报表（第四章）、合营安排（第五章）、在其他主体中权益的披露（第七章）。由于控制概念在合并财务报表准则中被重新规范，与以往有很大区别，需要详细解读，分别在第三章和第六章（CAS 2 相关需澄清问题）专门讲解。其他三项准则，或是修改篇幅大，或是内容全新，在实务操作中有一定难度。本书对其各自成章（第八章、第九章、第十章），从概念上简要介绍其所涉及的主要内容，由此展开，对其中的重点难点问题深入讲解。

2017 年 7 月，财政部公布了《企业会计准则第 14 号——收入》修订版（以下简称“新收入准则”），基本上与 IASB 之前公布的《国际财务报告准则第 15 号——与客户之间的合同产生的收入》（IFRS 15）保持一致。财政部要求，对于新收入准则，在境内外同时上市的企业以及在境外上市并采用国际财务报告准则或企业会计准则编制财务报表的企业，自 2018 年 1 月 1 日起施行；其他境内上市企业，自 2020 年 1 月 1 日起施行；执行企业会计准则的非上市企业，自 2021 年 1 月 1 日起施行。同时，允许企业提前执行。几乎所有企业都需要确认收入，因此，新收入准则涉及面极广。与现行准则相比，新收入准则变化相当大，有必要让企业财务人员等相关人士尽早把握新收入准则的主要内容及其对企业的影响。本书专列第十一章予以详细介绍，供读者未雨绸缪。另外，新收入准则目前还没有公布相应的应用指南等文件，笔者只能依据多年来对 IFRS 15 的跟踪研究，参考 IFRS 15 正文、结论基础、示例以及收入准则过渡小组（Transition Resource Group for Revenue Recognition）公布的最新文件，呈现尽量通俗易懂、各行通用的准则讲解。

2017 年，是企业会计准则的重要之年，除了 CAS 14，还有金融工具相关准则的修订版，包括：《企业会计准则第 22 号——金融工具确认和计量》、《企业会计准则第 23 号——金融资产转移》、《企业会计准则第 24 号——套期会计》、《企业会计准则第 37 号——金融工具列报》。对于这 4 项准则，财政部统一要求，在境内外同时上市的企业以及在境外上市并采用国际财务报告准则或企业会计准则编制财务报告的企业，自 2018 年 1 月 1 日起施行；其他境内上市企业自 2019 年 1 月 1 日起施行；执行企业会计准则的非上市企业自 2021 年 1 月 1 日起施行；同时，鼓励企业提前执行。还有一项修订版准则——《企业会计准则第 16 号——政府补助》（2017 年 5 月 10 日公布，2017 年 6 月 12 日起施行）和一项新准则——《企业会计准则第 42 号——持有待售的非流动资产、处置组和终止经营》（2017 年 4 月 28 日公布，2017 年 5 月 28 日起施行）。考虑到其重要性与复杂性不及新收入准则，笔者有意在相关应用指南文件公布后，再进行深入解读。

考虑到本书所涉及的准则大都有一定的特殊性，规范对象并非一般企业都会遇到的交易与事项，一些财务工作者在其所处的工作环境中可能并不会遇到相关准则规范的事宜，自然对其没什么兴趣。为便于读者找到自己感兴趣的专题，本书列示了讲解的准则及其规范对象与涉及的企业（如表 1－1 所示），方便读者对照阅读。

表 1－1　本书讲解的准则及其规范对象与涉及企业

准则	规范对象	涉及企业
长期股权投资系列准则	投资方因持有权益性投资而控制、共同控制、重大影响被投资单位及其相关披露	持有对其他企业权益性投资的企业
职工薪酬	为获得职工服务或解除劳动关系而给予报酬或补偿	所有企业
财务报表列报	对企业财务状况、经营成果和现金流量的结构性表述	所有企业
公允价值计量	公允价值概念与公允价值计量操作规范	持有应当或选择以公允价值计量的项目的企业
收入	企业在日常活动中形成的、会导致所有者权益增加的、与所有者投入资本无关的经济利益的总流入	所有企业

由于应用指南等读物已经有相当详尽的示例，本书希望通过图表等形式，帮助读者在了解业务基础上理解准则，与示例讲解的形式不同，但方法互补。所以，本书尽量不重复使用这些示例，如确有必要，仅仅点到为止，希望读者查阅相关资料，对照阅读。

第二章
长期股权投资系列准则框架

第一节　看起来很复杂

长期股权投资系列准则经常被作为高级财务会计的一部分内容，之所以说它“高级”，只是因为复杂——看起来相当复杂！

只要企业涉及长期股权投资，就需要在投资、持有、处置阶段，时刻关注这些股权投资的变化，在发生相关事项或资产负债表日做出相应会计处理。由于可能出现的情况很多，适用的确认规则与计量方法各有差异，因此，需要操作的相关会计处理非常繁杂（如表 2－1 所示）。

表 2－1　　长期股权投资涉及的会计处理

	确认	计量	记账
投资阶段	判断是否同一控制？判断影响性质	相关成本	借：长期股权投资或金融资产 　贷：现金或银行存款
持有阶段	控制、单独报表	成本法	宣告分配股利时： 借：应收股利 　贷：投资收益
	合营或联营企业	权益法 顺逆流调整	净资产变动时： 借：长期股权投资 　贷：投资收益
	控制、合并报表	合并报表	调整分录
	无任何影响 或金融工具	公允价值	借：金融资产 　贷：公允价值变动损益 　　或其他综合收益
股份变动	处置前后性质变化	合并报表 单独报表	相当复杂

一、初始投资阶段

初始投资长期股权阶段相对比较简单，只需要将相应的成本记录下来，并判断是否因此而控制其他企业。如果是，则须区分企业合并是同一控制下还是非同一控制下，并分别根据相关准则（CAS 20：企业合并）处理。

二、持有投资阶段：股份比例不变

在企业持有长期股权阶段，即使持有期间长期股权的股份比例没有发生任何变动，会计处理也是相当复杂的。

首先，会计人员要判断企业因为这项长期股权投资而对被投资企业产生什么样的影响，到底是控制被投资企业，还是共同控制、重大影响，或者没有什么影响。如果企业控制了被投资单位，需要在编制单独报表之前，分别针对许多不同情况，进行相应的确认计量。在编制合并报表之前，还要根据各种情况编制各种抵销和调整分录。如果是共同控制或重大影响，需要先判断被投资企业是否由此成为企业（投资方）的合营企业或者联营企业。如果确定为合营企业或者联营企业，需要用权益法计量相关权益变动，并考虑针对顺流交易和逆流交易做出调整；如果仅是共同控制下的共同经营，则不必使用权益法。如果连重大影响都算不上（甚至没什么影响），只需记录这项投资的公允价值及其变动产生的影响，区分不同情况，计入损益或其他综合收益。

三、持有投资阶段：股份比例变动

若企业在持有长期股权阶段持股比例发生变动，将可能导致企业（投资企业）对被投资企业的影响性质发生变动。这种变动形式很多：可能是一次性的，也可能是多次行动构成一揽子交易；可能是主动增加或减少被投资企业的股份，也可能虽然自己的股份数量保持不变，但因为被投资企业其他股东增减股份而导致股份比例发生变动（例如，对其他股东定向增资）。由此衍生的在合并报表与单独报表下需要采取的不同会计处理就更加复杂了。

四、硬着头皮也要做好

看到这里，是不是对长期股权投资的千变万化感到千头万绪。但是，随着企业的发展，资本市场的逐渐成熟，企业的长期股权投资只会越来越多，越来越复杂。作为财务人员，不能为了逃避复杂的账务处理，而说服老板不要做任何长期股权投资，或者一旦投资以后，就不要“乱动”。

第二节 理一理简单些

收拾心情，让我们一起从“长期股权投资”问题开展梳理。

一、“长期股权投资”的定义与定位

（一）定义

从字面上理解，“长期股权投资”就是企业作为投资方，长期持有被投资企业的股权。但《企业会计准则》的正式说法是：投资方对被投资单位实施控制、重大影响的权益性投资，以及对其合营企业的权益性投资（CAS 2 第二条）。

（二）关注点

可见，望文生义会产生偏差：关注点并非“长期股权投资”这项“权益性投资”，但准则重点关注的是：这项权益性投资会导致企业作为投资方与被投资单位之间形成某种关系。以此为基础，需要关注由此对企业带来的财务影响，包括企业在长期股权的投资阶段、持有阶段和股份变动（包括被处置至零，也就是股权完全被处置）时对企业的财务影响，把它们通过会计语言一一呈现出来，表现在财务报表及其附注中。

（三）与国际准则的比较

中国很多准则都是与国际准则持续趋同的产物。这一点，在长期股权投资系列准则中表现非常明显（如表 2－2 所示）。

表 2－2　　长期股权投资系列准则之比较

国际准则		中国准则		备注
编号	名称	编号	名称	
IFRS 10	合并财务报表	CAS 33	合并财务报表	修改控制概念
IFRS 11	合营安排	CAS 40	合营安排	从 CAS 2 中分离

续表

国际准则		中国准则		备注
编号	名称	编号	名称	
IAS 27	单独财务报表	CAS 2	长期股权投资	规范成本法核算
IAS 28	在联营和合营企业中的投资	CAS 2	长期股权投资	重大影响（联营企业）与权益法核算
IFRS 12	在其他主体中权益的披露	CAS 41	在其他主体中权益的披露	集中规范长期股权投资相关披露
		CAS 2	长期股权投资	其他相关问题
重性质和原则判断，着眼于投资后状态列示		重会计核算，投资行为及其变动与投资后状态混合		

将国际准则体系中的“一套五项”与中国会计准则的“一套四项”做个简单比较，不难发现，其中3项准则的名称是一样的。这很好理解，“趋同”有时候就是“翻译”：翻译了准则正文内容，也翻译了准则名称。但也还是可以从中找到不同之处，最明显的区别就是：国际企业会计准则体系中没有《长期股权投资》这项准则，而中国的企业会计准则体系中，这项准则内容很多，地位也很重要——从编号上就可以看出来，排在第二号。

中国准则与国际准则的差别确实需要花些时间琢磨一下。

把《长期股权投资》作为第二号准则，放在“存货”之后，“投资性房地产”之前，表明把它当作企业的一项重要“资产”。既然是资产，就有其作为资产的特点。会计人员应在对其特点认识的基础上掌握在会计上应该如何处理。

二、“长期股权投资”的基本特点

长期股权投资是企业持有的一项经济资源，很可能能够在未来为企业带来经济利益流入。例如，被投资单位向持有长期股权投资的企业分红。因此，在定义上，它可以被认定为一项资产。但是，这项资产未来为企业带来经济利益流入的方式与其他资产很不一样。其他资产，或者是通过销售（例如，存货），或者是在企业的经营过程中使用或消耗（例如，存货、固定资产、无形资产），为企业带来经济利益，实现盈利。前者被称为“交换价值”，后者被称为“在用价值或使用价值”。

（一）通过影响被投资单位而创造价值

长期股权投资为企业带来经济利益流入的方式很不一样。虽然其具有交换价值，但既然是长期持有，其实现价值的主要形式就不是出售。企业又无法通过消耗将这项资产的价值转移到其他资产上，而只能在使用过程中转移并创造价值。可是，它的使用并不像其他资产的使用那么直观，这种“使用”不是通过消耗它的内在价值，而是通过对被投资单位的影响来挖掘它的价值。也就是说，由于被投资单位可能为投资方创造价值（分红或其他），投资方可以通过影响被投资单位的经营活动等，在被投资单位有能力创造价值，且自愿或者能够影响投资者持有股份价值的前提下，获得这项资产的“使用价值”。

（二）不一定都会有正面回报

当然，这种“使用”并不一定会给投资方带来经济利益，也可能因为被投资单位经营的不好，投资方不但拿不到分红，连原来投资出去的本金都要不回来。所以，企业“使用”长期股权投资这项“资产”而产生未来经济利益需要靠自己对被投资单位的影响才能实现，这种影响的路径是：投资方持有被投资单位权益性投资，进而影响被投资单位有关活动，最终被投资单位向投资方提供回报（如图 2－1 所示）。而这里的“回报”不一定都是正面的，有可能是损失。

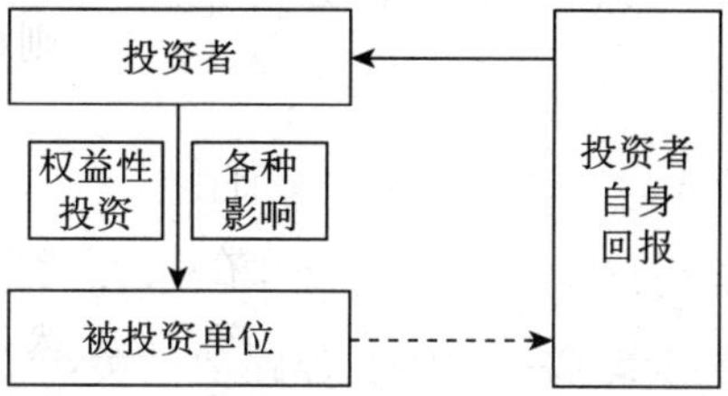

图 2－1　长期股权投资使用价值的体现过程

三、认识长期股权投资的路径

可见，长期股权投资只是形式，要想在会计上根据准则处理好长期股权投资，还需要透过这个形式判断它的实质，即这种投资会导致投资方对被投资方产生哪些影响，而这些影响又反过来造成被投资方对投资方自身的财务状况、经营业绩产生何种影响。只有在对这些影响进行定性判断的基础上，才能考虑会计实务上应该怎样处理。

这是企业持有长期股权投资的目的所在，也是认识这项长期股权投资给企业带来财务影响的关键。把这些问题理清后，如何在会计上处理这种财务影响（包括在账务和报表上怎么记录和列报），就进入会计的实务操作环节（如图 2－2 所示）。

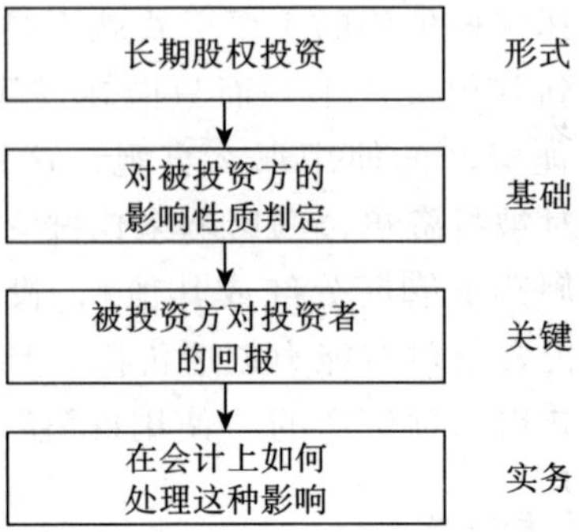

图 2－2　认识长期股权投资的“路径”

四、判定影响性质是长期股权投资会计处理的基础

下面，进入长期股权投资相关问题的重点。会计人员需要作为焦点关注的是，投资方由于持有长期股权投资而对被投资单位产生多大程度的影响。这是判定这项长期股权投资的核心，也是在会计上正确处理这项长期股权投资的基础。

（一）类比：你和演员

做个类比：假如某个演员因为演出收到了一笔钱，也支付了一些费用，你的利益到底会受多大影响？答案是——要看你跟他的关系怎样。

如果你是他的唯一监护人，收到的钱都归你，开销也都由你来支付，赚的赔的都归你，这叫“控制”；如果你和另外一个人共同监护这个演员，赚的赔的都归你们两个人，这叫“共同控制”；如果你是他的经纪人，就要先算出这次演出到底是赚了还是赔了，再按照合同规定的比例来分配，当然，如果赔了，经纪人可能分不到一分钱，这相当于“重大影响”；如果你帮助过这个演员，但跟他只是一般朋友，那就只能看他愿意在微信群里发多少红包，还要逮住机会，抢到多少算多少，这叫“财务投资”。说白了，你对这个演员没有任何影响。

（二）定性：影响力与回报

假定被投资单位情况不变，影响力越大，得到的利益或者承担的损失越大；影响力越小，得到的利益或者承担的损失越小。

第三节　先搭个小框架

本节通过列示图例，解析长期股权投资相关系列准则的小框架，更加便于读者的理解和掌握。

一、根据影响程度排序

根据本章第二节的分析，我们知道，对于长期股权投资的会计处理，最基础的环节是要判断投资方由于持有权益性投资而对被投资单位产生什么性质的影响。这种影响在程度上是有差别的，由此造成被投资单位对投资方在财务上的影响也是有差别的。让我们先看看2006年版的会计准则体系（如图2－3所示）。

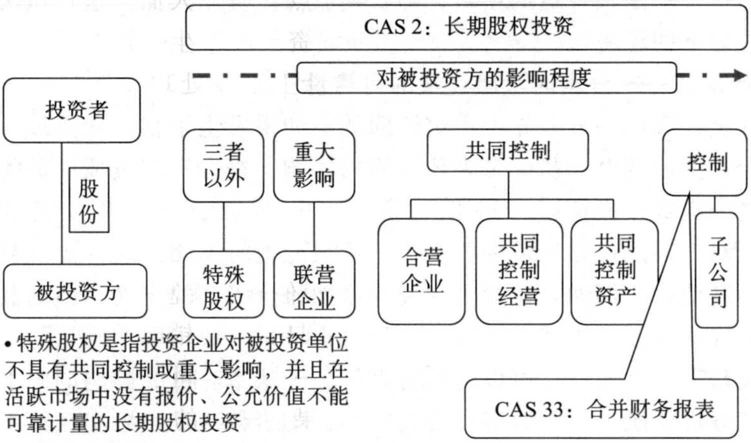

图2－3　2006年版长期股权投资准则体系

在2006年版准则体系中，投资方获得被投资方的权益性投资以后，随着影响程度递减，对被投资方可能产生控制、共同控制、重大影响、什么影响都没有等4种情况。相应的，被投资方的“称谓”也会有所不同，分别是子公司、合营企业（在2006年版准则体系中，除了合营企业，共同控制下还有共同控制经营与共同控制资产两种类型，为了便于阐述，本书将在第五章作更详细的介绍，此处不展开）、联营企业、特殊股权参股企业。

如果投资方控制了被投资单位，就要将被投资单位纳入合并范围，根据一定的程序和方法编制合并报表，这些会计判断与会计处理由《企业会计准则第33

号——合并财务报表》来规范。如果是其他情况，企业需要遵循《企业会计准则第33号——长期股权投资》的相关规定。

二、剔除财务投资

2006年版准则规定，投资方持有的对被投资单位不具有控制、共同控制或重大影响，并在活跃市场中没有报价、公允价值不能可靠计量的权益性投资，应当按照成本法核算。对于企业持有的这种“三无股权”，我们来重新认识一下。

（一）先定性后定量

这类股权的描述中，包含了以下2个特征：（1）没有任何影响力；（2）能可靠计量公允价值。前者是定性问题，后者是定量问题。翻译成会计术语，前者是确认，后者是计量。原准则的意思是，由于（公允价值）计量不可靠，所以只能确认为一个不是很合适的项目，即长期股权投资。然而，这种做法真的合适吗？笔者有以下的思考。

1. 会计确认——分类时考虑计量的可靠性

在会计上，我们一般是先考虑定性问题。如果发生了某个交易或事项，首先要判断它会给企业的财务状况带来什么样的影响，符合资产负债中的哪一类，从而确认为这一类资产或负债（例如，“资产”中的“无形资产”），除非它不能被可靠计量。对于不能可靠计量的要素，企业只能暂时不确认这一类项目，而不能将它确认为其他类。例如，企业自创商誉虽然符合资产的定义，但因其不能可靠计量而不被确认为无形资产。所以，是否可靠计量一般只影响确认与否，而不会影响到要确认哪一个项目。可以简单的理解，确认是对财务影响的归类，而计量是给这种财务影响赋予一个数字，要先归类，再给数字，如果实在给不出合适的数字（即不能可靠计量），只能先不归类。

2. 长期股权投资——必须有影响力才算

那么，是不是只要是权益性投资，就都要归为一类呢？答案显然不是。有些权益性投资的目的是希望获得这些投资的增值，而不是为了对被投资企业产生影响而间接受益。这类权益性投资在会计上被认定为金融资产，为了反映其增值或贬值对投资方的财务影响，准则要求以公允价值来计量。

有人质疑，企业持有“三无”股权虽然对被投资单位没有任何影响力，但它就是准备长期持有，怎么就不能算是长期股权投资？这里的“长期”持有，不是指想不想长期的问题，而是要不要长期的问题。有人因为炒股炒成股东，被迫长期持有“三无”股权。这种长期持有只是不想割肉的“厌恶损失”心理的体现，并不是对未来利益的考量。一句话，长期持有股权必须有影响力才有意义，其他都是财务投资，都是为了赚取买卖差价。

3. “三无”股权投资——不是长期股权投资

由于企业持有的“三无”股权实际上不能对被投资单位有任何的影响力，所以并非真正意义上的“长期股权投资”，不能被认定为“长期股权投资”。

（二）“三无”股权的定性

既然将“三无”股权确认为“长期股权投资”不合适，那应该如何定性呢？当企业持有这类股权，就认定权益投资者与被投资单位之间形成投资合同关系，股权本身就是这种合同关系的凭证，被投资单位也因为这项合同而形成一项权益工具，这完全符合金融资产的定义。因此，“三无”股权应被定性为金融资产更为适合。

再深究下去，“三无”股权属于哪一类金融资产呢？

根据《企业会计准则第22号——金融工具的确认和计量》（以下简称“CAS 22”），金融资产分为以下4种类型：（1）以公允价值计量且其变动计入当期损益，包括交易性和某些指定的金融资产。由于“三无”股权的公允价值不能可靠计量，不能算是这一类；（2）持有至到期。由于股权投资没有到期问题，“三无”股权也不能划入这一类；（3）贷款和应收款项。“三无”股权也不是这一类；（4）可供出售金融资产。综上分析，“三无”股权只能算是上述（4）这一类了。

2017年3月公布的修订版CAS 22对于金融工具的分类有较大修改，但因其尚未生效（要求在境内外同时上市的企业以及在境外上市并采用国际财务报告准则或企业会计准则编制财务报告的企业，自2018年1月1日起施行；其他境内上市企业自2019年1月1日起施行；执行企业会计准则的非上市企业自2021年1月1日起施行），而且还没有公布相应的应用指南。因此，本书对于“三无”股权投资的分类仍以现行CAS 22为准。

（三）解决定量问题

根据CAS 22第三十条规定，企业初始确认金融资产或金融负债，应当按照公允价值计量。但“三无”股权在活跃市场中没有报价，公允价值无法可靠计量，这时的会计处理就比较难办。

2014年1月发布的《企业会计准则第39号——公允价值计量》，明确规定了不同条件下公允价值计量的会计处理。据此这类股权就可以按照公允价值计量准则来确定其公允价值了。而且，在明确规定按照CAS 22进行会计处理的情况下，投资企业仍然可以按规定采用成本法对符合条件的这类股权投资进行会计处理，不会对现行有效做法造成不利影响（如图2-4所示）。

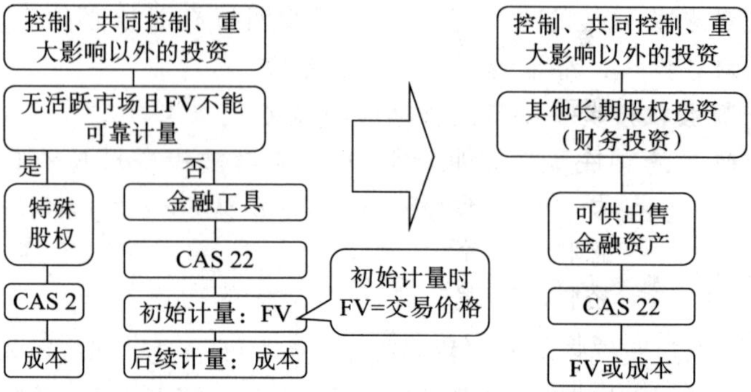

图 2-4 现行 CAS 2 剔除对“三无”股权的会计处理规定

三、全面认识新准则体系

（一）2014 年版准则体系框架

图 2-5 列示了 2014 年版长期股权投资相关准则体系。比较 2006 年版准则体系，新准则体系主要包括 3 个方面的变化：（1）合营安排从原来的 3 类变为 2 类，并为此制订了一项新准则《企业会计准则第 40 号——合营安排》；（2）将相关披露问题归集起来，专门制订了一项新准则《企业会计准则第 41 号——在其他主体中权益的披露》；（3）对原来的《企业会计准则第 33 号——合并财务报表》中关于控制的概念作了重大修订。这样一来，原来的《企业会计准则第 2 号——长期股权投资》规范的范围就缩小了。

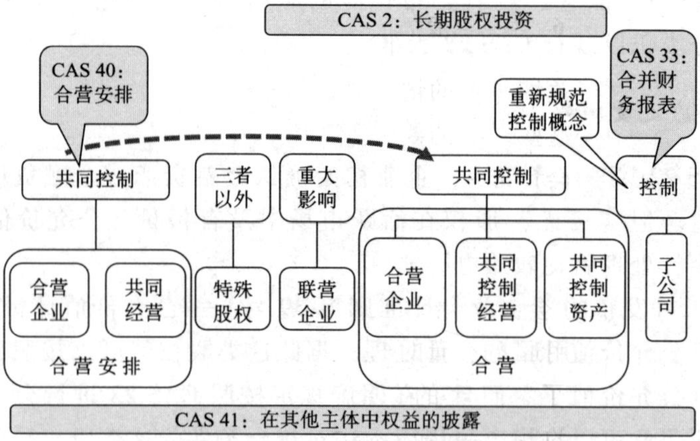

图 2-5 2014 年版长期股权投资准则体系

（二）对长期股权投资性质的判断及其适用准则

1. 准则体系的主要变动

虽然2014年版准则体系既增加了新准则，又修订了旧准则，看似变动很大，但实际上并没有那么复杂。除了在形式上将规范内容重新划分到不同的准则中，主要就是在“控制”概念和共同控制的认定与分类方面发生了改变。

2. 判断长期股权投资性质的逻辑顺序

如前所述，会计处理长期股权投资的基础是识别和判断投资方对被投资单位影响的性质，我们可以根据图2－6所示逻辑顺序操作和适用相应的准则。

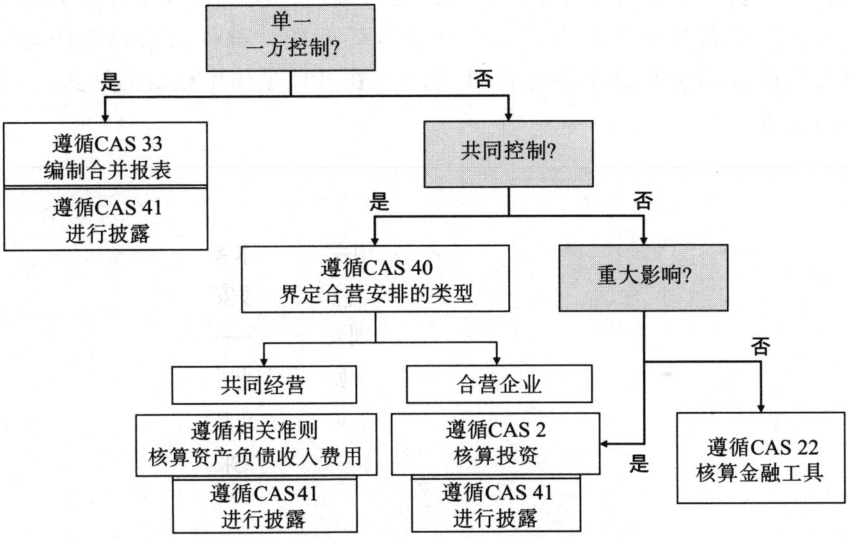

图2－6　对长期股权投资性质的判断及其适用准则

要了解企业持有权益性投资的情况如何，就需要遵循相应的准则，做出分析和判断。然后，再根据这些准则的要求，针对投资、持有、持股比例变动等各种情况，分别做出相应的会计处理、报表列报和附注披露。

（三）白话释义

对图2－6中的部分会计术语，本书其他章节会分别对其概念做详细介绍。此处为了便于理解，先用通俗易懂的白话文加以表述：单一一方控制，即“我说了算，我来管，赚了亏了都算我的”；共同控制，即“我们说了算，我们一起管，赚了亏了都算我们的”；重大影响，即“我可以说得上话，我参与管，但我不能说了算，也不能联合其他人说了算”。

（四）第三章至第七章内容简介

本书将在长期股权投资系列准则的小框架指导下，根据长期股权投资产生的影响程度排序，逐一讲解相关最新准则及其主要内容。第三章对“控制”的概念进行了详细解读；第四章介绍了编制合并财务报表问题上的一些具体操作（这两章都是对《企业会计准则第 33 号——合并财务报表》的解读）；第五章对“共同控制”下的合营安排作了详细介绍（解读《企业会计准则第 40 号——合营安排》）；“重大影响”的影响力更弱一点，为了行文方便，将前面几章没有包括在内的与长期股权投资有关的内容，主要是企业形成长期股权投资的初始计量、与合并报表无关的后续计量、企业因各种原因产生对被投资单位影响力变动而需要在个别报表及合并报表进行会计处理等问题，都作为第六章内容归纳论述；第七章讲解《企业会计准则第 41 号——在其他主体中权益的披露》，介绍了相关披露要求。

第三章
“控制”概念

在《企业会计准则第33号——合并财务报表》中规范了企业在控制被投资单位时，应如何编制合并财务报表。对于会计人员来说，编制的合并财务报表是结果，企业控制被投资单位是原因。

2014年版的准则（以下简称“新准则”或“本准则”）是对2006年版的原有准则（以下简称“原准则”）的修订。新准则最核心的修订就是对“控制”概念的重新规范。修订后的新准则基本将现实商业活动中一家企业控制另一家企业的各种情形都涵盖进来。这样一来，就和原“控制”概念有了很大的区别。基于此，本章专门对“控制”的概念进行了解读，明确说明企业需要具备哪些条件才能被认定为控制了另一家企业，以及对于这些条件的判断，需要注意什么。

生活中总会见到一些豪气冲天的老板，拍着胸脯，大声嚷嚷：“这公司我是一把手，我说了算，找其他人都没用，有事找我！”掷地有声，令人刮目。

先来看一个场景：某男，在伙伴面前炫耀：“我们家我说了算，老婆听我的！”

一转身，老婆质问：“你再说一遍！咱们家谁说了算？”

“当然是老婆大人。”

“刚才你说什么？”

“我就是随便说说。”

“刚发了工资就来嘚瑟！我要去逛街，给钱！”

某男很不情愿地掏出钱包，“要多少？”

“快点！”

“两百好吗？”

“哼?!”

某男从钱包里掏出两张一百块钱，“这样可以了吧？”

“哼?!”

某男把其中一张一百元塞回钱包后，把钱包交给老婆，“这样可以了吧？”

“哼！”

老婆夺过钱包，扬长而去。留下某男抓着钱，在风中颤抖……

说好的“控制”呢？

看来，“谁说了算”，或者谁拥有“控制”权，光说不作数，得有行动。

企业中，财务决策权就是非常重要的行动，但远比家庭复杂得多。原准则对于“控制”的定义也强调企业对另一个企业的财务和经营决策权。但随着商业发展，特别是金融业的发展，出现了很多以前没有见过的情形，再用财务和经营决策权来判断控制，好像不够用了。怎么办？

那还用说，改准则呗！

第一节 “控制”定义

一、“控制”定义变更的前提

对于已经比较熟悉的事物发生某种改变，一般人总是会有点惊讶，脱口而出：“原来不是挺好的吗？”例如，一个朋友在电话里告诉你，他辞职了，或者离开了某个城市，或者离婚了，你总是不假思索地追问：“原来不是挺好的吗？”“子非鱼，安知鱼之乐”。真的挺好吗？未必！而且，如果已经发生了改变，你几乎可以确定原来的并不好，至少不够好。“控制”定义①的改变也是如此。

（一）原准则中“控制”的定义

原准则中“控制”的定义为：“控制，是指一个企业能够决定另一个企业的财务和经营决策，并能据以从另一个企业的经营活动中获取利益的权力”。看起来简单明了，很好理解：如果某人能够对一家企业的财务和日常经营事务说了算（有财务权和经营权，也就是“决定另一个企业的财务和经营决策”），而且能够利用这些权力使他（她）自己得到好处，就可以说他（她）控制了这家企业。

在本章开篇举例的家庭场景中，老婆可以按照自己的意愿支配自己和老公的钱，而且从中给自己带来好处，也就是说，她可以决定这个家庭的财务决策，并能据以从中获取利益，由此我们可以判定，在这个家庭中老婆说了算，由她来控制。

---

① 从逻辑上说，定义是揭示某个概念的内涵的逻辑方法，而概念是反映事物特有属性的思维形态，事物的特有属性就是概念的内涵，而具有这些特有属性的事物就是概念的外延。由于某一类事物可能具有多种特有属性，而人们也可以从不同方面（角度）认识该事物，这样，对于同一事物，人们就会形成几个不同的概念，这些不同概念的内涵，分别反映同一事物在不同方面的特有属性。

可是，企业经营环境不可能像家庭场景中一样简单。事实上，商业社会中的各种复杂情况远远超出了家庭。

（二）“控制”并非仅指财务和经营决策

假想一家企业的主营业务为研发、产销新药。新药从立项、研发、报批，到试生产、量产、销售，要经过相当漫长而艰辛的过程，不同阶段的工作内容各不相同。例如，在研发过程中，计划将哪些类别的药物列入研究范围，哪些药物还处于理论研究阶段，哪些药物可以在理论研究的基础上转入开发阶段，这些经营决策决定了这家企业的工作方向和相关成果。因此，这家企业在这个阶段中，最重要的是研发决策，而不是财务和经营决策。如果这家企业是由某企业集团与某高校合作设立的研发机构，两个股东商议决定由高校决定研发哪些药物（研发决策），由企业集团负责拨款及其审批（财务决策）。在这种情况下，虽然由该企业集团决定这家研发机构的财务决策，但是，我们不能就此断定这家企业是被该企业集团所控制。事实上，很可能是由高校在控制。

当然，具体由哪一方来控制，这要看具体情况，主要是要针对“控制”的三个要素，特别是根据“权力”概念做具体分析（详见本章下文相关内容）。所以说，光提财务与经营决策还不够，我们还需要在“控制”定义中体现“权力”概念。

（三）可能不只是获取利益

权力既是权利，又是责任，可能带来利益，也可能带来损失和风险。原准则中“控制”的定义只提到“从另一个企业的经营活动中获取利益的权力”，不妥。还需要考虑可能由“控制”承担的损失和风险。所以，原准则中的“获取利益的权力”要用“可变回报”来代替。

（四）权力和回报之间要有联系才算控制

如果权力只是用来为别人服务，也就是说，权力与可变回报之间没有足够联系，此时，只能说拥有权力的人是个傀儡，并不是实际控制人，而是个代理人。因此，在“控制”定义中，还需要体现“权力”与“可变回报”之间的联系。

二、新准则中“控制”定义的变化

知道不足在哪里，就要在哪里做出相应的修改。对比新旧两版准则的定义，就能发现变化在哪里。可能会有人对这种方法咄之以鼻，认为是小孩子都会的把戏。但是，有时候“笨办法”却很有效。所以，我们也不妨作一点“笨功夫”，逐字读一读新准则的定义。

（一）看定义

新准则第七条规定：“控制，是指投资方拥有对被投资方的权力，通过参与被投资方的相关活动而享有可变回报，并且有能力运用对被投资方的权力影响其回报金额”。把这个定义跟原准则中的定义对比一下，明显感觉新定义更长、更拗口，也更难理解。本来挺好理解的定义，被改成绕口令一样的长句，是什么原因呢？

1. 语言障碍

很明显，新准则对“控制”的定义具有英语直接翻译过来的特征。在正式文件中，凡令人感觉别扭的词句，几乎就可以断定是外文直译。

作为一部行业准则因为是在正式文件中的表态，所以要准确精炼；为了尽量不被别人找到漏洞，又要完整无缺；为了规范某类事务，还要全面概括。外语（特别是英语）主导的新生事物的命名和定义恰好具有通过扩充词汇，针对性地发明大量词汇的特点，且英语还具有特别适合运用各种丛句进行界定和区分，从而应用于正式文件的特点。因此，英语语境就特别适合用一句很长的句子，表达既能包罗万象，又内容丰富而逻辑严谨的概念。但将这样的英语长句直译为书面汉语，就难免成为绕口令，令人费解。

香港上市公司的招股说明书，一半是英文，一半是繁体字。但当你读过它的繁体字部分，你很快就会发现，根本看不懂它要表达的意思。许多类似的正式文件也都是如此。

2. 见识有限

从历史发展的进程来看，发达国家正在经历的很多事情，不久以后，发展中国家可能也会经历。发达国家通过在会计上做出新的规定，如实反映出现的新业务或者某些老业务具有的某些新特点。可以预见，这些新业务和新特点，作为发展中国家的中国未来很可能也会碰到。

既然发达国家已经把新准则制定出来，我们当然要未雨绸缪地引用过来，即使这些准则中某些条款规范的业务（特点）太新了，新到我们还没有经历过。这也是我们坚持会计准则国际趋同的一个主要原因。

既然是引进，我们又少有或者根本没有对应的业务（特点），最直接的方法就是最好的方法——翻译。

3. 勉为其难

四书五经的哲理，唐宋诗词的意境，要让一个完全没有生活在中国的外国人理解，实在勉为其难。虽然人生历程中的哲理和意境，多少都有共通之处，但是，即使勉强能够理解其中的一小部分，要想通过翻译文字来感受其中的韵律之美，意境之深，还是相当困难的。

同样，把会计准则这样的正式文件逐字逐句翻译过来，在没有足够英语功底与实务经验的阅读者（我国绝大部分准则阅读者）看来，也相当困难。

抱怨也好，理解也好，回到现实，还是得沉下心来，把文本逐字逐词拆文解字，争取把它尽量搞懂。

（二）从定义到概念

从“控制”的定义可以找到以下“关键词”——“权力”（出现两次）、“回报”（也出现两次）、“有能力运用权力影响其回报”（描述上述两个术语之间的联系，导致它们出现两次）。这三个关键词也就是“控制”概念的三大要素。

在理论上，根据这个定义，可以肯定，如果某个企业（投资方）同时具备这3个要素（关键词的内涵），就可以被认定控制了另一个企业（被投资单位）。但在实务中某些具体情形下，界定一家企业是否控制另一家企业仍然存在较大争议。

我们将这3个要素“放在放大镜”下，仔细琢磨，希望能够彻底理解它们的确切含义。再把它们揉在一起，希望由此全面把握“控制”概念，了解怎样才算是“控制”以及如何判断一家企业是否“控制”了另一家企业。

第二节 权力

权力，是一个使很多人着迷的话题。可是，要搞清楚权力是什么，怎么判断权力，并不简单。很多想当然的说法和想法只能使人误入歧途，长期没有权力而又渴望权力的某些想法，要么过于夸张，要么过于简单，总是难以实事求是，犹如醉汉夜行，经常会产生很大的偏差。所以，我们必须要针对企业所处的具体商业环境细致分析，搞懂什么是权力，特别是要理解在什么情况下才能认定一家企业对另一家企业拥有权力。

一、定义解析

新准则第九条明确指出：“投资方享有现有权利使其目前有能力主导被投资方的相关活动，而不论其是否实际行使该权利，视为投资方拥有对被投资方的权力”。这是典型的直译成果，但看上去还比较明了，不算太复杂。由此，我们得知：

（1）权利赋予：权力是由权利所赋予的，享有现有权利能使其如何？或者说，权力来源于权利；

（2）当前能力：权力是一种当前能力（使其目前有能力主导），某家企业必须是确实有能力主导被投资方相关活动的决策，才算是对被投资方拥有权力；

（3）主导相关活动权力最主要也是最核心的特点是能够主导被投资方的相关活动。

由此，需要继续琢磨，什么是被投资方的相关活动？怎么样才能算是主导？具体来说，被投资方如何对相关活动做出决策？投资方在什么情况下才算是主导这些决策？这些问题的答案是判断权力非常重要的事实和依据（本准则第八条）。

为了全面、深入地了解“控制”概念的核心，我们按照先易后难的顺序分而析之。首先，澄清上述特点（2）——能力，由此排除可能造成混淆的某些相关概念；其次，针对上述特点（3）——主导相关活动，直达本质，知道什么是“权力”；最后，重点分析上述特点（1）——赋予权力的权利有哪些，怎么判断，由此把握如何判断一家企业是否对另一家企业拥有权力（如图3－1所示）。

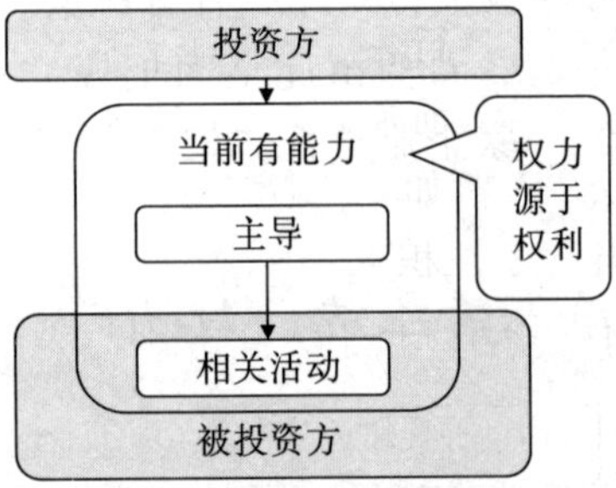

图3－1 权力定义三要素

二、定性——权力是一种当前能力

权力是一种能力，这种能力只要确实存在就可以，是否行使不影响其存在，即使不用（不实际行使），也可以被认定为有权力——非不能也，实不为也。

其实，从英文字面上稍作琢磨，理解这一点并不困难：可以做（Be Able To Do）什么，也就是有能力去做（Ability To Do）什么。即，用权并非一定要实施权力，大家都知道（或者承认）你确实有权力就可以了。当然，这意味着，你也可以不去做这件事。

电影《辛德勒的名单》(Schindler's List) 中有一段很有意思的对白，可以作为这里的注脚。当时，辛德勒和纳粹军官阿蒙·哥特 (Amon Goeth) 到阳台闲聊，哥特平时经常滥杀无辜，他认为随意杀人就是权力——“他们惧怕我们是因为我们掌控了他们的生杀大权。”(They fear us because we have the power to kill arbitrarily.) 辛德勒回应：“所谓的权力，是当我们有绝对的理由去杀生，但我们却不这么做。”(Power is when we have every justification to kill, and we don't.)

还应注意，“权力”必须是“当前”(Current) 能力。本书将在本章第六节中分析，对于权力等因素的变更，企业需要持续评估自己是否还继续控制，包括“当前”是否还有权力。

三、本质——主导被投资方的相关活动

“权力”的定义有很多，论述和分析权力的文章著作更是数不胜数。从各种定义中找共同点，可以发现，权力最核心的特点是，对方要服从，或者说，施权者有能力让受权者按自己的意思做，才能认定自己有权力。在商业活动中，用准则中的正式用语，就是“有能力主导被投资方的相关活动”(CAS 33 第九条)。

“主导”比较好理解，就是“按我的意思做”。需要注意的是，权力的本质是实施某种行为的能力，而不是某种行为本身。也就是说，当前能否主导被投资方的相关活动是权力的判断标志，而当前是否正在积极主导被投资方的相关活动并不是权力的体现（如图 3－2 所示）。例如，主持人在报幕，介绍下一个出场的节目及其演员，可以认定，主持人当前正在积极主导某台晚会的节目进展。可是，我们都知道，真正有能力（即拥有权力）主导这台晚会的是导演，而不是主持人。

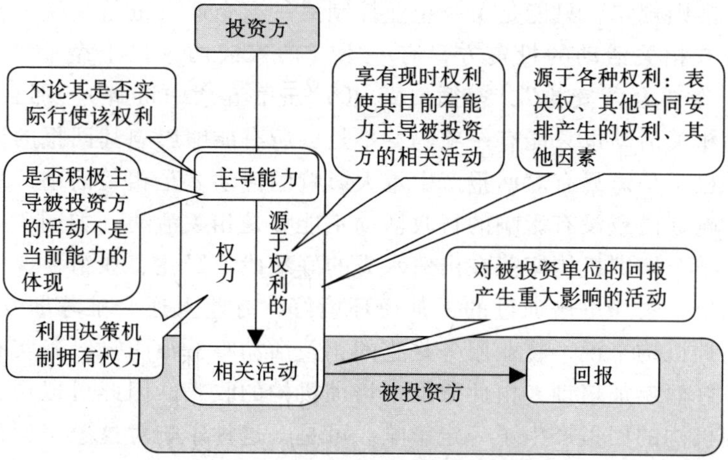

图 3－2 对权力及其相关概念的认识

“相关活动”是原准则中没有，而在新准则中新出现的术语。其含义可从多个角度理解。

（一）相关活动——对回报产生重大影响的活动

企业最重要的目的之一是要赚钱，也就是要得到它自己的回报，而对它自己的回报产生重大影响的活动，就是“相关活动”。投资方希望从被投资方的经营中获得回报，当然就要让被投资方按照或服从自己的意愿操作能够重大影响被投资方回报的活动，这就是“投资方主导被投资方的相关活动”。

对许多企业而言，理论上经营和财务活动通常对其回报产生重大影响。但在实务中，被投资方设立的目的和设计的不同，也意味着“相关活动”可能各不相同，我们要在考虑所有相关事实和情况后做出判断（这也是新定义用“相关活动”替代原定义中的“财务和经营政策”的原因）。这些活动可能包括：销售和购买商品或劳务；管理金融资产；购买和处置资产；研究与开发；融资活动等。

相应的，就相关活动做出的决策包括：决定被投资方的经营和融资等活动。具体包括：编制预算；任命被投资方的关键管理人员，并决定其报酬，或将其辞退；指定被投资方作为投资方的供应商以及终止其作为供应商的业务关系。

（二）相关活动——必须是“重大影响”回报的活动

一般来说，对被投资方的回报产生影响的活动有很多，这些活动可能分别被不同的投资方主导。那么，怎么判断是哪个投资方正在控制这家被投资方？是不是主导这些活动的投资方同时都控制着同一家被投资方？

根据本准则规定，只能是单一企业控制另一家企业，也就是说，当前有能力主导被投资方相关活动的投资方只有一家（两家或两家以上企业“共同控制”一家企业则为“合营安排”，遵循 CAS 40，在第五章中讲解）。那么，相应的，被投资方的相关活动也只能有一项吗？不是。所有能够影响其回报的活动都是相关活动吗？也不是。只有对回报产生重大影响的活动才是相关活动，那些对被投资方回报影响甚微或没有影响的行政活动不能算是相关活动（如图 3－2 所示）。

例如，某个培训机构座落在山清水秀的好地段，绿化、住宿、保安等物业服务都非常到位，去那里培训过的人都说环境好，有些人还会推荐朋友去。那么，对于这家培训机构来说，物业服务是它的相关活动吗？很明显，确实有人因为它的物业服务好而参加培训，由此增加了培训机构的收入，因此可以说，物业服务对这家培训机构的回报产生了一定影响。可是，这种影响对这家培训机构的回报并不重大。试想，如果这家机构的会务组织工作丢三落四，教师授课让学员感觉云里雾里，学员还会因为物业服务的优良品质而积极参加培训吗？显然，对于这家培训机构来说，物业服务并不是相关活动，教务、教学组织等活动才是它的相关活动。

当然，如果被投资方的回报同时受好几项活动的重大影响，我们可以认定，这家被投资方同时有好几项相关活动。此时，需要进一步判断，哪一家投资方当前有能力主导相关活动，由此判定哪一家企业正在控制这家被投资单位，或者是由几家投资方共同控制它。

（三）主导——对回报产生“最重大影响”的相关活动

被投资方的相关活动很可能有很多个，并且可能不是同时进行。如果有两个或两个以上投资方能够分别单方面主导被投资方的不同相关活动，这个时候，如何判断哪一个投资方对被投资方拥有权力呢？例如，投资方 A 通过持有表决权主导被投资方的某一项活动（例如，财务活动），而投资方 B 可能通过合同主导被投资方的其他活动（例如，经营活动）。

准则规定，能够主导对被投资方回报产生最重大影响的活动的一方拥有对被投资方的权力。对于这个问题，我们需要考虑被投资方的设立目的和设计、影响被投资方利润率的主要因素、被投资方的收入和企业价值的决定因素、各投资方拥有的与这些决定因素相关的决策权范围及其对被投资方回报的影响程度、投资方对于可变回报的风险承担情况等因素。

当然，如果同时存在多项对被投资方的回报产生重大影响的相关活动，而这些相关活动都由同一投资方主导。无论从哪项相关活动来衡量，最终得出主导权归属的结论都是一样的（关于表决权与控制之间的关系问题，见本节下文相关内容）。例如，当对这些相关活动的主导都通过表决权来实现时，就没有必要判断哪项相关活动对被投资方回报的影响最大。

（四）主导相关活动——利用决策机制拥有权力

在实务操作中，判断是谁在主导相关活动，是有方法的。

1. 路径：权力机构、决策生效条件、主导相关活动

首先，我们可以把“决策机制”问题分解为以下 2 个问题：（1）被投资方通过什么机构决策相关活动？（2）这样的决策要在什么情况下才能生效？前者是对被投资方权力机构的判断问题，后者是它的决策生效条件问题。在清晰识别被投资方决策机制的基础上，把握谁在主导被投资方的相关活动就简单多了。

其次，要搞清楚被投资方的权力机构是什么，再了解这个权力机构的决策生效条件是什么。

最后，结合被投资方与投资方所处的现实情况，可以得出谁在利用决策机制掌握权力的结论（如图 3 – 2 所示）。

2. 基础：被投资方的权力机构

相关活动一般由企业章程或股东协议等法律文件中约定的权力机构来决策。权力机构，就是有权决定被投资单位相关活动的机构，可能是股东会，也可能是董事会。有时，根据协议约定，相关活动的决策由专门设置的管理委员会或投资委员会等其他机构来主导。例如，有限合伙企业的相关活动可能由合伙人会议来决策，也可能由普通合伙人或者投资管理公司等机构或人员来决策。

3. 关键：权力机构的决策生效条件

决策生效条件，就是被投资方的权力机构在符合什么条件下才可以以自身的名义决定相关活动。最典型的设置就是，规定在权力机构的内部投票表决中，多于（或不少于）一定比例的表决通过，某项决定即获得通过。

4. 结果：利用决策机制主导相关活动

投资方要想控制被投资方，共分两个步骤：首先，需要在权力机构中拥有表决权。例如，委派本企业职员担任权力机构中的成员；其次，在权力机构中委派人员的数量要达到决策生效条件的相关要求。即仅有人还不够，还得有足够多的人，可以利用决策机制来操纵被投资方的权力机构，从而拥有权力。

5. 小结

了解被投资方相关活动的权力机构与决策生效条件，再对照各个投资方在权力机构中占有的表决权，基本就可以确定这个被投资方由哪一方控制。当然，有些企业直接在被投资方的章程或成立合同、股东协议中规定，主导本单位相关活动的决策必须经哪一方批准才能通过，这相当于直接明确了由哪一个投资方来控制被投资方。

四、来源——赋予权力的各种权利

权力来源于权利。在商业社会中，这就要求会计人员了解哪些权利可能导致权力，并由此判断一家企业是否对另一家企业拥有权力，这个问题非常重要，也相当复杂，会计人员需要好好琢磨。

（一）概念澄清：权力与权利

1. 音相同，意大异

这两个词的中文发音完全一样，再把它们放在同一句中：“权力源于权利，权利赋予权力”，真有点像绕口令。

在英文中，这两个词完全不同，即“Power”和“Right”。但在中国，很多人只有“权力”意识，而不知“权利”为何物，所以容易混淆。其实，这种情况并不少见。例如，法制（Legal System）与法治（Governed by Law）；家庭（Family）与住家（Home）。外国人常常惊讶于中文对“姨姑婶妗”（Aunt）的清晰区分，中国人也经常迷惑于英语对“Government”（广义“政府”，含立法、行政、司法各机构）与“Administration”（狭义“政府”，仅指行政机构）的清晰界定。

百度百科上说，“权利”是法律赋予权利主体作为或不作为的许可、认定及保障。也就是说，“权利”是一个法律概念，一般指赋予人们的权力和利益，即自身拥有的维护利益之权。它表现为享有权利的公民有权作出一定的行为和要求他人作出相应的行为。

“权力”是一个政治概念，一般是指有权支配他人的强制之力。上文说过，权力要求对方必须服从。权力是无形的，它是一种能力，力量是通过对方的服从而体现出来的。在企业之间，这种服从就体现为权力拥有方（即控制方）对服从方（即被控制单位）相关活动的主导。当然，拥有权力的主体可以不使用它，也可以使用它，但如果使用权力，对方只得服从。

2. “力”无形，源于“利”

因为权力是无形的，所以需要找到更有形的东西，来确定权力是否存在。但不能以结果为导向。例如，不能因为其他人曾经服从于某人，就说这个人现在拥有权力，只能说他当时可能拥有权力。我们关心的是：他现在是否可以让别人服从。可是，正好观察到别人正在服从的那一刻是很难的。会计人员要追本溯源，了解权力的来源，或者说，到底是什么赋予某人拥有一项权力，使他有能力让其他人服从。在商务中，就需要了解，有哪些权利可以赋予某家企业主导另一家企业的相关活动。至于当前他是否在运用这项权力？如何运用？其他人的服从程度如何？这些都不是会计人员需要关心的事情。

与权力相比较，权利一般是法律所赋予的，更可观察，更容易按图索骥，也相对更稳定。如果法律文件或其中的要求条件或适用环境发生了改变，更容易对其中的权利是否已经改变作出判断。所以，会计人员可以通过考察更有形的“权利”来判断更无形的“权力”。

3. 使服从，多形态

权力离不开服从。电影《英雄》中，无名面对秦王，十步之内，必杀。刀光剑影，寒气逼人。但人们在使用权力、争取权力时，也可能比较理性，甚至达到“手中拿起剑，心中放下剑”的境界。

不得不承认，争取权力、追逐权力、获得权力、运用权力的形式多种多样。

有些比较隐蔽，有些则较为多变。例如，女人可以通过撒娇使男人跟自己去看一场男方觉得无聊、自己觉得有趣的电影；也可以通过瞪眼威胁，达到同样的效果。又如，有些男人前一秒还拔刀相向，后一秒却已满脸堆笑、勾肩搭背，无外都是同一个目的。那就是权力。再如，夫妻争吵时，无意间发现一张揉皱的纸张，这是二人婚礼当天双方签字画押的“字据”。那么，“字据”上的承诺，谁也别想抵赖。

所以，“字据”很重要，虽然很无趣。

（二）权力的来源——权利

在商务活动中，字据就是各种合同、协议、章程等法律文件，它们板着脸，非常无趣而又不可反驳地告诉利益相关方，这就是权利。接下来，我们就要行走在权利寻找、验证与鉴别的无趣之路上，希望能够抵达那迷人的权力之门。

1. 判断权力的“抓手”

据说，丘吉尔晚年曾经在一次与铁托会面后，惊讶于对方的年轻，感慨道：“权力使人年轻”。这句话可以理解为，拥有权力的感觉使人年轻。现实中，会计人员必须面对事实，确切了解什么是权力？怎样才算拥有权力？或者说，如何判断一家企业（例如，投资方）对另一家企业（例如，被投资单位）拥有权力？这些问题并不简单。

视角不同，认识不同，多视角才能更立体、更全面。但是，绝对不能脱离本质。对于权力，会计人员必须在抓住本质的基础上多视角地观察与判断。

一方面，要掌握本质。“控制”概念中的“权力”，本质是主导被投资方相关活动的能力。如果某家企业在本质上已经主导了另一家企业的相关活动，当然就可以认定该企业已经取得了对另一家企业的权力。

另一方面，要追本溯源，了解权力的来源——权利。只要这种来源还存在，即使没有行使，权力也一直存在。如果来源被切断了，权力就随之丧失。所以，我们需要从权利角度来判断是否具备权力，也就是说，在判断上，需要一些更容易掌握的“抓手”，我们称之为“指示器”或“迹象”（Indicator）。

在日常生活和会计实务中，经常需要运用这种方法进行判断。

例如，在家庭这个最小且最常见的组织中，判断两口子谁说了算并非难事。只要你经常观察到他们总是一起去看妻子喜欢的歌剧（丈夫会在听歌剧过程中呵欠连天），而不是丈夫喜欢的相声（妻子会在听相声过程中皮笑肉不笑），大概就能得出结论：妻子掌握着这家人在休闲娱乐方面的权力。

在会计实务中，对于许多定性问题的判断也是如此。例如，本书第十一章确认收入问题，本质上是要判断商品（或服务）转移给客户之前由谁控制，也需要通过观察一些指示器做出判断。要判断“控制”概念中的“权力”，就需要了解并掌握“权利”这个“指示器”和“抓手”。

2. 从“权利”到“权力”

权力源于法律所赋予的字据中约定的权利。在一份“字据”中，法律赋予的权利可能很多，但并不是每项权利都能赋予权力。那么，哪些权利才有这样的效果呢？

回到权力的定义——“主导相关活动的能力”。既然是主导（Direct），最常用，也是最好用的就是表决权。前文说过，投资方可以通过被投资方的决策机制而拥有法定的主导其相关活动的权利，也就是权力。一般情况下，被投资方都会有一系列对自身回报产生重要影响的经营及财务活动（即相关活动），被投资方对这些活动连续进行决策时，投资方所拥有的表决权或类似权利就会使其对被投资方拥有权力。

（1）表决权。表决权的形式很多，可以是股东持有的股份，可以是股东派驻的董事，还可以是在一定条件下转化而来的表决权（或潜在表决权）。行使这些表决权的方式也各有不同，可能是一份一票（股份），可能是一人一票（董事），也可能需要在一定条件下转化之后才能体现其权利（即潜在表决权）。

（2）其他权利。在某些情况下，表决权不能对被投资方回报产生重大影响。例如，某些企业章程规定，表决权仅与企业的日常行政工作有关，在这种情况下，被投资方的相关活动由一项或多项合同安排来决定。也就是说，除了表决权，还有一些其他权利，也能达到使主体拥有权力的效果。例如，股东协议、企业章程、管理合同等法律文件中设定的某些权利，在结构化主体和某些可变利益主体（Variable Interest Entity，VIE，也有人将其翻译为“权变利益主体”，可能更达意，本书依循惯例翻译）中比较常见，它们的表现形式不同，赋予特定企业权力的作用机制也会有所不同。在这些情况下，投资方就应该考察被投资方拥有的其他权利以及这些权利生效的环境因素（相关合同安排、被投资方的设立目的和设计等），从而确定其是否拥有充足的权利而获得对被投资方的权力。

（3）“权利”并非绝对导致“权力”。需要注意，权利虽然可以并行，但是一方控制情况下的权力必须独享。要想拥有权力，必须具备某些权利。反之，则不一定成立。也就是说，具备某些权利，未必就能拥有权力。在商业社会中，某个投资方可以拥有对被投资方的某些权利，使其在目前具有参与主导被投资方相关活动的能力（权力）；同时，其他投资方也可以拥有一些权利，但这些权利没有赋予其对被投资方的权力，可能只是对被投资方有重大影响（详见本书第六章相关内容），也可能是多方共同控制被投资方，构成合营安排（详见本书第五章相关内容）。

当然，前面这几种权利有可能相互交织在一起，赋予某家企业主导另一家企业相关活动的权力。这样一来，问题似乎复杂了许多。

3. 表决权：一般情形

权力源于现时权利。通常情况下，投资方通过表决权或类似权利获得主导被投资方相关活动的现时权利。

表决权，顾名思义，就是对法律或企业章程等文件赋予权力拥有者对于需要表明自己意思的事项（表决对象）做出一定意思表示（表决）的权利。前文已述，权力是主导被投资方的相关活动的能力，因此，本书探讨的表决权，在表决对象方面，必须是被投资方的相关活动。例如，经营计划、投资方案、年度财务预算决算方案、利润分配和亏损弥补方案、内部管理机构设置、公司经理聘任或解聘及其报酬确定、公司基本管理制度等事项。表决的工具，也就是行使表决权的载体，可能是股东表决权（即相关活动由股东会表决），也可能是董事表决权（即相关活动由董事会表决）。表决权比例通常与其出资比例或持股比例相一致，但公司章程可能另有规定。

如果被投资方的相关活动由表决权按比例决定，而且没有任何能够改变决策的额外协议，会计人员就可以对照法律和相关文件，看看里面规定相关活动需要多少比例表决权通过就可以做出决策，如果某个投资方的表决权达到或超过这个比例，会计人员就可以认定它对被投资方拥有权力。例如，在不考虑其他任何因素的情况下，持有50%以上表决权的投资方可以控制被投资方。

4. 表决权：特殊情形

显然，现实并不总是这么简单。除了最简单常见的一般情形，实务中，还有许多特殊情形。有时候，作为投资方，企业持有被投资方半数以上表决权，但却没有权力；有时候，投资方持有半数以下表决权，对被投资方却有权力（如果企业同时满足其他两个要素，因此而控制被投资方，我们称之为“事实控制”）；有时候，企业或者其他投资方拥有一项未来在一定条件下可以获得表决权的权利，我们称之为“潜在表决权”，这种权利的存在会导致企业虽然持有半数以下表决权却有权力，或者虽然持有半数以上表决权但没有权力。对于以上这些情形，会计人员还须仔细观察并考虑与表决权相关的其他因素，从而决定哪个投资方对被投资方拥有权力。

（1）不到半数表决权但拥有权力。人因制造和利用工具而延伸了自己的身体和大脑，也因此扩大了对外部世界的控制能力。企业既使持有的表决权不到半数，但如果合理利用某些工具和条件，也可以使自己拥有权力，进而控制被投资方。

①天然优势：一大多小。如果有某些天然的有利条件，企业当然要好好利用

它。例如，虽然某家企业持有的表决权不到半数，但是持有被投资方表决权的份额相对于其他投资方的份额大很多，而且其他投资方持有的表决权非常分散，没有达成集体决策协议。假设 A 企业表决权占比为 48%，而其他每个投资方表决权占比都不超过 1%。此时，我们基本可以判断，A 企业对被投资方拥有权力。《企业会计准则第 33 号——合并财务报表》应用指南例 5 即为此例。

②创造条件：累积多数。有条件要上，没有条件创造条件也要上！如果企业没有①中的有利条件，还可以通过掌握其他方面的权利，将别人的表决权与自己已经持有的半数以下表决权结合起来，使自己对被投资方拥有权力。

企业可以在别人的表决权上做文章。例如，企业可以与拥有被投资方表决权的其他持有者签订“一致行动协议”，获得权力。《企业会计准则第 40 号——合营安排》应用指南例 11 列举的就是这种情况。企业也可以在自己未来的表决权上打主意。如果企业拥有被投资方实质性潜在表决权，就有机会将其与已经拥有的表决权结合起来，使自己拥有权力（见《企业会计准则第 33 号——合并财务报表》应用指南例 7）。考虑到潜在表决权比较复杂，本书将在本节下文展开分析，此处存而不论。

③单刀直入：绝对权力。半数以上表决权之所以能够使其持有者拥有权力，是因为可以在被投资方权力机构表决中占有绝对优势，从而主导相关活动——这是迂回战术。如果可以不迂回，直接主导被投资方的相关活动，岂不更好？

确实如此，有些企业虽然只有半数以下表决权，但可以抛开表决权，通过其他协议产生的相关权利，在权力机构中占绝对优势，直接主导被投资方的相关活动。例如，被投资方的企业章程或股东协议约定，企业有权聘任其权力机构的多数成员（见《企业会计准则第 33 号——合并财务报表》应用指南例 8）；或者约定，企业拥有“一票通过权”（见《企业会计准则第 40 号——合营安排》应用指南例 16）。

④一剑封喉：抛开机构。当然，还有更直接的作法，根本就不需要通过被投资方的权力机构而直接行使权力。例如，根据章程或协议，企业有权任命关键管理人员；或者与被投资方之间存在特殊关系。例如，被投资方的关键管理人员是投资方的现任或前任员工，或者被投资方的经营活动依赖于投资方。

办法总比困难多！还可以打组合拳。虽然投资方只持有被投资方少数表决权（没有达到规定比例的表决权），但是可以将上面提到的这几种工具以一定的方式组合起来，同样能够达到拥有对被投资方权力的效果。

（2）持有半数以上表决权但无权力。

①角色互换。彼之蜜糖，吾之毒药。如果企业在被投资方中持有半数以下表决权却拥有权力，就有可能导致持有该被投资方半数以上表决权的另一个投资方

没有权力。除此以外，还有一些其他情形，使某些企业虽然持有半数以上表决权，但仍没有权力。

②非实质性权利。虽然企业拥有被投资方的表决权，但这些表决权不是实质性权利，那么，即使持有多数表决权，企业也没有真正拥有权力。至于实质性权利及其与保护性权利的区别，详见本节下文。这种情况在被投资方非正常经营时比较常见。例如，因各种原因，被投资方的相关活动被政府、法院、管理人、接管人、清算人或监管人等其他方主导。此时，作为投资方，企业当然就无法凭借其持有的表决权来主导被投资方的相关活动，也就不拥有对被投资方的权力——再多表决权也没用！

③作为代理人。如果企业是其他投资方的实质代理人，虽然持有多数表决权，也形同摆设，并不拥有对被投资方的权力。更进一步，如果企业派出的被授予表决权的决策者（例如，董事会中的某几个董事）是其他投资方的代理人，这些决策者就不拥有对被投资方的权力，由此，企业即使持有半数以上表决权，依然没有权力。关于代理人概念及其相关问题，详见本章第四节相关内容。

④为“法”所限。还可能存在这样的情况：根据被投资单位企业章程、股东协议等法律文件，主导相关活动的决策所要求的表决权比例高于持有半数以上表决权的一方持有的表决权比例。例如，企业章程规定与被投资方相关活动有关的决策必须由全部股份的2/3以上表决权通过才能生效。此时，如果企业持有半数以上但不足2/3表决权，企业可能因此没有权力，当然，具体情况具体分析，在这种情况下，对于权力问题，会计人员可能还要结合其他因素，作进一步地分析与判断。

（3）潜在表决权。“潜在”，在百度百科中被解释为“存在于事物内部尚未显露出来的”。字面上理解，“潜在表决权”等于“潜在”加“表决权”，也就是存在于企业内部尚未显露出来的表决权。更专业一点的说法，就是企业持有的获得被投资方表决权的权利（《企业会计准则第33号——合并财务报表》应用指南），这种权利本身并不能使其持有者有权参与对被投资方相关活动的表决，但它赋予持有者在一定条件下可以获得表决权，是一种可以获得权利的权利。

对于被投资方的相关活动而言，这是一种间接权利，但不能因为它的间接性，而认为它没有作用。例如，在一个单位内部，兄弟部门的领导B无权管理本部门员工C。但是，如果这个单位规定，在本部门领导A不在岗而事务又非常紧急的情况下，B有权直接接管C所在部门，包括向C下达指令，且C必须遵守。由此就可以认定，B对C所在的部门拥有“潜在领导权”。

就像“潜在领导权”一样，可转换工具（在一定条件下可以转换为具有表决权的载体或工具，例如，被投资方的股份的权利）、可执行认股权证（当前可以实施的购买被投资方一定数量股份的权利）、远期股权购买合同（该合同中赋予企业在远期购买被投资方股份的权利）或其他期权所产生的权利，这些权利都是在一定条件下可以获得被投资方相关活动表决权的权利，因此，都是潜在表决权。

在进行权力分析时，投资方需要考虑其自身及其他投资方持有的潜在表决权的影响，以便确定自己是否对被投资方拥有权力，一般需要考虑以下几个因素：

①潜在表决权是否为实质性的。在分析权力和控制时，会计人员只考虑满足实质性权利要求的潜在表决权（“实质性权利”及其相关问题见本节下文）；

②投资方是否持有其他表决权或其他与被投资方相关的决策权，这些权利与投资方持有的实质性潜在表决权结合后是否赋予投资方权力；

③潜在表决权工具的设立目的和设计以及投资方参与被投资方相关活动的其他方式。这需要分析相关工具和安排的条款和条件以及投资方接受这些条款和条件的期望、动机和原因。

5. 其他合同安排产生的权利或其他相关事实、情况

有时候，被投资方的相关活动并不是通过表决权，而是由其他工具来主导。例如，几个投资方之间签订一份或多份合同，该合同赋予某个投资方主导被投资方的生产、经营、融资等决策权力。还有可能出现这样的情况：表决权对被投资方的回报不能产生重大影响。例如，表决权只能用于表决被投资方的日常行政管理决策，而被投资方的相关活动由合同安排来决定。如果出现这些情况，投资方就需要评估这些合同安排，以此来评价自己享有的合同权利是否足够使自己拥有对被投资方的权力。

此时，投资方应当分析被投资方的设立目的和设计，以及其他可能表明对被投资方拥有权力的证据，核心目的是要确定投资方是否拥有充足的权利使自己对被投资方拥有权力。也就是说，投资方要考虑自己是否拥有实际能力单独主导被投资方的相关活动。一般来说，投资方应该把下列因素与自己享有的其他权利、被投资方的设立目的与设计等因素结合起来，进行综合分析：

（1）能否任命或批准被投资方的关键管理人员，这些关键管理人员能够主导被投资方的相关活动；

（2）能否出于自身利益决定或者否决被投资方的重大交易；

（3）能否控制被投资方董事会等权力机构成员的任命程序，或者从其他表决权持有人手中获得代理投票权；

（4）是否与被投资方的关键管理人员或董事会等权力机构中的多数成员存在关联关系（例如，被投资方的 CEO 与投资方的 COO 为同一人）；

（5）是否与被投资方之间存在特殊关系。例如，被投资方的关键管理人员是投资方的现任或前任职工，被投资方的经营活动所需资金、关键技术、知识产权等依赖于投资方，被投资方相关活动的重大部分由投资方参与其中、或者必须以投资方的名义进行，投资方自被投资方承担可变回报的风险或享有可变回报的收益的程度远超过其持有的表决权或其他类似权利的比例；

（6）是否享有被投资方大部分可变回报。这一点不能作为决定因素，即使确实享有被投资方大部分可变回报，也不能因此推定投资方对被投资方必然拥有权力；

（7）其他相关因素。

在综合考虑这些因素时，应赋予上述（1）至（4）因素更多的权重，因为它们在主导被投资方的相关活动方面影响更直接。另外，投资方持有被投资方的表决权比例越低，否决投资方提出的关于相关活动的议案所需一致行动的其他投资方数量越少，投资方就越需要在更大程度上运用上述因素，来判断自己是否拥有主导被投资方相关活动的权利。实际上，前文提到的“表决权：特殊情形——不到半数表决权但拥有权力”的情况，就是因为这些因素压倒了表决权的影响，或者与投资方当时所持有的表决权结合起来，而产生对被投资方的足够权力。

五、实务——判断权力的实务操作①

观察某个投资方是否拥有某项权利，结合考虑当时所处的环境，一般就可以判断它是否对被投资方拥有权力（即从权利到权力的判断）。这是判断权力最主要的方法和角度。一般来说，根据这些信息，足以做出明确的判断。但是，有时候，会计人员还可以从其他角度入手，获得一些其他信息，能够更直接地得到判断结果，在实施从权利到权力的判断有困难时发挥主要作用，或者可以作为从权利到权力判断的佐证。下面，来看看在实务中判断权力的操作。

（一）追本溯源：评估设立目的和设计

被投资方在投资方的资金和其他资源投入的基础上，被设立起来，总是会有目的的。投资方为了达到预设的目的，经常会在设立之前，对被投资方的相关活动、相关活动如何决策（决策机制）、由谁来主导相关活动（哪个或哪些投资方拥有权力）、各投资方分别能从中获得多少回报（包括承担的相关风险分别有多大）等问题做出设计。因此，在评估被投资方的控制问题时，会计人员应该认真

① 这部分内容参考瑞华会计师事务所编写的《〈企业会计准则第 33 号——合并财务报表〉（2014 年修订）实务操作指南》，源自中国会计视野网站：http：//www. esnai. com/。

分析它的设立目的和设计，由此判断被投资方是被某个投资方所控制，还是被几个投资方共同控制，或者没有投资方可以单独或共同控制，只是有些投资方对它具有重大影响。

具体到权力问题，会计人员在分析被投资方的设立目的与设计时，需要重点关注它的相关活动、决策机制等问题，以便推断出谁拥有权力。在这个方面，会计人员需要特别关注哪种（或哪些）类型的权利在主导被投资方的相关活动中能够起决定性作用。如果是表决权，会计人员就要分析各投资方分别持有表决权的比例以及各投资方相互之间的关系，结合决策机制中表决生效的条件，由此判断哪方或哪几方拥有权力；如果表决权只是跟被投资方的日常行政管理活动有关，被投资方的相关活动可能是由其他合同来做出安排，会计人员就要考察其他合同安排到底产生了哪些权利，这些权利在多大程度上影响被投资方相关活动的决策，是否还有一些相关事实和情况导致持有这些权利的投资方顺利实施这些权利，或者被阻碍而无法实施这些权利。这样，会计人员才能比较全面而确切地做出谁拥有权力的判断。

另外，需要强调的是，被投资方的设立目的和设计对于被投资方被设立起来之后的各种活动的影响广泛且深远。因此，在判断控制的其他两个要素（可变回报、联系）时，都需要对它予以认真考察。

（二）按图索骥：识别相关活动及其决策机制

权力 = 主导相关活动的能力 = 相关活动 + 决策机制

权力是主导被投资方相关活动的现时能力，要想判断某个投资方是否拥有权力，就需要了解两个方面的信息：（1）被投资方的相关活动是什么？（2）它如何获得主导相关活动的能力？对于第一个问题，此处不再赘述；对于第二个问题，就需要了解被投资方对于相关活动的权力机构及其决策生效条件，再对照各投资方在权力机构中占有的表决权比例，确定谁拥有权力。

（三）以“利”谋“力”：考察各投资方持有的各种权利

权力源于权利，投资方根据章程、协议等法律文件，可以行使法律所赋予的权利，由此可能拥有对被投资方的权力。因此，会计人员必须清晰地掌握到底哪些权利可能导致权力，哪个（或哪些）投资方持有这些权利，由此判断是否有投资方对被投资方拥有权力。

（四）泾渭分明：区分实质性权利与保护性权利

实务中，还需要鉴别实质性权利和保护性权利。CAS 33 第十一条第一款明确规定，投资方在判断是否拥有对被投资方的权力时，应当仅考虑与被投资方相关的实质性权利，包括自身所享有的实质性权利以及其他方所享有的实质性权利。最后，本准则分别定义了实质性权利和保护性权利，指出其主要特点，提出其在判断过程中要考虑的主要因素。

对于这些新术语，我们需要咬文嚼字，分而析之。

1. 实质性权利

（1）释义：有力量实现目的的权利。

实质性权利 = 实质性 + 权利

“权利”，前文已经用大量篇幅讲解过了，这里重点解析“实质性”。字面理解，“实质性”作为修饰词，要求被修饰对象必须是重大的、不可忽视的、在实现目的方面是有力量的。例如，“实质性损害”对于被损害者而言，就比较重大，不可忽视的；“实质性威胁”对于威胁者来说，就是在实现威胁所要达到的目的方面，是有力量的，或者说，威胁者是有力量（有能力且有意愿）兑现这种威胁的，被威胁者因此也会受到重大的、不可忽视的损害。

如果威胁虽然可以造成被威胁者的损害，但对于威胁者来说，会产生远大于威胁收益的成本，由此造成威胁者虽然有能力、但没有足够的意愿来实施威胁中涉及的行为，就可以认为，这样的威胁不是“实质性威胁”。例如，妈妈对儿女大声警告：“如果你再……，我就再也不爱你了！”这种威胁根本就没有什么“实质性”。

推而广之，实质性权利，是权利持有人的一种重大的、有力量的权利。具体应用在商业活动的“控制”概念中，是指持有人在对相关活动进行决策时有实际能力行使的可执行权利（CAS 33 第十一条第二款）。一项权利是否为“实质性权利”，就要看它是否重大，特别是要看它在实现其预期目的，也就是在实现这项权利原先设定的目的方面，是否有力量。或者说，权利持有者是否有能力而且有意愿实施这项权利。能力和意愿，二者缺一不可。对二者有正面或负面影响（即有利于或不利于实施这项权利）的因素，会计人员都要予以考虑，才能确定这项权利是否为实质性权利。

（2）判断：综合考虑各种相关因素。CAS 33 第十一条第二款要求，“判断一项权利是否为实质性权利，应当综合考虑所有相关因素，包括权利持有人行使该项权利是否存在财务、价格、条款、机制、信息、运营、法律法规等方面的障碍；当权利由多方持有或者行权需要多方同意时，是否存在实际可行的机制使得这些权利持有人在其愿意的情况下能够一致行权；权利持有人能否从行权中获利等。”

具体来说，在判断是否为实质性权利时，要考虑阻碍或激励权利持有人行权的各种相关因素。例如，是否存在经济上的、操作上的或者其他方面的限制，使得权利持有人不能行使权利：行使权利可能会受到财务处罚或奖励、行权价格或转换价格太高（深度价外）、合同条款或条件对行权的限定（例如，行权期间非常短）、无法取得行权的必要信息、（在需要其他方配合时）其他方不愿或不能承担现有权利持有人的权利、需要提供专门服务才能行使权利、相关法律法规限制行权（如权利持有人是国外投资者而被法律禁止行权）、缺乏行权的合理机制（被投资单位的成立文件或适用的法律法规缺乏明确合理的允许权利持有人行权的机制）；需要获得多方同意才能行权时，或当这种权利由多方持有时，是否存在实际可行的机制，使得这些权利持有人能够自愿一致行权。此时，会计人员要了解需要一致行权的投资方数量（数量越多则该权利是实质性权利的可能性越少），如果相关投资方选择共同行权，是否存在恰当的机制使他们能够集体行权，是否存在独立于决策者的董事会（可以作为众多投资方一致行权的机制）；持有权利的投资方（一方或多方）能否从行权中获益；潜在表决权的行权或转换价格是否为价内期权（即权利持有人可以从行权中获利），投资方能从合并被投资方中获利的表现形式（可以是货币、实物或协同效应）等。

（3）判断：涉及潜在表决权的考虑。对于潜在表决权的“价内”或者“价外”问题，这里有必要解释一下。

①价内与价外。假设当前股票市场中某只股票的价格是10元/股。根据合同约定，如果潜在表决权赋予权力持有人可以8元/股的价格购买约定数量的这只股票，我们称之为“价内”；如果潜在表决权赋予权力持有人可以12元/股的价格购买约定数量的这只股票，我们称之为“价外”。也就是说，潜在表决权为“价内”时，权利持有人可以从行权中获利，他有经济上的激励而愿意行权；潜在表决权为“价外”时，权利持有人会因为行权而亏损，不如直接花10元/股在市场上购买股票，他可能更愿意在经济上受惩罚，而不愿意行权。

②是否为实质性权利的考虑因素。经验数据表明，潜在表决权为“价外”时，它作为实质性权利的可能性比较低，但不等于不可能。例如，有些投资方可能出于其他方面的考虑，认为即使在行权上亏一点，但在其他方面可以赚回来（例如，可以实现对被投资单位的控制、与被投资单位的协同效应等），那也是值得的。此时，投资方手中持有的潜在表决权也可能是实质性权利。因此，确定潜在投票权是否为实质性权利，既要比较它的行权价格或转换价格与其涉及股份的现时市场价格，又要全面考虑其他多项因素，包括评估它的当初设立目的、相关条款设计、它的持有人是否会因为其他原因而获益、是否存在阻碍持有人行使或转换这些权利的壁垒。

③不同形式的潜在表决权。潜在表决权可能是一项买方期权，权利持有人有

权利决定是否要行权。也就是说，如果持有人愿意以合同约定的价格和数量购买股票，那持有人就可以买入；如果持有人不愿意以合同约定的价格和数量购买股票，那持有人就可以不买入。权利由持有人持有，权利持有人可以行权，也可以放弃行权。此时，这项潜在表决权是否为实质性权利，需要参考上述②中提到的各项考虑因素。

潜在表决权也可能是一种远期合同。也就是说，权利持有人跟另一方签订一份合同，约定他们之间必须在约定时间以约定价格交易约定数量的表决权（例如，股票）。在此种情况下，要买入股票的一方就成为潜在表决权的持有人，虽然当前其还没有这些表决权。但在一段时间之后持有约定数量的表决权。此时，潜在表决权持有者不能拒绝购买这些股票，也就是说，远期合同下的潜在表决权既是权利，也是义务。这时候，如果要考虑这项潜在表决权是否为实质性权利，就没必要考虑它的行权价格或转换价格，而需要考虑这项远期合同的时间安排等因素。

（4）特例：当前不可执行并非不实质。根据定义，实质性权利必须是有能力在被投资方对其相关活动进行决策时权利持有者可执行的权利。因此，通常要求实质性权利应该是在当前可以行使的权利，但是，在某些情况下，即使当前无法实际行使这项权利，它也可能是实质性权利。

之所以要判断某项权利是否为实质性权利，是为了判断该权利的持有人是否因此而拥有权力。所以，只要是这项权利的持有者因为持有这项权利（并结合其持有的其他权利）而能够主导被投资方的相关活动，那么，即使这是一项当前无法实际行使的权利，也可能是实质性权利，因为它的存在赋予权利持有人的权利（由此而能够主导被投资方的相关活动，即权力）是重大的、有力量的。在这种情况下，实质性潜在权利持有人就像持有多数表决权的消极股东（即持有多数股份，但平时不积极参与主导被投资方的相关活动）或拥有可以实质性剥夺当前决策者的权利持有人（即可以根据企业章程等法律文件行使法律赋予自己的权利，剥夺当前对被投资方相关活动行使权力的决策者）一样。其实，从“控制”概念的第三个要素——“联系”角度来看，在这两种情况下，权利持有者都是主要责任人，而当前决策者只是代理人（具体分析见本章第四节相关内容）。

可以想象一下，如果一家被投资单位只有两个股东，且不存在其他因素，被投资单位将由持有多数表决权的股东对其拥有权力，进而实现控制。这个大股东可能出于某些原因将这家被投资单位的主要事务交由小股东来管理。在这种情况下，大股东就是持有多数投票权的消极股东，小股东表面上正在积极主导这家被投资单位的相关活动。但如果小股东严重违背大股东的意愿，大股东完全可以根据公司章程，行使他所持有的表决权，不让小股东继续主导被投资单位的相关活动。此时，对于这家被投资单位来说，根据公司章程规定的程序，大股东虽然需要一定时间召集并召开股东会（例如，即使小股东不配合，发出通知后若干日内视同文件送达），由此导致他所持有的表决权不能在当前立即被行使，但他仍然拥有权力，而小股东并没有权力。同样，潜在投票权持有者也需要采取一定的措施才能获得表决权。

因此，一项潜在表决权可能当前无法实际行使权利，但只要它（结合其他权利）能够赋予权力持有人主导被投资方相关活动的能力，就是一项实质性权利。《企业会计准则第33号——合并财务报表》应用指南例4就是此例。

“老虎不发威，你当我是病猫?”是虎还是猫，关键得看它是不是有足够的力量。如果老虎只是一时生病，懒得发威，真要把它逼急了，它完全可以克服生病带来的疲惫和痛苦，让你吃不了兜着走，那么，它还是老虎，虽然现在是一只“病虎”；如果老虎从小在马戏团中被驯养，四肢戴着镣铐，从来没有机会伸展它的虎威，那么，很可能它真的只是一只“病猫”。所以，问题的关键在于：为了行使一项当前无法行使的权利所需要采取的措施，对这项权利持有人造成的负面影响是否足够重大，以至于可以阻止它获得主导被投资方相关活动的现时能力。

（5）换位：考虑其他方实质性权利。要想知道，换位思考。企业的实质性权利会影响别人，同样，别人的实质性权利也会对企业产生影响。

CAS 33 第十一条指出，在某些情况下，其他方享有的实质性权利有可能会阻止投资方对被投资方的控制。这种实质性权利既包括提出议案以供决策的主动性权利，也包括对已提出议案作出决策的被动性权利。

某些情况下，被投资方的其他投资方可能也拥有可行使的实质性权利，从而使本投资方不能控制被投资方。其他方拥有的可行使的实质性权利可能是一项待决策事项的提议权（即主动性权利），也可能是一些批准或否定议案的权利（即被动性权利）。只要这些权利不仅仅是保护性权利，那么，其他投资方拥有的这些实质性权利就可能使得投资方不能控制被投资方。

2. 保护性权利

（1）定义解析：特定条件下提供某种保护。实质性权利的反面不是“没有权利”，而是另一种权利——保护性权利。保护性权利是只能对权利持有人起保护作用的一类权利，它没有实质性，不能赋予权利持有人有力量（有能力且有意愿）实现保护自己以外的目的。CAS 33 第十二条中规定的定义正是如此：“保护性权利，是指仅为了保护权利持有人利益却没有赋予持有人对相关活动决策权的一项权利。”

一般来说，签约各方在合同中会约定未来的各项权利义务。但未来总是不确定的，合同不可能将未来可能遇到的所有问题都写进去。同样，保护性权利持有人不可能要求在未来的时时刻刻、方方面面都处于被保护之中，既没有这个必要，合同对方一般也不会同意。所以，保护性权利通常只向其持有人提供特定条件下的某种保护。例如，只能在被投资方发生根本性改变，或者某些例外情况发生，有可能导致权利持有人受到重大损害时，权利持有人才能行使这项保护性权利（CAS 33 第十二条）。

（2）常见情形：被投资方根本性改变或发生例外情况。保护性权利通常仅适用于这种情况，但反过来说并不对。也就是说，并非所有在例外情况下或者在不确定事件发生时才能行使的权利都是保护性权利。如果被投资方的相关活动和回报都已经被预先设定好（这在结构化主体中比较常见，具体见本章第五节相关内容），章程或股东协议约定，只有在发生某些特定事项时才需要进行决策，而且这些决策对被投资方的回报会产生重大影响。此时，根据定义，由这些特定事项引发的这些决策就是相关活动，能够参与这些决策的权利就是实质性权利，而不是保护性权利。

例如，股东协议约定，被投资方出现违约贷款时，投资方有权出售其资产。此时，这种违约可以被认为是一种异常情况，投资方的这项权利就属于保护性权利。但是，如果被投资方贷款违约，同时申请破产，这时候，情况可能已经发生了本质的变化。从这一刻起，被投资方的违约已经由一项异常事项，转为在可预见的未来时间里的一项正常事项了，享有该权利的投资方就需要根据当时的事实和情况，重新评估它所持有的这项权利是不是已经由原来的保护性权利转变为实质性权利了。

（3）实务示例：限制或否决可能有损自身的决策。根据定义，保护性权利的持有人在行使该权利时只能保护自己的利益，而不能对相关活动有决策权，所以，这种权利一般只是针对那些对企业有重大影响且很可能对自己的利益造成损害的决策，并经常通过间接的方式来保护自己。例如，一定比例的表决权使其持有人可以通过股东会参与修改被投资方的企业章程，增加或减少注册资本，发行公司债券，公司合并、分立、解散或变更公司形式等事项。这种参与经常不能直接决策被投资方的相关活动，但可以限制或否决某些可能损害保护性权利持有人的决策，从而保护自己的利益。实务中，这方面的例子主要有：贷款方限制借款方进行那些会对借款方信用风险产生不利影响从而损害贷款方利益的活动的权利；少数股东批准超过正常经营范围的资本性支出，或者发行权益工具、债务工具的权利；贷款方在借款方发生违约行为时扣押其资产的权利；投资方对被投资方与其关联方进行交易的否决权。

（4）特别关注：确定潜在表决权是否实质性权利。由于潜在表决权的潜在性，它对其持有人是否对被投资方拥有权力的影响有以下两个方面：①间接性。它要求持有者在满足一定条件下才可以获得并行使表决权，这是可能参与被投资方相关活动的间接权利；②不确定性。这种权利本身是否实质性，将会影响其持有人是否能够行使该权利，进而决定其持有人是否拥有权力。也就是说，是否实质性是判断这种间接权利是否有力量的基础和关键因素之一。

看某项权利是否具有实质性，就要看它的持有人是否有力量（有能力且有意愿）行使这项权利。在确定潜在表决权是否为实质性权利时，会计人员通常需要考虑行权价格或转换价格、行权的财务能力以及行权期等因素。因为这些因素决定了持有人行权时的力量。会计人员在判断潜在表决权是否为实质性权利时，须综合考虑评估因素、相关情形及其判断结果（如表3－1所示）。

表3－1　潜在表决权是否为实质性权利的评估因素、相关情形及其判断结果

评估因素	非实质性权利	需要根据事实和情况具体判断	实质性权利
行权价格	深度价外期权	价外（但并非深度价外）期权	市场价格（公允价值）或价内期权
行权的财务能力	持有者不具有行权的财务能力	持有者可能必须融资才能获得行权所需资金	持有者有足够现金或可用资金来行权
行权期	不可行权	在相关活动决策之前可行权	当前可行权

第三节　可变回报

一、定义与实质

（一）定义

“可变回报”，是一个直译过来的术语。在汉语中折文解字每个词都懂，合在一起好像也懂，但又感觉表达的不准确。

“可变”（Variable），翻译为会变化的，经常随着某种（或某些）因素的变化而变化；“回报”（Returns），在经济领域指利润、收益、利润率等，就是一方从另一方得到的经济利益上的报答，英语中常作复数。进一步分析，之所以会有这种报答，是因为在此之前，一方已经对另一方有所投入，包括债权、股权投资等。犹如某人对另一人有感情投资，对方以相应的行为和情感来“报答”他

(或她)。假如“可变回报”等于“可变”加上“回报”，那么“可变回报”就可以直白地理解为因为一方对另一方有所投入，因而可能获得的对方的某种报答，但这种报答有可能因某种（或某些）因素的变化而变化。在会计上，就是指投资方从被投资方那里获得某种可变的经济利益上的回报。

（二）实质

找不同，总是比盯着看要容易一些。将“控制”定义拿出来跟这里出现的术语做个对比，就能加深对可变回报实质的理解。原准则第六条，“控制，是指一个企业能够决定另一个企业的财务和经营政策，并能据以从另一个企业的经营活动中获取利益的权力”。

1. 回报可正可负

在这个定义中，与这里要讨论的“享有可变回报”相对应的是“从中获取利益”。很明显，“回报”不只是利益，还包括可能的损失和风险，特别是在金融领域日益创新的当今社会，一些投资方为了从被投资方获得可能的利益，需要以创新的形式来承担可能的损失及其相应的风险。因此，原定义只提到获取“利益”而没有提到“损失和风险”，明显不够全面，也无法反映现有资本市场发展所产生的新现象和带来的新问题。新定义则强调回报的不确定性：不只是金额不确定，正负也不确定（如图3-3所示）。

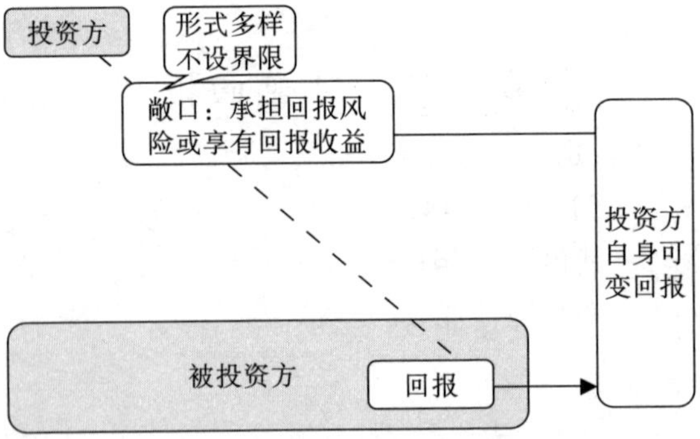

图3-3 控制三要素之二：可变回报

2. 实质重于形式

如果投资方从被投资方那里获得的回报是完全固定的，就像你在某家全国性银行存了一笔固定利息存款一样。虽然作为债权人，但你却不会去操心这家大银行的经营活动。

但是，如果你是某个地区性银行最“土豪”的存款大户，大到一般人难以想象的程度。有一天，你要求提前全额提取存款，这家银行可能会一时应付不过来；或者，如果这家银行在某段时期经营情况不太理想，虽然它给你开出了存单，也承诺了要定期支付固定金额的利息，但还是有可能没办法兑现它的承诺。这时候，你难免就会有点不放心。也就是说，如果这家银行业绩不错，正常经营，你可以基于存款合同，获得固定的利息收益（即正常的“固定回报”）；如果这家银行业绩不好，资金紧张，你的“固定回报”就不一定会有保证，也就不那么“固定”了。

很显然，此时，你从这家地区性银行获得的回报有可能是“可变”的。换句话说，投资方（你）自被投资方（这家地区性银行）取得的回报（利息）可能会随着被投资方业绩而变动。在这种情况下，投资方就应视为享有可变回报（CAS 33 第十七条）。

强调一下，会计人员需要关注的是回报是否因被投资方业绩变动而变动的本质。虽然合同上约定的是“不变回报”（固定利息），但是会计人员还是要判断这种回报在实质上是否“可变”。也就是说，投资方应当基于合同安排的实质而非回报的法律形式对回报的可变性进行评价（CAS 33 如图 3－3 所示）。

3. 承担而非转移

需要注意的是，“享有可变回报”是指“投资方自被投资方取得的回报可能会随着被投资方业绩而变动”（CAS 33 第十七条）。这里面有两个关键词：“随着……变动而变动”和“被投资方的业绩”。用数学术语来说，投资方的回报是因变量，自变量是被投资方的业绩。通俗一点的说法是，投资方的回报之所以“可变”，是因为被投资方的业绩有所变动，前者是果，后者是因，要判定是“可变回报”，二者不可或缺。也就是说，不能只看“可变”两个字，以为回报有变动就都算“可变回报”。回报的变动必须是由投资方自己承担的变动，而不是投资方转移给其他方，导致其他方承担的变动。不仅如此，还需要考察回报的变动是否因为被投资方的业绩变动而产生。如果是其他原因引起回报变动，并不是“可变回报”。

设想一下，报告主体甲为了将自己原来要承担的某种风险转移给另一个主体乙，设计出一种金融工具。此时，这种金融工具确实为乙创造了变动回报，但这种变动并不是因为甲的业绩变化而产生的。

例如，B 投入资金，成为主体 A 的投资者，而 A 通过与对手方 D 签订信用违约互换协议（Credit Default Swap，CDS），承担某企业 C 的信用风险（A、B、C、D 相互之间都不是关联方）。信用违约互换安排将 C 的信用风险转移至 A，以一定收入为回报。B 由此收到更高的回报，该回报反映了这项 CDS 的回报。在 D 与 A 之间，D 因为这项 CDS 而将回报可变性转移给 A，但它并不参与 A 的相关活动，也就不承担由A的业绩带来的回报可变性。也就是说，D转移给A关于C的某种回报可变性（信用风险），而不是享有A的可变回报。

因此，对于外币互换、利率互换等衍生金融工具，要考虑它们的目的和设计，由此确定它们是可变回报风险的“创造者”还是“吸收者”。承担“可变回报”一般是指吸收或获取被投资方的资产、负债或其他合同形成的回报的可变性，以及被投资方希望传递给投资方的相关风险。相反，将风险带给被投资方的安排通常不能承担被投资方的可变回报。

二、各种“可变回报”

前面提到，“回报”是一方从另一方得到经济利益上的报答，这需要从广义上、经济利益方面来理解“回报”，即只要在经济利益上是因为与被投资方之间资金上的联系而有所得（当然，也可能是有所失），就是一种“回报”。同时，就像前文说的那样，不能拘泥于法律形式，只要这种回报在实质上是“可变”的，就是“可变回报”。一般来说，“可变回报”包括以下几种形式：

1. 直接利益分配或间接收益或损失

被投资方有时会直接向投资方发放经济利益，有时会间接导致投资方经济利益上的收益（或损失）。例如，被投资方对股东发放的股利；固定利率债券的利息收益（形式上是固定回报，但因投资方承担发行人的信用风险，实质可变）；浮动利率债券的利息收益；被投资方经济利益的其他分配；投资方对被投资方的投资的价值变动（间接导致投资方经济利益上的收益或损失）。

2. 投资方向被投资方提供“资金服务”而获得的经济利益

例如，投资方因向被投资方的资产或负债提供服务而得到的报酬或补偿；因提供信用支持（例如，担保）或流动性支持（例如，承诺回购债权）而收取的费用或承担的损失；被投资方清算时，在其剩余净资产中享有的权益、税务利益。

3. 其他利益持有方无法得到的回报

例如，投资方将自身资产与被投资方的资产整合起来，实现规模经济、节约成本；投资方通过参与被投资方，而保证被投资方向其供应某种稀缺资源、专有技术，或者通过限制被投资方的某些运营或资产使用，从而提高投资方其他资产的价值。

尤其要注意的是，可变回报的形式是多样的。有时，受到法律法规的限制，投资方可能无法通过分配被投资方利润或盈余的形式来获取回报。例如，被投资方是一家信托机构，根据相关法律规定，其盈利不能以股利形式分配给投资者，由此，投资方不能通过利润分配来获得可变回报。此时，需要根据具体情况，以投资方的投资目的为出发点，综合分析投资方是否获得除股利以外的其他可变回报（例如，其他信托收益）。也就是说，被投资方不能进行利润分配并不必然代表投资方不能获取可变回报。

4. 特殊情形下的可变回报

有时候，被投资方会出现某些特殊情形。在这些特殊情形下，要判断某个投资方是否对被投资方拥有控制，需要考虑其是否承担可变回报，而这种判断并不那么简单明了。

（1）申请破产状态下。被投资方申请破产时，投资方应当依据对相关事实和情况的判断，评估其是否承担被投资方的可变回报。一般来说，这要根据被投资方所在司法区域的相关法律及其自身情况来决定。在这种情况下，大多数要考虑以下几个问题：被投资方向投资方支付股利是否受限？投资方是否还能通过其在被投资方的权益承担可变回报。例如，投资方所持被投资单位股票的价值能否保留？投资方是否拥有对被投资方的应收贷款或其他经济利益，这些利益预期能够带来回报还是已经毫无价值？投资方是否还拥有与被投资方的协同效益？

（2）声誉风险。有些投资方或发起人为了保护其在市场中的声誉，虽然对被投资方不存在相应的法定义务或合同义务，还是被迫向经营困难的被投资方提供财务支持，以免因被投资方的经营失败损害自己的声誉，我们称之为“声誉风险”。例如，在金融危机期间，一些金融机构会向其所发起设立的证券化工具提供资金支持，并在某些情况下接管这类结构化主体。

从“控制”概念出发，声誉风险的存在会导致投资方有更强烈的动机去获取对被投资方的权力，但其本身并不能表明投资方对被投资方已经拥有权力。同样，不能仅仅因为某个主要发起人或投资方承担了声誉风险，就认定它承担了被投资方的可变回报，进而判断它是控制人，要求它合并其所发起设立或投资的结构化主体。某些银行发售的理财产品，可能涉及自身的声誉风险对于这类情形中“控制”概念的考虑（本章第五节相关部分将会展开分析）。

三、“可变回报”与“控制”之间的关系

（一）必要而非充分条件

需要注意的是，虽然“可变回报”是“控制”概念中不可缺少的三要素之一，但是只具备这一个要素，并不能算是“控制”。虽然说其他 2 个要素也具有同样的特点，但三要素与“控制”之间的关系还是有一些明显的区别。

一般来说，如果能够判定某个投资方对被投资方拥有权力（第一个要素），而且是作为主要责任人，而不是作为代理人（第三个要素，权力能够影响回报），基本上就可以认定这个投资方控制了被投资方。因为在正常的商业社会里，几乎没有谁（个人或组织）会在没有任何可变回报的基础上主动去拥有权力（这要付出相当的成本），而且是作为主要责任人应用这些权力影响可变回报。如果是代理人，这种权力很有可能是其他方（即主要责任人）通过付出一定成本而取得后，再委托给代理人行使。

就“控制”概念而言，对于“可变回报”这个要素，尤其需要强调必要性而非充分性这一点。必须有“可变回报”，才能实现控制；但只有“可变回报”，并不能实现控制。也就是说，如果投资方仅仅是可以通过参与被投资方的相关活动而享有可变回报，并不能表明其控制了被投资方。投资方要控制被投资方，还需要满足控制的另外2个要素，即投资方拥有对被投资方的权力、有能力运用其对被投资方的权力影响回报金额。

例如，债权人一般可以通过获取债务人支付的利息来承担债务人的可变回报，因此也承担了债务人的信用风险。但是，由于债权人通常不具有影响可变利息金额的能力（没有权力），因而可以认定，债权人不能控制债务人。

反之，可以得出这样的结论：即使只有一个投资方控制被投资方，也不能说明只有该投资方才能获取可变回报。常见的例子是，虽然被投资方被某个大股东控制，但少数股东也可以分享被投资方的利润。

（二）定性而非定量条件

另外，还需要强调一点，在评估控制时，对于“可变回报”这个要素，只需要关注是否享有可变回报，即定性分析可变回报存在与否，而不需要定量评估投资方享有可变回报的金额大小（如图3－3所示）。

（三）对控制概念其他要素的影响

“控制”三要素相互之间会有所影响。特别是，“可变回报”对于“权力”和“权力影响可变回报”这两个要素都可能产生一定程度的影响。

1. 可变回报金额与风险影响权力

有恒产者有恒心。投资方可能从被投资方获得的越多，或者获得大量回报的情况越不确定，就会越担心，越想方设法去控制它，希望能够降低这种风险。也就是说，如果投资方通过参与被投资方的相关活动而享有可变回报的风险越大，投资方获取相关权利（能够赋予其对被投资方的权力）的诱因就越强。由此可见，有时候，承担可变回报也是投资方拥有权力的一项指标。换句话说，如果某个投资方承担可变回报的金额大、风险高，会计人员在评估他（或它）是否拥有被投资方权力的时候，就要更注意。因为在这种情况下，该投资方更有可能因此而去获取能够赋予其权力的权利。

当投资方通过参与被投资方的相关活动而享有的可变回报远远高于其表决权或其他类似权利时，在将它与其他权利一并考虑的情况下，可能表明这个投资方已经拥有对这个被投资方的权力。当然，享有可变回报风险只是判断权力的一个因素，而且并不是决定因素，它本身的大小及其相关风险的大小并不是投资方拥有权力的决定性因素。

2. 可变回报金额与风险影响联系

对于“联系”（权力能够影响回报）这个要素的判断，有时候也需要考虑“可变回报”这个要素。

如果某个投资方自被投资方取得的回报（可变回报）金额大且风险也比较大，它就更有动力直接作为主要责任人，而不是代理人，来行使权力。同样，这个因素也不起决定性作用。某个投资方承担可变回报的金额和风险并不能决定其一定是主要责任人（具体分析见本章第四节相关内容）。

3. 三要素齐备才能判定为“控制”

“控制”必须同时具备 3 个要素。因此，即使某个投资方因为享有可变回报而导致自己拥有权力，仍应当继续评估，确定其是否有能力运用其对被投资方的权力来影响自己的回报金额。只有这 3 个要素都具备，会计人员才能确定这个投资方控制了被投资方。

第四节　联系：有能力运用权力影响回报

想象一下，你的一位老朋友有一大摊生意，照顾不过来。有那么一天，他让你到他的一家公司当总经理，全权委托你对这家公司的日常事务做决定，他还跟你签了合同，给了你一点干股（虚拟股，你无需出资而假设拥有这家公司一定比例的股份，并按照相应比例分得红利），约定你的报酬和这家公司的业绩（经审计的扣除非经常性损益后的净利润）挂钩。你以前从来没有担任过这样的重任，虽然你拥有干股的比例非常低，但也有些引以自豪。从此以后，你兢兢业业，努力工作，管理得越来越顺手，渐渐感觉自己正在控制这家公司。

忽然有一天，你的朋友打来电话，叫你在工作中要注意一点，不要自行其是。你心头一紧，“我是不是碰到了‘假’控制?”但你觉得应该“坚持自我”，于是不顾对方的警告，仍然按自己的意愿行事。直到有一天，你的这位朋友无奈地告诉你，根据董事会决议，你已经被开除了，你对这家公司员工的任何命令从即刻起将不再生效。这时候，你才恍然大悟："我原来一直都在'假'控制！"

一、主要责任人与代理人

是的，即使有了对被投资方相关活动的决策权，又享有可变回报，也不一定控制了被投资方。因为这样的控制可能只是"假"控制。要想实现对被投资方的"真"控制，还需要具备第三个要素——权力与回报之间的联系（如图 3－4 所示）。

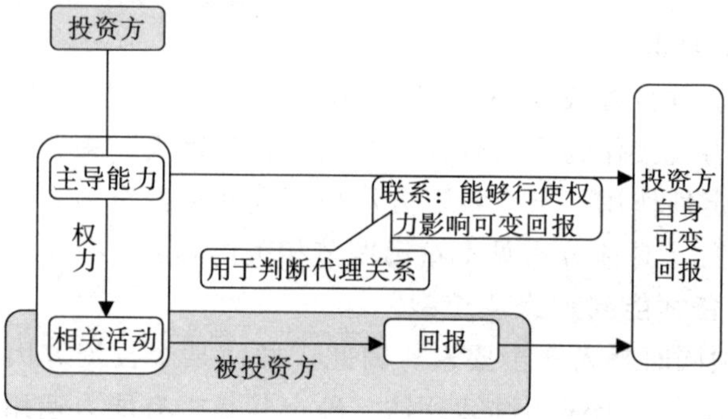

图 3－4　控制三要素之三：联系——权力能够影响可变回报

投资方只有在对被投资方拥有权力，通过参与被投资方的相关活动而享有可变回报，并且有能力运用对被投资方的权力来影响其回报金额时，才能被认定是控制了被投资方（CAS 33 第七条）。如果某个投资方已经具备前两个要素，即该投资方拥有对被投资方相关活动的决策权时，我们称之为"决策者"；如果该投资方同时又具备第三个要素，我们就称之为"主要责任人"（即实际决策人）；如果该投资方同时不具备第三个要素，我们则称之为"代理人"。主要责任人与代理人在是否控制被投资方方面的身份完全相反，会计人员需要认真识别。

简言之，会计人员在判断拥有决策权的投资方是否控制被投资方时，须要考虑其是以主要责任人的身份还是以代理人的身份进行决策。很明显，作为代理人的投资方，在行使授予其的决策权时，并没有控制被投资方。

CAS 33 第十八条规定，"投资方在判断是否控制被投资方时，应当确定其自身是以主要责任人还是代理人的身份行使决策权"，当然，还要学会逆向思维，"在其他方拥有决策权的情况下，还需要确定其他方是否以其代理人的身份代为行使决策权"。

学术一点地说法，主要责任人和代理人之间的关系就是委托—代理关系。这种关系经常存在于资产管理行业（例如，信托）和银行业等金融领域。在某些技术专业性比较强的领域，一些投资方也会作为主要责任人，向代理人授权，由对方代为行使某些决策权。例如，在建筑业、房地产、采掘工业在经营过程中也经常发生这样的授权行为。

有时候，由于具备专业技能，某个投资方在行使决策权时，可能既代表自己，作为主要责任人；又接受其他投资方的授权，作为这些其他投资方的代理人。这时候，会计人员需要评估以下事项：投资方在决策时，是作为主要决策人，还是仅仅代表其他投资方作为代理人行事。评估结果是判断这个投资方是否控制被投资单位的关键。这是因为，在这种情况下，控制的其他两个要素：权力与可变回报都已经具备。

由于代理人的情形比较复杂，在实务中会有各种表现形式。本书首先介绍这种情况，在清晰此类情况的基础上，就可以将具备前两个要素（即权力和可变回报）而又不是代理人的投资方（决策者）认定为主要责任人（如图3-4所示）。

（一）代理人

1. 相对于主要责任人的代理人

代理，即代而理之，代表某人决策某事。代理人代表主要责任人，对被投资方的相关活动做出决策，以服务于该主要责任人的利益。虽然主要责任人可能将其对被投资方的一些甚至全部决策权都授予代理人，但是，代理人只是代表主要责任人行使决策权，并不对被投资方拥有控制。

同时要注意，行使权力的可以是代理人（代表主要责任人），也可以是主要责任人（直接行使权力）。在这两种情况下，主要责任人都有可能受益。但是，反过来推理就不对了，不能因为主体在其他人行使权力时受益而认定对方就是代理人。也就是说，会计人员不能仅仅因为其他方能从决策者行权中获益而认定决策者就是代理人。例如，控股股东通过行使决策权经营一家企业，你作为这家企业的小股东，也会因此而受益。很明显，此时，控股股东是主要责任人，而不是代理人。

2. 代理人的权力属于主要责任人

代理人的最突出特点是，代理人的决策权是由主要责任人所授予的，也就是说，代理人的权力属于主要责任人，而不是他自己。

（二）主要责任人

被代理人代表而行使决策权的一方就是主要责任人。对于被投资方而言，可能存在多个主要责任人，会计人员不能因此断定每个主要责任人都能够控制该被投资方，还需要评估某个主要责任人是否拥有对被投资方的权力。

因此，CAS 33 第十八条规定，“代理人仅代表主要责任人行使决策权，不控制被投资方。投资方将被投资方相关活动的决策权委托给代理人的，应当将该决策权视为自身直接持有。”

二、判断决策者是否为代理人需要考虑的因素

如果决策权是由其他人授权的，那么决策者在决策过程中不得不看授权人的眼色行事。如果决策者无意或故意违背了授权人的意愿，授权人可以取消授权。最直接明了的取消授权，就是让决策者离开决策的位子。所以，如果有某个单独投资方不需要跟其他投资方商议，就拥有实质性权利，可以无条件罢免当前正在行使决策的决策者（罢免权，即剥夺决策者决策权的权利），那么，就可以据此判断这个决策者是代理人。

实务中，除了上述这种最简单（也是最有效）的情形外，在投资方层面，还存在很多可能涉及委托—代理关系的情况，有的还相当复杂。会计人员在判断某个决策者是否为代理人时，既要综合考虑它与被投资方之间的关系，又要考虑它与其他投资方之间的关系。对于这些复杂情形，会计人员需要主要考虑以下 4 项因素：（1）决策者对被投资方的决策权范围；（2）其他方享有的实质性权利；（3）决策者的薪酬水平；（4）决策者因持有被投资方的其他权益而承担可变回报的风险（CAS 33 第十九条）。

以上 4 项因素的重要程度可能存在差异。总体来看，其他方享有的实质性权利（尤其是罢免决策者的权利）和承担的可变回报风险这两项因素的影响相对更大。

（一）决策者对被投资方的决策权范围

1. 考察对象：决策活动的重要性与决策的自主性

一般来说，一个人可以决策的事情越重要，对重要事情做出决策的自主性越大，就越可能证明他所做的决策是代表他自己的意思（作为主要责任人），而不是代表别人做出的（作为代理人）。

要判断决策者是主要责任人还是代理人，在考虑决策权的范围时，需要特别考虑已授予的权力范围以及决策的自主权的大小。如果权力范围很大，可能表明决策者是主要责任人。例如，某个资产管理人只能根据投资文件中设定的参数（在某种股票价格下行且触及某个点位时）建立、运行和管理公开交易且受监管

的基金（必须抛售某个确定比例或数量的该种股票），表明这个资产管理人可能仅是代理人。决策权的范围和决策时的自主权越大，则表明该决策者是主要责任人的可能性越大。但是，凡事不能一概而论。要判断决策者是委托人还是代理人，还需要将决策权范围与其他3个因素结合起来，从整体上进行考虑。

2. 具体情况：不能一概而论

如果一个将军带领部队出征，皇帝为之壮行，授予他战争期间部队兵马粮草等所有事情的决策权，将军可根据战争期间出现的具体情况做出自主地决策定夺，正所谓将在外君命有所不受。虽然此时这位将军的决策范围很广，决策自主程度也相当高，但我们并不能因此断定，这位将军就是主要责任人，而不是皇帝的代理人。若把这位将军与在蛮夷之地占山为王的土匪头目作对比，一般来说，应判断土匪头目是主要责任人，而将军仅是皇帝的代理人。

因此，在考虑决策者对被投资方的决策权范围时，会计人员要考虑相关协议或法规允许决策者决策的活动性质（即重要程度），以及决策者对这些活动进行决策时的自主程度。但要注意，即使这两个指标值都很大（决策权范围很广，而且要决策的活动很重要），也并不代表决策者一定是主要责任人。

3. 实务操作：需要考虑的其他因素

实务操作中，要评估决策者对被投资方的决策权范围，需要考察以下几个方面的情况：（1）被投资方的设立目的与设计；（2）被投资方面临的风险及转移给其他投资方的风险；（3）决策者在设计被投资方过程中的参与程度。

了解被投资方的设立目的和设计通常有助于了解授权类型、授权原因以及其他方保留的权利类型及保留原因。了解决策者在设计被投资方过程中的参与程度有助于了解决策者的权力大小。如果决策者在被投资方设计过程（包括确定决策权范围）中的参与或介入程度较深，可能表明决策者有机会、有意愿获得权利使自己有能力主导相关活动。但是，决策者即使可以深度参与被投资方的设计，也不能表明决策者必然能够主导相关活动。因而，在判断决策者是主要责任人还是代理人时，决策者是否参与被投资方的设计并不是决定性因素。

（二）其他方享有的实质性权利

1. 单独罢免权

如果存在单独一方拥有实质性罢免权，能够无理由罢免决策者，那么，只要这一方动用这种罢免权，决策者就得卷铺盖走人。当然，在这种情况下，决策者只能是代理人。

2. 联合罢免权

除此以外，还应该考虑其他方所拥有的限制决策者决策的实质性权利。例如，同样是要求股东表决权过半数才能通过，一家企业的股权相当集中，两个最大股东的股份比例合计起来就已经超过半数；另一家企业的股权非常分散，前十大股东的股份比例都加起来才达到50%。很明显，决策者在前者中更可能是代理人。也就是说，如果需要多方联合起来，才拥有罢免决策者的实质性权利，而且，其中任何一方都不能未经其他方同意就罢免决策者，此时，我们就无法立即断定决策者就是代理人，而需要考虑其他相关事实。一般来说，决策者决策所要取得认可的其他方的数量越少，该决策者越有可能是代理人。如果是与罢免权相关时，罢免决策者所要联合起来行使罢免权的各方数量越多，决策者的其他经济利益（例如，占有的股份、接受的薪酬和其他利益等）的比重和可变动性越大，其他方享有的权利在判断决策者是否为代理人时的权重就越轻。

3. 通过权力机构行使的权利

在考虑其他方享有的权利时，还应该评估被投资方的权力机构（例如，董事会）可行使的权利及其对决策权的影响。如果其他投资方任命的独立董事会（或其他权力机构）享有无条件罢免权，也就是说，该董事会可以全权决策是否罢免决策者，就有可能表明决策者是代理人。

关于罢免权与代理人问题的关系描述如表3－2所示。

表3－2　　　　评估无条件罢免权相关事实与对应结果

持有罢免权的其他方数量	决策者是代理人还是主要责任人
一方	总是为代理人
少量或董事会	一般为代理人
大量	主要责任人

前文一直提到"实质性权利"这个词，在评估罢免权时，这个词也是重点。会计人员须确定罢免权是否为实质性权利。如果罢免权不是实质性权利，可能表明决策者是主要责任人。当然，同时还需要根据其他3个因素进行判断。如果罢免权是实质性权利，则可能表明决策者是代理人。至于"实质性权利"的判断，就看这种权利是否有"力量"，具体可以参考本章第二节中的相关内容。

评估罢免权是否为实质性权利时需要考虑的对应情况如表3－3所示。

表3－3　　　　评估罢免权是否为实质性权利的对应情形

非实质性权利	实质性权利
仅在满足条件时才能行使罢免权	无条件行使罢免权
行使权利可能面临重大经济处罚	行使权利可能面临微小经济处罚
决策者拥有独特的技能	少数其他方能代替决策者的角色

续表

非实质性权利	实质性权利
目前不得行使罢免权	目前可以行使罢免权
主要责任人	代理人

（三）决策者的薪酬水平

1. 基本判断

一般来说，相对于被投资方活动的预期回报，决策者薪酬的比重（量级）和可变动性越大，就越有可能不是代理人。如果决策者的薪酬与其所提供的服务相称，而且在薪酬协议中体现了市场条件下的人力资源正常服务酬劳（即在公平交易基础上，针对有关类似服务和技能水平而商定的安排中常见的条款、条件或金额），我们基本上可以认定，决策者行使决策权（也就是利用其技能提供相关决策服务）是在其他方授权情况下进行的（也就是被其他方所购买）。因此，他更可能是代理人。如果不能同时满足这两个条件，决策者就肯定不是代理人。

但是，如果仅仅满足上述这两个条件，并不能据此断定决策者就是代理人，还需结合其他3个因素，进一步分析。也就是说，这两个条件是判断决策者是代理人的必要条件，但不是充分条件。

2. 判断要点及程序

在评估决策者的薪酬水平，由此判断决策者是代理人还是主要责任人时，可依据3－5所示流程进行。

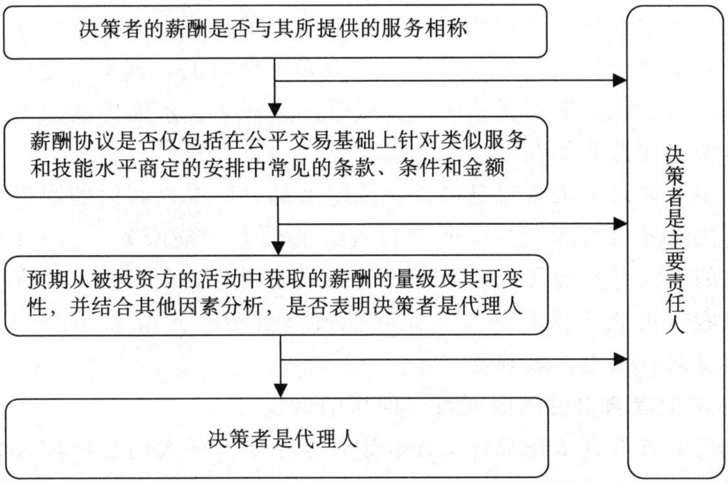

图3－5 基于薪酬水平判断代理人的流程图

3. 实务操作

当前，各类资产管理公司充斥资本市场，在某些貌似“高大上”的场合，有些人穿着正装，面带微笑，与你相遇，彬彬有礼地递上一张名片，上面印着“投资经理”、“理财专家”、“资管经理”、“业务董事”、“董事总经理”等让人有点眩晕的头衔，言辞谦恭地搭讪，“有需要请联系我，我正在控制一项基金资管计划”。这时候，你最好谨慎一点。

通常情况下，资产管理行业竞争比较激烈，人员流动也比较频繁和自由。从用人单位来看，就是人员之间可替代性较强。在直接面向终端零售客户的资产管理业务中，决策者的薪酬与其所提供的服务大抵相称；薪酬协议也只包括在公平交易基础上针对类似服务和技能水平商定的安排中常见的条款、条件或金额。此时，判断决策者（即那些自称“控制”的人）是主要责任人还是代理人，需要评估他预期从被投资方（即基金或资管计划等）的活动中获取薪酬的量级及其可变性，并且结合其他因素综合分析。

（四）决策者因持有被投资方其他利益而承担可变回报的风险

1. 此类风险的性质及其产生原因

决策者行使决策权的首要目的可能是为了控制自己所要承担的风险，这类风险是由于决策者持有被投资方其他利益的可变回报而产生的。在这种情况下，决策者可能为了自身利益（降低这类风险）而具有权力。

一般来说，根据股东协议、企业章程等法律文件，决策者在做出被投资方相关活动的决策时，必须从全体投资方的利益最大化出发，以此作为行动的指南。但是，如果你认为，按照法律或合同的要求，为了其他方的最大利益行事（即具有受托责任）的每个决策者都是代理人，也是不合适的。其实，之所以会有这样的推论，是因为假定决策者会按照法律或合同中规定，永远为其他方的最大利益行事，但事实往往并非如此。

一般来说，如果决策者自身可以获取绝大部分回报，而他的回报会受他的决策影响时，决策者很可能会为了所有投资方的最大利益服务。这是因为，此时，所有投资方的最大利益经常与决策者自身的最大利益重合。但如果有更大的利益趋动，决策者也可能会挣脱约束，让其他投资者得不到最大利益，甚至有所损失，而他自身却获得更大的利益。

2. 评估决策者身份性质时对可变回报的考量

当某个投资方具有受托责任，在确定其是主要责任人还是代理人时，应评估他在被投资方中的其他利益的大小和可变性。

所谓其他利益，包括对被投资方进行投资（持有其股份或债券），提供被投资方业绩担保，以及其他可能导致投资方获得可变回报的其他形式的各种利益。在评估其是主要责任人还是代理人时，应当考虑决策者因为该利益所面临的可变回报的风险。具体来说，会计人员需要关注以下几个方面：

（1）决策者享有的经济利益（包括薪酬和其他利益）的量级（占总体回报的比重）和可变动性（这部分回报可能变动的范围）。决策者享有的所有相关经济利益的量级和可变动性越大，就越可能是主要责任人。关于这个问题，本章第五节对于理财产品的控制方判断将会做出更详细地分析。

（2）决策者面临的可变回报风险是否与其他投资方不同。如果有所不同，就要考察这些不同是否会影响其行为。例如，决策者持有次级权益，或者向被投资方提供其他形式的信用增级（例如，担保）时，都可能表明决策者是主要责任人。

（3）可变回报风险与总体风险的比较。相对于被投资方回报总体变动风险，会计人员还应当评估决策者所承担的可变回报风险与之相比较的程度。对于这一点，会计人员要考察决策者预期从被投资方的活动中得到的回报以及决策者通过持有其他利益而承担的被投资方可变回报的最大风险。例如，决策者为被投资方提供担保，当担保条款被触发时，决策者可能需要承担的最大赔偿金额。

3. 声誉风险与此类风险之间的关系

在这里，有必要再提一提“声誉风险”。

有时，即使没有法定或合同安排，一家企业也可能在被投资方发生财务困难时决定向其提供资金或其他支持。之所以会这么做，是因为这家企业考虑到，如果任由被投资方破产，将会损害自己更广泛的商业利益。这种情况在一些金融机构作为投资方发起设立结构化主体时比较常见。这就是所谓的“声誉风险”，由此也可能产生可变回报风险。

本章第三节已经提到过，声誉风险本身并不代表可变回报，也不意味着拥有权力，但它可以激励投资者获取权利，由此拥有对被投资方的权力。因此，在评估控制时，声誉风险应该与其他事实和情况一并考虑。

4. 评估决策者身份性质时对声誉风险的考量

因声誉风险而产生可变回报的风险也有可能影响决策者是代理人还是主要责任人的判断。

（1）纳入考虑的权重。要在多大程度上考虑声誉风险（在评估中给予声誉风险多大权重），取决于决策者经济上被迫介入的可能性有多大。一般来说，决策者采取行动限制其声誉损失（被迫介入）的可能性越大，他作为主要责任人的可能性越高，在考虑这个问题时给予声誉风险的权重就越大。

（2）相关预案的影响。如果被投资方的发起人已经有预案，针对其可能遇到的困难进行了安排（例如，已经为其安排了在财务困难时由第三方提供流动性资金融通的预案），那么，这类安排条款也是评估发起人被迫介入的可能性时的主要考虑因素。例如，结构化安排中包含不可抗力或重大不利条款，或者甚至没有这一类融资安排，就意味着被投资方万一遭遇这样的风险，发起人极有可能被迫介入以保护其声誉。

（3）历史记录。对于这个问题，会计人员可以翻翻历史记录，看看投资者以前是否曾经介入维护声誉行动。如果历史上曾经出现发起人在被投资方发生财务困难时向其提供支持以维护声誉的事实，那么，就表示发起人很可能会再次这样做。

（五）小结

综上所述，当存在单独一方持有实质性罢免权并且能够无理由罢免决策者时，决策者肯定是代理人。除此以外，需要综合考虑上述 4 个因素，判断决策者是代理人还是主要责任人。在判断控制时，代理人的决策权应该被视为由主要责任人直接持有，权力属于主要责任人而不是代理人。因此，投资方应当将授予代理人的决策权当作自己直接持有的决策权。《企业会计准则第 33 号——合并财务报表》应用指南中的例 12 ~ 例 15 可以作为具体参考。

三、实质代理人

（一）评估“联系”时要考虑实质代理人相关信息

在判断控制时，如果已经确定某个投资方甲是同一被投资方的另一投资方乙的代理人，那么，乙不但要考虑自己持有的那部分权益所代表的权利、回报以及二者之间的联系，还应该把其代理人甲代表自己持有的那部分权益合并起来考虑。也就是说，在评估“联系”这个要素时，要考虑是否存在其他方凭借与投资方的关系，代表投资方行使决策权，特别是要考虑其他方是否以投资方的“实质代理人”的身份代为行使决策权。要识别乙是否是甲的实质代理人，会计人员不仅要考虑乙和甲之间关系的性质，还要考虑其他方之间、其他方与本投资方之间的互动影响。

如果投资方甲能够主导另一投资方乙代表其行使权利，则乙为甲的实质代理人。此时，甲在评估对被投资方是否存在控制时，应将其自身和其实质代理人乙的决策权及其通过实质代理人乙而间接承担或者享有可变回报的风险或权利与其自身风险和权利一并考虑。

（二）表明实质代理人的常见情形

实务中，虽然通过合同方式确定投资方与其实质代理人之间的关系比较常见，但二者之间的这种关系不一定都会在合同中列明。

下列情形表明一方可能是投资方的实质代理人：是投资方的关联方；因投资方出资或提供贷款而取得在被投资方中的权益；未经投资方同意，不得出售、转让或抵押其持有的被投资方权益，如果这种限制是通过投资方和其他非关联方之间自愿协商同意，则不属于这种情形；没有投资方的财务支持就难以获得资金支持其经营；被投资方权力机构的多数成员或关键管理人员与投资方权力机构的多数成员或关键管理人员相同；与投资方具有紧密业务往来，如专业服务的提供者与其中一家重要客户的关系。

但是，如果某一方仅仅具备上述某种情形，未必表明它必然是投资方的实质代理人。另外，理论上，由于很多相关方都有可能成为实际代理人，管理层很可能需要评估大量相关方，来确定它们是否事实上属于实际代理人。这需要对事实和情况的仔细评估，包括评估被投资方的设立目的和设计，各方之间关系的性质，以及各方之间的互相影响。

（三）适用范围

需要注意的是，一方作为另一方的实质代理人，只是说明对于某个特定的被投资方，前者代表后者行事，而在其他场合，前者与后者之间可能存在其他关系，也可能没有任何关系。也就是说，这并不意味着后者可以控制前者。

第五节 “控制”三要素组合

将本章第二节至第四节讲述的三要素组合起来，就是“控制”的概念，也是判断企业是否控制被投资单位的全面标准。

一、控制=权力+可变回报+联系

（一）定义

重新审视 CAS 33 第七条对于“控制”的定义。控制是指投资方拥有对被投资方的权力，通过参与被投资方的相关活动而享有可变回报，并且有能力运用对被投资方的权力影响其回报金额。这个定义明确指出，在权力、可变回报、权力能够影响回报（联系）这三要素同时具备的情况下，投资方就控制了被投资方。因此，会计人员应将这三要素结合起来理解“控制”概念（如图3－6所示）。

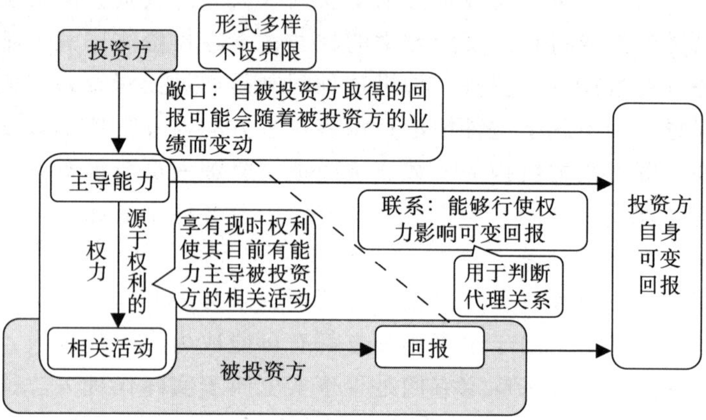

图3－6　控制三要素及其组合

（二）应用

常见的“控制”，大都是投资方通过持有被投资方半数以上股权而控制被投资方。其实，这种类型只是最为普通的控制类型。随着市场经济的发展，特别是资本市场的迅猛发展，已经出现许多其他类型的控制情形。对于这些情形，不能只考虑投资方在被投资方中所持有的股份比例。甚至在某些情况下，一方可能表面上没有持有被投资方任何股份，但也能实现对被投资方的控制。这些“非主流”类型的控制，是下面将要分析的重点。对于这些情况，本书将套用“控制三要素”框架，关注其是否实现了对被投资方的控制，而不是纠缠于股份比例的多少或是表决权比例的多少。

二、常见而“非主流”类型的控制

（一）结构化主体

随着资本市场的发展和创新，出现了一些无需通过表决权就能实现控制的作法。例如，企业有时会通过发起设立并控制结构化主体来实现自己的某种特定目的。

1. 什么是结构化主体

《企业会计准则第41号——在其他主体中权益的披露》第三条规定，“结构化主体，是指在确定其控制方时没有将表决权或类似权利作为决定因素而设计的主体。”一看就知道，这是从英语直译过来的术语。现实中，还有一些冠以“结构化”命名的术语：结构化面试、结构化设计、结构化分析、结构化数据、结构化查询语言（SQL）、结构化（金融）产品、结构化安排等。感觉有点高深、有点时髦，有点不明觉厉。

（1）术语释义。“structured”，结构化，直译为被构造的、具有特定结构特点。既然是被构造出来的东西，必然是为了特定目的而被构造出来。一颗导弹被构造出来，目的很明确，跟踪并击中某个飞行物，且尽量不受干扰。作为一种被构造出来的主体，结构化主体也必须有具体明确的目的，或者说，通常是为了某个特殊目的而设立出来的主体。因此，也有人称之为“特殊目的主体”（Special Purpose Entity，SPE）。

（2）SPE与VIE的关系。美国安然公司曾经发起设立并控制了自己都数不清的SPE，曲解并利用当时美国会计准则的漏洞，没有将自己控制的绝大部分SPE纳入合并财务报表范围，以此掩盖其所面临的巨大风险和业绩严重恶化的现实。通过财务舞弊，掩盖事实，美国安然公司积累了巨大风险直至最终爆发。此后，美国资本市场参与者（主要是美国证监会，即SEC）经过反思，亡羊补牢，对于SPE在何种情况下需要纳入合并范围，企业应当如何披露SPE相关信息等问题做出了规范。

之后，美国财务会计准则委员会（FASB）以“可变利益实体”（Variable Interest Entity，VIE）将其命名（最早出现在解释公告第46号，即FIN 46中。之后经过编撰，纳入会计准则法典第810号主题，即Accounting Standards Codification，Topic 810），取代原来的SPE。

严格来说，VIE与SPE的概念并不完全一致，SPE涵盖的范围比VIE要广。美国相关会计准则为了规范“控制”概念及其指导下的合并报表范围，采用“VIE”这个新术语，专指那些需要纳入合并报表范围的特殊目的主体（也就是企业以前所使用的术语“SPE”）。因此，规范的说法是，SPE就是结构化主体，而VIE仅是其中的一种。

VIE在IASB公布的国际会计准则体系中，也被称为“结构化主体”。考虑到不同场合（会计规范文件、专业媒体、大众媒体等）中已经长时间使用某个术语，为了便于理解，本节将首先详细介绍结构化主体及其控制方判断问题，而后再利用分析结果，举例说明通过VIE结构在境外上市的中资企业涉及的“控制”概念及其判断问题。

2. 结构化主体的主要特点

(1) 目标明确且单一。为了在以后的运营中尽可能顺利，为这类主体设定的目的一般比较明确也比较单一（目标多了就没有目标了）。例如，有的是为了迅速回收资金的资产证券化、结构化主体，有的是为了满足客户特定投资需求的结构化理财产品，有的是为了专门从事研发或租赁活动的结构化主体。

(2) 业务范围受限。为了尽可能实现预定目的，就要尽量排除无关因素的干扰，因此这种主体的业务活动范围经常会受到严格限制。例如，从事信贷资产证券化业务的结构化主体，在发行资产支持证券募集资金和购买信贷资产后，根据相关合同，它的业务活动就被限制下来，只能将来源于信贷资产的现金向资产支持证券投资者分配收益。也就是说，结构化主体经常只能在合同约定的范围内开展业务活动。

(3) 通过向投资者发行不同等级证券进行融资。要实现预定目的，当然需要钱。一般情况下，发起设立结构化主体的发起人（一方或几方）没有或者不想投入太多资金。这时，就要请一些与自己不相关的主体投资入股。但发起人同时又希望自己构造出来的主体可以实现有利于自己的目的，不愿意那些入股股东七嘴八舌地参与决策，影响结构化主体按照预设目的进行运营。发起人通常有以下两种处置方法：

第一，在结构化主体的股东协议、章程或股东之间的其他合同中规定，它的重要决策不按照股份比例或者表决权比例来决定，也就是说，表决权或类似权利只能与行政性管理事务相关，占大多数（例如，半数以上）的股东表决通过并不能主导结构化主体的相关活动，这些股东只能作“吃瓜群众”；第二，发起人以对这类主体承担更大的风险和责任为代价，承诺参股股东更小的风险和义务。这也是责权利对等原则在结构化主体中的体现。

这样一来，结构化主体通常需要向不同投资者发行不同等级的证券（如分级产品）等金融工具实现融资。而持有不同等级证券的投资者也因此承担不同的风险。例如，购买优先级的投资者（普通投资者）享有优先受益权，购买次级的投资者（一般是发起人或其关联方）享有次级受益权。投资期满后，投资收益在逐级保证受益人本金、预期收益及相关费用后的余额都归购买次级的投资者。如果出现投资损失，首先由购买次级的投资者承担。这样做，既可以满足普通投资者不愿意承担太多风险的心理需求，又可以满足不同风险偏好投资者的投资需求。

(4) 股本不足以支撑其业务活动，必须依靠其他次级财务支持。有时候，证券按风险程度来分级还不够。结构化主体在开展业务过程中，募集到的股本有可能无法支撑业务活动。为了应对这种妨碍主体实现特定目的的情况，必须提前准备。

一般来说，这类主体会在设立时就做出安排，会有人愿意承受它的部分或全部预计损失，我们称之为“次级财务支持”的可变权益。所谓“次级”，刚才已经说了，就是受偿顺序排在后面。例如，企业的股本就是一种次级财务支持。其他次级财务支持包括次级债权、对承担损失做出的承诺或担保义务等。当有些结构化主体的股本占资产规模的份额较小，甚至没有股本，不足以支撑结构化主体的业务活动时，通常需要依靠其他次级财务支持来为结构化主体注入资金，支撑结构化主体的业务活动。

当然，对于这种次级财务支持提供方来说，他们的风险比一般投资者更大。由此，如果企业向结构化主体提供次级财务支持，会计准则要求其做出相应的披露，具体规定在《企业会计准则第 41 号——在其他主体中权益的披露》中（详见第七章）。

（5）小结。CAS 41 应用指南对以上几个特点做了归纳：结构化主体在合同约定的范围内开展业务活动，表决权或类似权利仅与行政性管理事务相关。在判断某一主体是否为结构化主体以及判断该主体与企业的关系时，应当综合考虑结构化主体的定义和特征。结构化主体通常具有下列特征中的多项或全部特征：①业务活动范围受限；②有具体明确的目的，而且目的比较单一；③股本（如有）不足以支撑其业务活动，必须依靠其他次级财务支持；④通过向投资者发行不同等级的证券（例如，分级产品）等金融工具进行融资，不同等级的证券，信用风险及其他风险的集中程度也不同。

还是感觉比较抽象？这很正常。因为我们接触到结构化主体的机会太少。没有汽车之前，人们只会希望得到一匹跑得更快的马；没有传真之前，大家只能希望信件能邮递得快一点；没有智能手机之前，人们很难理解电话也可以用来娱乐。其实，随着经济的发展，特别是金融市场的发展，不同企业会有不同的融资、投资、风险转移等方面的需求，不同投资者也会有不同程度的投资、风险承担等方面的需求，资本市场总会创造出更多更新的“结构化产品”。当然，这些产品也需要通过构造“结构化主体”来实现其特定目的。目前，我国的资本市场相对比较落后，结构化主体还不多见，常见的一种结构化主体就是资产证券化（资产支持证券）。会计人员可以通过本准则应用指南中的例 10 和《企业会计准则第 41 号——在其他主体中权益的披露》应用指南例 1 来帮助理解。

3. 判断投资方是否控制结构化主体的方法

实务中，结构化主体可能被某个投资方或发起人所控制，要判断是否被某个单独一方所控制以及到底是哪一方在控制，就需要将控制三要素作为尺子，衡量一下是否有哪一方同时具备这三个要素。也就是说，是否有哪一方对该结构化主体拥有权力，是否享有可变回报，它是否有能力运用权力影响其可变回报。如果这3个问题的答案都是“是”，那么，这一方就是该结构化主体的控制人。

由于结构化主体具有上面说到的一些与其他主体不同的特点，在判断它的控制方时，需要综合考虑以下几个方面。

（1）设立时的相关决策及投资方的参与程度。如前所述，结构化主体在设立之后的运营过程中，法律上的权力机构所表决的事项经常仅仅与行政事务相关，表决权或类似权利不能作为确定控制方的决定因素。在这种情况下，表决权产生之前（也就是结构化主体设立之前）的某些事项就有可能已经决定这个结构化主体的相关活动。因此，会计人员在判断结构化主体的控制方时，应当分析其设立目的和设计，特别是要通过评价相关交易条款和投资方在设立活动中的参与事项，考虑它在设立阶段已经由投资方所做出的决策，以及投资方对其设立活动的参与程度，以此判断是否有某一投资方对其拥有权力。

当然，仅仅参与结构化主体的设计，并不足以证明投资方能够控制该结构化主体。但参与设计这项活动本身，可能表明投资方有机会取得权力。另外，还应当考虑结构化主体被专门设计来承担什么类型的可变性，投资方通过参与结构化主体的相关活动，是否承担了部分或全部的可变性。

（2）其他相关合同安排。会计人员需要认真考察结构化主体初始设立时的合同安排，判断其是否赋予投资方参与该结构化主体相关活动的权利。例如，如果在设立之时就设置了看涨期权、看跌期权、清算权及其他可能为投资方提供权力的合同安排，那么，当这些合同安排涉及的活动与该结构化主体密切相关时，即使这些安排所涉及的事项还没有发生，也应当被视为是结构化主体相关活动的有机组成部分。

（3）对仅在特殊事件发生时开展的活动的特别考虑。有些结构化主体的相关活动仅仅产生于某些特定情况或者事项发生时。之所以这样设计，就是要让这些结构化主体在设立之后能够明确地按照既定流程和安排来开展某些固定活动，并且能够确定相应的回报，除非发生某些特定情况。在这种情况下，这类结构化主体做出的与这些特定情况发生时对其回报具有重大影响的活动才是其相关活动。相应地，对相关活动具有决策权的投资方才享有权力。值得注意的是，不管这些特定事项是否发生，对其有决策权的投资方都享有权力。这里，还涉及前面提到的“保护性权利”问题，决策权依赖于特定情况或事件的发生，这一事实本身并不代表这类权利是保护性权利。关于保护性权利与实质性权利的区别，详见本章第二节相关内容。

（4）投资方做出的承诺。有时候，为了确保结构化主体能够持续按照预定设计和计划开展活动，投资方可能会做出明示或暗示的承诺（包括财务支持和非财务支持）。这些承诺可能会放大投资方可变回报的风险敞口，并促使该投资方更有意愿去获取足够多的权利，使其能够获得对该结构化主体的权力。因此，如果某个投资方做出确保结构化主体遵守原定设计经营的承诺，有可能是该投资方拥有控制权的迹象。但是，如果只有这一点，本身并不足以证明该投资方必然拥有权力，或者能够阻止其他方拥有权力，因此也并不足以证明该投资方控制了结构化主体。

4. 案例：判断某资产证券化主体的控制方

《企业会计准则第33号——合并财务报表》应用指南例10就是对某种结构化主体（资产证券化主体）的性质及其控制方判断的案例。为了帮助理解，本节在此复述一遍，并应用“控制”概念三要素对其控制方做出判断。

（1）案例描述。一家小额贷款公司A，有很多未来可以收回本息的小额贷款，但目前资金紧张，想通过资产证券化来获得现金。具体的操作是这样的：先发起成立一个主体C，由它发行一项资产管理计划（非公司形式的主体或载体）。这项计划要做两件事，募集资金向发起人购买资产池中的小额贷款，在以后的期间向借款人收回本息，还给投资者。为此，需要由第三方资产管理公司提供资产管理服务，根据贷款合同上的约定，定期收取现金，把它们存进托管银行，由托管银行根据资产管理公司的指令将款项按约定的时间、金额及相应比例还给投资者。这项计划的投资者有两类：一类是与发起人A无关的一般投资者，它们出资75%；另一类是发起人A本身，它出资25%。之所以这么设置，是因为要想让一般投资者买这些证券，自己得先买一部分，别人才有信心。但是，光这样做还不够，如果资产池中的贷款被借款人拖欠，收到的钱可能就不够还给全部投资者。这时候，要先把收到的钱还给一般投资者，剩下的再给发起人。被借款人拖欠还款还不是最糟糕的事，如果资产池中某些贷款的借款人索性违约，根本就不还钱了（还不起或者赖着不还），这个时候，该怎么保证投资者的利益呢？协议约定，发起人A在这种情况下就要调整下一步的收款计划。例如，拍卖这些违约方的抵押品，出售贷款资产等，以保证收到的钱足够先还给一般投资者。当然，很可能会出现更严重的情形，收到的款项不足以支付给一般投资者。协议进一步约定，在这种情况下，发起人必须购买资产池中的剩余贷款，也就是说，发起人要用自己的钱先还给一般投资者，其他的事，自己再去慢慢想办法。这项资产管理计划及其相关利益方之间各种关系的结构图如图3-7所示。

在以上案例中，我们需要先判断主体C是个什么，再评估它受哪一方或者哪几方控制。我们先看第一个问题。

（2）主体C的性质判定。运用结构化主体的4个主要特点做出判断，这项资产管理计划主体C就是结构化主体。

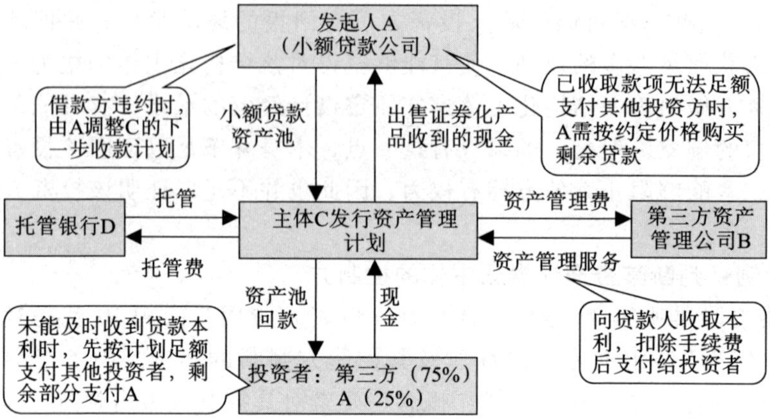

图 3－7　某资产管理计划结构图

首先，主体 C 的业务活动范围受限，它的日常活动就是按照预定计划收回资产池中的贷款，相关活动只有一项——对违约贷款的管理；其次，它的目标界定非常明确而且单一，就是为了管理与回收小额贷款公司 A 发放的小额贷款；再次，它的股本有可能不足以支撑其业务活动，由于发起人 A 承担劣后偿付风险并承诺回购贷款（如果贷款人不还钱，发起人 A 要用自己的钱先还给一般投资者），主体 C 才能对其他投资者融资（发行证券）；最后，主体 C 通过向投资者发行不同等级的证券进行融资，对一般投资者发行优先级证券，而对发起人发行劣后级证券，如果资产池中的贷款出现比较大面积的拖欠和违约，收到的部分本息要先还给一般投资者，如果有剩余，再给发起人 A。因此，主体 C 的信用风险都甩给了发起人，风险的集中程度自然也就不同。

另外，主体 C 的表决权虽然是按照各个投资者所缴纳的股份比例来分配，但这些表决权只能表决一些预定的行政事务，并不涉及主体 C 最重要、最核心的事情——在资产池中的贷款出问题（借款人违约等）时想出办法，拿出行动来解决这些问题及其带来的后果（催款，先自己垫钱等）。这才是主体 C 的相关活动。

因此，对照一下结构化主体的定义，在确定其控制方时没有将表决权或类似权利作为决定因素而设计的主体。结论很明显，主体 C 是个结构化主体。

（3）运用控制三要素模型判断控制方。运用控制三要素，来看看本案例中结构化主体 C 的控制方到底是谁（如图 3－8 所示）？

首先，主体 C 的相关活动是对违约贷款的管理，根据案例描述，有能力主导这项活动的只有发起人 A，它的这项权力源于这项资产管理计划（主体 C）章程中的相关条款，也是发起人与一般投资人之间的共同约定；其次，主体 A 持有主

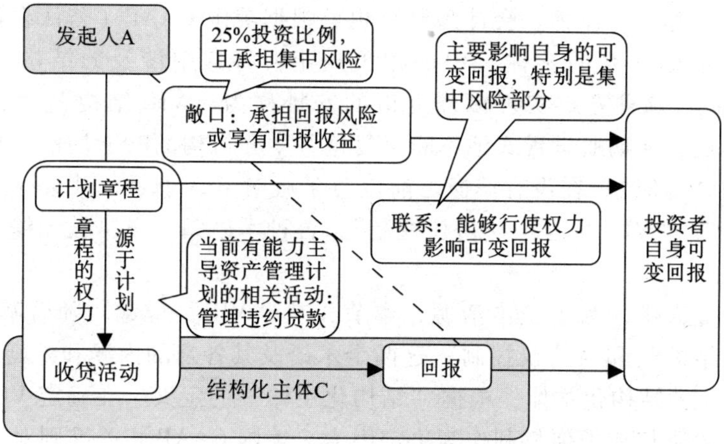

图 3-8 资产证券化主体的控制方分析

体 C 的 25% 股份，而且还承担很多风险，它的自身回报会随着主体 C 的业绩变动而变动，自然也就承担了主体 C 的可变回报；最后，在资产池中某些贷款的借款人违约的情况下，主体 A 要先保证一般投资者的收益，还要想方设法收回款项，如果收得回来，自己的利益才有保证，如果收不回来，自己的利益就会受到损失，而不管是否能收回来，一般投资者的利益基本上都不会受到影响。很明显，那些借款人违约给主体 C 所带来的风险主要由主体 A 来承担，因此，主体 A 所拥有的权力主要影响它自身的可变回报。

综上所述，主体 A 对主体 C 拥有权力，通过参与其相关活动而享有可变回报，并且有能力运用这些权力影响其回报金额。结论非常确定，主体 A 控制了主体 C。

（二）可变利益主体（VIE）

有一段时间，“可变利益主体”这个非常拗口、带有浓烈翻译腔的专业术语，居然被一些媒体炒作得热火朝天，就像 GDP、NBA、APP 一样，仿佛你要是不知道什么是 VIE，都不好意思跟人打招呼。现在，我们来严肃地讨论一下这个曾经相当热门的名词及其背后的故事，看看它到底是什么。

1. 什么是 VIE

VIE 是 FASB 文件中的术语，与 IASB 文件中的“结构化主体”意思一样。有一段时间，很多中资企业通过构造结构化主体，在美国资本市场上市，被称为“中国概念股”，简称“中概股”。2010 年之后，一些中概股被出具负面研究报告，在美国证券市场被大肆做空，股价暴跌，一时沸沸扬扬，“VIE”由此扬名。这些已经上市或者拟上市的中资企业必须遵循美国的相关法律和会计准则，相关中介机构（保荐人、律师、会计师等）也就根据美国GAAP（公认会计原则，美国企业会计准则体系的统称）中的相关规定，将其中涉及的结构化主体称为“VIE”，将通过这种方式实现境外上市的安排称为“VIE结构”。媒体是外行，但喜欢追热点，就鹦鹉学舌式地不断重复这些中介机构的时髦用语。再加上一些自以为是的“专家”，在没有搞懂之前也急于赶时髦，于是，社会上产生了用词混乱：“VIE”、“VIE结构”、“协议控制”，各种术语满天飞，被无缝连接，混为一谈。

作为专业人士，为了正本清源，本节先从“VIE”说起。随着解说地深入，再对“VIE结构”和“协议控制”这两个术语及其各自的内涵和外延加以辨析。

VIE是一种结构化主体，根据“结构化主体”的定义，在确定VIE的控制方时，不能将表决权或类似权利作为决定因素。美国GAAP相关准则对于VIE的定义、特点、控制方判断等规定，与国际会计准则体系中的相关内容几乎一样。事实上，美国GAAP在这方面一直走在国际会计准则前面，修订合并财务报表等准则正是IASB和FASB当时非常重要的合作项目之一。

为了便于理解，我们通过以下案例来看一看。

2. VIE案例：一家在纽交所上市的中国概念股

（1）网页。对于许多会计人员来说，中华会计网校应该不会陌生。有很多人都用过，不少人在它的帮助下走上财会职业之路。打开它的网站，根据其官方网站首页显示，它是“正保远程教育”旗下的品牌网站。“正保远程教育”又是怎样一家公司呢？通过百度搜索引擎，可以查找发现，这是一家在美国纽约证券交易所（NYSE）上市的公司，代码为DL。

在中华会计网校网页的下方可以发现，这个网站的版权归北京东大正保科技有限公司（以下简称“正保科技”）所有，而且这家科技公司还有一大堆资质证件，证明它是可以从事网络教育的机构。

而在“正保远程教育”官方网站①的下方（如图3-9所示）也不难发现版权归正保科技所有的标注。两者最大的区别在于，在北京东大正保科技有限公司中文名称后面加注了括号，并写了这样一句英语：“China Distance Education Holdings Ltd.，CDEL”。

Copyright © 2000 - 2017 www.cdeledu.com All Rights Reserved.

北京东大正保科技有限公司(China Distance Education Holdings Ltd.，CDEL）版权所有 | 京ICP证030467号 | 网络文化经营许可证 | 联系电话:010-82319999 | 我要纠错

北京市公安局海淀分局备案（京公网安备11010802020153） 营业执照

图3-9 “正保远程教育”官方网站首页底部内容

① http：//www.cdeledu.com/.

（2）疑问。从英语直译来看，上述句子并不是正保科技的英文翻译，而是一家叫做“中国远程教育控股有限公司”的企业，它的简称是“CDEL”。这是怎么回事？这两家公司是一家企业吗？如果是，为什么中英文差别这么大？如果不是，为什么又在中文后面用括号加注英语来说明呢？

问题来了，正保科技和正保远程教育是什么关系？看上去好像是正保远程科技的下属公司，要不然怎么说是“旗下品牌”？如果是这样，正保科技为什么不是自己直接在美国上市？或者，为什么这个网站的版权不直接归正保远程教育所有？看来，其中必有隐情！

根据我国相关法律规定，一家企业要想运营一个网络教育网站，需要取得教育、电信、公安等相关部门批准，并获得相应证书。根据当时有关法律，要想获得这些证书，这家企业必须是内资企业，不能是外资企业，更不能是外资控股企业。因此，如果一家企业要想合法地在国内运营一个教育网站，必须是国内人士作为控股股东的内资企业。至此，我们可以肯定，正保科技是一家内资企业，它已经取得了相关证件，正在经营“中华会计网校”这个教育网站。

那么，在NYSE上市的正保远程教育又与之有何关系？根据正保远程教育官网显示，“中华会计网校”是它旗下的网站，而这个网站的版权又归正保科技所有，那么，是不是说正保科技就是正保远程教育的下属企业？官网中没有提到，应该不是。既然不是，这个网站的版权归一家“不是自己下属”的企业所有，又怎么能说是“自己”的“旗下”网站呢？

（3）表象背后的真相。通过在美国证监会网站①把正保远程教育的英文名称输入、查找，谜底揭晓了。打开招股说明书或者上市之后第一期的年度报告（其实，在正保远程教育的官网“投资者关系”栏点击进去，也能找到以前年度的年报，由于是美国上市企业，这些文件都是英文），好好看一看，答案一目了然。

在介绍“组织结构”（Organizational Structure）部分，可以看到“企业及其股权结构”（Corporate and Share Ownership Structure）有这样一张图（如图3-10所示），为了便于阅读和理解，本书把这张图中的部分公司名称翻译成中文，在保持其本质不变的基础上，略作调整，增加一些说明性文字。

从相关文件中可以看到，CDEL是一家在开曼群岛注册的企业（以下简称“开曼公司”），由朱某和殷某（一对夫妇）控股，这家企业正是在NYSE上市的公司，它全资控股一家在香港注册的企业——中华远程教育有限公司（以下简称“香港公司”），这家香港公司在中国北京全资控股两家企业，分别是北京中熙正保远程教育技术有限公司（以下简称“中熙正保”）和北京东大正保教育科技有

① 网址：https：//www.sec.gov。

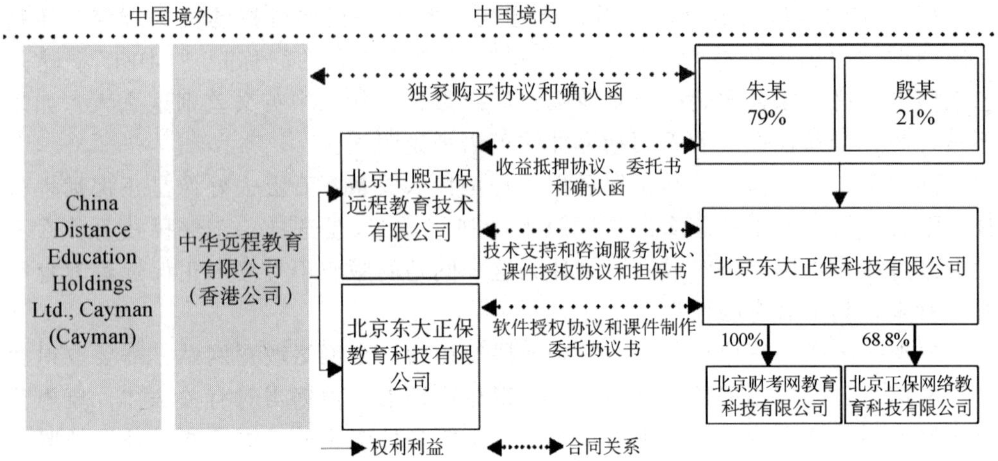

图 3－10　正保远程教育集团公司（CDEL）上市前的股权结构及该集团各公司内部关系

限公司（以下简称“正保教育科技”），而拥有中华会计网校版权的北京东大正保科技有限公司（以下简称“正保科技”）是一家由这对夫妇共同拥有全部股份的内资企业，它控股两家企业：北京财考网教育科技有限公司和北京正保网络教育科技有限公司。在股权结构上，正保科技与另两家北京注册的企业（中熙正保与正保教育科技）之间没有直接关系。因此，它与香港公司及开曼公司之间也就没有任何股权上的直接关系。

但是，没有股权关系不等于就没有关系，甚至不等于就不存在一方对另一方的控制关系。实际上，关系可以是多维度的，除了股权关系，还可以是合同关系。相关文件显示，这几家企业相互之间签订了不少协议。其中，正保教育科技与正保科技之间签订了软件授权协议和课件制作委托协议；中熙正保与正保科技之间签订了技术支持和咨询服务协议、课件授权协议和担保书，还与朱、殷二人签订了收益抵押协议、相关委托书和确认函；香港公司与朱、殷二人签订了独家购买股权协议书及相关确认函。

外行看热闹，内行看门道。很显然，门道都在这些合同中。

正保科技与其他两家北京公司签订的合同表明，这两家公司根据相关合同向它提供技术支持、咨询服务、软件授权、课件制作等服务。在此基础上，它才可以在中华会计网校等网站上向客户提供服务（例如，课件下载等）。正保科技要向客户收取课件下载费等费用，作为收入；这两家北京公司也会向正保科技收取技术服务费等费用，作为它们的收入，而且这些收入接近于正保科技的收入。也就是说，正保科技所获得的收入绝大部分都作为技术服务费等费用支付给了这两家在北京注册的外资全资企业。因此，从表面上看，是正保科技在经营中华会计网校等网站，而实际上，正保科技须基于与这两家外资企业之间多项合同基础上的各种支持，才能向客户提供服务。它的绝大部分收入也在这些合同基础上，作为各种服务费，被支付给这两家外资企业。事实上，这两家外资企业通过这些合同（协议）控制了正保科技。当然，也可以说，是香港公司，进而是开曼公司控制了正保科技。

3. VIE 结构：案例抽象及相关术语解析

这种通过协议而不是股权来控制某一家企业的情形被称为“协议控制”。以这种方式在境外上市的模式就是“协议控制上市模式”。由于这种模式是在新浪网美国纳斯达克上市时首次出现，因此，又被称为“新浪模式”。

（1）案例梳理。进一步梳理“协议控制上市模式”中的主体关系，不难发现，在境外上市的企业及其集团内各企业之间的关系如图 3－11 所示。

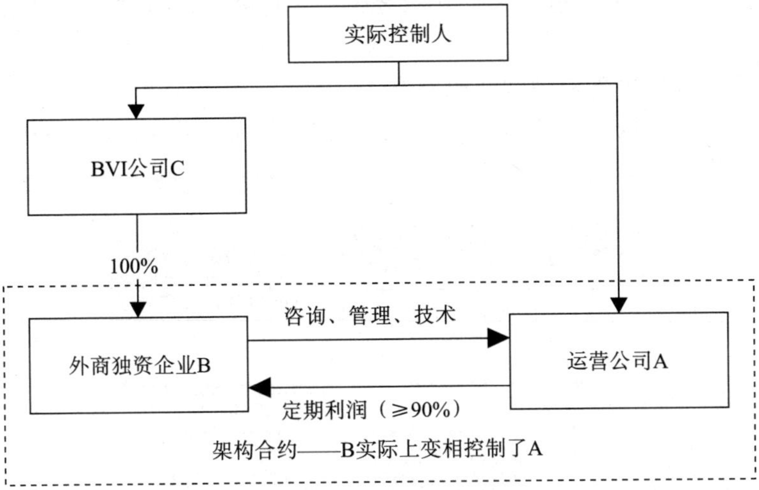

图 3－11 通过“协议控制上市模式”在境外上市的集团内部结构

在图 3－11 中，运营公司 A 就类似于图 3－10 中的正保科技，外商独资企业 B 就类似于中熙正保和正保教育科技。BVI（The British Virgin Islands，英属维尔京群岛）公司 C 代表境外上市企业及其所控股的注册地在中国大陆以外的企业。由于开曼群岛、BVI 等地在公司注册及股权变更登记等方面的法律非常宽松，税收条件非常优惠，而注册地在这两个地方的企业又被允许在境外某些资本市场（例如，美国各大证券市场）上市，由此，许多境外上市企业本身就是注册在这两个地方的企业，或者其下属企业中有些注册地设在这两个地方。例如，图 3－10中的香港公司和开曼公司。

（2）VIE、VIE 结构与协议控制。会计人员需要特别关注境内运营公司 A

（即上述案例中的正保科技）。该企业是在中国大陆注册的公司，它的股东是中国人（即上述案例中的朱、殷二人），当然是纯粹的内资企业，没有一点外资成分，在股份上不受任何外资（企业或个人）所控制。但是，由于它与外商独资企业 B（即上述案例中的中熙正保和正保教育科技）之间签订了一些咨询、管理、技术等服务协议，导致它需要在企业 B 提供相关服务的基础上才能完成其运营过程，而它的绝大部分利润也因此都被企业 B 拿走了。

虽然在股权上，企业 A 的 100% 股份都由中国人持有，实际上，它已经被企业 B 所控制。也就是说，在确定其控制方时，不能将表决权或类似权利作为决定因素，而应当考虑它与其他方签订的协议等因素。因此，根据定义，企业 A 就是一家结构化主体，在美国法律与准则体系中，称之为“可变利益主体”（VIE）。同时，包含这种 VIE 的上市企业结构则被称为“VIE 结构”。如果含糊一点，勉强可以说，“VIE 结构”也称为“协议控制”（百度百科对“可变利益实体”的解释）。

4. 运用控制三要素模型判断控制方

回到“控制”概念。针对 VIE 结构，运用控制三要素，来判断这类 VIE 的控制方（如图 3－12 所示）。

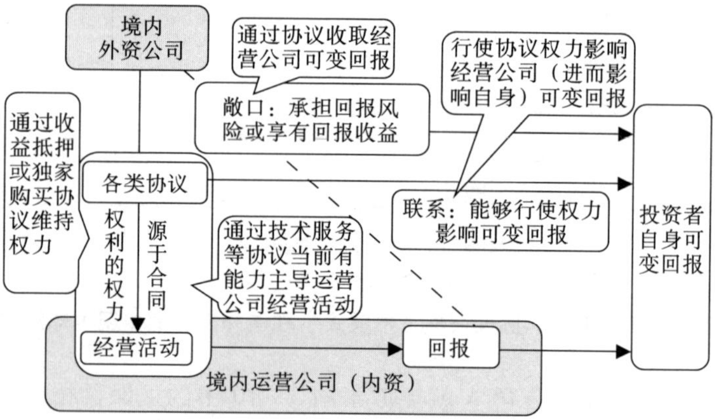

图 3－12　以新浪模式在境外上市企业集团中的 VIE 的控制方分析

（1）三要素分析。首先，境内运营公司的相关活动就是它的日常经营活动，对于正保科技而言，就是运营中华会计网校等网站，而它需要在各种服务协议基础上，取得相关技术服务、软件授权、课件制作等服务之后，才能顺利地运营这些网站。因此，很明显，境内外资企业（案例中就是中熙正保与正保教育科技）通过这些协议而能够主导境内运营公司（正保科技）的相关活动，也就拥有对境内运营公司的权力。其次，境内外资企业根据这些协议，向境内运营公司收取技术服务等相关服务费，在境内运营公司从客户那里获得收入发生变化时，它所得到的服务费收入也会发生变化。也就是说，它就承担了境内运营公司的可变回报。最后，境内外资企业要想多得收入，就会通过协议赋予自己的权力来影响境内运营公司。换句话说，它所拥有的权力可以影响它自身的可变回报。

这样一来，由于三要素同时都具备，境内外资企业就通过协议，而不是股权，控制了境内运营公司。境内运营公司就是“可变利益主体”（VIE），这种结构就是“VIE 结构”，这种控制方式则被称为“协议控制”。

（2）并非“多余”的协议。除了以上协议，CDEL 上市企业的结构安排中，还有一些好像“不相关”的“多余”协议。事实上，它们既存在相关性，又非常重要，它们是在 VIE 结构之外，为了巩固上市企业主体对运营公司的控制，而多加的两道“保险”。

中熙正保与朱、殷二人签订了收益抵押协议、相关委托书和确认函，双方约定，朱、殷二人以其在正保科技中的股权利益为中熙正保和正保教育科技的收益做担保，如果正保科技在获得客户收入后没有按照相关协议向这两家企业支付服务费，它们就可以执行担保物的相关权利，代替朱、殷二人对正保科技行使股东权益。例如，要求正保科技向它们分红等。

可能有人会想：之所以要通过这么复杂的结构实现控制，是因为我国相关法律限制外资企业经营国内教育网站，如果有一天，这个限制取消了，改为股权控制，岂不是更稳妥吗？恭喜你，CDEL 的股东、上市服务团队也是这么想的！所以，它们在 CDEL 集团内部还有一项合同，就是由香港公司与朱、殷二人签订一份独家购买协议及其确认函。双方约定，如果中国大陆法律发生变化，导致正保科技可以由外资持股，甚至控股，朱、殷二人必须将他们持有的正保科技股份独家出售给香港公司。强调一下，必须以出售的方式处置，而且只能出售给香港公司。这样一来，就保证了在相关法律发生变化时，控制权不会发生改变（由协议控制转为股权控制，其实是增强了控制权，请看本节下文关于支付宝事件的描述和分析）。不得不说，他们很有先见之明——目前我国有关法律限制已经松动，允许某些网站由外资企业来运营。

（三）银行理财产品

假如你手中有点闲钱，不甘心存活期存款，房产买不起，股票风险太大，国债利率太低，投到别人的公司做小股东又不放心，怎么办？最近，你听说银行理财产品是个不错的选择，既比国债收益高不少，又是在银行发售，其风险有银行的声誉作担保。说是不保本，其实还是由这些大银行在监管，是不是有点儿心动？

在实务中，商业银行会以信托计划、资产管理计划等结构化主体作为一个独立的主体，设立理财产品账户，与银行其他账户隔离，将募集到的资金存入这个账户，并使用这些资金进行投资。银行根据与理财产品投资人之间签订的协议，将投资收益在自己与投资人之间进行分配。许多银行将保本型理财产品纳入合并财务报表范围，而将大量非保本理财产品排除在合并报表之外。它们声称，自己是在遵循 CAS 33 相关规定的基础上这么操作的。

2015 年 12 月，财政部发布了《企业会计准则解释第 8 号》（财会〔2015〕23 号），其中的第一问就涉及这个问题：商业银行及其子公司（以下统称为“商业银行”）应当如何判断是否控制其按照银行业监督管理委员会相关规定发行的理财产品（以下称为“理财产品”）？

在回答中，该文件明确指出，商业银行应当按照《企业会计准则第 33 号——合并财务报表》的相关规定，判断是否控制其发行的理财产品。如果商业银行控制该理财产品，应当按照《合并财务报表准则》的规定将该理财产品纳入合并范围。

财政部的文件说要遵循 CAS 33，银行也自称遵循 CAS 33。既然涉及控制问题，还得运用“控制”概念的三要素，来看看理财产品的控制方是谁。

1. 权力

银行理财产品通常都由商业银行设计，对于募集到的理财资金的投资方向、范围、策略、理财收益的分配等重大问题，都由银行事先设计。理财产品成立后的具体运作，包括选择什么样的投资对象、决定买入或卖出哪些金融资产、在投资资产出现风险时应该采取哪些后续管理手段等，这些也都是由银行决策。很明显，这些决策所涉及的活动都会对理财产品的回报产生重大影响。因此，可以认定，商业银行通常享有现时权利，使其目前有能力主导理财产品的相关活动，也就是说，商业银行通常对理财产品拥有“权力”。

但是，也有一些例外情况。例如，有些理财产品，少数（甚至只有一个）投资者可能掌握更多的谈判能力或罢免权，可以直接要求银行根据他们的意愿进行投资决策。在这种情况下，他们与银行签订的理财管理协议更多地赋予他们自己，而不是银行，对理财产品的权利足够的权力。或者是，他们可以对银行的权力施加有效的限制。

需要指出的是，声誉风险本身不足以赋予控制，但是它可能增加银行所能收取回报的可变动性风险，因而银行有动机获取适当的权利以拥有权力（只是动机，不一定会促成事实）。在考虑银行是否拥有权力，进而是否控制理财产品时，需要考虑其声誉风险问题，但不能作为决定性条件。

2. 可变回报

在理财产品的控制方判断中，可变回报是一个需要仔细鉴别的关键要素。

准则规定，投资方自被投资方取得的回报可能会随着被投资方业绩而变动的，视为享有可变回报。投资方应当基于合同安排的实质而非回报的法律形式对回报的可变性进行评价（CAS 33 第十七条）。会计人员需要深刻理解这项规定的内涵，结合各种理财产品在设计和运营过程中的不同特点，做出切实有效的判断。

实务中，许多银行通常认为自己承担了保本理财产品的可变回报（总回报扣除给付理财产品购买者的本金或固定回报后，剩余部分归银行），因而需要纳入合并范围。而对非保本理财产品，则要细致分析其所面临可变动回报的风险敞口。一般来说，很多银行认为，如果存在以下情况，就可以认为自己与理财产品相关的可变动回报并不显著，从而不控制该理财产品：（1）最大损失风险敞口是这些理财产品的手续费（销售费、管理费），而且金额不重大；（2）有时，银行会向理财产品临时拆借资金，但这并不是来自于合同约定义务，而是根据当时情况做出的临时决策，而且，这种拆借的利率参考（或接近于）当时的市场利率。

实际情况比上述情况更加复杂。不能将理财产品简单地分为保本型与非保本型两类，然后直接认定银行在保本型理财产品中承担可变回报，而在非保本型理财产品中不承担可变回报。根据《企业会计准则解释第 8 号》财会〔2015〕23 号（以下简称《解释第 8 号》）的意见，商业银行在分析享有的可变回报时，至少应当关注以下 3 个方面：

（1）理财产品向银行所提供回报的实质。通常情况下，商业银行作为决策者，向理财产品提供管理服务，因此有权获得决策者薪酬和其他利益。

决策者薪酬包括各种形式的理财产品管理费。例如，各种形式的固定管理费和业绩报酬等。还有一些其他名目的决策者薪酬。例如，销售费、托管费以及其他各种以服务收费的名义收取的实质为决策者薪酬的收费。

其他利益的形式很多：包括各种形式的直接投资收益，提供信用增级或支持等而获得的补偿或报酬，因提供信用增级或支持等而可能发生或承担的损失，与理财产品进行其他交易或者持有理财产品其他利益而取得的可变回报，以销售费、托管费和其他各种名目出现的服务收费等。其中，提供的信用增级包括担保（例如，保证理财产品投资者的本金或收益，为理财产品的债务提供保证等）、信贷承诺等；提供的支持包括财务或其他支持。例如，流动性支持、回购承诺、向理财产品提供融资、购买理财产品持有的资产、同理财产品进行衍生交易等。

因此，商业银行在分析享有的可变回报时，应当分析与理财产品相关的法律法规及各项合同安排，确定其回报的实质，判断其是否实质上可变。

（2）理财产品回报对银行自身产生的影响。商业银行还应当分析理财产品产生的回报对自身的影响。一般来说，会计人员需要考察以下几个方面：理财产品成本与收益是否清晰明确，交易定价（含收费）是否符合市场或行业惯例，是否存在其他可能导致商业银行最终承担理财产品损失的情况等。

商业银行需要特别慎重考虑，在没有合同义务的情况下，自己对过去发行的具有类似特征的理财产品是否提供过信用增级或支持。这个问题至少包括以下几个方面：①提供信用增级或支持的触发事件及其原因以及预期未来发生类似事件的可能性和频率；②提供信用增级或支持的原因以及做出这一决定的内部控制和管理流程，预期未来出现类似触发事件时，是否仍将提供信用增级和支持（这项评估应当基于商业银行对于此类事件的应对机制以及内部控制和管理流程，而且应当考虑历史经验）；③因提供信用增级或支持而从理财产品获取的对价，包括但不限于该对价是否公允，收取该对价是否存在不确定性以及不确定性的程度；④因提供信用增级或支持而面临损失的风险程度。

（3）是否为代理人问题。以上两个方面的情况也涉及银行是否为代理人问题的判断。如果深究，可以发现，商业银行可变回报要考虑两个维度：量级和可变动性。所谓“量级”，就是银行获得的回报占理财产品总体回报的比重；所谓“可变动性”，就是银行获得的这部分回报可能产生变动的范围。

一般来说，这两个维度的值越大，就越有信心认定银行承担理财产品的可变回报。也就是说，如果银行获得的回报占某项理财产品总体回报的比例相当大，而且这些回报在这项理财产品实际运营中可能会发生很大的变动（银行可能得到很多，也可能什么都得不到，甚至还要赔进去一大笔钱），那么，会计人员基本可以断定，银行承担这项理财产品的可变回报。

遗憾的是，《解释第8号》并没有明确对应当如何考虑量级和可变动性提供更具体的指引。如果这两个维度都很小，应该可以认定不存在可变回报。理论上，除此之外，存在3种可能性：①量级和可变动性都很大；②量级大、可变动性小；③量级小、可变动性大。无法确定，到底哪一种（或哪几种）情况下，可以认定银行承担理财产品的可变回报，并且是作为主要责任人，因而可以被认定为理财产品的控制方：两者都要达到一定标准（只有两个维度都达到特定标准才认定为控制）；二者之一需要达到一定标准（有一个维度达到标准即认定为控制）；对量级赋予更大的权重（即使可变动性非常大，但量级不大，也不能被认定为控制）；对可变性赋予更大的权重（即使量级非常大，但可变性不大，也不能被认定为控制。例如，银行虽然持有次级权益，但这些次级权益占理财产品回报的比例非常小，此时，认定银行没有控制该理财产品）。因此，会计人员只能根据实际情况，结合对其他两个要素（权力和联系）的判断，来确定理财产品的控制方。当然，由于这两个维度在可变回报和是否为代理人这两个要素的判断上都是主要考虑因素之一，有时候，还是会对实务造成困扰和争议，由此不利于财务报表的可比性。随着资本市场的稳步发展、金融监管的逐渐成熟、相关理论的逐步完善，这个问题在不久的将来会得到比较完美的解决。

3. 联系：有能力运用权力影响自身回报

前面提到，相对于被投资方相关活动取得的预期回报，决策者薪酬的比重（量级）和可变动性越大，决策者越有可能不是代理人。一般来说，当同时满足下列两项时，决策者有可能是代理人：（1）决策者的薪酬与其所提供的服务相称；（2）薪酬协议仅包括在公平交易基础上有关类似服务和技能水平商定的安排中常见的条款、条件或金额。如果决策者不能同时满足上述两个条件，则一定不是代理人。

对于理财产品在这个问题上的判断，也是一样。如果决策者（一般就是拥有权力的一方，大多是银行本身）持有次级权益，或者向被投资方提供其他形式的信用增级，它就很可能是主要责任人。

4. 运用三要素模型判断理财产品的控制方

回到“控制”概念，运用控制三要素，来判断商业银行是否为银行理财产品的控制方（如图3-13所示）。

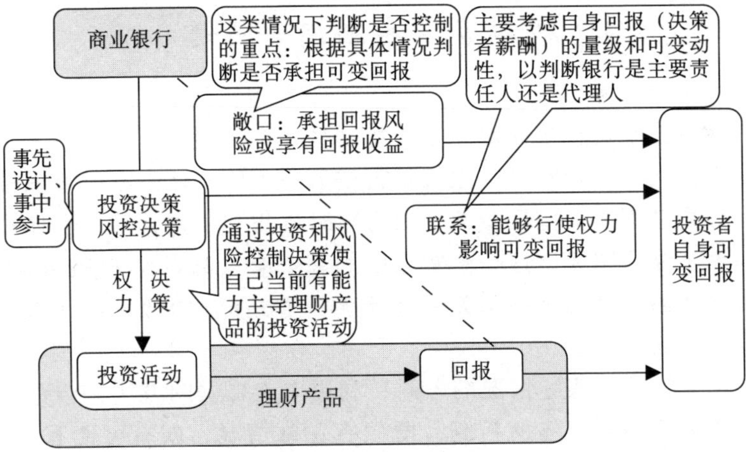

图3-13 运用控制三要素判断银行理财产品的控制方

（1）权力。理财产品的相关活动就是它的投资活动。一般情况下，商业银行通过事先设计和事中参与，做出理财产品的投资决策和风险控制决策，使自己当前有能力主导理财产品的投资活动，也就拥有了对理财产品的权力。

（2）可变回报。银行作为决策者，根据协议，会收取各种形式的决策者薪酬和其他利益。银行需要结合前面讲到的一些具体情况来分析，特别是要考虑理财产品向银行提供回报的实质，以及理财产品回报对银行自身产生的影响，判断要收取的这些薪酬和利益是否为可变回报。

（3）联系，有能力运用权力影响自身回报。在主要考察银行自身回报的量级和可变动性的基础上，判断银行是主要责任人还是代理人。也就是说，它所拥有的决策权力是否可以影响它自身的可变回报。

（4）如果以上 3 个要素同时具备，这家银行就是这项理财产品的控制方，要将理财产品纳入合并报表范围。

如果判断的结果是，银行对所发行的理财产品不构成控制，还需要作进一步分析。根据《解释第 8 号》规定，如果在理财产品的存续期内，商业银行向该理财产品提供了合同义务以外的信用增级或支持，商业银行应当至少考虑上述各项事实和情况，重新评估是否对该理财产品形成控制。经重新评估后认定对理财产品具有控制的，商业银行应当将该理财产品纳入合并范围。同时，对于发行的具有类似特征（如具有类似合同条款、基础资产构成、投资者构成、商业银行参与理财产品而享有可变回报的构成等）的理财产品，商业银行也应当按照一致性原则予以重新评估（详见本章第六节相关内容）。

第六节　其他相关问题

本章前五节已经比较全面地介绍了控制是什么，包括哪几项要素，怎么判断这些要素是否存在，要判断某个主体是否被另一主体所控制需要考虑哪些问题。

但是，计划赶不上变化。今天，因为同时具备三要素，某个主体被认定已经控制了另一个主体。明天，这 3 个要素中的某一个（或几个）就可能发生变化，这两个主体之间的控制与被控制关系可能就不存在了。因此，会计人员有必要对是否控制进行持续评估。

正常情况下，通过实际情况的考察，利用上文提供的方法，会计人员可能会认定一个主体被另一个主体所控制。既然有正常情况，就有可能有不正常情况。有时候，某个主体的一部分是可以完全被分割出来的。根据“控制”概念，这项被分割出来的部分（可分割部分）可能被一个主体所控制，而它所属的整体——这个主体的其他部分，被其他主体所控制（或者共同控制、重大影响等）。所以，在实务中，会计人员需要注意，是否存在某个主体的某个可分割部分被另一主体所控制。如果是，进而需要探究，控制方是谁。

一般来说，如果一个主体 A 被认定正在控制另一主体 B（或其可分割部分），从财务影响角度来看，B 的财务状况、经营业绩和现金流量变动都是在 A 的控制下产生的，A 有权分享 B 带来的所有正面成果，也必须承担 B 带来的所有负面成果。因此，准则要求，A 需要将 B 纳入合并范围，将二者视为一个整体（集团），编制合并财务报表，以反映这个集团的财务状况、经营业绩和现金流量变动情况，向其（股权、债权）投资者提供有用的财务信息。至于如何编制合并财务报表，本书将在第四章详细介绍，它与本章解析的“控制”概念共同组成了 CAS 33 规定的所有内容。由于这两项内容都非常丰富且繁杂，又相互比较独立，所以，将它们分为两章来讲。

不忘初心，方得始终。从投资者，即财务报告主要使用者的角度来看，他们需要的是有用的财务信息，不管它是不是合并报表。假设这样一种情况，已知 A 控制了 B，如果 A 不是为了分享 B 所带来所有正面或负面成果，而是为了在合适的时候把 B 卖掉，那么，A 所关心的就不是 B 能给 A 带来多少经济利益、情感、社会地位等方面的全面影响，而只关注一点——如果现在就把 B 卖掉，能卖多少钱。当 A 符合一定条件，完全出于投资的考虑而控制 B 时，A 就是一个投资性主体。此时，让 A 将 B 纳入合并范围，进而编制合并报表，对其财务报表使用者的意义并不大。财务报表使用者更关心的是，如果现在就能把它卖出去，B 能卖多少钱。换句话说，B 的公允价值是多少，这是一个投资性主体及其投资者最关注的问题。由此，会计人员需要仔细辨认，具备什么样特征的主体才算是投资性主体。对于这些主体，会计人员应该要求它们提供其所控制主体的公允价值，而不是编制合并报表。

再假设另一种情况。如果根据相关概念，A 有时候符合定义，是一个投资性主体，因为时势变化，有时候又不是投资性主体；或者最初不是投资性主体，后来又是。该怎么办？在 CAS 33 中，已经对这些问题都做出了相关规定。

本节针对上面提到的 3 个问题：持续评估、对被投资单位可分割部分（单独主体）的控制、投资性主体及其与非投资性主体之间的转换，对应 CAS 33 中的相应内容，一一解析。

一、持续评估

（一）准则规定及解读

CAS 33 第八条规定，一旦相关事实和情况的变化导致对控制定义所涉及的相关要素发生变化的，投资方应当进行重新评估（是否控制被投资方）。其中，相关事实和情况主要包括：被投资方的设立目的，被投资方的相关活动以及如何对相关活动做出决策，投资方享有的权利是否使其目前有能力主导被投资方的相关活动，投资方是否通过参与被投资方的相关活动而享有可变回报，投资方是否有能力运用对被投资方的权力影响其回报金额，投资方与其他方的关系。

这条规定表明，只要是会影响控制方判断的因素之一发生变动，就有可能导致控制权发生改变，使某个投资方对被投资方由原来的控制变为不控制，或者反之，由原来的不控制变成控制。会计人员必须在发生相关事实和情况时，考察这些事实和情况是否造成本章前文重点解析的“控制”概念的3个要素——权力、可变回报、联系在实质上发生变动。

前面说过，只有在这3个要素同时都满足的时候，才能认定一个投资方控制了被投资方，所以，如果相关事实和情况导致这个投资方对被投资方的某个（或几个）要素不再满足相关条件，会计人员就可以判定，它已经不再控制被投资方了。当然，如果某个投资方对被投资方原来没有全部具备这3个要素，相关事实和情况导致这3个要素相应的要求条件都得到满足，自然，这个投资方就从不控制被投资方转变为能够控制。

（二）案例：支付宝事件

轰动一时的“支付宝事件”是一个从控制到不控制的非常典型而生动的示例。

1. 案例简介

之前，为了规避监管，同时保持控制，支付宝公司的股份分两次被转让给浙江阿里巴巴电子商务有限公司，由此，阿里巴巴集团（开曼）通过VIE结构安排，在不持有任何股份的情况下，控制了支付宝（如图3－14所示，此为“协议控制”，详见本章第五节可变利益主体部分）。支付宝公司股份虽然被全部转让，但仍被阿里巴巴集团控制。

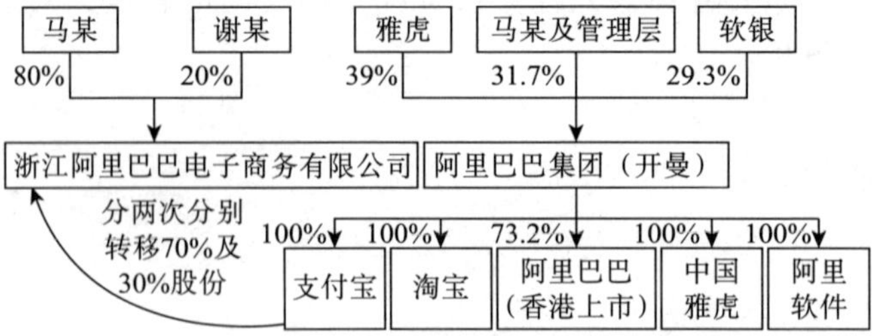

图3－14 支付宝公司股份协议控制示意图

注：此股权结构图仅为示意图。

中国第三方支付平台的监管机构（即中国人民银行）明确要求，支付宝要想获得由其颁发的首批执照，必须出具声明：浙江阿里巴巴电子商务有限公司为支付宝的唯一实际控制人，无境外投资人通过持股、协议或其他安排拥有本公司的实际控制权。这一要求无疑使得之前的协议控制成为合法获取牌照的障碍。在与大股东协商无果的情况下，马某为确保支付宝获得经营所必需的牌照，终止了相关协议安排，并向中国人民银行提交相关声明。

得知此事后，2011 年 5 月 10 日，雅虎公司（阿里巴巴集团（开曼）股东之一）在向美国证券交易委员会提交的 2011 年第一季度财务报告中披露，支付宝的控制权已经被转让给由马某控股的另一家中国内资公司。

媒体获知此信息后，迅速报道、跟进，对于这次“支付宝事件”的讨论，一时之间各种论调云集，各种“砖头”横飞。

2. 案例分析

作为会计从业人员，了解事件的实情，并做出专业而独立的判断十分必要。该事件中，最主要也是最核心的问题就是：在马某单方面宣布终止相关协议之时，支付宝的控制权是否发生变化？如果是，发生了怎么变化？

运用“控制”概念的三要素，对照一下这件事。

（1）权力。根据原来的协议约定，阿里巴巴集团（开曼）在中国大陆控股的公司（子公司或孙公司）可以获得主导支付宝相关活动的权利。由此，对支付宝具有权力。很明显，由于协议被单方面终止，现在已经没有这些权利了，自然也就不具有权力了。

（2）可变回报。协议被终止，原先根据协议所能收取的可变回报自然也就没有了。

（3）联系。权力没有了，可变回报也没有，联系自然也就不存在了。

3. 案例结论和引申

相关协议被终止的新情况出现之前，支付宝被阿里巴巴集团（开曼）所控制。新情况出现之后，支付宝不再被阿里巴巴集团（开曼）所控制，而是被浙江阿里巴巴电子商务有限公司所控制。虽然事后各方达成和解，但是，马某在那段时间受到多方指责，压力巨大。

所以，结合案例分析可见，一旦相关事实和情况的变化导致控制定义所涉及的相关要素发生变化的，投资方应当进行重新评估是否控制被投资方（CAS 33 第八条）。

二、对被投资方可分割部分（单独主体）的控制

（一）准则相关规定

CAS 33 第二十条规定，投资方通常应当对是否控制被投资方整体进行判断。

但极个别情况下，有确凿证据表明同时满足下列条件并且符合相关法律法规规定的，投资方应当将被投资方的一部分（以下简称“该部分”）视为被投资方可分割的部分（单独主体），进而判断是否控制该部分（单独主体）。

该部分的资产是偿付该部分负债或该部分其他权益的唯一来源，不能用于偿还该部分以外的被投资方的其他负债；

除与该部分相关的各方外，其他方不享有与该部分资产相关的权利，也不享有与该部分资产剩余现金流量相关的权利。

（二）识别单独主体

通过仔细阅读发现，准则要求，单独主体必须是从被投资方中完全“分出来单过”的主体。所谓“单过”，就是要求像子女分家一样，单独主体（某个“单过”的子女及其小家庭）的所有资产、负债和权益都必须与被投资方的剩余部分（他原来所属的大家庭，除了他和自己的小家庭之外，包括他的父母、兄弟等）完全隔离。也就是说，单独主体的资产所产生的回报不能由这个单独主体以外的被投资方其他部分使用，同时，单独主体的负债也不能用这个单独主体以外的被投资方资产来偿还。

以前，民间的成年子女分家是常有的事（这一点，许多身为独生子女的成年人可能很难想象）。但是，即使是因为某种强烈的矛盾而分家（例如，某个成年子女因大逆不道而被“扫地出门”），也很少会出现分出去单过的成年子女一家跟原来所述家庭的其他成员完全隔离的情况。至少可以看到，“单过”的小家庭成员到原来的大家庭里吃饭、玩耍，在大多数情况下，会被容忍，甚至被鼓励。

同样，在有限公司内部，完全符合条件的“单独主体”还是相当少见的。根据法律规定，公司以其全部财产对公司的债务承担责任（《公司法》第三条）。即使股东之间约定，他们共同投资的某个公司的某项资产和相关负债完全归某个股东所有，与该公司的其他资产负债完全隔离，如果该公司某个债权人根据合同和相关法律，要求其偿还债务，而该公司的其他资产不足以清偿这项债务时，股东之间的这项约定也不能对抗这项要求，先把某项资产隔离出去后，再拿其他部分清偿这个债权人所主张的债务。因此，只有在个别行业，某些企业通过特定的法律结构（例如，信托或类似法律架构）将资产和负债与被投资方主体相隔离，才存在“单独主体”。《企业会计准则第 33 号——合并财务报表》应用指南例 16、例 17 就是例证。

（三）评估对单独主体的控制，并将符合条件的单独主体纳入合并范围

如果被投资方的一部分资产和负债及其他相关权益构成单独主体，投资方就

应当基于控制三要素的判断标准，来确定其是否能控制这项单独主体。如果认定某个投资方控制了这项单独主体，就应当将其纳入合并财务报表范围，而不合并被投资方的其他部分。在实务中，这种情况相当少见。

反过来，如果某个投资方认为它能够控制被投资方整体，而不是其中的单独主体，那么，该投资方就应当将被投资方整体纳入合并范围，而不是单独合并被投资方中的单独主体。在实务中，这类情况比较常见。

由于单独主体是可被投资方分割的部分，所以，在对其进行控制判断时，对于三要素及其相关问题的判断，只应考虑单独主体自身，而无须考虑被投资方的其他部分（如表3－4所示）。

表3－4 判断单独主体控制方的相关事项及其需要考虑的细节问题

判断单独主体控制方的相关事项	考虑该事项的细节
判定相关活动	即使其他活动能影响被投资方其他部分的回报，在此仅考虑被投资方“单独主体”的相关活动
确认哪些权利使得哪个投资方能主导单独主体的相关活动（即拥有权力）	仅考虑影响该单独主体的相关活动的权利，而不考虑影响被投资方其他部分的相关活动的权利
评估某投资方是否承担单独主体的可变回报，以及能否运用其对该单独主体的权力影响自身回报金额	仅考虑承担该单独主体的可变回报的风险，而不考虑承担被投资方其他部分的可变回报的风险

三、投资性主体

严格地说，投资性主体的问题与“控制”概念本身没有关系，是两个不同性质的问题。但随着资本市场的逐步发展与繁荣，投资性主体在我国将会大量涌现。由此，准则做出要求，对于母公司是投资性主体的集团，在编制合并财务报表时需要遵循相应的规定（CAS 33 第二十一条至第二十五条）。如何在性质上认定、在会计上核算、在报表中列报、在附注中披露投资性主体，都需要遵循相关规定，以便如实反映这类主体的财务状况和经营业绩，帮助利益相关者做出决策。

（一）投资性主体的定义

望文生义，投资性主体，就是只做投资，靠投资赚钱的主体。这类主体的主业就是投资。

要想投资，就得先有钱，因此，这类主体以向投资者提供投资管理服务为目的，从一个或多个投资者处获取资金（CAS 33 第二十二条，投资性主体需要同时满足的第一个条件）。

投资者之所以愿意投钱，当然是希望获得更多的钱（回报），而这类主体又不直接从事生产。所以，它们的唯一经营目的，是通过资本增值、投资收益或两者兼有而让自己获得回报（第二个条件）。

在这类主体的投资（即经营）过程中，投资者最关心的就是已经投出去的那些钱有没有增值。如果那些钱暂时变成了其他东西（股票等金融资产、长期股权投资、投资性房地产等），这类主体的投资者更关心的是，如果把这些东西立刻卖掉，能卖多少钱，也就是它们的公允价值。因此，这类主体要按照公允价值对几乎所有投资的业绩进行考量和评价（第三个条件）。

对于具备以上 3 个条件的投资性主体来说，即使根据控制三要素判断后确实控制了一家被投资方（子公司），它还是会把该子公司当成猪一样来养，希望能够在合适的时候把它卖掉；而不是当成儿子来养，希望能够主导子公司的相关活动，并获得可变回报。

当然，细究起来，投资性主体对待不同的子公司还是有区别的。投资绝大部分子公司都是为了出售，所以最关注的是它们的公允价值。为了使自己的投资能够增值，投资性主体经常需要控制另一类子公司，由它（或它们）来管理自己的投资活动。因此，投资性主体控制这类子公司的目的和其他母公司一样。对于这类子公司，投资性主体还是要将其纳入合并范围，编制合并财务报表。

（二）判定投资性主体的方法：抓住认定标准与判断依据

根据准则规定，同时符合上述 3 个条件的主体就是投资性主体。对这类主体的所有子公司，除了那些为其投资活动提供相关服务的子公司要纳入合并范围以外，其他子公司都不应当予以合并，而应当按照公允价值计量其投资，并将其变动计入当期损益。

但知易行难。况且，现实总是比理论更鲜活，也更纷繁复杂。看起来好像规定地很明确，操作起来却并不容易，还需要一些能够帮助识别投资性主体的更细致的标准。

要教儿童识别男女，必须告诉他们，男的长胡子、头发短、胸部平坦、声音粗，女的不长胡子、头发长、胸部隆起、声音细。人们往往是根据事物的特征来判断和识别对象。但是，总有例外。不长胡子、留长发、声音细的也可能是男人；头发短、平胸、声音粗的也有可能是女人。所以，分辨事物不仅要依靠其特征，还要对那些不具备特征的事物加以区别，判断其本质。对于“投资性主体”的判定，会计人员也应识别对象是否符合其特征，且不绝对化某个（或某几个）

特征。

CAS 33 第二十三条规定，投资性主体通常应当具备下列 4 个特征：拥有 1 个以上投资，拥有 1 个以上投资者，投资者不是该主体的关联方，该主体的所有者权益以股权或类似权益存在。本部分分别对这 4 个特征进行解释。

（1）拥有 1 个以上投资。要想靠投资存活于商业世界，当然需要做出很多投资，因而也就拥有很多投资。一般来说，投资性主体总会同时持有多项投资，以此分散风险，争取最大回报。

但是，有些投资性主体可能通过直接或间接投资另一个投资性主体，在表面上只有一项投资而实际上持有多项投资；有些投资性主体可能刚刚设立，目前只有一项投资，还没有找到多个符合要求的投资项目；有些投资性主体可能刚刚处置了它原有的投资，只剩下一项投资，或者一项也没有，还没有进行新的投资；有些投资性主体正处于清算过程中。还有这样的情况：某项投资要求的最低出资额相当高，单个投资方没那么多钱，很难进行这么高额度的投资，几个投资性主体可能会联合起来，大家都出一点钱，设立一个投资性主体，进行集合投资。

（2）拥有 1 个以上投资者。靠投资赚钱，这是手段，目的是要把赚来的钱分给自己的投资者。反过来，投资者之所以愿意给投资性主体投资，是希望它能在未来帮自己赚钱。可是，未来的事，谁能说得清楚，总是会有风险。有风险，不要一个人扛，最好大家一起担。因此，投资性主体通常拥有多个投资者。

人多，意见就难以统一。不可能把所有资金都投到某个投资方特别喜欢、而且能够给它带来协同效应的企业（被投资方）。所以，投资性主体一般只能靠获取资本增值、投资收益来取得回报。除此之外，获取对某个投资方的协同效应等收益，因为有其他投资方的反对，一般都实施不了。

当然，有些投资性主体只拥有一个投资者。例如，刚刚设立，其他投资者还没加入进来；正在积极识别合格投资者，但还没吸收进来；原先持有权益的其他投资者已经将它们的权益都赎回了，唯一的投资者目前正在寻找新的投资者；投资性主体本身正处于清算过程中。还有一种情况：有些投资性主体之所以被设立起来，是为了代表或支持一个较大的投资者集合的利益。例如，某家企业设立一个年金基金，就是要支持本企业职工退休后福利的投资管理，这个基金的投资者只有一个——这家企业，实际上，这个投资者代表了一个较大的投资者集合（所有职工）的利益。对此，我们还是应该认定这个基金是一个投资性主体。

（3）投资者不是该主体的关联方。投资性主体一般只能靠获取资本增值、投资收益来取得回报，而不是为了获取对某个投资方的协同效应等收益。这样一来，如果某个投资者与投资性主体之间存在关联关系，在这个投资性主体的运营过程中，这个投资者也没办法（或很难）利用这种关系，要求投资性主体只为自己利益服务。因此，一般情况下，投资性主体的投资者既不是它的关联方，也不是它所在集团中的其他成员。

在有些情况下，某些投资性主体可能会拥有关联投资者。例如，为了更好地激励基金的关键管理人员，一些基金的关键管理人员会被要求，或者主动出资，成为他所管理基金的投资方，即使他的投资金额及所占的权益比例非常小。此时，这个基金照样还是投资性主体。

（4）投资性主体的所有者权益以股权或类似权益存在。为了避免后续的纠缠不清，投资性主体的所有者权益都必须以某种合法的方式被认定下来。一般情况下，投资者通常都是持有投资性主体的股权或者类似权益（例如，合伙权益），表明自己是它的合法投资者，有权按照所有者权益比例份额享有它的净资产。

至于投资性主体本身的法律形式，倒不一定。通常是单独法律主体，但也可以不是单独的法律主体。

然而，实务中，也可能会有一些投资性主体的所有者权益不是以股权或类似权益而存在。某些投资性主体可能拥有不同类型的投资者，它们分别以有别于股权或类似权益的其他形式持有这个投资性主体的所有者权益。例如，其中一些投资者可能只能对某类或某组特定投资拥有权利，而对其他类或其他组投资没有任何权利。还有这样的情况，某个投资性主体不同类型的投资者对它的净资产享有不同于其所持有的所有者权益比例的分配权。

（5）实务操作。综上所述，投资性主体大都同时具备上述 4 个特征。当然，如果某个主体缺少其中一个（或几个）特征，因而不完全具备这些特征时，会计人员需要审慎评估，收集相关信息，判断是否有确凿证据证明它仍然符合投资性主体的定义。《企业会计准则第 33 号——合并财务报表》应用指南例 18、例 19 可以作为参考。

（三）对于投资性主体有什么特别规定

前面说过，投资性主体的唯一经营目的，是通过资本增值、投资收益或两者兼有而让投资者获得回报（CAS 33 第二十二条）。

如果根据三要素来判断，投资性主体正在控制被投资方，虽然它可以因此而行使权力，主导被投资方的相关活动，但它还是随时准备把被投资方卖掉，甚至随时盯着市场上同类公司的价格，算计着买卖的盈利。也就是说，投资性主体是按照公允价值对几乎所有投资的业绩进行考量和评价（CAS 33 第二十二条）。这样一来，如果投资性主体正在控制被投资方，最好的方式不是合并报表，而是以公允价值来计量被投资方本身。当然，会计人员还是要更细致一点。

一般情况下，投资性主体会为此投资一家（或一些）自己能够控制的子公司，由这家（或这些）子公司为自己的投资活动提供相关服务。投资这家（或这些）子公司的目的与投资其他子公司的增值目的不同，是为了主导这家（或这些）子公司的相关活动（提供投资相关服务），获得可变回报。所以，需要关注这家（或这些）子公司的一举一动（资产状况、经营业绩和现金流量），将其纳入合并财务报表范围。因此，CAS 33 第二十一条明确规定：“如果母公司是投资性主体，则母公司应当仅将为其投资活动提供相关服务的子公司（如有）纳入合并范围并编制合并财务报表；其他子公司不应当予以合并，母公司对其他子公司的投资应当按照公允价值计量且其变动计入当期损益。”

另外，如果投资性主体的母公司本身不是投资性主体，则应当将其控制的全部主体，包括那些通过投资性主体间接控制的主体，纳入合并财务报表范围（CAS 33 第二十四条）。

（四）投资性主体的转换

1. 问题提出

还有一个细节问题值得关注，今天企业可能是投资性主体，明天却不再是投资性主体，而变成一般的母公司；或者反过来，由一般性母公司（非投资性主体）变为投资性主体。在这些情况下，会计上应该怎么处理？

2. 问题分析

这类变化对企业在经济上的影响——特别是财务上的影响——决定了会计上的处理。

投资方从一般的母公司（非投资性主体）变成投资性主体，在投资方眼里，从以前的为之操心劳力的“妈妈”转变为不愿（也不必）再为被投资方多费心思的中间商，仅以公允价值计量，不再纳入合并财务报表范围。

投资性主体变成非投资性主体，在投资方眼里，原来被当成一般商品的被投资方已经变成了荣辱与共的“自己人”，当然要纳入合并财务报表范围。

3. 延伸性问题

这类变化还延伸出另一个问题：转变日的会计处理。

原则上，转变日之时，是新状态的开始，也是对原来状态的终止，就是跨越了重大经济界限，适用完全终止确认法。关于“跨越重大经济界限”等相关概念，详见本书第六章第三节相关内容。

如果从投资性主体变为非投资性主体，在转变日，除了将原来没有纳入合并财务报表范围的子公司纳入合并财务报表范围，还要将这些子公司在当日的公允价值当做母公司购买它们的价格（购买对价），按照非同一控制下企业合并的会计处理方法进行会计处理。

如果从非投资性主体变为投资性主体，而且这个非投资性主体还有其他子公司，母公司就需要继续编制合并财务报表。一方面，对于不再纳入合并范围的子公司，母公司应当终止确认与其相关资产（包括商誉）及负债的账面价值，及其相关少数股东权益（包括属于少数股东的其他综合收益）的账面价值；另一方面，还要考虑一个问题：这家（或这些）子公司从转变日开始要以公允价值计量，而它原来在母公司合并范围之内时的账面价值很可能与此时的公允价值不一样，二者之间的差额应该如何处理？对于这个问题，CAS 33 第四十九条已经做出了明确规定。会计人员只需按照这项规定的原则来处理就好了。关于这一条规定的相关分析，见本书第六章相关内容。具体来说，就是要按照对这家（或这些）子公司的投资在转变日的公允价值确认一项以公允价值计量且其变动计入当期损益的金融资产，同时，将该公允价值作为处置价款，与当日合并财务报表中该子公司净资产（资产、负债及相关商誉之和，扣除少数股东权益）的账面价值之间的差额，调整资本公积（资本溢价或股本溢价），资本公积不足冲减的，调整留存收益。

4. 小结

本节以 CAS 33 第二十五条作为小结。

当母公司由非投资性主体转变为投资性主体时，除仅将为其投资活动提供相关服务的子公司纳入合并财务报表范围编制合并财务报表外，企业自转变日起对其他子公司不再予以合并，并参照本准则第四十九条的规定，按照视同在转变日处置子公司但保留剩余股权的原则进行会计处理。

当母公司由投资性主体转变为非投资性主体时，应将原未纳入合并财务报表范围的子公司于转变日纳入合并财务报表范围，原未纳入合并财务报表范围的子公司在转变日的公允价值视同为购买的交易对价。

第四章
合并财务报表

如果经过判断，确定某家企业 A 正在控制另一家企业 B，那么，B 的所有资产状况及其变动情况、现金流量及其变动都会给 A 带来财务影响，A 和 B 已经形成一个整体。对于 A 企业财务报表使用者而言，在对 A 做出资本方面的决策（例如，买卖其发行的股票、债权，向其借款等）时，不能再像以前一样，只看 A 本身的财务状况、经营业绩和现金流量了，而是要把 A 和 B 视为一个集团，考察这个集团的财务状况、经营业绩和现金流量。要实现这一目的，必须将集团内各个主体的财务报表合并起来，组成合并财务报表，也就是集团财务报表。

合并财务报表既然要反映集团的财务状况、经营业绩和现金流量，就需要始终从集团角度出发，在把集团内部各个主体的相应报表数字加总起来的同时，消除各个主体之间相互交易带来的重复计算。因此，《企业会计准则第 33 号——合并财务报表》（以下简称“CAS 33”）第二十六条规定：“母公司应当以自身和其子公司的财务报表为基础，根据其他有关资料，编制合并财务报表。母公司编制合并财务报表，应当将整个企业集团视为一个会计主体，依据相关企业会计准则的确认、计量和列报要求，按照统一的会计政策，反映企业集团整体财务状况、经营成果和现金流量。”CAS 33 在该条（一）至（三）项要求合并和抵销相关项目的同时，还在该条（四）项特别要求站在企业集团角度对特殊交易事项予以调整。

第一节 本章内容安排

通篇阅读 CAS 33 可以发现，除了首尾三章（第一章、第五章、第六章），核心内容就是对合并范围的界定（第二章）和对合并程序（第三章）及其过程中特殊交易的处理（第四章）的规定。对照 2006 年版 CAS 33（本章简称“原准则”，并将 2014 年版 CAS 33 称为“新准则”或“本准则”），新准则最主要的修订就是对“控制”概念的重新规范，这构成了新准则的第二章。为此，本书（第三章）对“控制”概念及其在实务中的相关判断进行了相当详尽的解读。

除此之外，新准则相对于原准则的改动并不大，主要是对合并财务报表过程中的某些特别项目予以明确，吸收整合原准则发布之后相关会计规范文件中的有关内容，并进行归集，合理编排，以便于阅读和理解的方式呈现给准则使用者。

在此，本章计划不逐条解读新准则中的每项条文，而是针对其中相对于原准则的变更部分以及一些难点问题，特别是本准则第四章的内容，进行深入分析。对于本准则其他内容，如果确实与以上内容关系重大，将予以附带说明，否则，一笔带过，不再赘述。

本章将精读新准则第四章“特殊交易的会计处理”中的每一项条文，并重点解读新准则中对于原准则的重大改动部分，包括抵销涉及的所得税影响问题，当期综合收益中涉及少数股东权益的份额的列报问题，当期超额亏损对少数股东权益的影响及其会计处理问题等。

在结构安排上，本章先整体后局部（从集团角度理解并调整特殊交易事项，作为本章第二节），先解决抵销问题（本章第三节、第四节），再处理特殊事项（本章第五节至第七节），最后是涉及少数股东权益的两个特殊问题（本章第八节、第九节）。

第二节　始终从集团角度理解并调整特殊交易事项

一、准则条款解读

CAS 33 第二十六条规定：“母公司应当以自身和其子公司的财务报表为基础，根据其他有关资料，编制合并财务报表。母公司编制合并财务报表，应当将整个企业集团视为一个会计主体，依据相关企业会计准则的确认、计量和列报要求，按照统一的会计政策，反映企业集团整体财务状况、经营成果和现金流量。”本节把有利于实现上述目标的 4 条基本原则罗列出来，就可以与准则原文希望实现的目标对应起来。

（1）合并母公司与子公司的资产、负债、所有者权益、收入、费用和现金流等项目。这条对应 CAS 33 原文中“以自身和其子公司的财务报表为基础”。

（2）抵销母公司对子公司的长期股权投资与母公司在子公司所有者权益中所享有的份额。对应“根据其他有关资料”。

（3）抵销母公司与子公司、子公司相互之间发生的内部交易的影响。内部交易表明相关资产发生减值损失的，应当全额确认该部分损失。对应“根据其他有关资料”。

(4) 站在企业集团角度对特殊交易事项予以调整。这一条最简短，但信息含量最大。要求“对特殊交易事项予以调整”，对应的是“根据其他有关资料”；“站在企业集团角度”则对应“应当将整个企业集团视为一个会计主体……反映企业集团整体财务状况、经营成果和现金流量。”字数太少，信息含量太大。所以，在准则主体部分结束之前，特别规定了一条，补充说明这一条。

CAS 33 第五十二条规定：“对于本章未列举的交易或者事项，如果站在企业集团合并财务报表角度的确认和计量结果与其所属的母公司或子公司的个别财务报表层面的确认和计量结果不一致的，则在编制合并财务报表时，也应当按照本准则第二十六条第二款第（四）项的规定，对其确认和计量结果予以相应调整。”

本节就来详细解读这一条规定①。

企业之所以要编制合并报表，是为了如实反映企业集团（控制方及其被控制方或子公司）的整体财务状况和经营成果。也就是说，合并财务报表要反映的是由母公司及其全部子公司组成的会计主体。

二、会计主体的定义

追本溯源，《企业会计准则——基本准则》第五条指出：“企业应当对其本身发生的交易或者事项进行会计确认、计量和报告。”这就是常说的“会计主体假设”，即财务会计四大假设之一（其他 3 个假设分别是持续经营、会计分期和货币计量）。

如果觉得这个说法太笼统、太抽象，再来重读《企业会计准则讲解（2010）》第一章第二节的条文：“会计主体，是指企业会计确认、计量和报告的空间范围。为了向财务报告使用者反映企业财务状况、经营成果和现金流量，提供与其决策有用的信息，会计核算和财务报告的编制应当反映特定对象的经济活动，才能实现财务报告的目标……明确界定会计主体是开展会计确认、计量和报告工作的重要前提。首先，明确会计主体，才能划定会计所要处理的各项交易或事项的范围……会计工作中通常所讲的资产、负债的确认，收入的实现，费用的发生等，都是针对特定会计主体而言的”。

---

① 本节大部分内容参考中国证券监督管理委员会会计部组织编写的《上市公司执行企业会计准则案例解析》，中国财政经济出版社，2012 年 10 月。

三、抵销及其目的

一般情况下，合并财务报表以纳入合并范围的企业个别财务报表为基础，根据其他有关资料，抵销母公司与子公司、子公司相互之间发生的内部交易对合并财务报表的影响编制。这样才能反映整个集团的财务状况、经营业绩和现金流量。

但是，苦劳不等于功劳！安全、消防部门有时需要通过抓小偷、出动消防车灭火等手段来实现他们“保一方平安”的目的，有时候还需要与小偷殊死搏斗，冒着生命危险出入火场，甚至英勇牺牲。但是，如果因此认定，用这些安全保卫人员与小偷搏斗或出入火场而负伤的人次及伤势来衡量他们工作的成果，那么就真的贻笑大方了！因为，他们的目的是保证这些领域的安全，如何实现这个目的以及是否已经实现这个目的才是关注的焦点。换句话说，实现了手段不等于实现了目标。

随着商业不断创新，市场上的经济交易日趋复杂和多元。有时候，仅仅机械地考虑抵销母公司与子公司、子公司相互之间发生的内部交易，按部就班地对每一项内部交易采用规范的抵销处理，未必就能如实反映企业集团（合并主体）的交易实质。习惯于编制合并财务报表时对每一项内部交易进行抵销，就像习惯于将保安和消防人员想象为与小偷殊死搏斗或牺牲于火场的英雄一样，有时会得到荒谬的结果。因此，企业有必要始终从集团角度出发，理解集团内业务对整个集团造成的财务影响，将企业集团作为一个会计主体，考虑它需要进行的调整事项，做出相应的会计处理，使合并财务报表能够如实反映企业集团的整体情况。

四、案例说明

（一）案例1

1. 事实

A公司以BOT（建设经营移交）方式参与公共基础设施建设业务。为了便于管理，A公司在项目所在地成立专门的项目公司B（A公司的全资子公司），以项目公司为主体与当地政府及其有关部门签署BOT合同，并由其负责工程实时跟踪、日常管理及建成后的运营。合同约定，B公司在相关基础设施建成后，在从事经营的一定期间内，有权向公众收取费用，但收费金额不确定。B公司又与A公司签订委托建造合同，委托A公司负责该项目的建造工作。

2. 从个别报表及其抵销角度考虑的会计处理

从 B 公司角度看，它已将项目建造服务全部发包，未提供实际建造服务，根据企业会计准则有关 BOT 会计处理的相关规定，不能确认建造收入，而应按照建造过程中支付的工程价款确认无形资产。

从 A 公司角度看，它与 B 公司之间的委托建造交易，完全符合建造合同收入确认原则，由此，确认一笔收入。

期末，在 A 公司合并报表层面，由于 A 公司的建造收入是向其子公司（B 公司）提供建造服务而得，根据合并报表编制原理，在汇总母子公司个别报表核算结果后，要对内部交易进行合并抵销，从而在合并报表层面冲销母公司的建造收入成本及内部未实现利润，由此冲减 B 公司确认的部分无形资产。最终结果是，期末合并报表上将不体现建造合同的收入，无形资产的计量值等于实际发生的建造成本。

3. 从集团角度考虑财务影响

看上去顺理成章，实际上却谬以千里！在合并报表层面，应从企业集团角度看待这项 BOT 合同下产生的建造服务交易。

就 A 集团（A 公司及 B 公司组成的企业集团）而言，它整体具备建造资质，并向政府提供了建造服务，也没有将该建造服务发包给集团外的其他方。可以说，这项交易实质上是 A 集团与政府签订的 BOT 合同，并对政府（外部第三方）提供了建造服务。因此，在 A 公司合并报表内，应当确认 A 集团对外部第三方的建造合同的收入、成本和相应的利润。

4. 相关会计处理

由此，A 公司合并报表的最终结果应体现为：A 集团按照 BOT 合同约定及建造合同准则确认建造合同收入，同时确认无形资产，按 A 公司自身实际发生的建造支出确认合同成本。也就是说，A 集团在编制合并报表时，对于此项业务涉及的会计处理，只需要将母子公司财务报表中的相应项目加总起来，并不需要为此编制上述抵销分录。

（二）案例 2

1. 事实

甲公司的子公司乙公司拟在某经济技术开发区扩建厂房。甲公司于 2010 年 1 月向银行借款 1 亿元作为流动资金，年利率为 6%。同时，甲公司与乙公司签订借款协议，借出本金 1 亿元，按年利率 6% 收取利息。乙公司随后开始投入建设。2010 年 12 月 31 日，乙公司在建工程余额为 8000 万元，除甲公司借款之外，未承担其他付息债务。

2. 从个别报表及其抵销角度考虑的会计处理

乙公司在其个别财务报表中，判断在建厂房为符合资本化的资产，按照相关规定，计算利息资本化金额 240 万元，乙公司当期支付给甲公司的利息总计为 600 万元。因此，将未资本化的利息 360 万元计入当期财务费用。

甲公司在编制合并财务报表时，认为甲公司与乙公司之间存在 1 亿元的内部债权债务，需要全额抵销，由此产生的甲公司的 600 万元利息收入与乙公司的 600 万元利息支出应该全额抵销。抵销之后，合并报表中乙公司的在建厂房账面价值中不存在资本化利息。

3. 从集团角度考虑财务影响及其相关会计处理

从甲集团（甲公司与乙公司组成的企业集团）来看，本集团既有符合借款费用资本化条件的资产（乙公司的在建厂房），也有一般借款（甲公司的银行借款），而且，乙公司的在建厂房确实占用了一般借款，完全符合《企业会计准则第 17 号——借款费用》规定的借款费用资本化条件。因此，在合并财务报表层面，应当按照一般借款费用资本化的计算公式计算借款费用资本化金额，将其作为合并报表编制过程中的特殊调整分录。

（三）其他案例

实务中还有一些类似情况，甚至可能更复杂。

例如，母公司将投资性房地产出租给子公司，母公司个别报表中确认投资性房地产（如果被认定为经营租赁）或长期应收款——应收融资租赁款（如果被认定为融资租赁），子公司个别报表中确认租赁费用（如果被认定为经营租赁）或长期应付款——应付融资租赁款（如果被认定为融资租赁）。而在集团层面看，这项房地产就是集团（由子公司具体使用）作为办公使用的固定资产，需要在合并财务报表中确认固定资产及其折旧。这样一来，合并报表中所确认的项目和金额完全和个别报表中的不同，更不是个别报表项目的简单加总和抵销，但是，这样才能如实反映集团的财务状况和经营业绩。

五、正常情况下的抵销

以上案例都是比较特殊的情况。

一般情况下，个别财务报表对应的是单个企业，它反映母公司或从子公司这个会计主体自身的财务状况、经营成果和现金流量。企业集团内部交易，对集团内发生这项交易的单个企业来说，就是它与自己以外的其他主体之间的交易（外部交易）；而对整个集团交易而言，它并没有因此与其外部发生任何交易。所以，在单个企业财务报表层面，这家企业的外部交易结果当然应当（也必然会）反映在其个别财务报表中。

但在合并财务报表层面，这个企业集团的内部交易结果则不应当反映在报表中。如果将个别财务报表中相关报表要素项目的金额简单加总起来，作为合并财务报表中的相应项目金额，必然包含重复计算的因素。所以，为了如实反映企业集团的整体财务情况，在编制合并财务报表时，必须将这些重复计算的因素予以扣除，对这些重复计算的因素进行抵销处理。

下面来看两种抵销处理及其后果。一种涉及比较少见的交易：母子公司交互持股；另一种比较不受关注，但对报表数字影响不小，它涉及其他抵销所产生的所得税影响问题。

第三节　母子公司交互持股的抵销处理

一、母子公司交互持股及其本质——权益性交易

企业之间的交易大多都是产品、服务或资金的往来，通过影响利润表，从而间接影响所有者权益。因此，这一大类交易称为“损益性交易”。集团企业之间的内部交易也是如此，绝大部分可以归入此类。

同时，也有少数交易会直接影响所有者权益，称为“权益性交易”。对于这两大类交易的详细介绍，请参阅本章第五节。企业集团内部各企业之间也存在此类交易。最常见的集团内部权益性交易就是母公司对子公司的股权投资（母子公司之间的关系基于此成立）。

在编制合并财务报表时，一方面，需要抵销子公司的所有者权益项目（股本、资本公积、盈余公积、未分配利润）和商誉项目（基于最初是非同一控制下企业合并而产生母子公司关系）；另一方面，需要抵销母公司的长期股权投资项目和集团的少数股东权益项目。这几乎是所有企业集团都存在的情况，也是在编制合并财务报表中都需要做出的抵销处理。原准则中就已经有相应规定，准则讲解中也有明确的示例。新准则并没有对此做出任何改变，因此本书不做深入介绍。

本章主要关注的是另一种权益性交易：子公司持有母公司股份，或者子公司相互之间持有股份。

二、财务报表中的体现

（一）集团内相关企业的个别报表

先来看看企业集团内相关企业的个别报表。

从母公司角度看，它的所有者权益（股本等项目）中有一部分归属于子公司；从子公司角度看，它对母公司的股份投资是一项长期股权投资，由于不可能因此控制、共同控制或重大影响母公司，所以，在其个别报表中，记为“可供出售金融工具”，以公允价值计量（特殊情况下，以历史成本计量）。

（二）集团层面——合并报表

从企业集团层面一探究竟。

1. 参考类似业务的会计处理

在集团看来，这是一项自己持有自己的股份，这种事情以前确实比较罕见，但还是存在。例如，有些企业出于资本运作、激励职工等原因，在证券市场上回购一些自己发行的股份。参考他们的作法，可以得到一些启示。

在《企业会计准则讲解 2010》第十二章“股份支付”中提到，企业如果回购股份进行职工期权激励，在回购股份时，应当按照回购股份的全部支出作为库存股处理，在职工行权时，企业应转销交付职工的库存股。很明显，企业持有自己股份应该作为“库存股”。

2. 会计处理

回到我们关注的这类交易，与企业回购的股份一样，在集团层面，子公司持有母公司的股份，就是集团自己的库存股。

认定要确认的项目后，就要进行适当的会计处理，包括编制相应的会计分录。

（1）子公司个别报表层面。子公司在获得母公司股份时（假设在股票市场中购买而得），应做如下会计分录：

借：长期股权投资

　　贷：银行存款

（2）集团合并报表层面。在编制合并报表时，就要做如下抵销分录，将此交易带来的影响予以抵销。

借：库存股

　　贷：长期股权投资

（3）合并报表中的列报。在合并报表中，“库存股”应当单独列示。其在性质上与企业的实收资本（股本）一样，但方向相反：其他方作为股东，是增加企业的实收资本，而自己作为股东，是减少实收资本。因此，企业在合并财务报表中，应当在“实收资本及股本”之后单列一行，注明“减：库存股”，以体现这项交易导致企业集团实收资本的减少。

（4）其他类似情况。理论是灰色的，实践之树常青。在实务操作中，还可能存在与之性质一样的“变形”交易。例如，子公司相互之间持股。其实，从企业集团角度来看，实质还是一样，就是集团自己持有自己的股份。

《基本准则》第十五条提出要求，“企业提供的会计信息应当具有可比性。同一企业不同时期发生的相同或者相似的交易或者事项，应当采用一致的会计政策……”因此，我们应当比照上述会计处理方法，抵销这类交易对企业集团的财务影响，使之如实反映企业集团的财务情况。

三、小结

用 CAS 33 第三十条（一）中的第二款、第三款内容（也是规范这类交易的相关内容）作为本节的总结。

子公司持有母公司的长期股权投资，应当视为企业集团的库存股，作为所有者权益的减项，在合并资产负债表中所有者权益项目下以“减：库存股”项目列示。

子公司相互之间持有的长期股权投资，应当比照母公司对子公司的股权投资的抵销方法，将长期股权投资与其对应的子公司所有者权益中所享有的份额相互抵销。

第四节 抵销涉及的所得税影响问题

一、问题的产生

企业集团内部的损益性交易会造成对集团利润影响的重复计算，因此，需要进行相应的抵销处理（编制抵销分录，进而编制合并财务报表）。这样一来，合并财务报表就能如实反映企业集团的真实损益。

但是，还有一个 bug 藏在里面：集团内部各企业都是独立的纳税主体，虽然可以作为一个会计主体。但是，从法律角度，或者从征税机关角度来看，企业集团本身只是一个虚拟的主体，并不需要就整个集团征税，集团需要交纳的所得税就是集团内各企业主体需要交纳所得税的总和。虽然集团存在内部交易，但是，并不需要因此而对集团进行纳税调整。集团的所得税费用、递延所得税资产、递延所得税负债等项目，也应当是集团内各纳税主体（一般与相应的会计主体相重合）相应项目的总和。因此，在编制合并财务报表时，需要将这些影响剔除出去。

总之，企业为了避免集团内部交易造成损益的重复计算而做出的抵销处理，给集团带来的所得税相关项目造成的影响，需要“再次抵销”。这样，合并财务报表中的所得税相关资产负债项目及其数字才能如实反映企业集团的相应权利和义务。

二、案例

（一）事实

子公司营业收入中有1000万元是它向母公司销售商品而实现的收入，该商品销售成本为800万元，销售毛利率为20%，截至资产负债表日，该商品全部未实现对外销售，由此，形成母公司期末存货。

（二）抵销

在编制合并财务报表时，我们当然应该抵销这项内部交易导致的“虚增利润”，以下是抵销分录：

借：营业收入　　10000000.00

　　贷：营业成本　　10000000.00

借：营业成本　　2000000.00

　　贷：存货　　2000000.00

（三）再次抵消

由于抵销后存货减少了200万元，但集团所得税费用（其实就是母子公司所得税费用的总和）并不会因此而减少，由此，集团的计税基础与其合并财务报表中资产（含存货）的账面价值就会形成一项暂时性差异（资产账面价值小于计税基础）。此时，产生了一项可抵扣暂时性差异，需要作进一步调整（“再次抵销”），以消除这项内部交易带来的递延所得税影响，具体调整金额用公式表示为：

调整金额 = 差额 × 税率 = 200 × 25% = 50（万元）

以下是相关抵销分录：

借：递延所得税资产　　500000.00

　　贷：所得税费用　　500000.00

三、商誉相关问题

还有一个细节问题，是关于商誉抵销的所得税影响问题。

《中华人民共和国企业所得税法实施条例》第六十七条规定："外购商誉的支出，在企业整体转让或清算时，准予扣除。"同时，《关于企业重组业务企业所得税处理若干问题的通知》（财税〔2009〕59 号）规定，企业股权收购时，收购方取得的股权（即对子公司的长期股权投资）的计税基础应以公允价值为基础确定。

根据这两项法规，我们可以确定，对子公司的长期股权投资在以历史成本进行初始确认时就与其计税基础不存在差异，而商誉作为长期股权投资成本的组成部分，也就不存在暂时性差异。因此，在商誉不发生减值的期间，企业不需要对其确认递延所得税影响。

四、小结

至此，关于抵销涉及的所得税影响问题已全部加以解析。用 CAS 33 第三十条中规范这类交易的相关内容作为本节小结。

"因抵销未实现内部销售损益导致合并资产负债表中资产、负债的账面价值与其在所属纳税主体的计税基础之间产生暂时性差异的，在合并资产负债表中应当确认递延所得税资产或递延所得税负债，同时调整合并利润表中的所得税费用，但与直接计入所有者权益的交易或事项及企业合并相关的递延所得税除外。"

第五节　不改变控制权情况下的股权变动[①]

对于购买少数股权、不丧失控制权情况下处置部分对子公司投资交易，新准

① 陈朝琳，"母公司保持控制下股权变动的合并报表问题"，《财会月刊》，2013 年第 19 期。部分文字略作改动。

则规定，在合并财务报表层面应当作为权益性交易进行会计处理。

新准则第四十七条、第四十九条专门针对母公司在保持控制的情况下增减其对子公司的股权而在会计上产生的相关问题做出规定。这在原准则正文中没有出现，但在原准则颁布之后的有关规范文件中可以看到涉及此问题的一些零散的相关内容。实质上，这两条规定并非全新内容，而是对这些规范文件的全面梳理和整合。本节将对这类交易的形式、实质及其产生的影响进行详细的分析。在此基础上，明确这类交易应该如何在财务报表上予以反映，并通过简化的案例，说明在合并财务报表中对于这类交易做出调整的必要性、需要调整的金额、报表项目和相应的调整分录。

一、相关规范文件回顾

2008 年 7 月发布的《企业会计准则解释第 2 号》中，针对母公司增股问题指出："母公司在编制合并财务报表时，因购买少数股权新取得的长期股权投资与按照新增持股比例计算应享有子公司自购买日（或合并日）开始持续计算的净资产份额之间的差额，应当调整所有者权益（资本公积），资本公积不足冲减的，调整留存收益"。可能由于时间关系，2008 年 12 月出版的《企业会计准则讲解 2008》中没有提到相关部分。

财政部在 2009 年 2 月 27 日发布了财会便〔2009〕14 号文件，就母公司减股问题做出规定："在合并财务报表中处置价款与处置长期股权投资相对应享有子公司净资产的差额应当计入所有者权益。"该文件中所指差额与母公司增股时的相应差额性质相同，除非特别说明，本书合称为"投资与权益差额"。

在 2010 年 12 月出版的《企业会计准则讲解 2010》中的"长期股权投资"与"合并财务报表"两章分别对这两类交易在合并财务报表中的会计处理做出说明，进一步指出，在合并财务报表中，投资与权益差额应当计入资本公积（资本溢价），资本溢价不足冲减的，应当调整留存收益。

2012 年 11 月 5 日，财政部发布了《企业会计准则解释第 5 号》（解释第 5 号），在解释企业通过多次交易分步处置对子公司股权投资直至丧失控制权应当如何进行会计处理时，附带提到了这个问题，认为丧失控制权之前的投资与权益差额在合并财务报表中应当确认为其他综合收益。

可以看出，对于在合并财务报表上由于母公司增减股份而产生的会计处理问题，财政部做出了多项规定，除了解释第 5 号与其他文件在投资与权益差额所确认的报表项目（应该是调整项目，下文另述）上有所不同以外，其他都一样。这表明实务中会计从业人员由于该问题的复杂性而需要解决其中的困惑，也显示了该问题在会计上需要进一步澄清的必要性。然而，这些文件中都没有相关示例，也没有更明确细致的说明，不便于有关人员对这类问题的理解和操作。因此，本节就这类交易的形式、性质、对集团的影响、在合并财务报表中的会计处理等问题，做一次比较系统地分析与探讨。

二、交易的形式、实质及其产生的影响

会计是主要提供主体财务信息的经济信息系统，需要尽可能如实反映某项交易或事项对主体的影响。因此，有必要先分析这类交易在实务中的表现形式及其实质，认定其对主体在经济性质上的影响后果，继而探讨在会计上应当如何处理，才能在财务报表中如实反映这类交易产生的影响。

（一）交易的形式

在实务中，除了上文提到的母公司增减股以外，只要在保持控制的情况下能够导致母公司对子公司的股权比例发生变动这种结果，其性质都一样，都是同一类交易。例如，子公司增发或回购股份可能会导致母公司股权变化，这既包括子公司增发股票时，母公司不予认购，因此在持股数不变的情况下股权比例下降的情形；也包括子公司仅对母公司增发股份（定向增发），母公司的持股数及股权比例均增加的情形。另外，子公司已发行的潜在普通股（例如，可转换债券、认股权等）的转换或行权也可能导致母公司股权比例变化。以上交易或事项的某种结合，也属于这类交易。例如，母公司在不丧失控制权的情况下将其持有的部分股权和潜在普通股一起出售给某少数股东，该股东在收到普通股的同时立即将潜在普通股转换为普通股。

这类交易的共同特征是：交易后母公司继续保持对子公司的控制，但其对子公司的股权比例较之前的比例有所增加或减少。为了便于理解与探讨，本节只分析其中最简单的两种形式——母公司增减持股，其他情况可比照分析并处理。

（二）交易的经济实质及其产生的影响

对于所涉及的不同会计主体而言，这类交易的经济性质各不相同。

从母公司的角度出发，这是长期股权投资的增减业务，是该公司的其他资产与其（对子公司的）长期股权投资这项资产（实质上是这部分投资或股权所代表的在子公司中的权益）的交换，是损益性交易。从子公司的角度出发，这是它的股东之间以它们所持有的对自身的股权为对象的交易行为，是权益性交易，与子公司本身无关。对出售或购买子公司少数股权的股东（少数股东）来说，这

也是一项长期股权投资的增减业务，其性质与母公司的一样。

如果把企业集团（母公司、子公司以及少数股东在子公司中的权益）作为一个整体（即编制合并财务报表的会计主体），在经济实质上，这类交易部分是集团内部交易，部分是集团与外部的交易。交易的对象是集团内资产——子公司的权益时，表现为母公司与少数股东在子公司中的权益在集团内部的转移；为获取交易对象而支付的对价（交易对价）是子公司权益以外的其他资产时，这些资产由于这类交易而在母公司减持时流入或在母公司增持时流出集团。

需要注意的是，交易对象（这部分股权在子公司权益中的份额）的账面金额与交易对价（流入或流出集团的其他资产）的公允价值（母公司增持时新取得的长期股权投资或母公司减持时的处置价款）可能并不相等。也就是说，这类交易很可能是对子公司股权的溢价或折价交易，由此造成母公司因溢价减持或折价增持而增加自身权益（折价减持或溢价增持则减少自身权益），进而导致企业集团权益的变动。事实上，这就是产生本节所述会计问题的关键所在。

本节有必要简要说明权益性交易问题。

权益性交易，也称资本性交易，是某主体（作为子公司）与其所有者（母公司或少数股东）或所有者相互之间以其权益作为交易对象，并由此直接造成权益变动的交易。权益性交易最根本的特点是交易对象为主体自身的权益（实务中表现为股权，其实质是股权所代表的在子公司中的利益）。主体与其所有者之间的权益性交易包括增发股份、对股东分红等。所有者之间的权益性交易则为股东之间各种情况股权比例的变动，既包括本节所述的母公司增减持股，也包括母公司丧失控制权的股权交易。在子公司看来，母公司增减持股只是其所有者权益结构的调整，不影响权益增减。但从集团角度看，可能因为交易对价与所交易的权益在会计计量上不等值而产生权益的增减。

与权益性交易相对的是损益性交易，它的交易主体没有限制，交易对象不是权益。损益性交易会产生主体的损益，进而导致主体权益的变动。因此，在会计上，权益性交易直接导致主体的权益变动，而损益性交易则导致主体损益的变动，间接影响主体权益。很明显，母公司增减持股是母公司与少数股东之间以子公司的权益为对象的交易，属于权益性交易，只要交易对象与交易对价的价值不相等，就会造成集团权益的变动。

三、交易在财务报表中的反映

根据以上分析，对于某个单独主体而言，这类交易性质简单，经济后果也不复杂，因而在会计处理方面非常清晰，没有什么特别之处。但是，从企业集团的角度看，相对比较复杂。要想在集团层面如实反映这类交易，还需要对合并财务报表的性质和编制特点有所了解。

合并财务报表是在某主体（母公司）控制另一主体（子公司）的情况下由母公司定期（合并日和年末）编制的反映企业集团财务状况、经济业绩和现金流量的财务报表。其编制基础是构成企业集团的母子公司的个别财务报表，它需要在加总个别报表数据的基础上，结合其他相关资料，在合并工作底稿上经过调整和抵销后编制而成的。因此，下文先说明这类交易在个别财务报表上的反映，进而分析在合并财务报表中反映这类交易的必要性及具体的会计处理。

（一）个别财务报表中的反映

在母公司的个别财务报表中，母公司增（或减）持股时，借记（或贷记）长期股权投资，同时贷记（或借记）用于交换的有关资产（交易对价），金额为交易对价的公允价值。也就是说，在增持股时用成本法计量长期股权投资，流出资产的公允价值与账面金额的差额记处置资产而获得的营业外收支；减持股时根据长期股权投资账面金额乘以减持股相应比例计算结果，减少长期股权投资，流入资产的公允价值与长期股权投资减少额的差额贷记（或借记）投资收益。

由于这类交易对子公司的所有者权益结构之外无任何财务影响，因此，子公司在其个别财务报表中无须作任何记录。

在少数股东的个别财务报表中，由于实质一样，这类交易的会计处理与母公司的也一样。但是，少数股东不在母公司合并财务报表的编制范围内。因此，这些报表项目及其数字的变动不会影响合并财务报表中的相应项目和数字。需要提请注意的是，少数股东对子公司的股权利益在合并财务报表中表现为少数股东权益，是编制合并财务报表时在抵销分录中计算得出的数字，在母子公司的个别财务报表中并没有相应的项目和数字。

（二）合并财务报表中的反映

加总母子公司相应项目的数字之后，合并财务报表中已经反映了企业集团（也是母公司合并报表的反映对象）因这类交易而流入（或流出）的其他资产及其相应金额，这部分报表项目与金额无须调整或抵销。但子公司股权被溢折价交易所导致的企业集团权益的变动，如果不经调整，就无法在合并财务报表中有所体现。

1. 调整的必要性

在此，列举一个简化的案例，说明会计上对这类交易不予处理产生的结果。

假设公司 A（母公司）在某日合并一家非同一控制下的公司 B，支付与公司 B（子公司）净资产公允价值相等的价款 1000 万元。当年及其后一年，公司 B

的净资产公允价值一直保持不变，且等于其账面金额。在此基础上，这类交易有4种情形，表4-1是不对这类交易进行相应调整而反映在合并财务报表中的结果。可以发现，由于没有经过调整，合并财务报表中出现了明显不能如实反映现实的结果，特别是母公司增持股时的结果更为荒唐。

表4-1　母公司在保持控制权下增减子公司股份但不作调整而产生的合并报表结果

原持股比例		母公司持股变化	交易对价（万元）	长期股权投资账面金额（万元）	长期股权投资与子公司所有者权益的抵销分录	合并财务报表结果
母公司	少数股东					
90%	10%	+10%	90	990	借：所有者权益10000000.00 贷：长期股权投资 9900000.00 少数股东权益100000.00	少数股东无股权但合并报表中有正金额
			110	1010	借：所有者权益10000000.00 少数股东权益100000.00 贷：长期股权投资 10100000.00	少数股东无股权但合并报表中有负金额
100%	0	-10%	90	910	借：所有者权益10000000.00 贷：长期股权投资 9100000.00 少数股东权益900000.00	少数股东权益小于所有者权益相应份额
			110	890	借：所有者权益10000000.00 贷：长期股权投资 8900000.00 少数股东权益 1100000.00	少数股东权益大于所有者权益相应份额

需要指出的是，编制合并报表时，长期股权投资的抵销分录中少数股东权益的数字一般以子公司净资产乘以股权比例计算得出。例如，在上例母公司增股10%的情形下，因少数股东不再持有任何股权，则为0，但此时，该抵销分录仍然无法平衡。在实务中，如果是经权益法调整后再抵销母公司的长期股权投资，在用期末子公司所有者权益的数字来调整母公司长期股权投资时，子公司权益溢折交易效果被包含于调整后的以子公司期末净资产乘以股权比例计算得出的长期股权投资中，再经过抵销，并没有在合并财务报表中体现这类交易对企业集团的影响。但由于复式记账法在借贷双方的固有平衡，导致账面上看不出有什么明显

的问题，却掩盖了会计上未处理这类交易的错误。如果是直接在成本法基础上编制抵销分录，就会直接增减合并商誉项目中的数字，同样没有如实反映这类交易对企业集团的经济实质并因其被掩盖而被忽略。上例之所以苛刻假定一些实务中几乎不可能出现的情况，是为了凸显不处理这类交易的错误，由此强调对这类交易予以会计处理的必要性。

投资与权益差额是由母公司增减持股而产生的，对集团权益的影响未被记录，并非因集团某项内部交易或之后在集团中产生的后果而被重复记录的项目和金额。因此，无法通过抵销分录来处理，需要编制调整分录来更正未作这项调整而造成的错误反映。无论是权益法调整后再抵销长期股权投资，还是直接在成本法基础上编制抵销分录，都必须先行编制这项调整分录。

2. 需要调整的金额

投资与权益差额在交易当时就已经产生，金额上等于交易当时子公司净资产乘以增减持股比例与交易对价公允价值的差额。交易对价的公允价值在交易中可以观察到，也已做相应记录。但是，由于母公司对子公司继续保持控制，交易当时没有编制合并财务报表，子公司净资产无法得知。因此，本来应该在交易当时立即确认的这部分差额，只能在期末编制合并财务报表时，通过调整分录得以体现。此时，要调整的金额等于子公司期末净资产乘以增减持股比例与交易对价公允价值的差额。

具体地说，母公司增持股时，由于合并前的子公司不是合并财务报表的编制范围，母公司只享有子公司自购买日（或合并日）开始持续计算的净资产份额，因此，要调整的金额等于因购买少数股权新取得的长期股权投资与按照新增持比例计算应享有子公司自购买日（或合并日）开始持续计算的净资产份额之间的差额；母公司减持股时，要调整的金额等于处置价款与处置长期股权投资相对应享有子公司净资产的差额。

值得注意的是，编制期末合并财务报表时，子公司的净资产很可能已经与交易当时的不一样了。因此，即使经过这项调整，仍然无法完全如实反映这类交易对企业集团的经济影响，但这是合并财务报表的固有缺陷。如果专门为这类交易在当时编制合并财务报表，耗费颇多，不符合成本效益原则。

3. 需要调整的报表项目

这类交易在母公司个别财务报表中体现为增持股时的长期股权投资增加或减持股时的投资收益，如果不经调整，这两个报表项目的金额就包含了子公司股权溢折价部分。因此，应该在调整分录的一方记录这两项中的一项。

具体地说，如果是母公司溢价增持，长期股权投资中包含溢价部分，要将其从中剔除，以调整企业集团的权益项目，需要贷记长期股权投资；如果是母公司折价增持，就借记长期股权投资；如果是母公司溢价减持，投资收益中包含溢价部分，要将其从中剔除，以调整企业集团的权益项目，需要借记投资收益；如果是母公司折价减持，则需贷记投资收益。

有人认为，子公司权益的溢价中有一部分是对子公司商誉的认可，折价则为对子公司商誉减损的认定，应该调整企业集团的商誉项目。这种情况在实务中确实存在，但是，要区分出这部分商誉的变动，非常困难。另外，合并产生的商誉可以在其减值测试中予以考虑，虽然可能遗漏商誉的增加部分，但能基本做到如实反映。况且，在期末编制合并财务报表时要调整的金额还包括交易当时至期末的子公司权益变动，这部分权益变动显然不是合并商誉。因此，从重要性原则和成本效益原则出发，没必要单独区分出一块，调整合并商誉。

以上是调整分录其中一方的报表项目，还要考虑分录另一方的报表项目。

如上所述，这类交易是母公司与少数股东之间以子公司的权益为对象的权益性交易，在交易对价与交易对象的价值不等时，整个集团的权益会有所增减。因此，需要在调整分录的另一方记录所有者权益项目，而对于由于股本溢折价而产生的所有者权益变动，最为合适的报表项目就是资本公积（股本溢价或折价）。如果该项目不足以冲减需要调整的金额，就要进一步调整留存收益。

有人认为，这类交易的结果是企业集团由于子公司股权被溢折价交易而形成的利得或损失，是损益以外的权益变动，可以把它确认为其他综合收益（OCI）。虽然最后都会造成所有者权益的变动，但 OCI 项目作为反映损益以外所有者权益变动的“独有”项目，更能如实反映这类交易的经济实质。

应该说，这种观点有一定道理。但是，OCI 这个项目目前在概念上还没有明确的定义，只是根据会计准则规定而记录的非损益而导致权益增加的“特有而说不清”的项目。就因为这一点，IASB 受到多方指责，他们也承认这一缺陷，正在加紧研究这个问题。也就是说，除了损益的概念相对明确，其他导致净资产变动项目的概念都很模糊，还在探讨之中。因此，在调整分录的另一方直接记录为资本公积——股本溢价明显更为合理，也更没有争议。

解释第 5 号要求：“处置对子公司股权投资直至丧失控制权的各项交易属于一揽子交易的，应当将各项交易作为一项处置子公司并丧失控制权的交易进行会计处理”，同时规定，“在丧失控制权之前每一次处置价款与处置投资对应的享有该子公司净资产份额的差额，在合并财务报表中应当确认为其他综合收益，在丧失控制权时一并转入丧失控制权当期的损益”。

笔者认为，这项规定可能一部分是出于上述对 OCI 可以反映损益以外权益变动的考虑，另一部分是考虑到投资者之后不再控制时，可以将 OCI 转入损益。但是，这样规定还是会存在两个主要问题：（1）规范文件之间的不一致——同样是不丧失控制情况下的部分处置，这个规定与其他规定不一样，如果分步处置不按原计划进行，从而母公司继续保持控制，规定上的不一致会使报表编制者无所适从；（2）合并财务报表与个别财务报表的编制范围不同，原母公司在丧失控制后（如果没有其他子公司）不必再编制合并财务报表，但要继续编制个别财务报表，因此，不能将合并财务报表中的其他综合收益转入（个别财务报表）在丧失控制权当期的损益。另外，如上文所述，对投资与权益差额的会计处理是对合并财务报表项目的调整，并非确认；况且，调整金额中包含交易当时至期末的子公司净资产变动，这部分权益变动明显不是 OCI 所导致的，将其确认为 OCI，不太妥当。其实，在原母公司的个别财务报表中，分步处置的投资收益已经得到明确体现，而且合并报表与个别报表的编制范围不同。因此，笔者认为，不必在此就投资与权益差额问题另作规定。

4. 调整分录

接上例，将调整分录列示于表 4 -2，以作说明。

表 4 -2　　母公司在保持控制权下增减子公司股份所需要编制的调整分录

母公司		交易对价（万元）	调整分录	抵销分录	备注
原比例	增减持股比例				
90%	+10%	90	借：长期股权投资 100000.00 贷：资本公积 100000.00	借：所有者权益 10000000.00 贷：长期股权投资 10000000.00	母公司长期股权投资金额被调增至子公司所有者权益金额
		110	借：资本公积 100000.00 贷：长期股权投资 100000.00	借：所有者权益 10000000.00 贷：长期股权投资 10000000.00	母公司长期股权投资金额被调减至子公司所有者权益金额
100%	-10%	90	借：资本公积 100000.00 贷：投资收益 100000.00	借：所有者权益 10000000.00 贷：长期股权投资 9000000.00 少数股东权益 1000000.00	投资收益经权益法调减母公司长期股权投资金额
		110	借：投资收益 100000.00 贷：资本公积 100000.00	借：所有者权益 10000000.00 贷：长期股权投资 9000000.00 少数股东权益 1000000.00	投资收益经权益法调增母公司长期股权投资金额

四、小结

至此，关于这个问题已经基本分析透彻。用新准则中的相关规定作为本节的总结。

第四十七条　母公司购买子公司少数股东拥有的子公司股权，在合并财务报表中，因购买少数股权新取得的长期股权投资与按照新增持股比例计算应享有子公司自购买日或合并日开始持续计算的净资产份额之间的差额，应当调整资本公积（资本溢价或股本溢价），资本公积不足冲减的，调整留存收益。

第四十九条　母公司在不丧失控制权的情况下部分处置对子公司的长期股权投资，在合并财务报表中，处置价款与处置长期股权投资相对应享有子公司自购买日或合并日开始持续计算的净资产份额之间的差额，应当调整资本公积（资本溢价或股本溢价），资本公积不足冲减的，调整留存收益。

第六节　跨越控制界限在合并报表层面的会计处理

如果企业因增减股份或实质相同的其他情形而导致对子公司控制权发生改变，即由控制变为不控制，或者由不控制变为控制，会计人员就应认定企业跨越了控制界限，在合并财务报表层面，需要采取“完全终止确认法”。此类事项的交易性质分析、在合并财务报表中的体现、相应的会计处理等问题，为了便于阅读与理解，将在本书第六章第三节中讲解。

这里抄录新准则中的相关内容。

第四十八条　企业因追加投资等原因能够对非同一控制下的被投资方实施控制的，在合并财务报表中，对于购买日之前持有的被购买方的股权，应当按照该股权在购买日的公允价值进行重新计量，公允价值与其账面价值的差额计入当期投资收益；购买日之前持有的被购买方的股权涉及权益法核算下的其他综合收益等的，与其相关的其他综合收益等应当转为购买日所属当期收益。购买方应当在附注中披露其在购买日之前持有的被购买方的股权在购买日的公允价值、按照公允价值重新计量产生的相关利得或损失的金额。

第五十条　企业因处置部分股权投资等原因丧失了对被投资方的控制权的，在编制合并财务报表时，对于剩余股权，应当按照其在丧失控制权日的公允价值进行重新计量。处置股权取得的对价与剩余股权公允价值之和，减去按原持股比例计算应享有原有子公司自购买日或合并日开始持续计算的净资产的份额之间的差额，计入丧失控制权当期的投资收益，同时冲减商誉。与原有子公司股权投资相关的其他综合收益等，应当在丧失控制权时转为当期投资收益。

第七节　多次交易分步处置股权的会计处理

在实务中，有些交易表面上看，是很多项交易，实质上，它们只是一整项交易中相互联系的各个步骤，也就是说，它们构成“一揽子交易”，每项交易都是其中的“分步交易”。会计讲究“实质重于形式”。对于这种情况，当然也不例外。我们应当将这些分步交易合并起来，作为一项交易来处理。

如果企业分步处置股权，导致对另一企业从原来的控制到不控制，就会涉及股权投资核算方法的转换，在该企业的合并财务报表中必须有所体现。对于这个问题，新准则第五十一条做出明确的规定，并列出“一揽子交易”的主要特点，以便于准则使用者遵循准则。现抄录如下：

“企业通过多次交易分步处置对子公司股权投资直至丧失控制权的，如果处置对子公司股权投资直至丧失控制权的各项交易属于一揽子交易的，应当将各项交易作为一项处置子公司并丧失控制权的交易进行会计处理；但是，在丧失控制权之前每一次处至各价款与处置投资对应的享有该子公司净资产份额的差额，在合并财务报表中应当确认为其他综合收益，在丧失控制权时一并转入丧失控制权当期的损益。

处至各对子公司股权投资的各项交易的条款、条件以及经济影响符合下列一种或多种情况，通常表明应将多次交易事项作为一揽子交易进行会计处理：

（一）这些交易是同时或者在考虑了彼此影响的情况下订立的。

（二）这些交易整体才能达成一项完整的商业结果。

（三）一项交易的发生取决于其他至少一项交易的发生。

（四）一项交易单独考虑时是不经济的，但是和其他交易一并考虑时是经济的。”

那么，到底什么是“一揽子交易”？实务中应该怎么判定？具体到多次交易分步处置股权这种情况，会计上应当怎么处理？出于作者写作和读者阅读理解的习惯，本书将在第六章第三节做出讲解，在此存而不论。

第八节　当期超额亏损对少数股东权益的影响及其会计处理问题

一、原准则的相关规定及其支持性观点

（一）原准则规定：特殊情形之外，超额亏损全部归母公司

在合并财务报表中，对于少数股东分担子公司超额亏损的处理，原准则第二十一条规定："子公司少数股东分担的当期亏损超过了少数股东在该子公司期初所有者权益中所享有的份额，其余额应当分别下列情况进行处理：

（1）公司章程或协议规定少数股东有义务承担，并且少数股东有能力予以弥补的，该项余额应当冲减少数股东权益；

（2）公司章程或协议未规定少数股东有义务承担的，该项余额应当冲减母公司的所有者权益。该子公司以后期间实现的利润，在弥补了由母公司所有者权益所承担的属于少数股东的损失之前，应当全部归属于母公司的所有者权益。"

（二）支持性观点

支持这项规定的主要理由是，对于子公司来说，母公司与少数股东持有的权益特征通常有所不同。因此，如果子公司发生超额亏损，它们不能按照相同的方式处理。具体观点如下：

（1）除非他们明确同意，少数股东并没有被强制要求弥补子公司出现的这些超额损失。况且，一旦子公司需要补充额外资本，用来继续运营，比较常见的情况是，少数股东就会放弃他们的投资，而不会像母公司一样，为了维持子公司的持续经营，继续投入资金。

（2）通常情况下，母公司会通过担保或其他支持性安排，确保少数股东的损失不会超过他们在子公司所持有的权益份额。因此，如果在财务报表中列示子公司归属于少数股东的超额亏损，就是向报表使用者暗示，少数股东需要承担额外投资的义务，而这样的报表将会误导报表使用者。

（3）损失的分配应当考虑法律、规章或契约方面的制约，可能存在不允许投资方确认的少数股东权益的约束，尤其针对受到监管的行业。例如，银行业和保险业。

二、新准则的相关规定及其支持性观点

（一）新准则规定：超额亏损按比例冲减所有者权益

虽然有以上这些支持性观点，对于这个问题，新准则还是做出了完全不同的规定。CAS 33 第三十七条明确要求，子公司少数股东分担的当期亏损超过了少数股东在该子公司期初所有者权益中所享有的份额的，其余额仍应当冲减少数股东权益。

（二）支持性观点

理论上，在主体理论指导下，合并报表反映整个集团，而不是母公司的财务状况。在此基础上，在合并报表中，需要平等对待母公司和少数股东的权益。也就是说，如果子公司出现超额亏损，少数股东作为权益持有者，应当和母公司一样，应按比例承担这部分亏损，即使这样做会导致少数股东权益余额为负数。

另外，虽然在实务中，有些母公司会出现各种原因（例如，厌恶损失、维护声誉等）而愿意承担子公司的所有超额损失，而少数股东也确实没有进一步向子公司投入资产的义务，但是，实际上，母公司也没有这种法定义务。如果在合并报表上将子公司的超额损失都归属于母公司，也会产生误导。

三、由此产生的“造假嫌疑”

（一）一种“怪现象”

某些上市公司在遵循新准则相关规定时，可能会出现一种外行人很难理解的“怪现象”：上市公司合并利润表中，“归属于母公司所有者的损益”为正，“归属于少数股东的损益”反而为负。一些非专业人士在不具备足够知识的情况下，信誓旦旦地指责：“上市公司把亏损的钱全都算在少数股东头上了，肯定造假！”。

其实，这种“怪现象”有其存在的合理性。那么，导致这种现象出现的真实原因到底是什么呢？

（二）案例说明

对于控股型公司来说，如果子公司亏损，而且符合一定条件，就可能出现这种现象。以下用一个带有抽象数字的案例加以说明。

假设母子公司之间没有任何关联交易，母公司个别报表净利润为 x，持有子公司股份比例为 a（$50\% < a < 100\%$），子公司个别报表净利润为 y。

那么，合并利润表中，净利润等于 x 与 y 之和，归属于少数股东的损益用公式表示为：

归属于少数股东的损益 = $(1-a)\ y$

归属于母公司的损益用公式表示为：

归属于母公司的损益 = $x + ay$。

如果出现上述情况，在数字上，必须同时满足以下 3 个条件：

（1）$x + y < 0$，合并利润表中净利润为负；

（2）$(1-a)\ y < 0$，合并利润表中归属于少数股东的损益为负；

（3）$x + ay > 0$，合并利润表中归属于母公司的损益为正。

如果要同时满足上述条件，就要符合以下 2 个条件：

（1）$y < 0$，也就是说，子公司亏损；

（2）$-ay < x < -y$，也就是说，母公司不能亏损，但不能盈利太少（$x > -ay$）；同时，也不能盈利太多（$x < -y$）。

第九节　当期综合收益中涉及少数股东权益的份额的列报问题

新准则第三十五条规定，“子公司当期综合收益中属于少数股东权益的份额，应当在合并利润表中综合收益总额项目下以‘归属于少数股东的综合收益总额’项目列示。”

这是一项新规定，主要是因为原来的“利润表”要反映企业的综合收益。虽然因为《会计法》维持不变等原因，“利润表”的名称不变，但是，其实质已经变成“综合收益表”了。相应的，会计人员就要在“合并利润表”中反映“当期综合收益”科目涉及少数股东权益的份额。

其实，这也是《企业会计准则第 30 号——财务报表列报》的主要变化之一。2014 年版 CAS 30 第三十六条规定：“所有者权益变动表至少应当单独列示反映下列信息的项目：（一）综合收益总额，在合并所有者权益变动表中还应单独列示归属于母公司所有者的综合收益总额和归属于少数股东的综合收益总额……”（详见本书第九章表 9－2）。

第五章
合营安排

第一节　本章内容安排

一、合营安排英文名称的说文解字

“合营安排”——每个字都认识，两个词语也很常见，连起来就觉得有点怪，一看就是准则趋同的产物，英语直译的术语。既然如此，就来看看英语原文吧！“Joint Arrangements”，“Joint”，原指关节，引申为2个以上（包括2个）不同事物之间相互连接的或联合的部位或其他事物，如果作为动词、形容词，就是连接的、联合的；“Arrangement”，译为安排，为了达到预定目的的计划与准备。

考虑到这是商业上的一种活动形式，又与长期股权投资有关，可以把这两个词合起来，从字面上理解为：为了某些商业上的利益，两个以上主体通过权益性投资的方式联合起来，设置的某种载体。基于这个载体的经营情况，投资方可能可以获得一定的权利和利益，当然，也可能因此承担相应的义务和损失。

由此看，翻译成“联合安排”似乎更准确。需要关注的是，“联合”必然包括两方以上，参与联合的各方都能对联合体产生影响，但只有各方组成的集体才能控制这个联合体，如果缺少了其中一方，就不能有效控制这个联合体（这就是“共同控制”，后文展开阐述）；“安排”是商业上的安排，范围很广，形式很多，可能是组建具有法人资格的企业，可能是设立合伙企业或基金，也可能是不设立单独主体的一些协议，或者是这些形式的混合使用（所以是“安排”，而不是“主体”或“企业”）。

二、认识合营安排的路径

英语的说文解字虽然比原来的直译会好理解一点，但毕竟不是母语，感觉多少有点隔靴搔痒。我们还是套用第二章介绍的长期股权投资的“认识路线图”，希望能一步步、逐渐深入地了解合营安排是什么，在会计上应该怎么处理（如图5-1所示）。就此，也以之为线索，作为本章内容的结构安排。

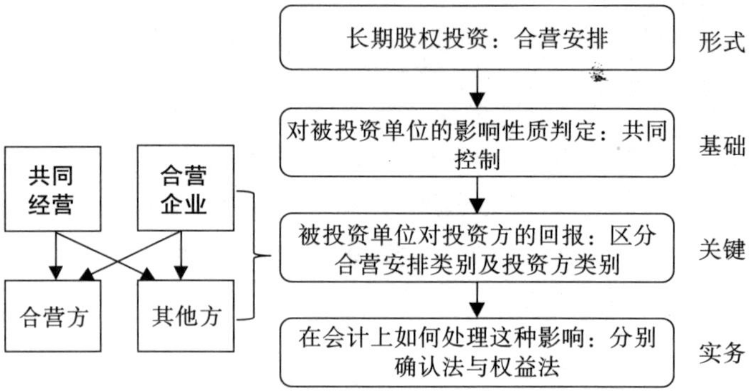

图 5-1 认识合营安排的“路径”

三、本章内容安排

形式上的把握比较简单，合营安排是长期股权投资的一种类型。可是，什么样的长期股权投资才算是合营安排呢？这需要从投资方对被投资方的影响性质上来判定，必须是两个以上投资方能够共同控制被投资方才算。因此，本章第二节将集中精力解析怎么样才算是“共同控制”。

知道什么是合营企业后，就要进一步追究：被投资方的财务变动会给投资方带来什么样的回报，会计上应该怎么样把它们记下来，表现在财务报表和附注中。

假设你与他人合作，当然是希望合作的过程能赚到钱。但现实中，你是不是能赚到钱，主要看以下3个方面情况：第一，合作的载体本身是否赚钱；第二，合作载体怎么分钱；第三，你在分钱过程中处于什么地位。合作载体本身赚多少钱，看它的账就好了；合作载体怎么分钱，针对合营安排，是说合营安排的财务变动对它的投资方有什么影响，这要看它是哪种类型的合营安排；投资方在分钱过程中处于什么地位，当然要看个别投资方在全体投资者中的地位。针对合营安排，主要看个别投资方到底有没有直接参与共同控制合营安排。也就是说，投资方是不是合营安排的“主事人”之一，或者说，是合营方（主事人）还是其他方（“吃瓜群众”）。

本章第三节在分析被投资方对投资方可能带来的回报情况时，首先关注合营安排的类别是共同经营还是合营企业，其次再考虑投资方的类别是合营方还是其他方，由此组成4个组合。在此基础上，本章第四节分别了解不同合营安排（被投资方）对不同投资方的财务影响，并通过适当的会计处理来记录、列报并披露这种影响。

第二节　决定是否合营安排的关键：共同控制

《企业会计准则第40号——合营安排》（以下简称CAS 40）开篇第二条对合营安排的定义是，“合营安排，是指一项由两个或两个以上的参与方共同控制的安排”。这里面的关键词是“共同控制”，搞懂了共同控制，基本上就搞懂了合营安排。那么，怎样才算是共同控制呢？

一、判断共同控制的标准：集体控制+一致同意

共同控制，首先必须是“控制”，其次必须有两方以上“共同”控制。共同控制，就是要两方以上联合起来才能控制，体现集体的意志，这叫“集体控制”。做生意不是搞政治，这种集体可不是民主集中制，而是一票否决的集体。也就是说，如果这个集体里有一方投反对票，就没办法实施控制，这叫“一致同意”（如图5-2所示）。

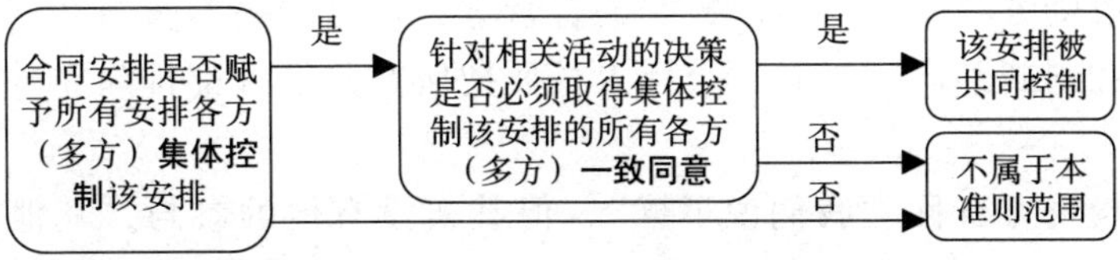

图5-2　集体控制+一致同意=共同控制

共同控制=集体控制+一致同意

说的直白一点，集体控制——我们说了算，集体就是我们，控制就是说了算；一致同意——一票否决，我们中的某个人（包括我）说不算就不算，有个人说不算就说明我们这个集体没有达成一致意见，也就是没有一致同意被投资方相关活动的决策。套用准则中的正式用语（CAS 40第五条）：共同控制，是指按照相关约定对某项安排所共有的控制，并且该安排的相关活动必须经过分享控制权的参与方一致同意后才能决策。

对于一致同意的理解，要考虑是否存在对被投资方相关活动的决策一票否决

的一方，还要考察是否存在几个投资方签署能够达成共同控制的“一致行动协议”，具体示例请参阅《企业会计准则第40号——合营安排》应用指南部分的例7至例11。另外，还要考虑关于确定共同控制集体的“最小组合+唯一组合”原则。

二、确定合营方的基础：最小组合+唯一组合

要确定某个被投资方是合营安排，还需要明确是被哪几方共同控制。也就是说，对于所有的投资方，要识别哪个是共同控制的参与方（合营方），哪个不是共同控制的参与方（其他方），这样才能确定各个投资方的角色，由此确定他们对被投资方的各自影响，以及被投资方的财务变动对他们各自的回报，在此基础上，决定如何做出相应的会计处理。因此，在判断共同控制的过程中，还要注意两个细节：对于“我们说了算”中的“我们”，到底包括哪几个投资方，必须是明确的，也就是说，参与共同控制的人数，不能算错，也不能随便算。

（一）最小组合

就像你可以对某人控制的某家企业参股一样，作为“吃瓜群众”，你也可以给某几个人共同控制的合营安排投资，成为它的投资方。但你心里很清楚，你并不参与共同控制这项合营安排，也就是说，你并不是这项合营安排的合营方。

在判断共同控制时，对于参与共同控制的投资方到底有哪几个，会计人员绝不能算错。投资方除了参与共同控制的合营方，还可能是不参与共同控制的其他方。因此，在判断共同控制时，会计人员要把所有其他方都排除在外，留下所有合营方。

如果有投资方自称“我们说了算”，但其实没有他的参与，其他投资方还是可以说了算，那么，在判断共同控制下的合营方时就要把他剔除出去。也就是说，会计人员必须能够找到含投资方数量最少的投资方组合。这一点可以用“一致同意”的标准来衡量，这个集体必须是最小的集体、最小的组合，里面每个人都有一票否决权。那些跟着别人一起“说了算”的人，如果不能在自己想说不算的时候真的能“我说不算就不算”，那么，他就是滥竽充数，就没资格呆在这个集体里。所以，要认定共同控制，必须找到最小组合。具体示例可以参阅应用指南例4、例5。

（二）唯一组合

作为投资方，如果某人不能单独控制某个被投资方，但他可以这阵子拉这个

投资方实现集体控制，过阵子又拉那个投资方组成新的集体，实现新的集体控制，这种情况还算不算共同控制？要回答这个问题，需要以原则来衡量：如果要算共同控制，必须明确受哪几方组成的确定的集体的共同控制，如果集体（人数或成员）不确定，就不是共同控制。前面要求的投资方数量最小组合就是要确定集体的人数。而在这种情况下，集体的成员不确定，不算共同控制。

所以，对于参与共同控制的投资方到底有哪几个，在判断共同控制时，不能随便算。表面上，某人可以联合另一人实现控制，好像就是共同控制（Joint Control）。实际上，被联合的那个人在你要行使一票否决时，可以立刻抛弃你，与另一人组成新的集体，实现新的集体控制。这样一来，你实现不了“我说不算就不算”。所以，要认定共同控制，必须确定唯一组合。具体示例可以参阅应用指南例 6、例 13。

三、识别共同控制的实务操作：权力机构 + 生效条件[①]

判断合营安排的标准看起来挺复杂，其实，在实务操作中，一般并不需要这么麻烦。我们可以通过识别被投资方的决策机制来判断，当然，要把前面说的判断标准结合在里面。决策机制看什么？主要包括 2 个方面：权力机构和决策生效条件。

（一）决策机制：权力线索

识别谁拥有权力是判断谁控制被投资方的关键环节（详见本书第三章）。要做到这一点，就要顺藤摸瓜，首先搞清楚被投资方的权力机构是什么；其次了解这个权力机构的决策生效条件是什么；最后，结合投资方的现实情况，就可以得出结论。要判断是否共同控制，也需要掌握这条权力线索。

权力机构，就是有权决定被投资方相关活动的部门，可能是股东会，也可能是董事会，或者是投资委员会。投资方要想控制或者参与共同控制被投资方，就需要在权力机构中占有表决权。例如，委派本企业职员担任权力机构中的成员。

决策生效条件，就是被投资方的权力机构在符合什么条件下才可以以自身的名义决定相关活动。最典型的设置就是，规定在权力机构的内部投票表决中，多于（或不少于）一定比例（例如，半数以上）的表决权通过，某项决定即获得通过。如果某投资方在权力机构中委派人员的数量达到决策生效条件要求，就可

---

① 这部分内容部分参考瑞华会计师事务所编写的《〈企业会计准则第 40 号——合营安排〉实务操作指南》，源自中国会计视野网站：http：//www. esnai. com/。

以控制被投资方，如果与其他投资方委派人数加起来达到生效条件，这两家投资方构成的组合就可以共同控制被投资方。

所以，了解被投资方相关活动的权力机构与决策生效条件，再对照各投资方在权力机构中占有的表决权，基本上就可以确定这个被投资方由哪一方控制，或者由哪几方共同控制。当然，有些企业出于方便，直接在被投资方的章程或成立合同、股东协议中规定，主导本单位相关活动的决策必须经哪几方共同批准才能通过，就等于直接明确共同控制的决策机制及其参与方。

（二）一般情形

一般来说，根据以上 2 个方面的信息，就可以判定被投资方是否被投资方共同控制，共同控制的参与方是哪些投资方。

某家企业集团分别与另一方共同投资设立的 5 家被投资方（A ~ E，每家都只有 2 个股东），虽然在各家被投资方中所占股份比例不同，被投资方的权力机构及其成员人数不同，决策生效条件也不同，但是，运用以上对决策机制的理解，可以认定，它们都不被某个股东单独控制，考虑到它们都只有 2 个股东，可以进一步得出结论：它们都是合营安排，这家企业集团参与共同控制这 5 家被投资方（如表 5 - 1 所示）。

表 5 - 1　　某集团参与共同控制的不同情形

	A	B	C	D	E
股份比例	30.05%	40%	60%	90.05%	51%
权力机构	董事会	董事会	股东会	投资委员会	董事会
成员总数（人）	5	5	—	2	3
本集团委派成员数（人）	2	2	—	1	2
决策生效条件或比例	≥2/3	≥2/3	双方共同批准	双方共同控制委员会	>2/3
单独控制不成立	2/5 <3/5 <2/3	2/5 <3/5 <2/3	直接约定	直接约定	1/3 <2/3≤2/3

有时候，被投资方的决策机制非常简单，对共同控制的判断一目了然，甚至可以忽略决策机制这条权力线索做出判断。例如，两方建立一项安排，在该安排中双方各持有 50% 的表决权。双方约定，对相关活动做出决策至少需要持有 51% 以上的股份表决权。很明显，在这里，权力机构是股东会，决策生效条件是股份≥51%，两方都无法实现单独控制，也就是说，如果没有双方一致同意，就无法对相关活动做出决策。因此可以认定，双方共同控制该安排。应用指南例

12 是一个简单的示例。

（三）特殊情形

对于决策机制的把握，要结合具体情况来判断，核心目的是要确定哪一方（或哪几方）能够控制被投资方，也就是能够主导被投资方的相关活动。如果由两方以上共同主导，被投资单位就是合营安排。在判断过程中，需要关注决策机制中的某些“特别设置”，这些设置可能至关重要，会影响权力线索的走向和结果，也可能只是旁枝末节，无关“谁来控制”这个大局。

1. 争议解决机制

例如，某些被投资方章程约定，如果具有共同控制权的各参与方没有达成一致意见，可以自行进行决策。这些条款被称为“争议解决机制”，一般不会妨碍被投资方是合营安排的判断。

但要注意，争议解决的方式很多，有些方式可能是通过赋予一方特别的权力来解决争议，这就改变了原有的权力线索，需要重新做出判断。例如，有可能这样约定对争议的解决办法：如果在各方未就相关活动的重大决策达成一致意见的情况下，其中一方具备“一票通过权”或者潜在表决权等特殊权力。这时候，就需要仔细分析，具有“一票通过权”的一方是否实质上具备单独控制权。再如，有时某一方所拥有的期权可以使他有权购买另一方的股份，达到决策生效条件，排除其他方参与被投资方的决策，由此来解决（消灭）争议。此时，拥有潜在表决权的一方就单独控制了被投资方。应用指南例 16、例 17、例 18 就是对这些问题的示例。

2. 保护性权利

本书第三章在解释控制概念时提到“保护性权利”，在共同控制的判断中，对于保护性权利的认定及其在决策机制中作用的判断也是一样。原则是，仅享有保护性权利的参与方不享有共同控制。主要是因为，保护性权利通常只能在合营安排发生根本性改变或某些例外情况发生时才能够行使，它既没有赋予其持有人对合营安排拥有权力，又不能阻止其他参与方对合营安排拥有权力。关于这个问题，可以参阅应用指南例 19。

3. 影响判断的其他因素

有时，决策机制这条权力线索并不都是“一根筋”，会计人员需要详细阅读被投资方股东协议、章程等法律文件和需要遵循的法律法规，特别是成立之初的有关文件，了解被投资方的设立目的和设计的所有情况，判断各项文件之间的关系。特别是各种权力之间的交错与制约关系。在此基础上，才能确定是否合营安排，共同控制参与方的最小组合与唯一组合包含哪几个投资方。应用指南例 20

是个很好的示例。

第三节　合营安排的分类

一、两类平衡结果

合营安排，就是合营方联合起来共同控制某种安排。合营方既合作又斗争，他们在控制合营安排上需要合作，在分钱问题上，肯定要争取自己的利益，会相互斗争。当然，斗争是在合作主导下进行的，最后总会达到平衡。一般来说，对于如何分配在合营安排中的利益，平衡结果有以下 2 种类型：斤斤计较型和秋后算账型。

（一）共同经营

我们把这种类型称为斤斤计较型，即投资方对合营安排中的每一项财产分别归谁，各占多少比例，事先都要约定的清清楚楚。具体来说，就是对合营方投入合营安排的每一项资产、产生的每一项负债，经营过程中每一项收入和费用的归属都分得一清二楚，其中包括对于资产负债的权属归属，也包括对于收入费用的比例分成。按准则中的行话来说，合营方享有合营安排相关资产且承担相关负债。这种情况，被称为“共同经营”（CAS 40 第九条）。

（二）合营企业

我们把这种类型称为秋后算账型，即投资方不针对合营安排中的每一项进行归属与分配，只对合营安排经营一段时间后（例如，财政年度期末）的最终结果进行分配。按准则中的行话来说，就是合营方仅对合营安排的净资产享有权利。这种情况被称为“合营企业”（CAS 40 第九条）。

（三）二者的主要区别

借助英文术语来理解二者的区别不难发现合营方在共同经营（Joint Operation）中联合的是整个经营过程，对经营过程中的每一项资产、负债、收入、费用都斤斤计较；在合营企业（Joint Venture）中联合的是投资风险，只对投资的结果，也就是合营企业经营的结果——净资产秋后算账。

二、共同经营与合营企业

秋后算账型的合营企业平时比较常见，理解起来也比较容易。一般来说，会有一个独立经营的主体，虽然合营方能够主导它的相关活动，但不能直接把它的资产、负债分走，也不能对每一笔业务产生的收入、费用进行分成，只能等到每年算账以后，知道它还有多少净资产，再按原先约定的比例来享有相应的权利，可以拿出一部分来按比例分，也可以直接清算后分成。

斤斤计较型的共同经营，好像比较少见，相对不好理解。其实，在日常商业活动中也经常发生。简单理解，共同经营就像合营方为了联合起来做生意而构建的“壳”，它的资产、负债、收入、费用并不属于它自己，而是直接归属于对它实施共同控制的投资者——合营方。同样，在共同经营的过程中，每个合营方都知道在共同经营这个“壳”中有多少资产、负债、收入、费用属于自己。

例如，三方将按份共有的房屋委托给物业公司出租，收取扣除管理费后的租金，然后按产权比例分成，这就是共同经营（应用指南例 22）。物业这项资产的产权比例与租金收入的分成比例都已约定清楚，三方之所以要联合起来，共同委托物业公司经营，用物业赚取租金收入，是因为三方共有物业的产权，能够共同控制它，他们通过三方之间以及他们与物业公司之间的协议实现共同经营，这种经营方式在本质上就是三方用共同的物业做生意的“壳”。在整个经营过程中，这项物业一直归属于这三方（按份共有），共同经营所得到的租金收入也都按比例归属于这三方，相应的，所支付给物业公司的管理费也按比例由这三方承担。

（一）不通过单独主体达成的合营安排都是共同经营

会计上讲究商业实质重于法律形式。但是，我们必须认识到，有时候，法律形式会影响商业实质。虽然说一纸婚书不代表爱情，但没这张证人们心里就不踏实。

确实，法律形式会在一定程度上影响合营安排的分类。法律认可的具有单独可辨认财务架构的主体被称为“单独主体”。一般来说，由于相关法律约束，以单独主体形式存在的合营安排的资产和负债很容易与参与方在法律形式上明确分割开来。相反，如果没有通过单独主体达成合营安排，参与方与合营安排在法律上就无法明显分开。

因此，如果没有通过单独主体来设立合营安排，参与方就几乎不可能在法律上有权享有这项安排的净资产，为了保障自己的利益，他们只能采取共同经营的方式，在经营过程中享有相关资产的权利，也因此承担相关负债的义务。由此，就可以直接认定它是共同经营（如图 5－3 所示）。具体示例见应用指南例 21、例 22。

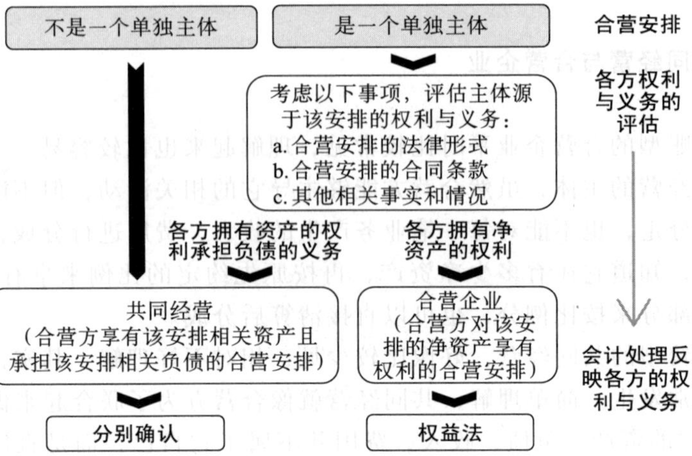

图5－3　合营安排归类的分析要点

（二）分析具体情况来判断通过单独主体达成合营安排的类型

实务中，合营安排的形式多样，但都可以划分成以下2类：共同经营与合营企业。一般来说，分析合营安排的法律形式、合同安排、其他事实和情况，考察合营方在合营安排中的权利义务，到底是斤斤计较型还是秋后算账型，就可以判定合营安排的类型，到底是共同经营还是合营企业（如图5－4所示）。

1. 法律形式

一旦确定存在单独主体，接下来就要确定它的法律形式：是赋予参与方享有合营安排净资产的权利，还是赋予参与方享有与合营安排相关资产的权利、并承担与安排相关负债的义务？其中，重点是考察合营安排所采取的法律形式是否将它与参与方能够明显分隔开来。

在我国，一些法律明确要求单独主体的资产和负债必须与参与方相互区隔。例如，我国《公司法》第三条规定，公司有独立的法人财产，以其全部财产对公司的债务承担责任，股东以其认缴的出资额为限对公司承担责任。因此，当合营安排是遵循《公司法》成立的公司，这种法律形式（有限责任公司或股份有限公司）就表明这项合营安排对资产的权力和对负债的义务是相对独立的，能够与它的参与方明显分割开来，除非存在其他相关事实和情况，否则基本上可以认定，这项合营安排应归类为合营企业。

当然，也有些法律形式不能将参与方和合营安排相互区隔。例如，根据我国《合伙企业法》，承担无限责任的合伙人（普通合伙人）对其参与的合伙企业债务承担无限责任，某些合伙企业可以向其合伙人提供享有资产的权利和承担负债的义务。那么，当合营安排是遵循《合伙企业法》成立的这类合伙企业，这种法律形式（合伙企业）就表明这项合营安排是共同经营。但是，如果合伙企业通过合同等形式限制其合伙人的负债成为合伙企业的负债时，表明合伙企业与合伙人之间可以相互区隔。此时，这项合营安排可能是合营企业。

2. 合同安排

对于法律形式的分析是合营安排归类的初步判断，但法律规范的是所有相关主体的一般行为，合营安排的参与方可能出于自身的目的，订立合同，这些合同的某些条款可能撤销或修改为构建合营安排而设立的单独主体的法律形式所赋予各方的权利义务，由此改变合营安排归类的初步判断。因此，会计人员要细致分析合同条款，考察其能否为各参与方提供享有合营安排净资产的权利（合营企业），还是使各参与方享有相关资产的权利并承担相关负债的义务（共同经营）。

此时，会计人员需要重点考察参与方在合同安排下对资产的权利，对负债的义务，对收入、费用及损益的分配情况，在此基础上，合理归类不同的合营安排。共同经营与合营企业在合同安排方面的主要区别如表5-2所示。

表5-2　　共同经营与合营企业对比表①

	共同经营	合营企业
合营安排的条款	参与方对合营安排的资产享有权利并对负债承担义务	参与方对与合营安排有关的净资产享有权利
对资产的权利	参与方以约定比例分享与安排相关资产的全部权益	资产属于合营安排，参与方并不对资产享有权利
对负债的义务	参与方按照约定的比例分担合营安排资产的成本、费用、债务及义务。第三方对该安排提出的清偿要求，参与方作为义务人承担清偿责任	合营安排对自身的债务或义务承担责任。参与方仅以其各自对该安排认缴的投入额为限对该安排承担责任。合营安排的债权方无权就该安排的债务对参与方进行追索
收入、费用及损益	合营安排建立了各参与方按照约定的比例（例如，按照各自所耗用的产能比例）分配收入和费用的机制。在某些情况下，参与方按份额比例享有合营安排产生的净损益不会必然使其被分类为合营企业，仍应当分析参与方对安排资产的权利以及对负债的义务	各参与方按照约定的份额比例享有合营安排产生的净损益
担保	参与方为合营安排提供担保（或提供担保的承诺）的行为本身并不直接导致一项安排被分类为共同经营	

① 摘自《企业会计准则第40号——合营安排》应用指南。

3. 其他事实和情况

法律形式与合同安排一般都形成文字，具有法律效力，相对比较固定，不容易更改。但是，法律不可能对每一项商业活动做出规范性约束，参与方之间达成的合同安排也不可能面面俱到，甚至可能没有明确参与方对资产和负债的权利与义务。此时，会计人员需要考察其他事实和情况，决定合营安排的归类。

事实上，有可能出现这样的情况：一项合营安排通过单独主体构造，该单独主体的法律形式将参与方和单独主体分离，参与方之间没有针对资产负债的权利义务达成合同安排，但其他事实和情况确实赋予参与方享有与合营安排相关的资产的权利，并承担与该安排相关的负债的义务。此时，应该将该合营安排归类为共同经营。

其他事实和情况的主要考察点包括：合营安排的目的和设计（出于什么目的设立合营安排，为什么要将合营安排设计成这样的法律形式、经营模式和程序），合营安排与参与方的关系及其现金流的来源等。在区分合营安排的类型时，特别需要关注以下两点：合营安排所从事的活动是否主要向各参与方提供产出，也就是说，各参与方实质上是否有权享受由合营安排资产所产生的所有经济利益；合营安排是否依赖于各参与方持续清偿因其活动所产生的负债。如果同时具有以上2个特征，则可以表明该合营安排是共同经营。当然，在某些情况下，评估是否满足以上条件需要运用判断。合营安排中可能包含的、与其归类相关的其他事实和情况如表5－3所示①。

表5－3　共同经营与合营企业在其他事实和情况方面的区别

	共同经营	合营企业
出售产出的限制	向第三方出售产出受到限制	不限，可以向其他方出售产出
购买产出的要求	各参与方必须实质上购买所有产出	没有要求，其他方可能购买产出
用于清偿债务的现金流的来源	合营安排的各参与方	通过他们购买产出的第三方
预期财务绩效	旨在盈亏平衡，各参与方能够承担该安排的损失	旨在产生利润

对于合营安排的归类判断，应用指南中列示了许多示例（例23～例31），可供参考。另外，任何判断都只是针对当前状态而言，当事实发生变化，无论是法律形式、合同安排还是其他事实和情况发生变化，会计人员都需要重新做出评估：是否还是合营安排？合营安排的共同控制参与方是否有变？是共同经营还是

① 摘自中国会计视野，http：//bbs.esnai.com/thread－4974875－1－1.html。

合营企业？

三、与原准则相关内容的区别

这里简单提一下本准则与2006年版的原准则《企业会计准则第2号——长期股权投资》中规定的相关内容的区别。在原准则正文中，看不到“合营安排”与“共同经营”这两个术语，出现“共同控制”的情况也很少，由于平时很少碰到合营的情况，很多读者几乎不会注意到还有相关规定。在《讲解2010》中，主要根据是否存在独立主体，将合营分类为合营企业、共同控制资产和共同控制经营，由于没有相应的示例与详细的解释，许多读者不甚了了。

根据新准则，会计人员要本着经济实质重于法律形式的原则，在全面考察法律形式、合同安排、其他事实和情况基础上，更加关注合营安排中权利和义务的性质和实质性归属，对其进行合理分类。另外，考虑到实务中很难明确区分共同控制经营和共同控制资产，而且二者的会计处理原则相同，新准则将二者合并起来，都归类为“共同经营”（如图5－4所示）。

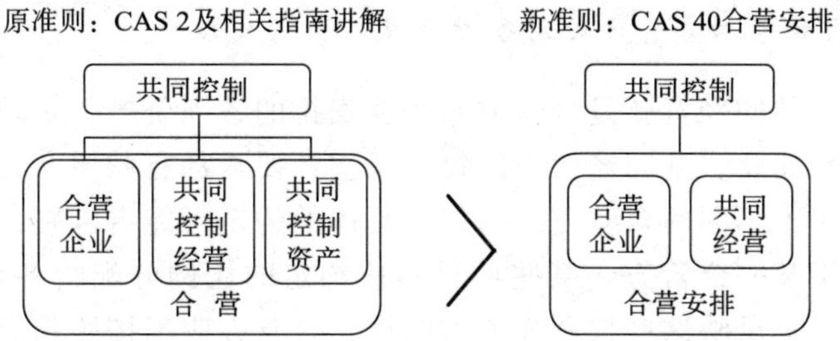

图5－4 新准则对原准则在合营安排方面的修订

第四节 投资方的会计处理

前面说过，个别投资方在合营安排中的地位可能有很大区别，参与共同控制的是主事人——合营方，权利义务风险比较大；没有参与共同控制的是“吃瓜群众”——其他方，权利义务风险相对较小。你能分到多少钱，既要看联合做生意的载体（合营安排）的类别，也要看你在其中的地位，所以，对合营安排参与方的会计处理要分析以下2个方面：合营安排的分类、参与方本身的地位。接下来，我们分别针对共同经营与合营企业分析不同参与方相应的会计处理（如图5－5

所示）。

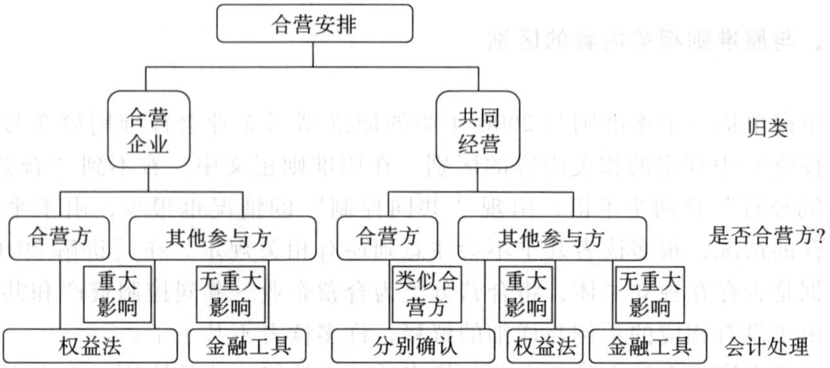

图 5－5 合营安排不同参与方的会计处理

一、共同经营

（一）共同经营对合营方的财务影响及其会计处理

通俗地说，共同经营就是合营方对合营安排的各项资产、负债、收入、费用斤斤计较。既然如此，共同经营中的每一项会计要素都有归属，都应该根据事先约定，分别归属于不同的合营方。当然，具体的约定可能有区别，可能导致某些项目整体归属于某一合营方，某些项目则按约定的比例分配给各合营方。所以，在会计上，要如实反映这些权利义务的归属，合营方应当按照相关适用准则的规定，对各主要会计要素分别进行会计处理。也就是说，对于明确归属于各个合营方的项目，直接确认为该参与方的会计要素；对于按比例分成的部分，确认共同部分乘以分成比例的部分。具体来说，资产、负债、收入、费用的确认计量用公式表示如下：

资产 = 单独持有部分 + 共同持有部分 × 本企业份额

负债 = 单独承担部分 + 共同承担部分 × 本企业份额

收入 = 本企业出售其享有的共同经营产出份额所产生部分 + 共同经营因出售其产出所产生部分 × 本企业份额

费用 = 单独发生部分 + 共同经营发生部分 × 本企业份额

简单理解，因为要斤斤计较，所以各扫自家门前雪。在会计上，把归属于各个合营方的会计要素分别记录在他们各自的账上。本书姑且把这种会计处理称为“分别确认法”。应用指南例 33、例 34 提供了相关示例。

特别需要注意的是，共同经营产生的损益有一定比例归属于合营方，如果合营方与他所参与的共同经营之间发生业务往来，就要扣除该合营方所承担的未实现部分损益。例如，合营方向共同经营购买资产，在将该资产出售给第三方之前，共同经营内部这部分未实现利润就包含在合营方持有的这项资产的账面价值中，此时，就不应当确认这项交易所产生的损益中该合营方应享有的部分。也就是说，应当扣除该合营方持有的这项资产中的未实现部分损益，只确认因这项交易产生的损益中归属于共同经营其他参与方的部分。相关示例请查阅应用指南例 35。

还有一点，关系到本准则是否适用问题。如果合营方取得共同经营中的利益份额，且这项共同经营构成业务时，应当按照企业合并准则等相关准则进行相应的会计处理。至于判断共同经营是否构成业务，企业应当遵循企业合并准则的相关规定。相关示例详见应用指南例 36。

（二）其他方

会计反映业务，对共同经营不享有共同控制的参与方（非合营方），就要分析它在共同经营中所处的地位，根据判断结果，做相应的会计处理。

如果其他方享有共同经营的相关资产，并且承担共同经营的相关负债，我们就比照合营方进行会计处理；如果他对于合营安排的净资产享有权利，并且具有重大影响，就按照长期股权投资准则中的权益法进行会计处理；如果他对于合营安排的净资产享有权利并且没有重大影响，就按照金融工具确认和计量准则等相关规定进行会计处理；如果他向共同经营投出构成业务的资产，并取得共同经营的利益份额，就按照合并财务报表及企业合并等相关准则进行会计处理。

二、合营企业

合营企业中，合营方应当按照《企业会计准则第 2 号——长期股权投资》中规定的权益法核算其对合营企业的投资（详见第六章）。

对合营企业不享有共同控制的参与方（非合营方），应当根据其对该合营企业的影响程度进行相关会计处理：对该合营企业具有重大影响的，应当按照权益法核算其对该合营企业的投资；对该合营企业不具有重大影响的，应当按照金融工具确认和计量准则的规定核算其对该合营企业的投资。

第六章
长期股权投资

本书第二章提到，由于将一些内容独立出去，制订了《企业会计准则第 40 号——合营安排》与《企业会计准则第 41 号——在其他主体中权益的披露》这 2 项新准则。比较原准则，《企业会计准则第 2 号——长期股权投资》（以下简称 CAS 2）规范的范围就缩小了。考虑到本书分别讲解了长期股权投资系列准则的框架（第二章），控制概念（第三章），合并财务报表（第四章，为了行文和阅读方便，部分内容在本章中讲解），合营安排（第五章），以及《企业会计准则第 41 号——在其他主体中权益的披露》（第七章），本章将讲解重点放在与企业长期股权投资有关的其他主要问题，包括企业形成长期股权投资的初始计量（本章第一节），重大影响的判断与权益法（本章第二节），企业因各种原因产生对被投资单位影响性质变动而需要在个别报表层面与合并报表层面的会计处理（本章第三节）。另外，与非同一控制下的企业合并相比较，同一控制下的企业合并有本质上的区别。其中，涉及长期股权投资的会计确认计量问题也不一样，有必要单列一节（本章第四节）予以介绍。

第一节　长期股权投资的初始计量

财务会计的核心问题是确认和计量。简单地说，企业发生了一项交易或事项，对企业会产生财务上的影响。那么，会计人员就要考虑并做好以下两件事：到底影响了什么？影响有多大？前面一个问题是定性，就是用会计语言（即会计分录及报表列报）把它记录在账簿和报表上；后面一个问题是定量，就是要给一个具体的以货币为计量单位的数字——金额。如果由于发生某项交易或事项，某个会计科目第一次被记录在账簿和报表上，就称为“初始确认”。因为初始确认而赋予金额就是“初始计量”。长期股权投资的初始计量就是在企业第一次获得某个被投资单位的股份，从而形成权益性投资，并对它具有一定影响力（即控制、共同控制或重大影响）的时候，需要记录的金额。通俗地说，长期股权投资的初始计量就是对某被投资单位的长期股权投资第一次记账时，后面要跟的数字是多少。

一、成本计量原则与实务多样性

《企业会计准则——基本准则》（以下简称“《基本准则》”）第四十一条规定，企业在将符合确认条件的会计要素登记入账并列报于会计报表及其附注（又称财务报表）时，应当按照规定的会计计量属性进行计量，确定其金额。在介绍了5种计量属性（《基本准则》第四十二条）后，提出要求：企业在对会计要素进行计量时，一般应当采用历史成本，采用重置成本、可变现净值、现值、公允价值计量的，应当保证所确定的会计要素金额能够取得并可靠计量（《基本准则》第四十三条）。本书第二章提到过，在我国现行准则中，长期股权投资是一项能够使企业对被投资单位产生一定影响力的特殊资产，在取得这项资产时，会计以历史成本计量它，就是要确定它的初始投资成本。根据《基本准则》第四十二条，在历史成本计量下，资产按照购置时支付的现金或者现金等价物的金额，或者按照购置资产时所付出的对价的公允价值计量。也就是说，在长期股权投资关系确立时，企业的初始投资成本等于为取得这项长期股权投资而付出代价的金额或公允价值。

企业要取得一笔长期股权投资，经常要花不少钱。但很少有企业能够都用真金白银来付账。为了节省现金支出，企业可能对原来持有被投资单位这些股份的老股东发行一些股份（即发行自身权益性证券），使这些老股东成为自己的股东来换取长期股权投资；企业也可能用固定资产等非货币性资产进行交换（企业非货币性资产交换）；企业还可能原来是另一家企业的债权人，因为对方还不起钱，要求债权人做出让步，企业为了保住利益，借款借成股东，用以前的债权换取现在的长期股权投资（即债务重组）。企业为了获得长期股权投资而付出代价的形式很多，这样一来，长期股权投资的初始计量就会比较复杂（如图6－1所示）。

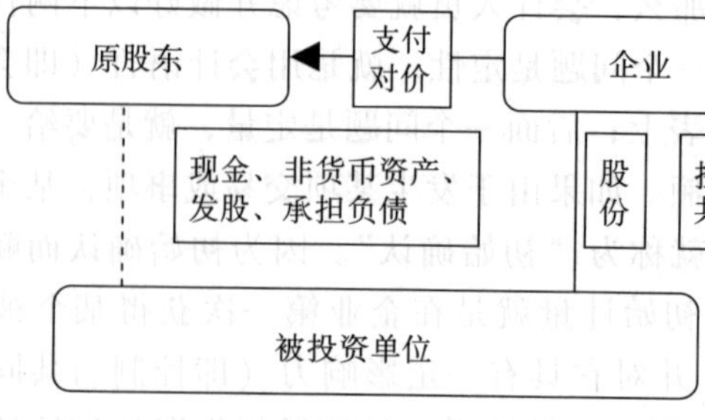

图6－1 长期股权投资的形成

二、不同情况下的初始投资成本

为获得长期股权投资而付出的初始投资成本（或代价）可以分成2个部分：对价和直接相关费用。所谓“对价”，就是在获得某项资产时必须付给对方相应的代价。例如，买方买某件东西要付给卖方的钱。对价是资产成本的主要构成部分。“直接相关费用”是与获得这项资产所必须的配套开支，它必须与企业获得某项资产直接相关。严谨的说法是：企业不发生这项交易就不会发生的成本，这是一项增量成本。例如，买方买某件东西必须付出的运费。直接相关费用是资产成本的次要构成部分，但不可或缺。

由于企业获得长期股权投资的代价形式多样，相应的对价和直接相关成本也就有很多不同的情形。如何确认相关会计项目？哪些金额要纳入对价和相关直接费用，作为长期股权投资的初始投资成本？这都需要遵循相关准则来进行会计处理。如果是发行权益性证券，要遵循《企业会计准则第37号——金融工具列报》；如果是非货币性交换，要遵循《企业会计准则第7号——非货币性资产交换》；如果是通过债务重组取得长期股权投资，则要遵循《企业会计准则第12号——债务重组》。长期股权投资的初始计量如表6-1所示。

表6-1　　长期股权投资的初始计量

对价形式	对价	直接相关费用	适用准则
现金	实际支付的购买价款	直接相关费用、税金、其他必要支出，都应计入	—
发行权益性证券	所发行证券的公允价值（正常情况）或者长期股权投资的公允价值（换入股份的公允价值更加可靠）	中介机构手续费、佣金等，需冲减证券发行溢价等，不计入	CAS 37第十一条
非货币性资产交换	换出资产的账面价值（正常情况）或者换入股份公允价值或账面价值（换入股份的公允价值更加可靠）	应支付的相关税费，应计入	CAS 7第三条
债务重组	受让股份的公允价值	—	CAS 12第十一条
备注	需扣除被投资单位已宣告股利		

三、特殊情形：企业合并

长期股权投资导致对被投资单位影响力最大的结果是控制。如果企业因为获得一项长期股权投资而能够控制某个被投资单位，我们就认定这是一项企业合并。

如果是正常的企业合并，购买方就要考虑被购买方的价值，并在市场环境下，通过竞争取得被购买方的股权。这种行为其实跟正常买卖商品一样，只是交易对象是被投资单位的股权。而对于购买方与被购买方的原有股东而言，都是市场行为，都是市场竞争的结果，都反映等价交换原则。此时，企业的初始投资成本计量应当以购买方支付对价的公允价值计量，即对价公允价值与其账面价值的差额，计入当期损益。同时，各项直接相关费用也应当计入企业合并成本。

但是，也有一些“不正常的”企业合并：合并方不需要与其他方竞争，只要“老大”同意就可以了，这个“老大”就是控制这家企业的集团，如果被合并方是这个集团下属的其他企业，这两家企业之间的合并就是同一控制下的企业合并。相应的，“正常的”企业合并就称为“非同一控制下的企业合并”。很明显，这种企业合并不是市场竞争的结果，自然也不遵循等价交换原则。

对于这两类企业合并，《企业会计准则第 20 号——企业合并》规定了不同的会计处理方法，来反映它们对企业的财务影响。由于这些规定涉及长期股权投资的初始计量，会计人员也需要遵循这些规定来确定长期股权投资的初始投资成本。考虑到同一控制下的企业合并具有非等价交换特点，本章第四节将就这类企业合并的相关问题进行详细讲解。其中，包括长期股权投资的初始计量。

企业获得被投资单位的控制权（企业合并）有可能是一次性取得，也可能先持有一部分股权，获得重大影响或共同控制之后增持股份，再控制被投资单位。相反，企业也可能通过多次分步减持股份，从原来控制被投资单位变为不再控制。对于这类“一揽子交易”，针对非同一控制下和同一控制下的企业合并，本章在第三节、第四节分别予以详细说明。

第二节　重大影响与权益法

准则规定，如果企业因为持有一项长期股权投资而能够对被投资单位实施控制，在个别财务报表层面，应当采用成本法核算。初始计量按照初始投资成本计价，后续计量也很简单：追加或收回投资应当调整长期股权投资的成本，被投资单位宣告分派的现金股利或利润，应当确认为当期投资收益（CAS 2 第七条、第八条）。由于操作简便，没有什么特别需要注意的细节，本章就此一带而过。

如果企业因一项长期股权投资而能够重大影响被投资单位（此时，被投资单位成为企业的“联营企业”），或者能够共同控制一家合营企业，就需要采用权益法对所持有的长期股权投资进行后续计量。本节重点说明权益法的会计处理细节。另外，由于本书第五章已经介绍了合营安排，包括对合营企业的判断，本节首先须说明一下重大影响是什么以及怎么判断企业是否重大影响被投资单位。

一、重大影响是什么

第二章曾经提到过，重大影响就是“我可以说得上话，我参与管，但我不能说了算，也不能联合其他人说了算”。用准则中的正式语言来说，就是“对一个企业的财务和经营政策有参与决策的权力，但并不能够控制或者与其他方一起共同控制这些政策的制定”。关键词是“参与决策”，通过在被投资单位财务和经营决策制定过程中拥有发言权（即参与决策）而实施重大影响。

二、如何判断重大影响

（一）准则中的相关规定

应用指南指出，投资方如果具有以下一种或几种情形，就可能被认为对被投资单位具有重大影响：直接或间接持有被投资单位20%～50%的表决权（除非有明确证据表明这种情况下企业不能参与被投资单位的生产经营决策）、在权力机构（例如，董事会）中派有代表、参与被投资单位财务与经营政策制定过程、与被投资单位之间发生重要交易、向被投资单位派出管理人员、向被投资单位提供关键技术资料。

（二）实务操作及其关注点

需要注意的是，上述情形是通常情况下判断是否重大影响会考虑到的因素。实务中，需要综合考虑多方面因素，而不能过分强调其中某项因素在其中的决定性作用。另外，一个被投资单位最多只能有一个控股股东（“控制”具有唯一性），而对它具有重大影响的股东，可能一个都没有，也可能有好几个。也就是说，“重大影响”不具有唯一性。这样一来，相对于对“控制”的判断，要判断企业是否具有对被投资单位的“重大影响”，需要因时因事而异，主观性很强，难度相当大。

在判断“重大影响”是否存在时，尤其需要关注以下几个问题：

1. 不能仅仅依据“在被投资单位的董事会或类似权力机构中派有代表”就确定对该被投资单位具有重大影响

根据重大影响的定义，要想实现对被投资单位的重大影响，归根结底是要通过在其权力机构（通常是董事会）中提出议案和参与表决的方式，促使有利于自身利益的财务、经营政策方面的议案获得通过，但对所议事项不具有单方面的决定权或者否决权，否则，即为控制。因此，有时候，企业虽然派驻了董事，但是如果不能单独提出议案，或者因为其他原因导致几乎不可能影响或改变表决结果，就不能认定为具有重大影响。例如，在股权高度分散、董事总人数很多的被投资单位中，企业只派驻一名董事，而且是非执行董事，或者受董事会议事规则约束而在某些方面的权力受到限制；除本企业以外的其他股东相互之间存在关联方关系或者一致行动关系；本企业派驻的董事无法及时获取做出决策所需的财务信息和其他相关信息。很明显，在这些情况下，本企业派驻的董事要想发挥作用，都会受到很大制约。企业尽管派驻了董事，但很可能仍然不能对被投资单位的财务、经营决策产生实质性的影响力，也就不具有重大影响。

2. 关注潜在表决权的影响

对于潜在表决权的认识以及它对决策权的影响，可以参考本书第三章相关部分内容。在评估是否控制时，需要考虑当期可执行潜在表决权的影响。对于共同控制、重大影响的判断，也需要考虑这项特殊因素。其中的关键点在于，需要考虑的是本企业或其他投资方持有的目前存在的可执行或可转换的潜在表决权及其影响。如果根据约定，直到将来某一天或者发生某一件事，潜在表决权才能被执行或转换，就不是当前可执行或可转换，就不要去考虑它。

另外，需要考虑影响潜在表决权的所有事实和情况，包括行使潜在表决权的条件，须单独或共同考虑的其他合同约定等，但不包括管理层是否执行这些潜在表决权的意图，或者执行（或转换）这些潜在表决权的财务能力。需要注意的是，判断重大影响时对潜在表决权的考虑，与《企业会计准则第33号——合并财务报表》中判断控制时对潜在表决权的考虑有所不同。在判断潜在表决权是否构成实质性权利时，需要考虑行权价格（或转换价格）、行权的财务能力以及行权期等因素。而在判断重大影响时，对潜在表决权的考虑没有引入这些因素。两者的本质区别是，控制必须是能够实质性运用权力，而重大影响只要求有权力。

3. 转移资金的能力限制不影响重大影响的判断

如果被投资单位受当地法律（例如，外汇管制）等方面的限制，不能向投资方转移资金，这种限制有可能影响投资方评价其是否对被投资单位实施重大影响的能力，但这些限制本身并不会妨碍投资方对它实施重大影响，也就不妨碍重大影响的存在（有权力不等于能够自如地运用权力，在这个问题上，对于共同控制的评估也是如此）。此时，应当认定企业对被投资单位有重大影响，应用权益法对这部分股权投资进行后续计量。

4. 对“代理人”因素的考虑

本书第三章对相关问题的说明中提到，在判断权力与可变回报之间的联系时，需要考虑决策者是“主要责任人”还是“代理人”。同样，在判断投资方对被投资单位是否具有重大影响时，也要考虑它是作为代理人受托行使，还是作为主要责任人委托他人行使表决权。

综合上述几种情况可见，对于不同的被投资单位，应当根据个案情况分析重大影响问题，不能一概而论。股权比例、是否派驻董事等因素都会影响重大影响的判断，它们之间不是必然的因果关系。虽然都占同样比例的股份，或者都派同样人数的董事，但是，因为被投资单位的股权结构不同，董事会总人数不同，其他股东之间的关系不同，潜在表决权的实质不同等原因，企业可能对某家被投资单位具有重大影响，而对另一家却没有重大影响。另外，与控制的判断不同，在重大影响的判断中，只需关注相关权力是否存在，不需要看企业是否能够方便地运用这些权力。

三、权益法：准则规定与理论基础

（一）CAS 2 准则对权益法的相关规定

CAS 2 准则第九条要求，对于在联营企业（投资方对其有重大影响的被投资单位）与合营企业（合营安排的一种）中的长期股权投资，企业需要以权益法进行后续计量。对于初始投资及其后可能出现的各种情况，应该如何应用权益法进行会计处理，本准则做出了相当详细的规定（CAS 2 第十条至第十三条、第十八条）。这些规定有的与合并财务报表准则中的相关规定非常相似。例如，初始投资成本的调整（CAS 2 第十条），被投资单位净资产变动的各种情形（CAS 2 第十一条），顺逆流交易未实现损益的会计处理（CAS 2 第十三条）；有的与一般资产的会计处理规定比较类似。例如，被投资单位超额亏损（CAS 2 第十二条），长期股权投资减值测试（CAS 2 第十八条）。这些规定好像没有什么一致而合理的理由，逻辑性也不强，会计人员只能把它们一一记录下来。

（二）权益法的理论基础：单行合并与计量基础

权益法的理论基础还有很多争议，在准则中的应用也不一致。本节将尽量简单通俗地介绍支持权益法有关规定的 2 种理论及其在准则条文中的体现，希望能够帮助大家理解。

1. 单行合并

被投资单位如果是子公司，每一项对它自己有财务影响的交易事项也都会对母公司产生影响。因此，母公司需要编制合并财务报表，将母公司与子公司的财务报表项目分别予以合并，抵销集团内部各种交易造成的影响（详见本书第四章）。最终，在合并资产负债表中，母公司的长期股权投资就被子公司的各项资产和负债项目所取代；在合并利润表中，母公司的投资收益账户被子公司的各项收入和费用所取代。这样一来，子公司的所有资产、负债、收入、费用项目完全被合并入母公司的财务报表（即集团合并财务报表），能够如实反映子公司交易事项对整个集团的财务影响。这就是因控制子公司而由母公司编制集团合并财务报表的“完全合并法”。

如果被投资单位是联营企业或合营企业，它的交易事项也会导致投资方受到财务影响，但这种影响没那么直接。投资方只是对它的净资产享有权利，只能在它的净资产出现变动的时候，才记录财务影响，体现在财务报表中。也就是说，投资方是用报表中的某几个单行项目（长期股权投资、投资收益等）及其金额来确认计量被投资单位净资产变动对投资方的财务影响。这种会计处理方法有点类似合并报表，它的很多程序和理念与逐项合并子公司财务报表项目的“完全合并法”类似，但合并的只是被投资单位净资产及其变动额，用于合并的会计科目只是报表中的某些单行项目。所以，我们称之为“单行合并法”。

权益法是投资方对联营企业和合营企业的长期股权投资的后续计量方法，一些情况下，需要应用“单行合并法”的理念，自然也就具备某些类似“完全合并法”的特点。

2. 计量基础

本书第二章提到过，长期股权投资是一类非常特殊的资产。虽然很特殊，但它终归是一项资产。有人认为，既然是资产，就应该把它当作投资方的一项单独资产，应用一般资产常用的计量基础（或计量属性）来计量它。例如，要对它进行减值测试，而且，除非特殊情况，这项资产只能减记至零。从这个角度来看，权益法就和历史成本一样，是一种专门用于这类长期股权投资的“计量基础”。这是看待权益法的另一种理念。

3. 单行合并与计量基础

关于权益法的本质，到底是“单行合并”还是“计量基础”，理论界和准则制定机构一直在探讨，目前还没有定论，甚至有人质疑权益法所提供的信息是否有用，这就造成对某些交易和事项的会计处理的准则规定不一致。本书不在这里深入探讨这两种理论的合理与不合理之处，读者如有兴趣，可以参阅天职国际会计师事务所（特殊普通合伙）专业技术委员会编著的《会计准则内在逻辑》，其中对相关问题有许多精彩的论述。

这两种理论基础在现行准则中都有体现。在单行合并理论指导下，权益法处理的结果是，投资方资产负债表中的单行项目（长期股权投资、资本公积），利润表中的单行项目（投资收益、其他综合收益），分别代表了合营企业或联营企业整体对投资方的财务影响。与之相对应，在计量基础理论指导下，看待企业对合营企业或联营企业的长期股权投资，就像看待一项资产一样，需要应用与其他基础类似的“计量基础”——权益法来计量它。这两种理论基础的概念理解及其在准则中的体现如表 6 - 2 所示。在权益法下，投资方分不同情况和项目确认被投资单位的净资产变动如图 6 - 2 所示。

表 6 - 2　权益法的理论基础及其在 CAS 2 准则中的体现：单行合并与计量基础

	单行合并	计量基础
概念理解	用报表中的单行项目及其金额来确认计量被投资单位对投资方的财务影响，以达到类似合并财务报表的效果	将长期股权投资视为投资方的一项单独资产，权益法作为一种“计量基础”，计量这项资产的变动
	准则规定	原则体现
调整初始投资成本	**第十条**　长期股权投资的初始投资成本大于投资时应享有被投资单位可辨认净资产公允价值份额的，不调整长期股权投资的初始投资成本；长期股权投资的初始投资成本小于投资时应享有被投资单位可辨认净资产公允价值份额的，其差额应当计入当期损益，同时调整长期股权投资的成本	单行合并法。类似于非同一控制下企业合并的初始确认，但不以公允价值确认每项可辨认资产负债，不反映投资资产的内在价值，也不单独确认商誉，而是以单行项目“长期股权投资”将其合并入投资方的资产负债表，并以调整后的初始投资成本来计量（见应用指南例 11、例 19）
顺逆流交易未实现损益的会计处理	**第十三条**　投资方计算确认应享有或应分担被投资单位的净损益时，与联营企业、合营企业之间发生的未实现内部交易损益按照应享有的比例计算归属于投资方的部分，应当予以抵销，在此基础上确认投资收益	单行合并法。类似于完全合并，将投资方与联营企业或合营企业视为整个主体，对其范围内发生的未实现内部交易损益进行抵销处理。但只是单行合并，仅通过“长期股权投资”和“投资收益”两个科目进行抵销，不影响其他相关资产负债在个别财务报表中的账面价值（见应用指南例 14、例 15）。当投资方存在其他子公司而需要编制合并报表时，要以投资方和被投资单位组成的主体为视角，将个别财务报表层面抵销的“长期股权投资”或“投资收益”，还原为对内部交易影响的相关资产、负债、收入、费用科目的直接抵销

续表

	准则规定	原则体现
分别不同项目确认被投资单位的净资产变动	**第十一条** 投资方取得长期股权投资后，应当按照应享有或应分担的被投资单位实现的净损益和其他综合收益的份额，分别确认投资收益和其他综合收益，同时调整长期股权投资的账面价值；投资方按照被投资单位宣告分派的利润或现金股利计算应享有的部分，相应减少长期股权投资的账面价值；投资方对于被投资单位除净损益、其他综合收益和利润分配以外所有者权益的其他变动，应当调整长期股权投资的账面价值并计入所有者权益	单行合并法。类似于完全合并，将被投资单位的损益、其他综合收益及其他净资产变动，按照应享有或应分担的份额，逐项并入合并主体的对应项目。但只针对这些利润表和权益类项目，不针对每一个资产负债项目（如图6－2所示，见应用指南例12、例16、例18）； 关于投资方对于被投资单位除净损益、其他综合收益和利润分配以外所有者权益的其他变动，应当调整长期股权投资的账面价值并计入所有者权益的规定，目前仍有争议，国际准则中的相关规定没有定论
超额亏损	**第十二条** 投资方确认被投资单位发生的净亏损，应当以长期股权投资的账面价值以及其他实质上构成对被投资单位净投资的长期权益减记至零为限，投资方负有承担额外损失义务的除外； 被投资单位以后实现净利润的，投资方在其收益分享额弥补未确认的亏损分担额后，恢复确认收益分享额	计量基础观。投资资产价值变为负数时不再满足资产定义，在相关法律法规下，投资方仅以投资额为限承担亏损。因此，遵循一般资产计量的原则，对因被投资单位超额亏损而使“长期股权投资”这项资产价值变为负数时，将其减记至零，而不完全将被投资单位的亏损纳入合并。这与合并报表中少数股东权益可能因被投资单位超额亏损而为负数的规定不同（见应用指南例17）
减值测试	**第十八条** 投资方应当关注长期股权投资的账面价值是否大于享有被投资单位所有者权益账面价值的份额等类似情况。出现类似情况时，投资方应当按照《企业会计准则第8号——资产减值》对长期股权投资进行减值测试，可收回金额低于长期股权投资账面价值的，应当计提减值准备	计量基础观。将长期股权投资视为投资方所控制的一项单独资产，而不是作为一组资产、负债的组合，与一般资产的减值测试一致，考虑其可收回金额，进行减值测试，而不需要将减值损失分摊到被投资单位的各项资产中

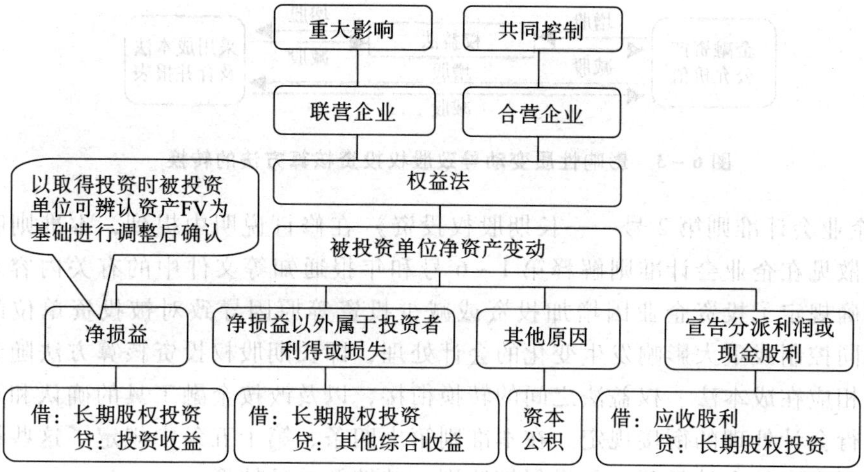

图 6-2 权益法下投资方分不同情况和项目确认被投资单位的净资产变动

第三节 长期股权投资核算方法转换

一、影响性质变动导致核算方法转换

企业持有被投资单位的股份比例会发生变动，有可能导致对被投资单位的影响性质也发生变动。此时，企业就需要转变原来的会计处理方法，采用新方法来核算现有的股权投资。由于影响性质已经改变，会计人员就不能只是简单地记录增减持股份涉及的金额，而是要考虑核算方法的转换，做出相应的调整。

投资方对被投资单位的影响性质有 4 类：控制、共同控制、重大影响、“三无”（以上三者皆无）；相应的，被投资单位分别被称为子公司、合营企业（这里不考虑合营安排的另一类形式——共同经营）、联营企业、财务投资对象（此时，股权投资被称为“金融资产”）；在会计处理上，对应 3 种核算方法：成本法及合并报表（严格地说，合并报表是财务报表列报方法，为了行文与理解，我们在这里一并解说）、权益法（对合营企业与联营企业的投资都采用权益法）、公允价值计量。企业增加或减少持有股份，就会在这 3 种核算方法之间转换（如图 6-3 所示）。数一数就知道，一共有 6 种情况。再加上合并报表中的会计处理，理论上，有 12 种情形（如表 6-4 所示）。

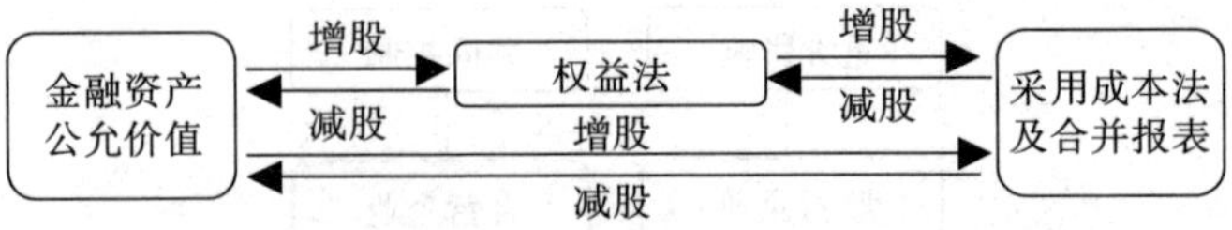

图 6-3 影响性质变动导致股权投资核算方法的转换

《企业会计准则第 2 号——长期股权投资》在修订说明中提到，本准则吸收整合了散见在企业会计准则解释第 1~6 号和年报通知等文件中的有关内容。其中，明确规定了投资企业因增加投资或减少投资等原因导致对被投资单位的控制、共同控制或重大影响发生变化的会计处理，即长期股权投资核算方法随着以上变化相应在成本法、权益法之间的转换衔接，以及改按金融工具的确认和计量准则进行会计处理的衔接规定。在本准则第十四条、第十五条中规定了这些情形在个别报表中的会计处理，如果仔细鉴别，共涉及 6 种情形。

在《企业会计准则第 33 号——合并财务报表》中，也有相关规定，体现在该准则第四十八条、第五十条中。因为是合并报表的规范文件，本准则只提到因追加投资从不控制（共同控制或重大影响，财务投资）到控制、处置部分投资从控制到不控制（共同控制或重大影响，财务投资）这两种情形，实际上是 4 种情形。

那么多种情形（理论上有 12 种情形，准则中指出了 10 种情形），相关条款却这么少。虽然应用指南中有一些说明和示例，但应用起来难免千头万绪，相当繁杂、容易混淆。看着示例，有时候感觉自己已经理解了，没过多久，记忆模糊了。剪不断，理还乱。

二、跨越重大经济界限与终止确认

事实上，这些规定就是在理论和实务争议中产生的，本来就有理论基础和逻辑的一致性，只是涉及内容太多，准则中的文字过于精简，造成准则应用中的困惑。为了理清这个道道，我们做个类比。

（一）物质形态、温度变化、体积变化及其相互之间的关系

我们都知道，水有固态（冰）、液态（水）、气态（水蒸气），很多物质和水一样，都有 3 种形态。假设有某种物质，在正常情况下热胀冷缩，温度上升时体积会增大，且温度每升高 1 摄氏度，体积扩大 1%。反之，温度降低时体积则缩小，该物质的体积的变动与温度的变化有一定的相关关系。同时，在温度变化影响下，它还存在 3 种形态的转变：当温度降低到 X 摄氏度以下时，该物质会由液态凝固为固态；当温度升高到 Y 摄氏度以上时，该物质会由液态汽化变为气态。

如果温度直接从 X 度以下上升到 Y 度以上，固态直接升华为气态，如果温度直接从 Y 度以上下降到 X 度以下，气态直接凝华为固态（如图 6－4 所示）。

在保持某种形态的过程中，温度变化导致热胀冷缩的程度是有规律可循的，在物理学上，称之为“膨胀系数”，但各种形态下的膨胀系数并不一样。我们假设的这种物质比较特殊，液态时，体积的变化与温度的变化成正比，膨胀系数是个固定值（常数）。其他形态下，膨胀系数都不是一个常数：气态时，体积的变化与温度变化量的平方成正比；固态时，体积的变化与温度变化量的平方根成正比。要想知道这种物质的体积，就要知道它目前处于什么形态，再运用相应的公式计算得出。因此，要计算某温度下该物质的体积大小，就需要注意以下 2 个关键问题：（1）是否跨越界限？也就是说，温度的变化是否跨越了 X 度和 Y 度这两个关键节点。如果跨越了，由于形态完全改变了，就要全部终止以前的计算方法，改换公式来计算；（2）某种稳定形态下（例如，在 X 度以上 Y 度以下的液态形态下）应该应用的计算公式是什么？换句话说，在形态不变的情况下，体积变化与温度变化之间是什么样的关系？在这种形态下，该物质没有跨越界限，可以使用这种形态下相应的公式计算得出体积。

总而言之，温度变化是否跨越界限是计算体积的关键点之一，如果没有跨越，需要遵循某种形态下的温度—体积相关关系计算该物质的体积；如果跨越界限，需要终止以前的公式，启用新的公式计算体积。也就是说，跨越界限时要转换计算方法（如图 6－4 所示）。

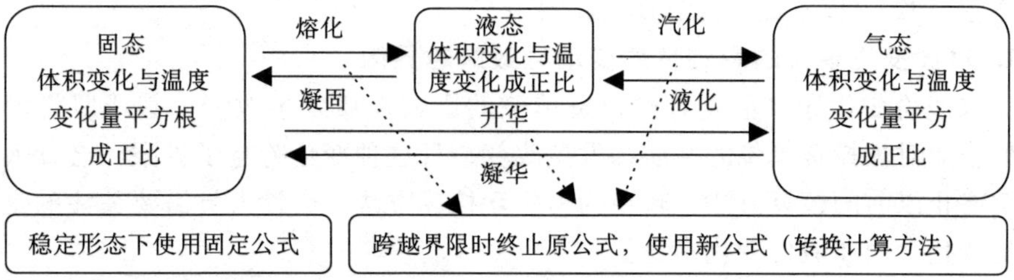

图 6－4　某物质三种形态变化以及温度变化下的体积计算

（二）对于长期股权投资的类比

套用这个类比，我们来看看长期股权投资。企业持有长期股权投资，对被投资单位可能会有 3 类不同的影响性质：没有任何影响（即财务投资）、重大影响或共同控制（联营企业或合营企业，重大影响与共同控制合营企业都是对被投资单位的净资产享有相关权利，都使用权益法后续计量，二者之间虽然影响性质不同，但不存在核算方法转换问题，在这里，将它们合为一类）、控制（子公司）。针对这 3

类影响性质，可以分别采用公允价值、权益法、成本法或合并报表等3种核算方法（为了便于行文与理解，姑且将合并报表也作为核算方法）。温度与体积之间的关系可以用特定公式来体现，即物理反映。同样，股份比例与财务影响之间的关系也可以用特定的核算方法来反映，即会计反映。两者的简单类比如表6-3所示。

表6-3 核算方法类别：某物质与股权投资

某物质		股权投资	
形态	体积变化量	影响性质	核算方法
固态	与温度变化量平方根成正比	没有任何影响	公允价值
液态	与温度变化成正比	重大影响或共同控制	权益法
气态	与温度变化量平方成正比	控制	成本法或合并报表

如果某物质的形态不变，温度变化时，我们可以按照这种形态下的特定公式来计算体积的变化。同样，如果影响性质不变，就按一种固定的核算方法来处理股份的增减。问题来了：如果影响性质发生了改变，就要转换核算方法，会计上应该怎么处理？

（三）跨越界限：形态界限与重大经济界限

还以上文所述的物质形态变化加以类比。如果温度的变化导致某物质形态发生改变，也就是说，温度变化跨越了界限，导致形态改变，就要完全终止以前的计算方法，换一套公式来计算体积的变化。

1. 对被投资单位的影响性质变动导致跨越界限

如果股份变化导致企业对被投资单位的影响性质发生改变，甚或股份没有变化，但企业对被投资单位的性质却发生改变，且这种变化跨越了界限，会计人员就要完全终止以前的核算方法，转换为另一套核算方法。会计人员需要关注的是影响性质的变化，而非股份变化本身。

需要注意的是，与某物质温度和体积之间的关系不同，长期股权投资在跨越界限方面的认定与影响性质变化方面的认定并不完全一致。而且，在合并报表层面与单独报表层面，对跨越界限的理解也并不相同。

核心问题有2个：什么情况算是跨越界限？跨越界限时会计上怎么处理？

2. 跨越的“界限”为重大经济界限

会计反映经济实质，对于长期股权投资，会计人员关心的界限是重大经济界限。

（1）合并报表层面的重大经济界限为控制权得失。一般来说，从集团层面来看，企业是否控制其他企业，即是否有其他企业加入集团，对于这个集团收益和风险的影响会产生质的变化。因此，从合并报表角度来看，获得控制或者丧失控制就是重大经济事项。

如果增加股份导致企业从不控制被投资单位变为控制，或者减少股份，从原来的控制变为不控制，企业长期股权投资的经济环境在性质上发生了重大变化。企业在不控制时，被投资单位只有在净资产变动时（此时，它是联营企业或合营企业，企业用权益法核算长期股权投资），或者在它的自身权益工具（股份或股票）价格发生变动时（此时，企业持有被投资单位的股份只是财务投资，被投资单位的股份是企业的金融工具）才会影响到企业本身。如果因为增加股份而控制了被投资单位，被投资单位日常每一项交易和事项在影响自身利益的同时也会影响到它的控制方，也就是企业本身。减少股份的情形与之相反，对企业而言也是重大经济事项。所以，在企业集团层面，也就是会计上的合并报表层面，控制权得失就是跨越重大经济界限，就像某物质从一种形态转变为另一种形态一样。

（2）个别报表层面的重大经济界限为核算科目变化。把上述思路引申到个别报表层面。准则规定，以是否改变会计核算科目作为重大经济事项。如果核算科目从“金融工具”变为“长期股权投资”，或者反过来，核算科目从“长期股权投资”变为“金融工具”，就认定是跨越重大经济界限，需要针对这类核算方法转换相应的会计处理。

3. 小结：跨越重大经济界限在不同报表层面的各种情形

长期股权投资变化在不同报表层面跨越重大经济界限的认定如表 6－4 所示，带下划线的 8 种情形都是跨越重大经济界限的情形。另外，国际会计准则体系中没有针对个别财务报表的有关规定，也就没有个别报表层面的跨越重大经济界限问题，我国准则体系在个别报表层面对这个理论的扩展性引用，是否合理，还存在争议，因本书重在解读现行准则，在此不展开讨论。

表 6－4　长期股权投资变化在不同报表层面跨越重大经济界限的认定

<table>
<tr><td rowspan="4">个别报表层面</td><td colspan="2">跨越重大经济界限（是否改变核算科目）</td></tr>
<tr><td colspan="2">原资产或剩余资产按公允价值处置并立即按同一公允价值回购</td></tr>
<tr><td>金融资产→长期股权投资
金融资产←长期股权投资</td><td>长期股权投资→长期股权投资
长期股权投资←长期股权投资</td></tr>
<tr><td colspan="2">金融资产→长期股权投资
金融资产←长期股权投资</td></tr>
<tr><td rowspan="4">合并报表层面</td><td>金融资产→长期股权投资
金融资产←长期股权投资
（不涉及跨越界限时，个别报表并入合并报表）</td><td>不控制→控制
不控制←控制</td></tr>
<tr><td colspan="2">不控制→控制
不控制←控制</td></tr>
<tr><td colspan="2">跨越重大经济界限（是否控制）</td></tr>
<tr><td colspan="2">原资产或剩余资产按公允价值处置并立即按同一公允价值回购</td></tr>
</table>

（四）不同核算方法的转换：合并报表层面与个别报表层面

当长期股权投资认定为跨越重大经济界限时，应该如何处理核算方法的转换呢？

1. 合并报表层面

（1）控制权得失时转换核算方法。为了如实反映长期股权投资变化导致被投资单位对企业自身经济影响上的重大变化，会计上的核算方法需要重大改变。如果企业从不控制到控制，经济上跨越了重大经济界限，会计上就要从原来的权益法或公允价值计量转为编制合并财务报表。此时，就像温度变化跨越了界限，导致某物质形态发生变化，需要完全终止以前的计算公式一样，股份变化跨越了重大经济界限，导致企业对被投资单位的影响性质发生改变（从不控制到控制），就需要完全终止以前对股权投资资产的会计处理，开始在其财务报表中列报被投资单位的资产、负债以及经营成果（编制合并报表）。如果从控制到不控制，方向相反，道理相同。

（2）转换核算方法的会计处理。会计上的具体作法是：假设将原来持有的长期股权投资以其公允价值全部卖出去，再全部买回来——视同按公允价值处置，并立即按同一公允价值回购；如果长期股权投资的处置价格（公允价值）与其账面价值存在差异，就确认利得或损失，计入“当期损益——投资收益”；如果减持股份而丧失控制，减持部分的处置价格与其账面价值之间的差异就是股份处置损益，也要计入“当期损益——投资收益”；如果以前会计处理存在其他综合收益项目，就要在转换日视同全部处置这些投资，将它们全部转为当期损益。这在会计上称为“完全终止确认”，就像在温度变化跨越某个节点而导致物质改变形态时，需要完全终止以前形态下的计算公式，启用一套新的公式来计算体积变化一样。

（3）小结：合并报表层面的核算方法转换。表 6－5 中带下划线部分的 4 种情形都是跨越经济界限，右侧内容就是其相应的会计处理。

2. 个别报表层面

（1）核算科目转变时转换核算方法。在个别报表层面，跨越重大经济界限时核算方法转换的会计处理基本一样。只是要注意，定义跨越重大经济界限的“重大经济事项”不再是控制权得失，而是核算科目是否在“金融工具”与“长期股权投资”之间相互转变。

（2）转换核算方法的会计处理。如果核算科目从“金融工具”变为“长期股权投资”或者相反，就要假设将原来持有的股权投资以公允价值全部卖出去，再全部买回来——视同按公允价值处置，并立即按同一公允价值回购；如果股权

表 6-5　　合并报表层面的核算方法转换

<table>
<tr><td rowspan="6">合并报表层面</td><td colspan="4">跨越重大经济界限（是否控制）</td></tr>
<tr><td colspan="4">原资产或剩余资产按公允价值处置并立即按同一公允价值回购</td></tr>
<tr><td>金融资产
→
长期股权投资</td><td>原股权：FV重新计量
当期损益=FV-BV
新股权=FV+增持对价
OCI→当期损益</td><td>不控制
→控制</td><td>原股权：FV重新计量
新股权=FV+增持对价
当期损益=FV-BV
OCI→当期损益</td></tr>
<tr><td>金融资产
←
长期股权投资</td><td>剩余股权：FV重新计量
当期损益=FV-BV×剩余比例
处置收益=处置价-BV×处置比
OCI：相同基础会计处理</td><td>不控制
←控制</td><td>剩余股权：FV重新计量
以权益法追溯调整
•BV×剩余股权与取得时FV：内含商誉或留存收益
•其间净损益：留存收益
•按比例调资本公积或OCI
当期损益=FV-BV
处置收益=处置价-BV×处置比</td></tr>
<tr><td>不控制→控制</td><td colspan="3">原股权：FV重新计量　新股权=FV+增持对价
当期损益=FV-BV　OCI→当期损益</td></tr>
<tr><td>不控制←控制</td><td colspan="3">剩余股权：FV重新计量
当期损益=FV-BV　处置收益=处置价-BV×处置比例</td></tr>
</table>

投资的处置价格（即公允价值）与其账面价值存在差异，就确认利得或损失，计入“当期损益——投资收益”；如果是减持股份，减持部分的处置价格与其账面价值之间的差异就是股份处置损益，也要计入“当期损益——投资收益”；如果以前会计处理存在其他综合收益项目，就要在转换日视同全部处置这些投资，将它们全部转为当期损益。

（3）对权益法下确认的其他综合收益的特别规定。这里需要注意，CAS 2 第十五条规定，“原股权投资因采用权益法核算而确认的其他综合收益，应当在终止采用权益法核算时采用与被投资单位直接处置相关资产或负债相同的基础进行会计处理。”也就是说，在对原先采用权益法核算形成的其他综合收益进行结转时，应注意区分其他综合收益形成的不同来源进行处理。

根据《企业会计准则第 30 号——财务报表列报》第三十三条规定，其他综合收益应当根据其他相关会计准则的规定分为两类：以后会计期间不能重分类进损益的其他综合收益项目和以后会计期间在满足规定条件时将重分类进损益的其他综合收益项目。

因此，如果被投资单位存在设定受益计划性质的离职后福利，其在每期末按照《企业会计准则第 9 号——职工薪酬》的规定重新计量设定受益计划净负债或净资产导致的变动所形成的其他综合收益，投资方在权益法核算时按股权比例计算应享有或承担的部分，在后续处置投资或终止采用权益法核算时，投资方应当遵循该准则第十六条的规定，对这部分其他综合收益不允许转回至损益，但可以在权益范围内转移这些在其他综合收益中确认的金额（详见本书第八章第五节相关内容）。除此以外，与长期股权投资权益法核算相关的其他综合收益在后续处置投资或终止采用权益法核算时应当转入损益，一般转入“投资收益”科目。由于目前对于“其他综合收益”概念的争议很大，很多相关问题还没有定论，在此不展开分析。

（4）权益法与公允价值或成本法之间的转换。核算方法的转换一共有12种情形，前面已经介绍了8种情形，都是跨越重大经济界限下的核算方法转换。另外，还有4种情形，没有跨越重大经济界限，但也涉及核算方法转换。

①权益法与公允价值之间的核算方法转换。由于公允价值与权益法之间核算方法转换不涉及合并报表，所以，在这2种情形下的合并报表层面，如果企业因为有其他子公司而需要编制合并报表，只要将长期股权投资核算方法转换在其个别报表中的会计处理结果并入自己的合并报表就可以了，并不需要针对性的会计处理。

②权益法与成本法之间的核算方法转换。只剩下最后2种情形：个别报表层面权益法与成本法之间的相互转换。这两种情形下核算的科目都是“长期股权投资”，且被认为没有跨越重大经济界限。这2种不跨越界限又转换核算方法的情形，应该如何进行会计处理呢？

跨越界限需要完全终止确认，没有跨越界限，当然只能部分终止确认。对于增加持有股份时原来持有的，或者减少持有股份时保留下来的那部分长期股权投资，还须按照原来的账面价值保留下来。之后，按照新的核算方法进行会计处理。

如果是权益法转换为成本法，就保留原有长期股权投资的账面金额，加上增资部分的成本，原权益法下累计形成的其他综合收益，以及因被投资单位除净损益、其他综合收益和利润分配以外的其他所有者权益变动而确认的所有者权益，在转换日都不进行处理。也就是说，不转为损益，在处置这项投资的时候，按照被投资单位的相应会计处理方法，转入处置期间的当期损益。具体作法与前面提到的部分处置股份导致从权益法变为金融工具中关于其他综合收益的相关作法一致。

如果是成本法转换为权益法，对于处置部分，根据处置价格与账面金额的差额，计入处置收益（即当期损益）。同时，保留长期股权投资剩余部分的账面金额，将其视同开始持有这项投资时就使用权益法核算，也就是按权益法进行“追溯调整”。具体作法为：调整初始投资成本，区分不同项目调整原取得投资时至部分处置投资转为权益法核算期间被投资单位净资产变动中应享有的份额。之后，再按照权益法来核算剩余部分投资（如表6-2所示）。

（5）小结：个别报表层面的核算方法转换。表 6 - 6 中不带下划线部分的 2 种情形都是不跨越重大经济界限的核算方法转换，右侧内容就是其相应的会计处理。

表 6 - 6　　个别报表层面的核算方法转换

<table>
<tr><td rowspan="6">个别报表层面</td><td colspan="4">跨越重大经济界限（是否改变核算科目）</td></tr>
<tr><td colspan="4">原资产或剩余资产按公允价值处置并立即按同一公允价值回购</td></tr>
<tr><td>金融资产→长期股权投资</td><td>原股权：FV重新计量
当期损益=FV-BV
新股权=FV+增持对价
OCI→当期损益</td><td>长期股权投资→长期股权投资</td><td>原股权=原账面价值
新股权=BV+增持对价
OCI不转损益
•处置时相同基础处理
当期损益：无</td></tr>
<tr><td>金融资产←长期股权投资</td><td>剩余股权：FV重新计量
当期损益=FV-BV×剩余比例
处置收益=处置价-BV×处置比例
OCI：相同基础会计处理</td><td>长期股权投资←长期股权投资</td><td>剩余股权=BV×剩余比例
以权益法追溯调整
•BV×剩余股权与取得时FV：内含商誉或留存收益
•其间净损益：留存收益
•按比例调资本公积或OCI
处置收益=处置价-BV×处置比</td></tr>
<tr><td>金融资产→长期股权投资</td><td colspan="3">原股权：FV重新计量（=转换日BV）
新股权=FV+增持对价
OCI→当期损益</td></tr>
<tr><td>金融资产←长期股权投资</td><td colspan="3">剩余股权：FV重新计量
当期损益=FV-BV×剩余比例
处置收益=处置价-BV×处置比例</td></tr>
</table>

3. 总结

为了便于理解和记忆，将不同报表层面对跨越重大经济界限的认定及其会计处理总结如下。

如果企业增加或减少所持股份导致对被投资单位的影响跨越了重大经济界限，就要采用完全终止确认法来处理这些股权投资。也就是说，在会计上，视为把原来的股份以公允价值都卖出再买回来，相应确认相关损益。

由于视角不同，两类报表层面的界限也不同。在合并报表层面，这个界限是以是否控制来界定。在个别报表层面，这个界限是以核算科目是否变化来界定，“金融工具”科目与“长期股权投资”科目之间的相互转换，就是跨越界限，适用“完全终止确认法”；同为“长期股权投资”科目的权益法与成本法之间的转换，没有跨越界限，只能采用部分终止确认法。

三、被动稀释股份导致触及核算方法转换

（一）被动稀释股份及其相关会计准则解释

实务中，企业可能会碰到这样的情况。企业自身持有的被投资单位的股份数量没有变动，但这家被投资单位其他股东持有的股份数量发生了变化，导致整体股权结构变动，企业对它的影响性质发生了改变。一般来说，这种情形经常因被投资单位向母公司以外的其他股东定向增资而形成。此时，构成投资方“被动稀释股份”。

财政部于2015年11月发布的《企业会计准则解释第7号》（财会〔2015〕19号）中的第一个问题就是针对这种情形。本节把问答抄录如下。

问：投资方因其他投资方对其子公司增资而导致本投资方持股比例下降，从而丧失控制权但能实施共同控制或施加重大影响的，投资方应如何进行会计处理？

答：该问题主要涉及《企业会计准则第2号——长期股权投资》、《企业会计准则第33号——合并财务报表》等准则。

投资方应当区分个别财务报表和合并财务报表进行相关会计处理：

1. 在个别财务报表中，应当对该项长期股权投资从成本法转为权益法核算

首先，按照新的持股比例确认本投资方应享有的原子公司因增资扩股而增加净资产的份额，与应结转持股比例下降部分所对应的长期股权投资原账面价值之间的差额计入当期损益；然后，按照新的持股比例视同自取得投资时即采用权益法核算进行调整。

2. 在合并财务报表中，应当按照《企业会计准则第33号——合并财务报表》的有关规定进行会计处理

这个回答很简单，但似乎不便于理解。因此，本章首先解析问题所涉及的经济业务是什么，其次考虑在会计上相应要处理的问题有哪些，最后，落实到不同层面的财务报表应该如何处理。

（二）由经济实质认定到会计处理原则

会计反映经济实质。对这种情况的认定，关键是要判断它在经济实质上是什么，在此基础上，确定会计上应该如何处理。

1. 经济实质认定

从本质上看，这是企业对自己所持有被投资单位股份比例的部分处置，只是

这种处置方式与企业主动向其他方出售股权而降低自己的股份比例有一点区别。主动处置时，被投资单位的股份总数没有变化，企业持有的股份数量减少了，由此，股份比例减少；被动稀释股份时，被投资单位的股份总数增加，企业持有的股份数量不变，相对于股份总数，比例减少了。这2种情形都有可能跨越重大经济界限，使企业对被投资单位的影响性质发生改变。可以认定，它们的本质一样，都是企业对股份的部分处置。或者说，会计人员可以将被动稀释股份视为另一种方式的部分处置股份。

2. 会计上要处理的问题

既然视同部分处置，就应当按照与主动部分处置相同的方法来处理这类情况。由此，在会计上要考虑以下2个问题：(1) 被处置部分股份涉及的原账面价值与其公允价值（即视同处置的价格）之间的差额算什么？(2) 由于股份被动稀释而导致企业对被投资单位影响性质的变动应该怎么办？

其实，企业在主动处置被投资单位的部分股份时，在会计上也面临这两个问题。因此，对于这两个问题，会计人员首先需要解决一个问题：对被动稀释股份的会计处理是不是和主动减少股份的会计处理一样？

3. 会计处理

(1) 采用与主动处置部分股份相一致的会计处理方法。这是由会计反映业务的本质决定的，也是财务信息追求可比性的体现。《企业会计准则——基本准则》第十五条明确要求："企业提供的会计信息应当具有可比性。同一企业不同时期发生的相同或者相似的交易或者事项，应当采用一致的会计政策"。既然认定被动稀释股份与主动减少股份在实质上都是处置部分股份，而且都可能改变企业对被投资单位的影响性质，很明显，它们是相似的交易，当然应当采用一致的会计处理方法。

(2) 分解为两个步骤。对于被动稀释股份而丧失控制权，会计人员可以换个角度看待这项交易，把整个交易过程分解为以下2个步骤，依次进行处理：①由本企业对子公司增资，增资额等于引入外部股东的增资额；②本企业将这部分新增的所有者权益所代表的股份转让给其他股东，转让价格就是原来的增资额，保留剩余股份数量。

(3) 两步骤交易的业务实质。从企业个体角度来看，在整个交易中，本企业在形式上虽然没有转让股份（即股份数量不变），也没有支付或收到任何现金（一出一进，对子公司的增资额等于转让给其他股东的价格，对抵），但在实质上，企业已经转让了被投资单位（即原子公司）一定比例的股权。企业由此收到一笔钱，也就是转让给外部股东所收到的价款（等于外部股东对原子公司的增资额），并支出了一笔钱，也就是转让出去的那部分股份（即被投资单位的所有者权益）的账面价值。

（4）个别报表层面，部分被处置股份应确认的处置损益。为了便于理解，以下以一家企业的独资控股子公司向新股东定向增资为例，说明相关问题。其实，如果子公司只是由企业非全资控股，向其他股东定向增发股份，情形虽有所不同，但本质一样，原理适用于类似情形。

企业因被投资单位增发部分股份而收到的外部股东增资额，就是企业被动处置这部分股份的所得。从企业享有被投资单位的权益角度来看，这部分股份的账面价值用公式表示如下：

股份的账面价值 = 被投资单位总体权益价值 × 处置股份比例

= 增资日原子公司增资后的净资产 × 处置股份比例

被投资单位（例如，原子公司）定向增发股份给企业（例如，原母公司）带来的处置损益用公式表示如下：

处置损益 = 外部股东增资额 − 增资日原子公司增资后净资产 × 处置股份比例

= 外部股东增资额 −（原子公司净资产 + 外部股东增资额）× 处置股份比例

= 外部股东增资额 − 原子公司净资产 × 处置股份比例 − 外部股东增资额 × 处置股份比例

= 外部股东增资额 − 外部股东增资额 × 处置股份比例 − 原子公司净资产 × 处置股份比例

= 外部股东增资额 × 剩余股份比例 − 原子公司净资产 × 处置股份比例

= 按照新的持股比例（剩余股份比例）确认本投资方应享有的原子公司因增资扩股而增加净资产的份额与应结转持股比例下降部分（处置股份比例）对应的长期股权投资原账面价值之间的差额

（5）个别报表层面，由此导致核算方法的转换。除了在个别报表层面对于这类业务在投资损益上的记录，企业还要考虑涉及核算方法转换问题的会计处理。由于核算方法从成本法转为权益法，但核算科目仍为“长期股权投资”，应该认定为没有跨越重大经济界限，采用“部分终止确认法”（见本节前文）。

（6）个别报表层面会计处理与主动处置部分股份相一致。我们把表 6－6 中的相关部分提取出来。仔细鉴别，就会发现，被动减少股份比例与主动减少股份比例的会计处理一样，因为它们的本质是一样的（如图 6－5 所示）。

首先，剩余股权等于原股权账面金额乘以剩余部分股份占原股份的比例；其次，确认投资收益，计算被动处置股份相关投资收益；最后，核算方法从成本法转为权益法，核算科目并没有改变，也就没有跨越重大经济界限，应采用“部分终止确认法”，对剩余股份追溯使用权益法。

（7）个别报表层面的会计处理案例。

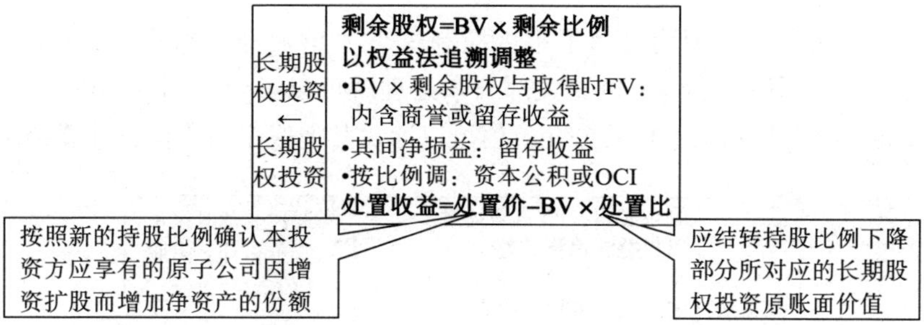

图 6－5　被动减少股份比例在个别报表层面的会计处理

①事实。2014 年 1 月 1 日，甲公司支付 600 万元取得 A 公司 100% 的股权，形成非同一控制企业合并。投资当日，A 公司可辨认净资产公允价值与账面价值相同，为 500 万元。

2014 年 1 月 1 日至 2015 年 12 月 31 日，A 公司的净资产增加了 75 万元。其中，按购买日公允价值计算实现的净利润为 50 万元，持有可供出售金融资产的公允价值上升 25 万元，没有宣告任何分红计划。

2016 年 1 月 2 日，A 公司接受乙公司投入货币资金 1200 万元，甲公司持有 A 公司股权比例下降至 40%，对 A 公司不再控制，但具有重大影响。

甲公司按净利润的 10% 提取法定盈余公积，不考虑其他因素。

②确认当期损益。按照新的持股比例确认甲公司应享有 A 公司因增资扩股而增加净资产的金额，计算公式如下：

甲公司新增净资产金额 = 1200 × 40% = 480（万元）

甲公司应结转持股比例下降部分所对应的原账面价值计算公式如下：

原账面价值 = 600 × 60% = 360（万元）

因本例中甲公司采用成本法计量对子公司的长期股权投资，该投资账面价值一直保持初始投资时的金额，即 600 万元。

甲公司应确认投资收益 = 480 − 360 = 120（万元）

相应的会计分录如下：

借：长期股权投资　　　　　　　　　　　　　　1200000.00

　　贷：投资收益　　　　　　　　　　　　　　　　1200000.00

③对剩余股权改按权益法核算。相应的会计分录如下：

借：长期股权投资　　　　　　　　　　　　　　300000.00

　　贷：盈余公积　　　　　　　20000.00（500000 × 40% × 10%）

利润分配——未分配利润　180000.00（500000×40%×90%）

其他综合收益　100000.00（250000×40%）

（8）合并报表层面的会计处理。

在合并报表层面，因为跨越了是否控制这个“重大经济界限”，适用“完全终止确认法”，只要根据表6-5的相关部分来处理就可以了（如图6-6所示）。其中，视同处置部分股权和剩余股权的公允价值可以通过其他股东增资价格计算得出。

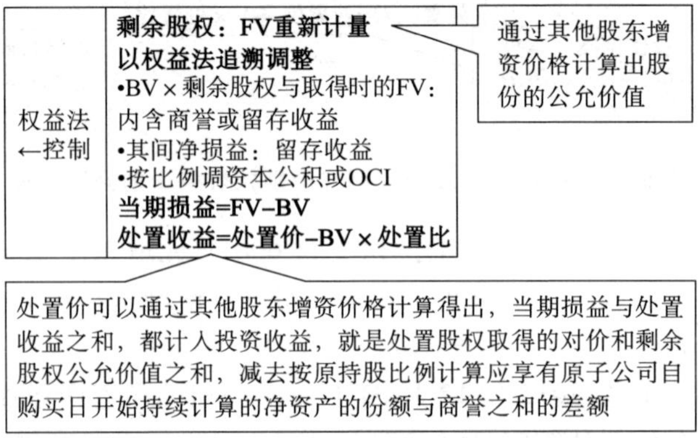

图6-6　被动减少股份比例在合并报表层面的会计处理

四、一揽子交易

一般来说，掌握了上述方法，基本上可以对因股份变动而导致企业对股权投资核算方法转换的各种情形进行相应的会计处理。在实务中，还要注意一种特殊情形：一揽子交易。

（一）交易实质及其涉及的主要问题

所谓“一揽子交易”，就是表面上有很多交易，实质上是一整项交易中相互联系的各个步骤（或分步交易）。为了如实反映这些交易的经济实质，需要将这些形式上的多项交易合并起来，作为一项交易来处理。如果整项交易涉及股权投资核算方法的转换，对于触及核算方法转换的那项交易之前的交易，表面上不涉及核算方法转换，实际上，这些交易是整项交易的各个分步，是企业为了改变对被投资单位影响性质而进行股权转让的一个环节，如果还把它们当成单独交易，作为不改变影响性质的交易来处理，明显不妥。那么，应该怎么处理才合适呢？

这里涉及2个问题：（1）企业参与的几项交易是否为一揽子交易，或者说，如何判断一揽子交易？（2）对于涉及核算方法转换的一揽子交易，会计上应该怎么处理，才能如实反映这类业务的实质？

（二）一揽子交易的判断

听其言，更要观其行。判断是否为一揽子交易，不是看企业口头表达的意愿，而是看各项交易之间是否在时间上、经济上、法律结构上存在明显的关联，这些关联导致将这些交易视为一整项交易的各个步骤在商业上是合理的，在法律上是完整的。实际上，企业可能出于自己的利益，为了得到所需要的会计结果而“构造交易”。CAS 33 第五十一条规定，如果各项交易的条款、条件以及经济影响符合以下一种或多种情况的，通常应将多次交易事项作为一揽子交易进行会计处理：（1）这些交易是同时或者在考虑了彼此影响的情况下订立的；（2）这些交易整体才能达成一项完整的商业结果；（3）一项交易的发生取决于至少一项其他交易的发生；（4）一项交易单独看是不经济的，但是和其他交易一并考虑时是经济的。

一般来说，企业应该结合分步交易各个步骤的协议条款以及各个步骤分别取得或处置股权的比例、对象、方式、时点、对价等信息，判断这些分步交易是否构成一揽子交易。

（三）一揽子交易的会计处理

经过判断，如果是一揽子交易，就要将这些交易当成一整项交易来处理。相关准则中只提到一揽子交易涉及企业合并或者丧失控制权的情形。

1. 两类一揽子交易及其会计处理

如果是企业合并，应当将各个分步交易作为一项取得子公司控制权的交易，并区分主体合并的类型分别进行会计处理。根据《企业会计准则第 20 号——企业合并》中的有关规定，判断是否为同一控制下的企业合并，进而分别处理。对于同一控制下的企业合并，本章将相关问题合在一起，在第四节集中讲解，在此不再赘述。对于非同一控制下的企业合并，与分步购买实现非同一控制下合并的处理有一些差异，主要包括：（1）在取得控制权之日，不需要对前几个步骤中取得股权的投资成本按当日公允价值调整，合并成本为各次交易成本之和；（2）在暂未取得控制权时，无须对已持有的股份进行权益法核算。

2. 分步处置而丧失控制的一揽子交易

（1）准则中的相关规定。如果是分步处置子公司股权而丧失控制的一揽子交易，应将各项交易作为整项交易进行会计处理。CAS 33 第五十一条规定，对于丧失控制权之前的每一次分步交易，处置价款（即长期股权投资的公允价值）与处置投资对应的享有该子公司自购买日开始持续计算的净资产账面价值的份额

（即长期股权投资在权益法下的后续计量金额）之间的差额，在合并财务报表中应当确认为其他综合收益，在丧失控制权时一并转入丧失控制权当期的损益。

（2）业务分析。正常情况下，只有针对涉及丧失控制权的这一项分步交易，才须以"跨越重大经济界限"原则及其相应准则规定来处理，在丧失控制权之前的每一项分步交易，在企业集团层面来看，都是权益性交易。

（3）会计处理。根据 CAS 33 第四十九条规定，在合并财务报表中，处置价款与处置长期股权投资相对应享有子公司自购买日或合并日开始持续计算的净资产份额之间的差额，应当调整资本公积（资本溢价或股本溢价），资本公积不足冲减的，调整留存收益（见第四章第五节相关部分）。

但是，在一揽子交易中，这些分步交易是导致丧失控制权的整项交易的一部分（即其中的分步），是为了丧失控制权而准备的。如果把它们直接视为丧失控制权的交易，就应该将上述差额当即计入当期损益。可是，如果这样规定，某些企业可能会利用这个规定来钻空子，它们通过调整合同来调整不同步骤之间的时间间隔和股份转让价格，从而在不同会计期间获得自己所需要的损益。这样一来，虽然丧失控制权整个过程处置全部股份的总体时间跨度和总体转让价格不变，但是整项交易过程所覆盖的各个会计年度的当期损益可能被操纵。因此，如果这样规定，就犯了准则的大忌：无法实现可比性。《基本准则》第十五条规定，"不同企业发生的相同或者相似的交易或者事项，应当采用规定的会计政策，确保会计信息口径一致、相互可比。"

每一项分步交易都是一揽子交易中的一个步骤，而不是不丧失控制权的权益性交易。长期股权投资的公允价值与权益法下的金额之间的差额不能计入资本公积。同时，因为可能被利用来操纵利润，从而严重影响财务报表的信息质量，这些差额也不能计入当期损益。左右为难，怎么办？

幸好财务报表中还有一项特殊的、新鲜的、没有明确界定的项目——其他综合收益。学术界和实务界对这个项目的实质、定义、分类，甚至是存在意义等问题都有很大争议，目前没有定论，只是在某些具体准则中直接规定这个项目的相关会计处理。准则规定，把这些差额先计入其他综合收益，在丧失控制权时一并转入当期损益（CAS 33 第五十一条）。

第四节　同一控制下的企业合并相关问题

本章第三节所述的各种情况，都是股份转让双方出于自身商业利益，作为正常商业行为的股权投资（股份）交易。实务中，也有一些在商业上不正常的股份交易——同一控制下的企业合并。当然，一揽子交易中某些单项交易在商业上也是不正常的，但是，整项一揽子交易是正常的，除非涉及本节下文提到的情形。

一、同一控制下的企业合并涉及长期股权投资与合并报表问题

（一）准则规定与性质认定

根据《企业会计准则第20号——企业合并》第五条，参与合并的企业在合并前后均受同一方或相同的多方最终控制且该控制并非暂时性的，为同一控制下的企业合并。很明显，这类合并的核心特点是参与合并的企业在合并前后“受相同一方或多方控制”。也就是说，它们本来就是一个集团内部的不同企业。这类企业合并是集团内不同主体之间的合并，受集团战略意图等因素的影响，并不是合并双方基于商业上的考虑而达成的等价交换交易，而是一种非等价交换交易。

与非同一控制下的企业合并相比较，同一控制下的企业合并虽然在形式上差不多，但在实质上有很明显的区别。鉴于此，在CAS 20中，针对这两类企业合并，分别制定了相应的会计规则，以便如实反映它们对参与合并企业的不同财务影响。

（二）相关问题与非同一控制下的企业合并有所差异

从合并日开始，合并方就会持有被合并方的股权，构成一项长期股权投资。另外，企业合并就是将两个或者两个以上单独的企业合并形成一个报告主体的交易或事项（CAS 20第二条），需要编制合并财务报表。因此，在长期股权投资与合并报表的会计处理方面，同一控制下企业合并具有明显区别于非同一控制下企业合并的特点。

顺便提一下，一直以来，国有企业在中国证券市场中占主导作用，它们出于集团战略、迎合法律规定等各种考虑，借助特有的便利条件（同一集团下可以被合并的企业多、行政划拨的效率高等），经常操作同一控制下的企业合并，民营企业偶尔也会涉及此类业务。在这种环境下，我国上市公司在应用相关准则过程中出现许多案例，而发达国家资本市场的上市公司很少涉及这类情形。因此，国际企业会计准则体系中一直没有相应的规定。目前，国际会计准则理事会正在研究这个问题，希望能够参考我国实践，借鉴我国准则中的相关规定。可以说，在这个会计问题上，中国走在了世界前列，这是中国企业会计准则唯一的“世界领先”。

二、同一控制下企业合并形成长期股权投资的初始计量

（一）问题在哪里

本章第一节提到，对于企业形成的长期股权投资，一般采用支付对价的成本或公允价值进行初始计量。如果两个商业上的对手没有关联关系，又都不存在财务困境，也没有受到其他压力，通过正常的商业谈判而达成交易，可以认定，任何一方放弃的价值与它收到的价值通常相等，都是计量日当时的公允价值。在这种情况下，如果不考虑交易费用，换入资产的成本就是它的公允价值，等于换出资产或承担负债等对价的成本或公允价值。如果换入的是被投资单位的股份，企业就可以使用为取得这项权益性投资而支付对价的成本或公允价值来计量，此时，以“长期股权投资”入账的这项资产的成本也是它当时的公允价值。

可是，如果交易是在关联方之间进行（例如，同一控制下的企业合并），很可能就是非等价交换交易。也就是说，换入的“长期股权投资”与企业支付对价的成本或公允价值之间就可能不等价。此时，就会出现以下 2 个问题：（1）用什么金额对这项长期股权投资进行初始计量？（2）如果初始计量值与对价成本或公允价值有区别，二者之间的差额在会计上应该怎么处理？

本节先来看第一个问题：同一控制下企业合并形成长期股权投资的初始计量问题。第二个问题留待本节后文解答。

（二）怎么看问题

其实，就像看一幅画一样，我们不妨站得远一点，重新审视一下。

对于换入这项“长期股权投资”的企业而言，这当然是一项新资产。但是，如果从更大的背景，也就是从这家企业所从属的集团来看，这项资产并非全新：被合并方本来就是集团内的一家企业，它的股份本来是由集团内的其他企业所持有，只是现在转给了这家企业（合并方），而且让它能够控制被合并方。也就是说，这项股权转让交易是集团内资产的重新组合，并不是真正商业意义上的交换交易。

相应的，这项“长期股权投资”在合并日之前就已经存在这个集团内，当然也已经有它的账面价值。对于旧资产，如果没有发生特殊情况，一般不需要重新计量，把它转移过来就可以了。所以，同一控制下企业合并，应当在合并日按照被合并方所有者权益在最终控制方合并财务报表中的账面价值的份额作为长期股权投资的初始投资成本（CAS 2 第五条）。

（三）细节问题："账面价值"的实际含义

1. 在"谁"的"账面"上的"价值"

这里有一些细节问题需要明确，前面提到的"账面价值的份额"是指"最终控制方"合并报表中的"账面价值"的份额，而且，这项账面价值在集团内的转移需要在一定的前提条件下才适用。

在合并方的个别报表层面，这项刚入账的"长期股权投资"的"账面价值"不是指被合并方的资产、负债在其自身财务报表层面的账面价值，而是指被合并方的各项资产、负债在最终控制方合并报表层面显示的账面价值，是对最终控制方而言的账面价值。

2. "账面价值"的认定与计量

追本溯源，把时间拉长一点看，如果原先这家被合并企业是通过非同一控制下企业合并方式而被纳入最终控制方的合并范围，那么，在购买日，它的各项资产、负债在最终控制方合并报表中的账面价值就是当时的公允价值。在此基础上，最终控制方在合并报表中会对这些资产、负债进行后续计量（例如，折旧等），直到它们被转给集团内的另一家企业，也就是这次同一控制下企业合并的合并方。因此，合并方接收的账面价值就是以原先非同一控制下购买日的公允价值为基础持续计算的金额。如果从集团内各企业报表角度来看，相当于将原先最终控制方合并报表层面的会计处理"下推"到同一控制下企业合并的合并方的合并报表中。

更细致一点，如果原先最终控制方通过非同一控制下企业合并取得控制权时，在购买日产生了商誉，这项商誉就要一并"下推"到同一控制下企业合并的合并方的合并报表层面。

3. 准则文件中的相关规定

用会计话语描述一遍。合并方编制财务报表时，在被合并方是最终控制方以前年度从第三方收购来的情况下，应视同合并后形成的报告主体自最终控制方开始实施控制时起，一直是一体化存续下来的，应以被合并方的资产、负债（包括最终控制方收购被合并方而形成的商誉）在最终控制方财务报表中的账面价值为基础，进行相关会计处理——这是《企业会计准则解释第6号》对第二个问题的解答，已经被收录到 CAS 2 第五条及应用指南相关部分内容之中（如图 6－7 所示）。在图 6－7 中，a_1 公司和 a_2 公司都是 A 集团的子公司，在合并日，a_2 收购了 a_1。具体示例可以参考 CAS 2 应用指南例 4。

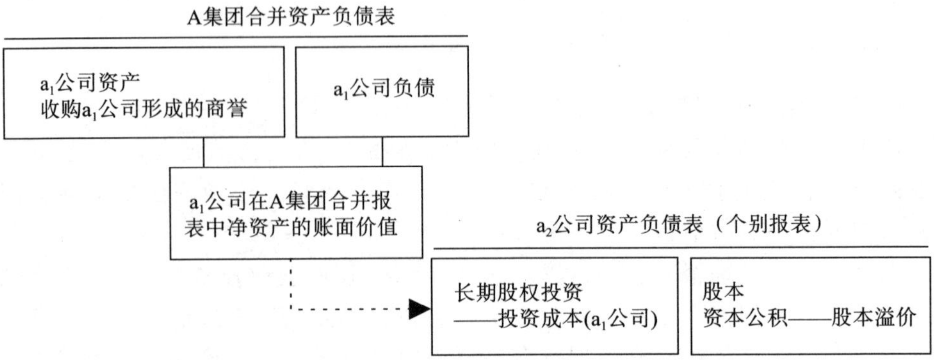

图 6－7 同一控制下企业合并的长期股权投资初始计量

4. 合并财务报表的前提

还要注意，合并方自合并日起要编制合并报表。编制合并报表的前提是，母公司应当统一子公司所采用的会计政策，使子公司采用的会计政策与母公司保持一致（CAS 33 第二十七条）。所以，在按照合并日应享有被合并方净资产的账面价值的份额确定长期股权投资的初始投资成本时，合并前合并方与被合并方采用的会计政策应当一致。企业合并前合并方与被合并方采用的会计政策不同的，应基于重要性原则，统一合并方与被合并方的会计政策。

三、初始投资成本与合并对价账面价值之间差额的会计处理

（一）差额的产生

如前所述，同一控制下的企业合并是在同一集团下关联方之间的合并，是集团内资本的整合，不是严格意义上的商业交易，不能用合并方支付的对价来计量，而应当以被合并方所有者权益在最终控制方合并财务报表中的账面价值的份额作为长期股权投资的初始投资成本。也就是说，虽然企业付了钱，可是，长期股权投资入账的金额不是该企业付出钱的金额，而是把它原来在集团中的金额搬过来。这样一来，付出去的钱（企业所支付对价的账面金额）与入账的钱（长期股权投资初始计量金额）之间很可能不相等，中间的差额应该怎么办？

（二）差额的会计处理

1. 按复式记账要求处理

如果是非同一控制下的企业合并，正常商业交易，一个愿打，一个愿挨。对于购买方来说，付出去的钱与入账的钱之间的差额就是商誉，多付就是正商誉，

列在购买方的合并报表中；少付就是负商誉，直接计入当期损益（即营业外收入）。同一控制下的企业合并是不正常的商业交易（非等价交换交易），合并方多付或者少付钱都不是自己的意愿。可是，付出去的钱要出账（终止确认），收进来的长期股权投资要入账（初始确认），在会计上，根据复式记账的基本原理（借贷必平衡），这两项如果有差额，就必须给它设立一个项目，并将两者的差额记录在这个项目名下。

2. 会计上的定性

从集团角度来看，这是集团内最终控制方对交易双方的资本投入或分配。从合并方来看，这是股东层面对本企业的资本安排，是股东以其的身份与本企业的交易。在会计上，称为"权益性交易"（详见本书第四章第三节相关内容）。这类交易产生的净资产变动不能计入损益，而应当直接计入所有者权益。相应的，其他性质的交易被称为"损益性交易"，产生的净资产变动计入综合收益。因此，初始投资成本与合并对价账面价值之间的差额应当直接计入合并方的所有者权益。

3. 会计处理

经济上定了性，会计上就好办了。如果是初始投资成本大于支付合并对价的账面价值，该差额就应计入资本公积（资本溢价或股本溢价）。如果初始投资成本小于支付合并对价的账面价值，该差额就应"依次冲减"资本公积（资本溢价或股本溢价）、盈余公积和未分配利润，按照顺序从前往后冲减。将排列在前的项目的余额冲减至零后仍不足冲减的，要继续冲减排列在后的项目，直至差额全部冲减完毕，而不是同时等比例冲减各项股东权益项目。

四、一揽子交易导致同一控制下的企业合并

同一控制下企业合并还可能涉及一种情况：一揽子交易。

（一）兼具两类交易特点

这是两类交易特点的融合，在会计上，自然也需要融合这两类交易的会计处理特点。

本章第三节已经说过，如果企业通过多次交易分步取得同一控制下被投资单位的股权，最终形成企业合并，应当先判断多次交易是否属于一揽子交易。对于一揽子交易，合并方应当将各项交易作为一项取得控制权的交易进行会计处理。如果合并双方属于同一集团内的不同企业，就是同一控制下的企业合并。同时具备这两种特点的企业合并，就是同一控制下企业合并的一揽子交易。

同一控制下的企业合并不是正常的商业行为，而是非等价交换交易，由此涉及以下 2 个问题：（1）长期股权投资不能用换出资产的历史成本计量；（2）长期股权投资账面金额与换出资产账面金额的差额应当直接计入净资产。对于这里提到的一揽子交易导致的企业合并，只要能够认定它们构成同一控制下的企业合并，就要按同样的原则对待这 2 个问题。

（二）同一控制下企业合并的长期股权投资初始计量问题

对于上文中的第一个问题，会计人员应当把被合并方在最终控制方合并报表中的账面金额的相应份额“搬”到合并方的报表中来。也就是说，在个别财务报表层面，合并方在合并日，要根据合并后应享有被合并方净资产在最终控制方合并财务报表中的账面价值的份额，确定长期股权投资的初始投资成本。这个作法与其他同一性质的企业合并一样，没有什么特别之处。只要记得，只有在一家企业（即合并方）确定取得另一家企业（即被合并方）的控制权（合并日）时，才能认定这些一揽子交易构成企业合并，之前的交易虽然是为了企业合并这个目的而“蓄势待发”，但在“未发”之前，都只是“蓄势”，不能认定为企业合并，只能根据当时一家企业对另一家企业的影响性质来决定这两家企业的关系，做相应的会计处理。

（三）长期股权投资初始计量金额与换出资产账面金额的差额入账问题

上文中的对于第二个问题，要先计算换出资产的账面金额，再按本节已述方式处理它与长期股权投资账面金额的差额。成本是可以累积的，把达到合并当日之前的长期股权投资账面价值都加总起来，就是合并当时的账面金额。也就是说，合并前的长期股权投资账面价值加上合并日进一步取得股份新支付对价的账面价值之和，就是合并当日合并方在个别财务报表中长期股权投资的账面金额。长期股权投资账面金额与换出资产账面金额的差额应当直接计入净资产。同时，要相应调整资本公积（资本溢价或股本溢价），如果资本公积不足冲减，就要冲减留存收益。

（四）细节问题

会计人员还要注意 2 个细节问题。

第一，其他综合收益转入当期损益的问题。为预防某些企业以此构造交易，准则规定，合并日之前，因采用金融工具确认和计量准则核算而累计形成的其他综合收益，在转换日暂不进行处理，直至实际处置该投资导致丧失控制权时再转入当期损益。

第二，企业合并涉及的时点问题。本质上，同一控制下企业合并是集团内的资本调拨。从企业集团角度看，这类企业合并只是“左手换右手”，根本没有改变集团的经济状况。因此，合并方在编制合并报表时，应视同参与合并的各方在最终控制方开始控制的时候就做了资本调拨。也就是说，这些资本在当时就已经以目前的状态存在，进行相应调整。当然，在合并方和被合并方同处于最终控制方的控制之前，并不归属于同一集团，这种合并也就不是同一控制下的企业合并。所以，在编制比较报表时，要以合并双方不早于同处于最终控制方控制之下的时点为限，将被合并方的有关资产、负债并入合并方合并报表的比较报表中，并将因合并而增加的净资产在比较报表中调整所有者权益项下的相关项目。

第七章
在其他主体中权益的披露

第一节　准则出台背景：为什么会有这么一项准则？

一、投资者的烦恼

有人说过，穷人和富人的最主要区别在于：穷人用劳务换取报酬，而富人用资本赚钱。因此，很多追求成为富人的穷人，从自己有限的工资中节省一点出来，攒起来，投资股票，或者入股某个朋友创业的公司，或者和别人合伙做生意，梦想有一天投资获得收益，靠钱生钱，实现财务自由，也成为富人。

梦想总该要有，万一实现了呢？可是，现实总是很残酷。

股票指数从6124.04点跌到3000点左右，投资的股票价格只剩下原先的一半，只好继续捂着，等待解套；投资朋友创业的公司不但没分红，还老是告急，要求追加投资；和合伙人开公司，但合伙公司账上有盈利，也有闲钱，可就是不分红，而且还以公司要发展为由，要求再投点钱进来；自己家人开的店铺，生意惨淡，勉强维持开支，但所说店面转让价比原先涨了不少，琢磨着是不是把店铺盘给别人……

说出去，也是有多笔投资的人，但实际上这些投资好像没赚到什么钱，不过是纸面富贵！

个人如此，企业也是如此。

二、企业作为投资者的烦恼

除了经营主业，很多企业多多少少都会有一些对外投资，或股权或债权，还会因为生意上的往来，为其他企业提供担保，或者承诺其他企业在遇到紧急情况时提供资金支持。企业与其他单位之间千丝万缕的利益关系，在会计上统称为它

“在其他主体中的权益”。对于这些权益，相关会计准则已经做出了规范，要求在财务报表中体现它们对企业造成的各种财务影响。但毕竟最后反映在财务报表中只是几个数字，或是财务报表中某行数字（例如，投资收益）的一部分，财务报表的使用者根本不清楚这个投资收益是由哪项（或哪几项）投资产生的。更让人不安心的是，企业的这些权益，说是“权益”，有时候却要承担各种风险。被投资单位和其他方可能因为企业在投资协议中的承诺，要求企业承担某种义务。例如，企业曾经做出的担保，可能面临被担保方的破产而被起诉。看来，光看财务报表中的几个数字明显不够。

三、企业的投资者对企业对外投资的烦恼

购买企业股票的人（即股东）买的是企业的未来，借钱给企业的人（即债权人）要的是企业未来能及时足额还钱，所以，这些人都是企业财务报表的使用者。但企业在其他主体中的权益一般要比个人多，也更复杂，由此可能在未来需要应对的局面也更难以预料。企业的投资者如果只看报表，心里总是不够踏实，希望能够了解更多、更全面的信息，他们会千方百计去搜寻企业的财务信息。有约束才有自由。与其让这些投资者陷入旁门左道，导致谣言四起，影响企业的正常经营和投资，不如将企业本来就关注的一些重要信息，通过报表附注披露出来，让投资者自己去判断，使企业在资本市场上开展公平竞争。

这些压力，要求企业披露其在其他主体中的权益，进而化作准则制定者的行动。

四、本准则的目的

（一）披露财务报表使用者关注的相关信息

上面已经提到，个人投资者难免会关心自己的投资会有什么样的着落。就算只是为了财务自由的梦想，既要劳心劳力，了解自己投资企业现在做得怎么样？自己持有股份比例、影响等，又要防范引火烧身，给自己带来负面影响。例如，会不会有损失？如果有，最多会有多少损失？会不会赚了钱也因为受某些条件限制无法分得？

企业投资者遇到的情况可能会更加复杂，需要关心的事情也更多。总结起来，值得关注的问题集中在以下 2 个方面：(1) 企业在其他主体中权益的性质和相关风险；(2) 该权益对企业财务状况、经营成果和现金流量的影响（CAS 41 第二条）。

这 2 个问题既是在其他主体中拥有权益的企业很关心的事情，又是这些企业的投资者（财务报表的主要使用者）非常关注的事情，还是这些投资者要求企业应当在财务报表附注中加以披露的信息。这就是规范本准则的主要目的。

（二）整合相关披露要求

大家如果看过其他准则，就会发现，许多准则都会在正文最后部分提出对所规范项目或业务在财务报表中的相关披露。这项准则也涉及披露，但又有很大区别。该项准则通篇都是披露，而且只涉及披露问题。它是我国企业会计准则体系中极少有的只规范披露问题的准则之一。

之所以这么做，是因为在制定其他几项相关准则（例如，合并报表、合同安排等）时，准则制定机构发现，这些准则都需要对相关披露问题做出规范，而这些披露的要求又有很多重叠。为了保持一致，便于理解与执行，经多方反馈，决定将这些披露要求综合起来，整合在一项准则中。于是，产生了这项只涉及相关披露要求的新准则——《企业会计准则第 41 号——在其他主体中权益的披露》（如图 7 - 1 所示）。

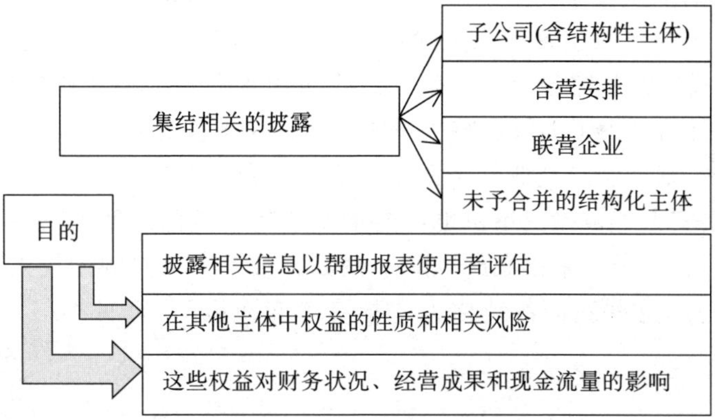

图 7 - 1　CAS 41 概览

第二节　准则适用范围：什么是“在其他主体中的权益”？

既然是“在其他主体中的权益”，就需要搞清楚 2 个关键词：“其他主体”和“权益”。

一、权益的范围

除我之外，皆是非我。从这个角度来理解，除了本企业以外，任何主体都是其他主体。要规范哪些是其他主体，这个范围太过宽泛了，明显不可能做出相应的披露。所以，应该缩小范围，明确哪些是企业在其中有“权益”的其他主体。由此可见，首先应明确“权益”问题，追究什么样的利益才能算是“权益”。在对应的IFRS 12中，使用的是“Interests”这个词，一般将它翻译成“利益”。

（一）从投资者角度理解“权益”

财务报表是给报表使用者看的，相关的披露会影响到他们在资本市场中的决策。所以，就要从看财务报表的人（主要是企业的投资者）的角度来理解“权益”。除了经营情况和业绩，投资者最关心的就是企业对外投资做的怎么样。

对外投资总体可以分成两大类，即财务投资和战略投资。如果对外投资是财务投资，企业把它买进来，就是为了以后把它高价卖出去。对于这类投资，企业最关心的是，如果现在就把这笔投资卖出去，它能值多少钱。这就是公允价值。所以，对于出于财务投资而持有的金融工具，企业需要用公允价值来计量它们。

如果对外投资是战略投资，就是我们前面几章讲的“长期股权投资”，企业持有这类投资的目的是为了能够影响被投资单位，使被投资单位的一些经营活动（或相关活动）反过来能够给企业带来回报。当然，企业希望得到正面的回报（例如，分红等）。但事实上，被投资单位也可能给企业带来负面的回报（例如，一直亏损导致股价大跌），甚至带来很大的风险（例如，被投资单位的债权人要求企业因担保而清偿债务）。这些我们都统称为“享有可变回报”（详见第三章第三节）。

（二）准则中的相关规定

如果企业通过各种形式（主要是与其他利益相关方签订合同），能够使自己参与其他主体的相关活动，并且因此享有可变回报，企业与其他主体之间就存在权益上的关系，会计人员就可以认定企业具有在其他主体中的权益。CAS 41 第三条规定：“参与方式包括持有其他主体的股权、债权，或向其他主体提供资金、流动性支持、信用增级和担保等。”这类权益一般会导致企业参与其他主体的相关活动，对其他主体具有一定的影响力，而不是财务投资。

这一点，我们在本书第二章已经有所了解：根据影响力的程度大小，企业的参与可能是控制、共同控制或者重大影响。如果企业通过上述参与方式能够实现对其他主体的控制、共同控制或重大影响，就具有在其他主体中的权益。

（三）关键词：可变回报

企业在其他主体中是否有权益，关键看是否会从其他主体的业绩中获得可变回报，而不管是通过何种形式。合同还是非合同，股权还是债权，担保还是其他信用增级。要注意一点，如果风险承担的关系反过来，企业经过设计（例如，通过签订信用违约互换协议），构造出一个主体，可以使自己的可变回报转移给其他方，也就是说，将自己本来要承担的某些风险转移给其他主体，就是其他主体在企业中的权益，而不是企业在其他主体中的权益，即不在本准则适用范围之内。企业在其他主体中具有权益的原因、方式与实质如图 7－2 所示。

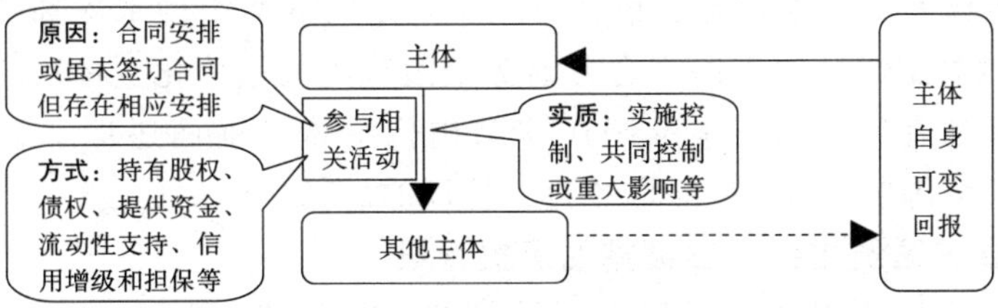

图 7－2　企业在其他主体中具有权益的原因、方式与实质

有必要强调一下“可变回报”。大家都希望得到“回报”，可是，作为理性人，可不能忘了回报是“可变”的，可大可小，可正可负。说是“回报”，其实是“风险”。所以，只要有可能带来足够大的风险，企业与其他主体之间在权益上的利益关系，都是“可变回报”，都要关注，即使企业并不持有其他主体的股权或债权。在资产负债表日，既使企业在某家由其发起设立的未纳入合并财务报表范围的结构化主体中没有权益，也需要披露一些相关信息（详见本章第六节）。

可能有人会说，企业如果作为债权人，借债给别人，要求对方固定周期还本付息，这些本息都是在借款合同中约定好的，都是固定的，怎么能说是“可变回报”呢？在这种情况下，要把“应该是”和“事实是”分清楚。借款合同要求对方还钱，对方“应该是”支付固定金额。可是，如果对方资金非常紧张，“事实是”还不上钱，企业得到的回报就“可变”了，虽然企业希望的是“不变回报”。所以，有时候持有债权也是享有可变回报的一种权益。例如，持有负债率已经很高的企业的债权（详见第三章第三节）。

二、其他主体有哪些？

（一）企业长期股权投资涉及的三类主体

说到这里，“其他主体”有哪些就比较清楚了。被企业控制的子公司，被企业与其他方共同控制的合营安排（包括共同经营和合营企业），企业能够重大影响的联营企业，本书前面几章提到的这几类被投资单位都是“其他主体”。

（二）未纳入合并财务报表范围的结构化主体

已经纳入合并范围的结构化主体被认定为受企业控制的子公司，要求列报和披露的基础信息与其他子公司一样，只是更多一点。没有纳入合并范围的，也不能不管。

准则将未纳入合并财务报表范围的结构化主体被定义为“未纳入合并财务报表范围的结构化主体”。

结构化主体及其主要特点，已在本书第三章第五节中做了详细的讲解，本节主要关注准则中提到的“未纳入合并财务报表范围的结构化主体”。

规则经常是有代价的。本准则在“结构化主体”前面还加了定语“未纳入合并财务报表范围的”，这些都是经验、教训的总结！

1. 强制要求这类主体做出披露的历史背景

2007 年，在美国爆发并席卷整个世界的金融危机就与之有关。这次金融危机之前，一些企业为了粉饰财务报表，想方设法将一些本来应该纳入合并财务报表中的信息排除在表外，特别是通过发起设立一些结构化主体，发起人只占很少一部分股份，通过与这些主体进行一些特定的交易、提供增信等各种财务支持，使这些主体在根据当时的会计准则不被纳入合并范围的同时，获得很大的利益。当然，这些结构化主体的运营也可能给这些企业带来很大的风险，只是在经济环境良好预期的情况下，大多运营良好。这样一来，发起人和其他投资者都赚到了钱，大家相安无事。直到美国次贷危机爆发，许多这样的结构化主体非但不能实现预定的特殊目的，还连累了发起人。而且，企业之间本来就有千丝万缕的联系，这类结构化主体一出事，经常会牵连好几家，这几家企业又会牵连好几家企业，很快，一大片企业就陷入困境——金融危机笼罩整个世界。当然，除了未纳入合并财务报表范围的结构化主体，还有金融工具、租赁和保险等业务在会计处理上也存在不合理之处，掩盖了企业可能遇到的巨大风险。

2. 各方对会计界提出要求

前车之鉴，后事之师。对会计的反思在所难免。

有人指责会计准则对结构化主体在财务报表的列报和披露上要求不够严格，本来应该纳入合并范围，编制合并报表的，没有纳入，使财务报表使用者看不到问题。其实，在 2001 年美国安然事件等一些大型会计舞弊案件爆发之时，就有很多人围攻会计。会计界，包括会计准则制定机构采取了一些应对措施。例如，美国 FASB 出台了关于特殊目的主体的会计规范。

2009 年 6 月成立的金融稳定理事会（The Financial Stability Board，FSB）与其他相关监管机构（证监会国际组织等）均指出，某些企业的表外主体存在很大的风险，但因为没有被纳入合并范围，也没有相应的披露要求，这些风险相关的信息就被隐藏起来了，一旦被触发，可能使企业陷入困境，甚至造成灭顶之灾。当然，这些企业的投资者也会跟着遭殃。

3. IASB 的应对措施

“老大们”发话了，小弟们要赶紧动作起来①。IASB 为了应对金融危机爆发而暴露出来的相关问题，决定制定和修订准则。合并财务报表、合营安排、公允价值计量、租赁、金融工具、保险等相关准则随即纷纷出台。本章的《在其他主体中权益的披露》也应运而生，作为第 12 号国际财务报告准则（IFRS 12）。

4. 本准则是金融危机经验教训的产物

总的来说，全球金融危机凸显了一些企业对于有关风险认识不足，在财务报表上的列报和披露也不够，这些风险包括由这些企业作为发起人而发起设立的结构化主体。为此，需要修订合并财务报表准则，修改“控制”定义，将确实被企业控制的结构化主体纳入合并财务报表范围（详见第三章）。即使企业认为某些结构化不符合控制概念而不必纳入合并范围，它们也可能会给企业带来很大的风险，也需要做出相应披露。因此，在 CAS 41 中，需要针对“未纳入合并财务报表范围的结构化主体”的相关披露做出相应规定（如图 7－3 所示）。

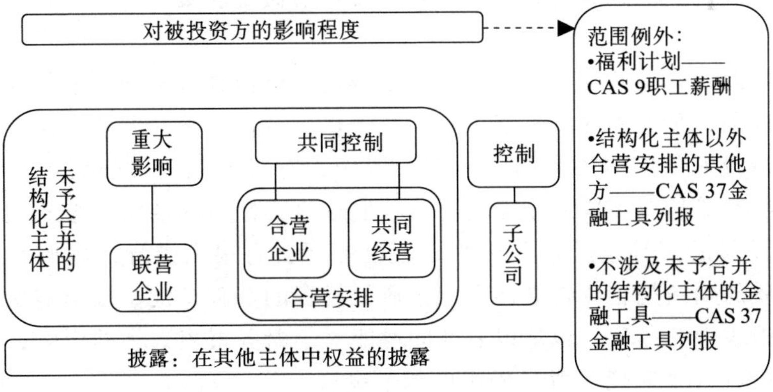

图 7－3　CAS 41 的适用范围

① 有人担心被指责，其实不用太担心。有时候，指责是因为觉得你做得不够好，但还确实需要你——“嫌货人才是买货人”，改就是了。百般抵赖，不如承认错误。IASB 和 FASB 就是我们的好榜样。要知道，它们可都是民间机构，“老大们”真要被惹急了，决定不用它们制定的准则，它们就得解散，里面的人也就失业了。这不是危言耸听，美国准则制定机构就被解散、重组了好几次。

第三节 对其他主体影响性质认定

拿别人的钱做投资，就得给你的投资者有所交代——企业需要披露自己在一些特定的其他主体中的权益，希望报表使用者能够了解它们的性质和风险。

一、财务报表中的相关数字源于影响性质的判断

前面说过，这项准则的目的是要帮助企业财务报表使用者评估企业在其他主体中权益的性质和相关风险，以及该权益对企业财务状况、经营成果和现金流量的影响（CAS 41 第二条）。

对企业的财务影响，数字上已经在企业的财务报表中有所体现。前面几章我们也已经了解企业应当如何将这些财务影响以合适的方式记录在案，企业最后拿出来的财务报表就是这些会计处理的最终结果。有了这些结果，投资者就会对这些股权投资给企业带来的财务影响有所了解。但要记住，这些结果是建立在企业对它的对外投资的性质判断基础上的，不同的性质判断会导致不同的结果。

二、影响性质的判断有助于财务报表使用者做出决策

我们从前面几章已经知道，企业对于被投资单位具有不同影响性质，就要根据相应的准则，采取不同的方法进行后续计量。这样一来，即使在两家净资产几乎相当的被投资单位中持有相同比例的股份，有可能因为被投资单位的股权结构、决策机制等情况不同，企业对这两项股权投资性质的认定完全不同，记录在账上（进而列报在财务报表上）的金额也可能会有很大差异。因此，对于被投资单位性质的判断是企业在会计上记录股权投资的基础，也直接影响这些投资在企业财务报表中的体现，包括以后期间可能对于财务报表数字的影响，进而影响企业的投资者（报表使用者）做出的相关决策。

也就是说，你不仅要告诉我是什么，还得告诉我为什么是这样，特别是在你的判断有点反常的时候——要了解企业对自己在其他主体中权益的性质，就要知道它是怎么判断的，是根据什么信息做出的判断，特别在企业做出的判断跟一般情况下的判断有出入时，更要知道它的依据是什么。如果一个人扎着小辫子，穿着花衣裳，踩着高跟鞋，面容柔和，不长胡须，细声细语地说自己是个男的，要享受女性优惠待遇，你肯定会用怀疑的眼光看着他，要他拿出证明给你看——掏

出身份证来!

三、本准则的相关规定

CAS 41 第六条规定如下（以下括号内的文字不是准则正文，是笔者从投资者角度对准则规定的理解）。

企业应当披露对其他主体实施控制、共同控制或重大影响的重大判断和假设（公布财务报表上的数据是怎么来的），以及这些判断和假设变更的情况（性质变化经常会导致核算方法变换，由此产生相关资产、负债和损益的变化，可能对企业的报表产生很大影响，并指出这些变化的依据是什么），包括但不限于下列各项：

（一）企业持有其他主体半数或以下的表决权但仍控制该主体的判断和假设，或者持有其他主体半数以上的表决权但并不控制该主体的判断和假设。这是判断是否控制的反常情况，需要更强有力的证据加以证明。另外，是否控制决定是否编制合并报表，由此对于企业财务报表中的数字可能有很大影响。

（二）企业持有其他主体 20% 以下的表决权但对该主体具有重大影响的判断和假设，或者持有其他主体 20% 或以上的表决权但对该主体不具有重大影响的判断和假设。这是判断是否重大影响的反常情况，需要更强有力的证据加以证明。另外，是否重大影响决定是否采用权益法对股权投资进行后续计量，由此对于企业财务报表中的相关数字可能有很大影响。

（三）企业通过单独主体达成合营安排的，确定该合营安排是共同经营还是合营企业的判断和假设。如果不通过单独主体达成合营安排，只能被认定为共同经营。如果通过单独主体达成合营安排，就需要进一步判断其归类，是共同经营还是合营企业，不同归类对合营安排的会计处理有很大区别（见本书第五章），由此对财务报表产生的影响可能比较大。

（四）确定企业是代理人还是委托人的判断和假设。代理人还是委托人的判断影响是否控制、共同控制、重大影响被投资单位，进而影响在这些判断下的会计处理和财务报表列报。

四、CAS 41 对投资性主体的特别规定

前面几章提到过，投资性主体的主要目的是在资本市场做出各种投资，把其他企业的股权和债权当成一般商品，希望通过低买高卖赚取差价。投资性主体对待自己的投资就像对待一般金融资产一样，虽然可能因为持有某家企业的股权足

够多，对这家企业有所影响（能够控制、共同控制或重大影响这家企业），但其经营模式是以买卖这些股权来获取盈利的，所以，相关准则（CAS 2、CAS 33、CAS 40）允许投资性主体选择使用公允价值来计量其持有的股权投资。这样一来，记录在其账（表）上股权投资的金额就是公允价值，而不是根据企业对被投资单位存在不同影响程度而采用相应会计处理（合并报表和成本法、权益法）得出的金额。这两种金额的差别可能很大，会影响投资性主体的投资者对自己的评估。所以，准则要求，对于投资性主体的相关判断和假设，也需要特别披露。本准则第七条规定：

企业应当披露按照《企业会计准则第 33 号——合并财务报表》被确定为投资性主体的重大判断和假设，以及虽然不符合《企业会计准则第 33 号——合并财务报表》有关投资性主体的一项或多项特征但仍被确定为投资性主体的原因。

企业（母公司）由非投资性主体转变为投资性主体的，应当披露该变化及其原因，并披露该变化对财务报表的影响，包括对变化当日不再纳入合并财务报表范围子公司的投资的公允价值、按照公允价值重新计量产生的利得或损失以及相应的列报项目。

企业（母公司）由投资性主体转变为非投资性主体的，应当披露该变化及其原因。

五、小结：CAS 41 要求披露的重大判断和假设

对于企业在其他主体中权益涉及的重大判断和假设的披露如图 7－4 所示。

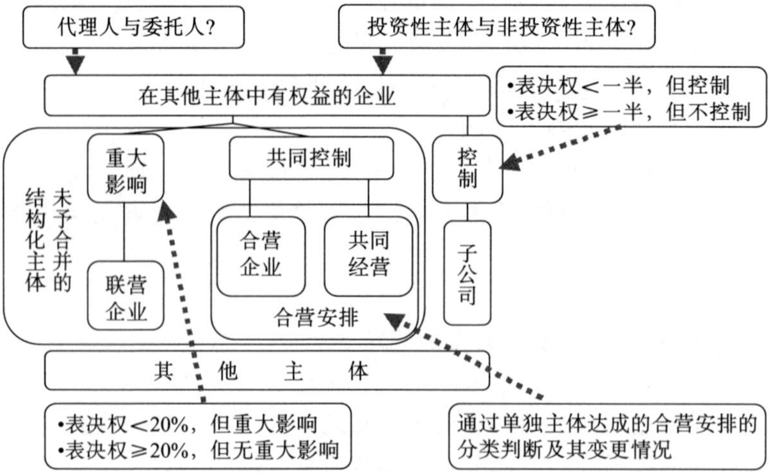

图 7－4　要求披露的重大判断和假设

第四节 在子公司中权益的披露

一、有权力就有责任

如果你控制了一家企业，对于这家企业的经营管理，你就说了算。这样一来，这家企业的所有财产都归你调配，所有收益也都归你分配。听起来很美好，但事实并非完全如此。

企业的财产归你管，企业的债务自然也由你来背。对于有限责任公司，法律规定以你投资的金额为限承担有限责任。企业的收益由你分，企业的损失自然也要让你扛；企业的钱给你用（企业是独立法人，控股股东并不能随意使用企业的资金），企业没钱的时候你要为企业想办法找钱用，即使真的赚了钱，也不是你想分就能分到手，要受企业所在地法律和所签订合同的限制。例如，外汇管制规定可能就限制你把赚的钱从外国转回来。

二、“老大”要照顾“小弟”

如果你是完全控股（100%），在这个企业里，没人跟你争老大的地位，也没有其他股东对老大提出来的决定有不同意见。可是，如果你没有完全控股，这个企业还有其他股东（即少数股东），那么，你的行为，不仅会受到法律的限制，还要受到这些少数股东的限制：要根据他们持有的股份，给他们分钱，董事会决策时要听一听他们的意见；如果你和他们之间通过股东协议、企业章程等文件，事先有规定，在某些情况下要动用某些钱需要先征求他们的同意，就更不能摆老大的谱了。

这样看来，老大不是你想做就能做得来的，更不是你想怎么做就能怎么做，要承担责任和风险，要遵纪守法，还要照顾合伙人的情绪和利益。

三、还要应付些“杂事”

对于企业在控制子公司过程中的一些特别情形（例如，子公司是一家结构化主体；持有子公司的股份发生变动，甚至因此丧失控制；企业是投资性主体），有很多值得投资者特别关注的事情，准则因此也分别提出不同的披露要求（如表

7－1 所示）。

表 7－1　　CAS 41 对于企业在子公司中权益披露的相关规定

投资者关注	关注内容	准则相关规定
基本情况	集团构成	第八条　企业应当在合并财务报表附注中披露企业集团的构成，包括子公司的名称、主要经营地及注册地、业务性质、企业的持股比例（或类似权益比例）等
重要的少数股东权益	少数股东权益对该子公司的影响	第八条　子公司少数股东持有的权益对企业集团重要的，企业还应当在合并财务报表附注中披露下列信息： （一）子公司少数股东的持股比例。子公司少数股东的持股比例不同于其持有的表决权比例的，企业还应当披露该表决权比例； （二）当期归属于子公司少数股东的损益以及向少数股东支付的股利； （三）子公司在当期期末累计的少数股东权益余额； （四）子公司的主要财务信息
重大限制	使用集团资产和清偿集团债务的限制	第九条　使用企业集团资产和清偿企业集团债务存在重大限制的，企业应当在合并财务报表附注中披露下列信息： （一）该限制的内容，包括对母公司或其子公司与企业集团内其他主体相互转移现金或其他资产的限制，以及对企业集团内主体之间发放股利或进行利润分配、发放或收回贷款或垫款等的限制； （二）子公司少数股东享有保护性权利、并且该保护性权利对企业使用企业集团资产或清偿企业集团负债的能力存在重大限制的，该限制的性质和程度； （三）该限制涉及的资产和负债在合并财务报表中的金额
结构化主体	重大风险	第十条　企业存在纳入合并财务报表范围的结构化主体的，应当在合并财务报表附注中披露下列信息： （一）合同约定企业或其子公司向该结构化主体提供财务支持的，应当披露提供财务支持的合同条款，包括可能导致企业承担损失的事项或情况； （二）在没有合同约定的情况下，企业或其子公司当期向该结构化主体提供了财务支持或其他支持，应当披露所提供支持的类型、金额及原因，包括帮助该结构化主体获得财务支持的情况。其中，企业或其子公司当期对以前未纳入合并财务报表范围的结构化主体提供了财务支持或其他支持并且该支持导致企业控制了该结构化主体的，还应当披露决定提供支持的相关因素； （三）企业存在向该结构化主体提供财务支持或其他支持的意图的，应当披露该意图，包括帮助该结构化主体获得财务支持的意图

续表

投资者关注	关注内容	准则相关规定
权益变动	是否丧失控制权	第十一条　企业在其子公司所有者权益份额发生变化且该变化未导致企业丧失对子公司控制权的，应当在合并财务报表附注中披露该变化对本企业所有者权益的影响。 企业丧失对子公司控制权的，应当在合并财务报表附注中披露按照《企业会计准则第33号——合并财务报表》计算的下列信息： （一）由于丧失控制权而产生的利得或损失以及相应的列报项目； （二）剩余股权在丧失控制权日按照公允价值重新计量而产生的利得或损失
投资性主体	被公允价值计量而在财务报表中无法体现的子公司性质与风险	第十二条　企业是投资性主体且存在未纳入合并财务报表范围的子公司、并对该子公司权益按照公允价值计量且其变动计入当期损益的，应当在财务报表附注中对该情况予以说明。同时，对于未纳入合并财务报表范围的子公司，企业应当披露下列信息： （一）子公司的名称、主要经营地及注册地； （二）企业对子公司的持股比例。持股比例不同于企业持有的表决权比例的，企业还应当披露该表决权比例； 企业的子公司也是投资性主体且该子公司存在未纳入合并财务报表范围的下属子公司的，企业应当按照上述要求披露该下属子公司的相关信息。 第十三条　企业是投资性主体的，对其在未纳入合并财务报表范围的子公司中的权益，应当披露与该权益相关的风险信息： （一）该未纳入合并财务报表范围的子公司以发放现金股利、归还贷款或垫款等形式向企业转移资金的能力存在重大限制的，企业应当披露该限制的性质和程度。 （二）企业存在向未纳入合并财务报表范围的子公司提供财务支持或其他支持的承诺或意图的，企业应当披露该承诺或意图，包括帮助该子公司获得财务支持的承诺或意图。 在没有合同约定的情况下，企业或其子公司当期向未纳入合并财务报表范围的子公司提供财务支持或其他支持的，企业应当披露提供支持的类型、金额及原因； （三）合同约定企业或其未纳入合并财务报表范围的子公司向未纳入合并财务报表范围、但受企业控制的结构化主体提供财务支持的，企业应当披露相关合同条款，以及可能导致企业承担损失的事项或情况。 在没有合同约定的情况下，企业或其未纳入合并财务报表范围的子公司当期向原先不受企业控制且未纳入合并财务报表范围的结构化主体提供财务支持或其他支持，并且所提供的支持导致企业控制该结构化主体的，企业应当披露决定提供上述支持的相关因素

四、准则中的相关规定

表7－1列示了本准则对企业在子公司中权益需要披露内容的相关规定以及这些规定反映的投资者关注及其关注内容。

第五节 在合营安排或联营企业中权益的披露

如果你跟某一合伙人合作经营一家企业。这家企业由你们两人说了算，且只要有一个人否决，决策即被否定，这家企业就是你们共同控制的企业；如果你仅持有某家企业的一点股份，在这家企业的权力机构（例如，董事会）具有表决权，也就是说，可以参与管理，但你持有的股份不足以让你控制或者共同控制这家企业，那么，可以认定，你对这家企业仅具有重大影响，这家企业就是你的联营企业。

一、投资者对于合营安排与联营企业的关注点

因为被投资单位不是你单独控制，这些被投资单位的财务状况和经营业绩等情况对你的影响也就没那么大；又因为你自己不能说了算，自然也就不会那么上心。即使你很上心，被投资单位的其他股东也不会让你“为所欲为”。但是，你毕竟已经拥有了不少股份，在合营安排框架下，你可以和其他合伙人一起说了算，在联营企业中，你也可以参与决策。被投资单位给你分配的收益，总是要在账上有所记录，你必须要防范被投资单位的各种风险，当然，还会惦记着这些被投资单位账面盈利的时候是不是真的能分得出钱来。

二、权益法后续计量的缺陷需要相关披露来弥补

本书第五章说过，合营安排是由两个或两个以上的参与方共同控制的安排，根据企业在合营安排中的权益特点不同，可以分为共同经营与合营企业，分别对它们采取不同的会计处理。根据准则规定，对于共同经营中的资产、负债、收入、费用，须根据各自的产权比例或约定的分成比例，计入合营方（或对合营安排享有共同控制的参与方）各自的财务报表中，企业在共同经营中与权益相关的风险已经在合营方各自财务报表中有所体现，因此，企业作为共同经营的合营方，相对于合营企业的合营方，不需要过多的披露。

但是，企业在合营企业和联营企业中的权益是以权益法进行后续计量，以某些单行项目（例如，长期股权投资、投资收益等）体现在企业的财务报表中，既不代表企业实际拥有或控制的资产，也不代表企业已经收到了投资收益，更不代表企业可以直接动用这些投资收益。而且，由于权益法会计处理的一些特殊规

定（例如，在合营企业或联营企业超额亏损时，企业相应的“长期股权投资”只能减记至零），在以后实现净利润后，企业要先用收益分享额弥补未确认的亏损分担额，之后才能恢复确认收益分享额。如果出现超额亏损，以后期间要弥补的亏损可能在财务报表中就体现不出来，这就要求企业做出相应地披露（权益法的会计处理详见第六章第二节）。

三、未确定承诺产生的风险也有必要披露

另外，因为和其他主体共同控制合营企业，有时候，企业会针对合营企业的投资，向其他方做出一些承诺，但这些承诺没有反映在报表中，属于“未确定承诺”。企业还可能对合营企业或联营企业的投资承担一些或有负债，也不会反映在报表中，这些对企业来说，都可能导致以后有人向企业要求履行义务，都是企业在合营企业和联营企业中的权益相关的风险，也应当予以披露。

四、其他相关问题

当然，有的企业对外投资很多，合营安排与联营企业数都数不过来，有些占的股份多，跟企业的交易比较多，对企业的影响相对比较重要，有些就不重要，企业不可能将每一家合营安排和联营企业的情况都详细披露，那样费时费力，也意义不大。所以，准则分别对上述情况做出了不同的披露要求（如表 7 – 2 所示）。另外，如果企业是投资性主体，企业以公允价值计量其股权投资，被投资方的股份在资本市场上的公允价值变动就对其非常重要，并已经反映在财务报表中。相对而言，被投资方自身的财务信息对投资性主体的影响也就不重要了。因此，准则规定，投资性主体不需要披露被投资方的财务信息。

五、准则中的相关规定

表 7 – 2 列示了本准则对企业在合营安排或联营企业中权益披露的相关规定。图 7 – 5 标注了本准则对企业在这两类主体中权益披露的细节要求。

表 7 – 2　CAS 41 对于企业在合营安排或联营企业中权益披露的相关规定

	共同经营	合营企业	联营企业
基本情况	重要的被投资方：名称、主要经营地、注册地，企业与之关系的性质，包括其活动的性质，以及它对企业活动是否具有战略性等，企业的持股比例及其表决权比例		

续表

	共同经营	合营企业	联营企业
财务信息（投资性主体无需披露）		重要的被投资方：会计处理方法，收到的股利，（以权益法调整后的）自身主要财务信息及其调整至投资账面价值的调节过程，股权投资的公开报价（公允价值）； 不重要的被投资方：按照权益法进行会计处理的股权投资账面价值合计数，企业按其持股比例计算的被投资单位净利润、终止经营的净利润、其他综合收益、综合收益等项目金额的合计数	
重大限制		被投资方以发放现金股利、归还贷款或垫款等形式向企业转移资金能力受到的重大限制的性质和程度	
权益法的缺陷		采用权益法会计处理且被投资方发生超额亏损时，投资方未确认其应分担损失份额的当期份额和累积份额	
相关风险		股权投资相关的未确认承诺，股权投资相关的或有负债	股权投资相关的或有负债

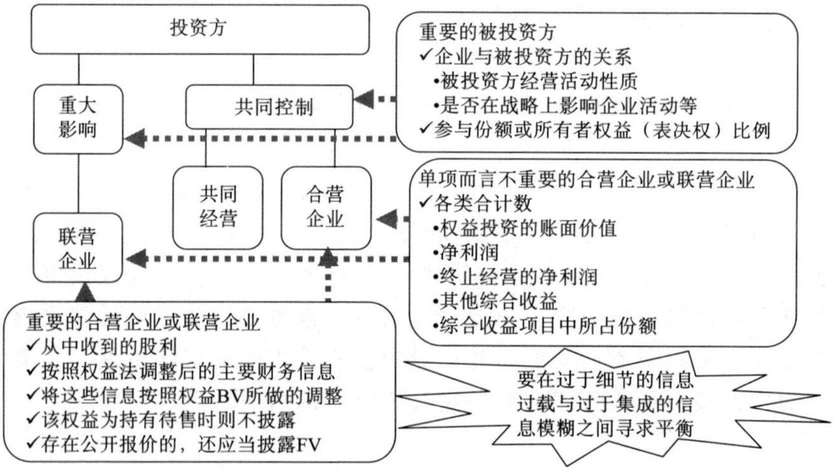

图 7－5 CAS 41 对于企业在合营安排或联营企业中权益披露的细节要求

第六节 在未纳入合并财务报表范围的结构化主体中权益的披露

本节主要分析企业在未纳入合并财务报表范围的结构化主体（Unconsolidated Structured Entities，USE）中权益的披露要求。

一、企业在 USE 中权益涉及的风险很多很大

结构化主体在发起设立的时候目标明确、业务受限，一般都因股本不足，需要融资。之所以具有这些特点，大多是因为发起人为了实现某个目的，故意构造出来。这些发起人因此可能获得预期收益（例如，回收资金、开展租赁业务等），也要承担相应的责任（例如，提供次级财务支持）和风险（例如，因作出某些承诺而在结构化主体触发某类事件时承担损失）。

对于发起设立或在结构化主体中有一定权益的企业来说，最大的好处是可以结构化主体实现对自己有利的预定目标，而且还可以少花钱（在结构化主体中，自己占很少的股份）多办事（结构化主体由自己控制，需要纳入合并范围；或者自己可以与别人一起说了算，共同控制 USE；或者自己可以参与管理，对 USE 有重大影响）。

有好处就可能有坏处。企业可能需向 USE 提供财务支持；可能在外部环境不如人意时（例如，爆发全球性金融危机等不可抗力）承担很大的损失；可能为了已作出的承诺而付出必要的代价（承诺在某项触发事件发生时提供财务支持）；可能为了 USE 能够运营下去进而实现目标而承担义务（承诺或有义务帮助 USE 获得财务支持）。对企业来说，这些可能发生的不利因素，就是风险，对使用企业财务报表的外部投资者来说，这也是风险。而且，他们比企业内部的相关人员更惨，除了企业公开的财务报表，他们可以看到的相关信息很少。企业内部人员可能在风闻一些坏消息时及时“跑路”，投资者却可能因为信息的不对称而遭受重大损失。甚至有些企业管理者故意发起设立非常复杂的结构化主体，根据准则和自己的判断又不纳入合并范围（即 USE）。

这样看来，结构化主体不透明、风险大，投资者对于在结构化主体中享有权益的企业确实很难放心。

二、企业需要披露相关信息来揭示风险

风险这么多、这么大，企业可能看不清，也可能不告诉投资者，索性不让企业参与 USE 不就好了吗？因为经济实质复杂、难以反映，就要求企业不能从事某种业务，这种“一刀切”的简便作法并不可取。会计的本质职能是如实反映经济实质。实际上，随着资本市场的发展，结构化主体越来越受到各方的欢迎，形式也越来越多样。但是，企业本身也不希望因为在 USE 中有权益而影响自己在资本市场上对投资者的吸引力。如果出于简化会计处理的目的将 USE 扫地出

门，最终将难免责难；如果能让在 USE 中有权益的企业公开披露相关信息有据可依，既可以让这些企业的投资者专注投资，又不至于在企业发起设立 USE 时使企业的投资者避之不及。

三、准则制定机构的相关行动

财务信息是资本市场供求双方相互沟通的桥梁，会计准则作为企业产生财务信息的“作业标准”，当然要立足现实环境，尽可能提供标准，让企业产出有用信息，润滑资本市场的健康发展。金融危机爆发以后，准则制定机构作了以下几件事：通过修订《合并财务报表》准则中的控制概念，规范企业将符合条件的结构化主体作为子公司纳入合并范围（见本章第四节所述）；对于企业认为不符合控制条件而没有纳入合并范围的结构化主体（即 USE），特别是在 USE 中涉及的风险方面，做出更严格、更细致地披露，让投资者放心。

其实，这里面有两层意思。一层是针对 USE。因为事先的精巧设计，这类主体的目的比较简单，经营范围受限，日常的经营活动都很正常。一般情况下，企业在其中持有的股份不多，发起设立并正常运营之后需要处理的非常规事项也不多，可能就不太关心它的运营以及运营中可能存在的风险。可是，一旦出事，很可能就出大事，全球金融危机中许多企业因此受损。构造复杂的金融工具也有类似特点，在金融危机中也给许多企业带来灾难，被许多人认定为罪魁祸首。因此，要求企业认真对待，如实披露。另一层含义，是针对持有 USE 中权益的企业本身。有些企业投机取巧，设计并发起设立非常精巧的结构化主体，对以往成功经验过于依赖，自信能够瞒天过海，一帆风顺，结果阴沟里翻船，这些企业的投资者也跟着倒霉。

基于上述理由，准则制定机构制订了相当详细、严苛的披露要求，为了投资者能够对 USE 涉及的特定风险做出及时反应，对相关企业提出特别的披露要求。宁多勿缺，即使其他准则（例如，《企业会计准则第 37 号——金融工具列报》）中已经有一些相关规定；宁严勿漏，即使企业只是作为发起人之一，报告当期在结构化主体中并没有任何权益[①]。本着上述原则，CAS 41 对企业在 USE 中权益规定了非常详尽而细致的披露要求，包括了这类主体的性质和相关风险。

---

① 作为 USE 的发起人，即使在 USE 中没有权益，也可能因为合同约定或其他原因，例如，为了使 USE 顺利运营并实现预定目的，以免自己声誉受损。而向 USE 提供财务支持或其他支持。这些情况都可能导致企业本身承担更大的风险。所以，本准则第二十一条规定，对于发起设立，但资产负债表日在 USE 没有权益的企业，也需要作出相应披露。

四、本准则中的相关规定

本章第二节已述，只要是企业控制、共同控制或重大影响的主体，都须遵循本准则，做出相应披露。同样，受企业上述三类影响的结构化主体，也要按要求进行披露。由于 CAS 41 第十二条已经规定了企业对于纳入其合并范围的结构化主体所须的披露，这里就不再加以规定。另外，如果企业本身是投资性主体，根据 CAS 33 第四条、第二十一条的规定，只需要将为其投资活动提供相关服务的子公司纳入合并财务报表范围，对于其他子公司，应当以公允价值计量（详见本书第三章第六节相关内容），而不应当将这一类其他子公司（包括结构化主体）纳入合并范围。对于这类受投资性主体控制但未被纳入其合并范围的结构化主体，本准则第十三条已经做出相应的规定，就不再重复申明了。

除此之外，企业在 USE 中权益涉及的其他情况，都在本准则第五章中做出了规定（如表 7－3 所示）。另外，如果企业是投资性主体，企业已经以公允价值计量其在 USE 中的权益，不必披露这方面的其他信息。

表 7－3　CAS 41 对于企业在未纳入合并财务报表范围的结构化主体中权益披露的相关规定

投资者关注	关注内容	准则相关规定
基本情况	USE 的基本情况、财务信息	第二十一条　对于未纳入合并财务报表范围的结构化主体，企业应当披露下列信息： （一）未纳入合并财务报表范围的结构化主体的性质、目的、规模、活动及融资方式； （二）在财务报表中确认的与企业在未纳入合并财务报表范围的结构化主体中权益相关的资产和负债的账面价值及其在资产负债表中的列报项目
相关风险	最大损失敞口及其相关信息	（三）在未纳入合并财务报表范围的结构化主体中权益的最大损失敞口及其确定方法。企业不能量化最大损失敞口的，应当披露这一事实及其原因； （四）在财务报表中确认的与企业在未纳入合并财务报表范围的结构化主体中权益相关的资产和负债的账面价值与其最大损失敞口的比较
企业作为无权益的发起人时	认定依据、与 USE 之间的财务关系	企业发起设立未纳入合并财务报表范围的结构化主体，但资产负债表日在该结构化主体中没有权益的，企业不需要披露上述（二）至（四）项要求的信息，但应当披露企业作为该结构化主体发起人的认定依据，并分类披露企业当期从该结构化主体获得的收益、收益类型，以及转移至该结构化主体的所有资产在转移时的账面价值
向 USE 提供支持的情况	财务支持或其他支持的相关情况	第二十二条　企业应当披露其向未纳入合并财务报表范围的结构化主体提供财务支持或其他支持的意图，包括帮助该结构化主体获得财务支持的意图。在没有合同约定的情况下，企业当期向结构化主体（包括企业前期或当期持有权益的结构化主体）提供财务支持或其他支持的，还应当披露提供支持的类型、金额及原因，包括帮助该结构化主体获得财务支持的情况

第八章
职工薪酬

《企业会计准则第9号——职工薪酬》（以下简称 CAS 9）是一项修订版准则，也就是说，原来的准则已经不敷实用，需要一项新准则。该准则的修订也是我国企业会计准则与国际准则趋同的一项典型示例——几乎是逐字翻译其中的术语。同时，某些发达国家已经比较普遍采用的实务，对于许多中国从业者而言，还从来没有遇到过，甚至闻所未闻。结果显而易见，对于长期保持中文阅读习惯的绝大多数中国会计人员来说，每个字都认识，但对组合起来的内容却不知所云。本章中所称“本准则”或“新准则”即指《企业会计准则第9号——职工薪酬》修订版。

第一节　本章内容安排

首先，看看这项准则修改的背景。财政部在2012年9月发布了财办会［2012］38号——关于征求《企业会计准则第9号——职工薪酬［修订］（征求意见稿)》意见的函，在其中的《征求意见稿》起草说明中，提到本准则修订的必要性：一方面，现行准则已实施多年，随着市场环境变化，尤其是离职后福利计划日益发展，对职工薪酬的会计核算及相关信息披露提出了新的挑战和要求。同时，现行准则在执行中也暴露出一些问题，需要对相关内容进行修改和完善；另一方面，2011年国际会计准则理事会对《国际会计准则第19号——雇员福利》进行了重大修改，得到了全球各利益相关方的支持，为其他国家或地区完善关于职工薪酬的会计准则提供了有益的参考。因此，为进一步规范我国企业会计准则中关于职工薪酬的相关会计处理规定，并保持我国企业会计准则与国际财务报告准则的持续趋同，财政部会计司借鉴修订后《国际会计准则第19号》中的作法，结合我国实际情况，起草了《企业会计准则第9号——职工薪酬（修订）(征求意见稿)》。

其次，看看改了什么。仔细对比，可以发现，这项准则的修订重点在职工薪酬类别的划分与离职后福利的会计处理，特别是对其中设定受益计划的有关问题做出了明确细致的规定。

既然是修订的准则，就要先简要了解原准则的基本内容，在此基础上，从框架上全面把握新准则的主要内容，特别是与原准则的不同之处。考虑到新准则对职工薪酬采取了新的分类，本章分别详细说明 4 类职工薪酬的具体特点及其会计处理。本章的内容安排如图 8－1 所示。

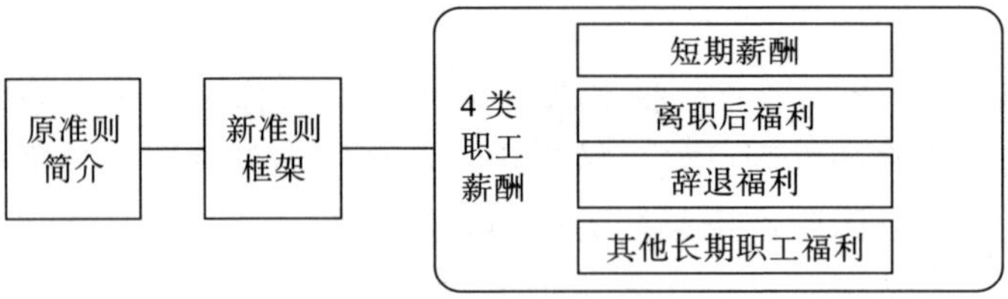

图 8－1　第八章内容安排

第二节　原准则简介

一、主要分类及其缺陷

原准则第二条指出，职工薪酬是企业为获得职工提供的服务而给予各种形式的报酬以及其他相关支出。

（一）准则正文中的分类及其缺陷

具体包括以下 8 种类别：（1）职工工资、奖金、津贴和补贴；（2）职工福利费；（3）医疗保险费、养老保险费、失业保险费、工伤保险费和生育保险费等社会保险费；（4）住房公积金；（5）工会经费和职工教育经费；（6）非货币性福利；（7）因解除与职工的劳动关系给予的补偿；（8）其他与获得职工提供的服务相关的支出。

这种以形式为基础的分类非常直观，能够与当前企业所承担的职工薪酬在形式上一一对应，表面上很容易把握，但也存在一个较大的问题。实践之树常青，实务总是在不断发展和创新，如果出现新情况，这种用列举法进行的分类将使遵循准则的会计人员无所适从。

（二）准则相关文件中的分类

如果从企业承担的相关义务角度出发，结合原准则正文、应用指南和企业会计准则讲解相应部分内容，可以发现，原准则提到了以下 4 类职工薪酬：

1. 短期（12 个月）内由企业支付的职工薪酬

除了在职工提供服务的会计期末以后 1 年以上到期的应付职工薪酬，以及一些社会保险费与辞退福利，上述 8 种形式的职工薪酬大多数都可以归为此类。

2. 设定提存计划

在《企业会计准则讲解》第十章中提到国际会计准则中的一个术语——“设定提存计划”，认为基本养老保险与补充养老保险都是企业承担的对职工的义务，但仅限于按照政府或企业年金计划规定缴费的部分，没有进一步的支付义务。因此，这类义务与国际准则中设定提存计划的处理原则相同，都可以被认定为“设定提存计划”。

3. 辞退福利

应用指南中，将“辞退福利”专列，对应于准则正文中的“因解除与职工的劳动关系给予的补偿”。

4. 特殊类福利

在《企业会计准则讲解》中，还提到了一些特殊情形下的职工福利，包括带薪缺勤、利润分享和奖励计划等货币性职工薪酬以及非货币性职工薪酬等特殊形式职工薪酬。对于这些特殊类型的职工薪酬，原准则只是将其一一列出，并没有明确地归类。如果要归类，会计人员不妨将其列为“其他与获得职工服务相关的支出”，将这些特殊情况下的职工薪酬归集起来。

5. 上述分类的缺陷

显然，这种分类更清晰，适用性更强，但也存在一些问题——分类有所重叠。例如，辞退福利可能需要企业在 1 年以内支付，那么，这类辞退福利到底算短期福利还是辞退福利？还是特殊类福利，这是为应对实务中不断出现的新情况而强行归类的无奈之举，虽然可以理解，但难免挂一漏万。最好是能明确这些职工薪酬的具体特点以及在不同情形下分别应该如何处理。否则，“特殊类”如同垃圾场，只要是不能归入其他类别的，就往这里面放，本身没有什么逻辑，会计人员对这类业务的界定及会计处理也没有头绪。

二、会计处理

原准则对会计处理的要求如下。

1. 会计确认

在确认方面，原准则要求对所有的职工薪酬统一处理。在职工向企业提供了服务之后，或在职工被解除职务或自愿接受辞退时，借记相关费用、成本，贷记应付职工薪酬。在支付薪酬时，借记应付职工薪酬，贷记银行存款（针对货币性职工薪酬）或其他科目（针对非货币性职工薪酬）。

2. 会计计量

在计量方面，对于确认当时不能确定准确金额的职工福利，需要估计一个数字。例如，职工可选择的辞退福利、累积带薪缺勤、利润分享计划等。对于1年以后支付的职工薪酬，企业需要以折现值入账，折现率等于以直接或外推法估计的同期限国债利率。

3. 特殊情形

原准则对一些特殊情形下职工薪酬的会计处理，另有规定。

如果企业以自产产品或外购商品给职工发放福利，原准则要求视同销售商品，要确认相关收入、成本与应交税费；如果企业将拥有的房屋等资产无偿提供给职工使用或租赁住房等资产供职工无偿使用，要将相关资产折旧费和租金转入“应付职工薪酬”，再归集为相关费用；如果企业向职工提供企业支付了补贴的商品或服务，须根据是否要求职工在以后提供服务分别进行会计处理。如果要求以后服务，就要通过“长期待摊费用”科目作为中转，以后逐年平均摊销，转入相关费用或成本，如果不要求以后服务，就要立即确认当期损益。

三、分类及会计处理

（一）小结

对于职工薪酬在形式上的分类，在义务性质上的分类以及相应会计处理，原准则的相关规定如图8－2所示。

（二）问题

1. 新形式职工薪酬的归类及其会计处理问题

很明显，原准则存在一个急需解决的问题：职工薪酬的形式多样，而且以后可能会出现更多新形式，怎么一一规范呢？

当然，可以简单地都把它们归入其他类。但是，其他类职工薪酬具体应该怎么处理呢？原准则只是就事论事，对于目前已经出现的形式举例说明，并没有可以遵循的原则。这样一来，对于新型的、准则没有示例的职工薪酬，原准则就无

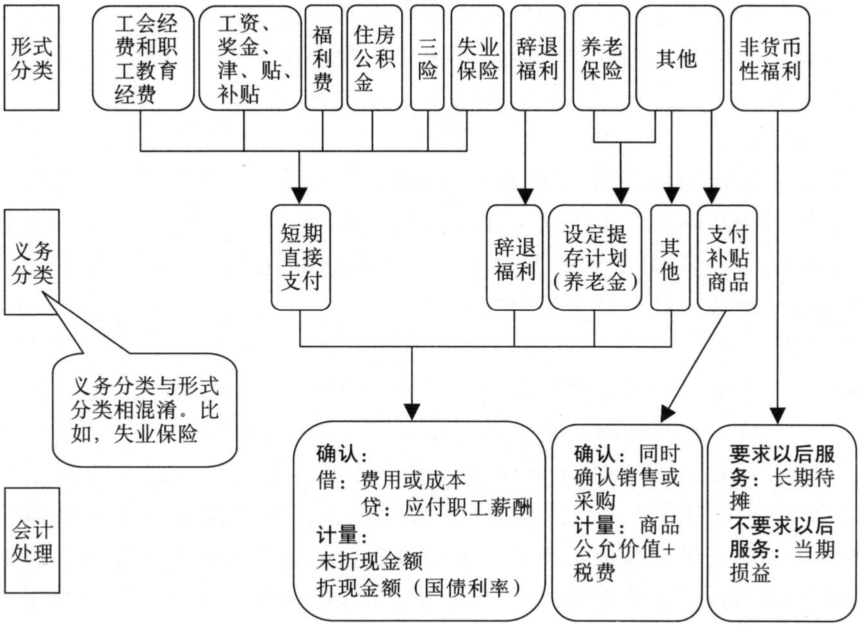

图8－2 原准则对于职工薪酬的形式分类、义务分类与会计处理的相关规定

能为力了。

2. 案例1：退休后的“大红包”

一些企业希望职工能够一直在本企业工作到退休，将其工作经验和对企业的忠诚传承下去。为此，企业做出承诺，对于在退休前服务满若干年的职工，在其退休之时，一次性奖励一定金额。也就是说，这些职工在退休的时候，可以拿到一笔“大红包”。从性质上看，这是一种养老金计划，但又不是设定提存计划，因为企业不是每次存一笔固定金额后，就可以完全解除该计划所产生的对员工的支付义务。那么，这样的职工福利算什么？在会计上怎么处理？

3. 案例2：退休前的“大红包”

如果企业为了鼓励职工在职业黄金期留在本企业安心工作，承诺对于在本企业工龄满若干年的职工，在其退休前某周岁生日时一次性发放一笔奖金，职工就可以在其退休前拿到一笔“大红包”。这种情形应归纳为哪种职工薪酬？会计上又该如何处理？

4. 问题已经迫在眉睫

随着社会的发展，企业争夺优秀人力资源的手段将会越来越复杂，一些中国会计人员闻所未闻的职工福利方式，在一些发达国家早已采用。根据总部要求，某些跨国公司在中国的分支机构已经采用了这些福利，我国的会计从业人员又该在会计上如何应对呢？同样，中国的大企业在国外也有一些分支机构，需要与当地企业争夺人力资源，因此也可能需要采用一些特殊的职工福利，会计上又应该怎么处理呢？

5. 小结

可以非常确定的是，原准则在职工薪酬分类上具有显而易见、又急需解决的问题。以形式为基础的分类表面上非常清晰，实际上只是列举法，但又没有穷尽（不是穷举法），也不能完全相互独立。反映在会计处理中，就会造成二级科目很多，但不易理解，甚至产生混淆。

6. 展望

因此，要考虑针对职工薪酬的业务性质来分类。

从性质上看，职工薪酬是企业的一项义务。在符合某种情况下，要支付给职工一定资源：或是钱，或是自身权益，或是其他。如果支付的是自身权益，由《企业会计准则第 11 号——股份支付》来规范，其他情况下，都应该遵循。其中，如果涉及企业年金基金，缴纳企业年金基金的企业在员工福利的会计处理上除要遵循本准则外，还要遵循《企业会计准则第 10 号——企业年金基金》（用于规范受托人对此类特殊财务报表的编制）。

除了推定义务[①]以外，义务的认定很容易理解。各种义务的性质的认定，奠定了将这些义务进一步分类的基础。

一般来说，对于义务，企业比较关注钱（或者其他资源）什么时候要支付出去（流动性），还关注这笔钱支付出去会给企业带来什么，或者说，是用来换取什么对企业有用的好处。本章第三节至第七节就围绕企业关心的这两个问题，结合新准则的相关规定，认识职工薪酬的性质、分类及其会计处理。

第三节 新准则框架

一、定义与适用范围

要把握和应用准则，首先要知道它的适用范围。“职工薪酬”，并非仅指企

---

① 推定义务，是指企业因自己以往的习惯作法、已公开的承诺或已公开宣布的经营政策等特定行为而产生的义务。推定义务是否为企业的负债、在满足何种条件下应当确认为负债、应当如何计量等会计问题，理论界和实务界还在探讨之中，尚未形成统一意见。因此，还没有被写入我国具体准则和《基本准则》中，在国际会计准则体系及其概念框架文件中也没有明确的界定。

业针对“职工”需要支付的“薪酬”。新准则中“职工”和“薪酬”的覆盖范围远比大家想象到的更广。

（一）“职工”的定义与范围

新准则第三条规定，“本准则所称职工，是指与企业订立劳动合同的所有人员，含全职、兼职和临时职工，也包括虽未与企业订立劳动合同但由企业正式任命的人员。未与企业订立劳动合同或未由其正式任命，但向企业所提供服务与职工所提供服务类似的人员，也属于职工的范畴，包括通过企业与劳务中介公司签订用工合同而向企业提供服务的人员。”

（二）“职工薪酬”的定义与范围

新准则第二条规定，“职工薪酬，是指企业为获得职工提供的服务或解除劳动关系而给予的各种形式的报酬或补偿……企业提供给职工配偶、子女、受赡养人、已故员工遗属及其他受益人等的福利，也属于职工薪酬。”

（三）本准则的适用范围

新准则第四条规定，“企业年金基金，适用《企业会计准则第10号——企业年金基金》；以股份为基础的薪酬，适用《企业会计准则第11号——股份支付》。除此之外，涉及职工薪酬的业务及其会计处理，适用本准则。”

二、分类

（一）一般分类的基本原则

一般来说，对于一项事物的分类，其结果如果能够使各类之间相互独立、且没有遗漏地构成该事物的整体，这样的分类是足够合理的。例如，把人分类为男人和女人，或者分类为各个年龄段的人，都符合这项基本原则的要求。

同时要注意，分类是为了满足某个目的，而不是为了好玩，它必须具有现实意义。也就是说，分类必须能够实现设定的目的。例如，根据一个人现有牙齿的数量来分类，虽然符合上述基本原则，但是把现有6颗乳牙的幼儿、残存6颗恒牙的老年人、口腔严重受损而仅剩6颗牙齿的成年人同归为同一类别，有何意义？

（二）职工薪酬的分类

职工薪酬的分类，也要符合上面这两项原则。

对于会计人员而言，最大的意义就是要能如实反映业务实质。因此，职工薪酬的分类当然应该反映企业承担职工薪酬这类义务的业务实质。

1. 两个大类：服务报酬和辞退补偿

总体来说，企业之所以要支付职工薪酬，是因为要购买职工向企业提供的服务，或者是因为要辞退职工而给予一定的补偿。因此，职工薪酬可以分为两大类：服务报酬与辞退补偿。辞退补偿的相关义务就是辞退福利。

2. 服务报酬又分为两类：长期和短期

服务报酬的情形很多，需要更为细致的分类。从会计上看，出于会计计量对货币时间价值的考虑，会计人员需要根据支付薪酬的时间距离报表日的长短程度进行分类。根据惯例，如果是 12 个月以内需要全部支付的服务报酬，就将其归类为“短期薪酬”；如果超过 12 个月，需要在计量时考虑货币的时间价值，称之为“长期服务报酬”。这与会计上以 1 年为限对于资产、负债的分类是一致的（如果没有特殊因素，许多企业的正常经营周期都是以 1 年为单位，对于长短期的划分也是以 1 年为限）。

3. 长期服务报酬再分两类：离职后福利和其他长期职工福利

长期服务报酬中，有一项比较特殊的情形，只有到职工离职之后，企业才需要支付服务报酬，我们称之为“离职后福利”。从企业承担义务的角度看，这类职工薪酬存在 2 种情况：（1）企业在提存一定金额后，不需要再承担其他义务，这是“设定提存计划”；（2）其他情况，则属于“设定受益计划”。

当然，长期服务报酬并非都是在离职后支付。也就是说，除了离职后福利，还有其他形式的长期职工福利，我们就将其归类为“其他长期福利”。

三、会计处理

新准则在会计处理上跟原准则相比，并没有太大变化。

《企业会计准则第 30 号——财务报表列报》第三十条规定，“企业在利润表中应当对费用按照功能分类，分为从事经营业务发生的成本、管理费用、销售费用和财务费用等”。也就是说，要按照这些费用对企业有什么用来分类。职工薪酬作为企业的费用，也要遵循这项规定。例如，同样都是工资（职工薪酬的一种主要形式），要按照这笔工资对企业有什么用来分类，用于行政管理的就是管理费用，用于车间管理的就是制造费用，用于存货增值的就是生产成本。

四、小结及示例

（一）分类及其会计处理

职工薪酬的分类及其会计处理的基本作法如表 8－1 所示。

表 8－1　　职工薪酬的分类及其会计处理

<table>
<tr><td rowspan="2">薪酬性质</td><td rowspan="2">短期（12 个月内全部支付）</td><td colspan="3">长期（12 个月内未全部支付）</td></tr>
<tr><td colspan="2">离职后支付</td><td>其他</td></tr>
<tr><td rowspan="2">服务报酬</td><td rowspan="2">短期薪酬</td><td colspan="2">离职后福利</td><td rowspan="2">其他长期职工福利</td></tr>
<tr><td>设定提存计划</td><td>设定受益计划</td></tr>
<tr><td>会计处理</td><td>借：费用或成本
　贷：应付职工薪酬</td><td>同短期薪酬</td><td>较复杂</td><td>参照离职后福利</td></tr>
<tr><td>辞退补偿</td><td colspan="4">辞退福利</td></tr>
<tr><td>会计处理</td><td>同短期薪酬</td><td colspan="3">同其他长期职工福利</td></tr>
</table>

与原准则相比可以发现，新准则的主要变化体现在分类上。也就是说，在会计上，体现在会计分录中会计科目的二级科目上。这样的分类，不仅符合既相互独立、又能完整地组成整体的分类基本原则，而且符合业务的实质，使会计能够如实反映业务。

（二）新准则的进步

具体来说，这种变化的意义在于，可以辨别职工薪酬负债在资产负债表日的具体类别，报表使用者由此可以知道，各类职工薪酬分别是多少。由于不同职工薪酬的性质不同，对于报表使用者判断企业未来现金流量和盈利状况有一定的帮助。例如，相对于服务报酬，辞退福利大多是偶然性支出，企业只有在对辞退职工做出承诺时才会产生这项职工福利。报表使用者在预测以后年度的经营情况时，需要剔除考虑这方面的支出。长期报酬与短期报酬的主要区别在于未来支付的时间，这对于预测企业的未来现金流出有明显影响。

（三）分类及简单示例

接下来，笔者将实务中可能出现的各种职工薪酬情况与新准则中对于职工薪酬的分类对应起来，一探究竟（如图 8－3 所示）。

有些职工薪酬的分类很明显。例如，职工内部退休计划是为了提前辞退职工

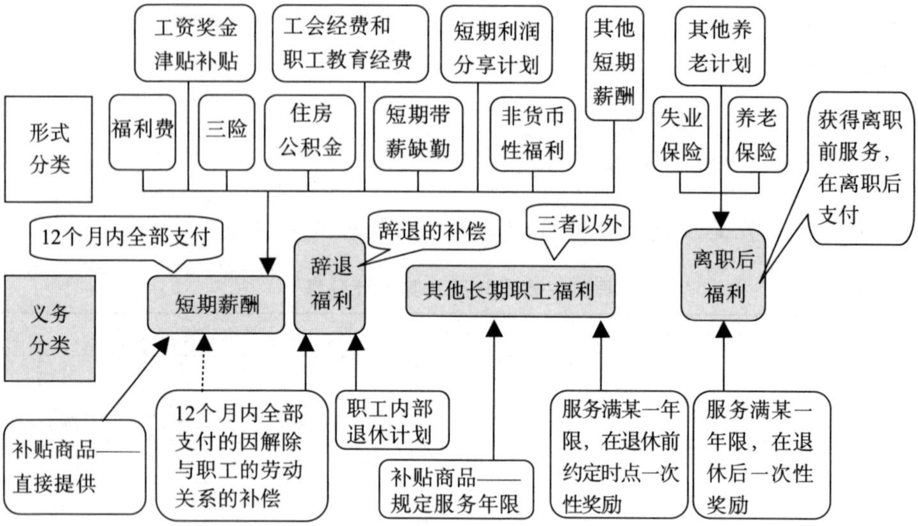

图 8－3 职工薪酬分类及其示例

而给予接受辞退的职工一定的补偿，是一种辞退福利；服务满某一年限退休后一次性奖励是职工退休（离职）之后，企业才需要支付的服务报酬，属于离职后福利。有些职工薪酬分类要视情况而定。例如，同样是承诺以发放汽车的方式补贴员工，如果计划近期一次性直接发给员工，就是短期薪酬；如果要求职工服务若干年后才能取得汽车的所有权，就是长期服务报酬，而它又不是离职后福利，所以，归类为其他长期薪酬。另外，分类需要着眼于业务性质，而会计处理则需要考虑其对企业的财务影响特点。例如，企业在 12 个月内需要全部支付的因解除与职工劳动关系而做出的补偿，性质上就是辞退职工而给予的一定补偿，属于辞退福利，但在 12 个月内全部支付，需要按照短期薪酬的方式进行会计处理。因此，图 8－3 中以实线表示这种职工的性质类型，以虚线表示其会计处理方法。

（四）具体示例

列举以下 2 个例子，对照说明职工薪酬的分类。

1. 外商投资企业对职工离职时做出的补偿

（1）事实及问题。某外商投资企业在员工手册中提到，员工离职时，将会得到一笔补偿，金额等于员工离职时最后 1 个月工资与其在公司的工作年限的乘积。那么，该企业应当在支付该补偿金时确认一项费用，还是应该在员工在职期间计提一项负债？

（2）分析。在这种情况下，无论任何原因，员工在离职时都可以拿到补偿。也就是说，员工已经通过当年的服务赚取了这项福利，只是需要等到离职的时候才可以拿到这笔钱。作为企业的会计人员，要从企业的角度看待这个问题。对于这家企业来说，这项补偿实际上是一种变相的工资，员工多服务满 1 年，企业就多欠他 1 个月工资，只是需要等到员工离职的时候，企业才需要支付这笔钱。

（3）结论。这样一来，结论就显而易见了。这是一项员工服务报酬，由于在员工离职时企业才需要支付，应归类为离职后福利。因为员工离职时最后 1 个月工资的金额现在还不能确定，企业即使提存了一定金额，还需要承担其他义务。因此，要认定为设定受益计划，确认为一项负债，需要在职工提供服务的期间确认相应的费用。

2. 某企业承诺的离职补偿

（1）事实及问题。某企业根据自己对《劳动法》的理解，向职工承诺：除非企业维持或者提高劳动合同约定条件续订劳动合同，劳动者不同意续订的情形，企业如果终止职工的固定期限劳动合同，有义务向劳动者支付经济补偿，补偿标准为：劳动者在本单位工作的年限每满 1 年支付 1 个月工资。在这种情况下，该企业应当在支付补偿金时确认一项费用，还是在员工在职期间计提一项负债？

（2）分析。表面上，这个例子与上例差不多，企业都要在员工离职时支付一笔钱。实际上，触发企业支付这笔钱的事项不同，也就是说，企业支付这笔钱的目的不同，因此这笔职工福利的性质也不同。在上例中，只要员工服务满 1 年，企业就需要在职工离职时支付 1 个月工资，触发企业支付的是员工的已服务年限。而在本例中，企业只有在一定条件下终止劳动合同时才需要支付这笔钱，触发企业支付的是企业自己做出的终止员工劳动合同（或辞退员工）的行为。因此，支付这笔钱的性质是对员工被辞退的补偿，而不是购买员工在职期间的服务，不属于离职后福利。

（3）结论。由此，可以认定，本例中的事实是一项辞退福利，企业应当在辞退员工的会计期间确认相应的费用。

第四节 短期薪酬

一、主要特点及主要形式

（一）主要特点

CAS 9 第二条定义短期薪酬为企业在职工提供相关服务的年度报告期间结束

后12个月内需要全部予以支付的职工薪酬，因解除与职工的劳动关系给予的补偿除外。

也就是说，除了辞退福利，只要是财务报表日起1年内需要全部支付的职工薪酬，都是短期薪酬。简单理解，短期薪酬等于短期（1年内）全部支付的薪酬。

（二）主要形式

CAS 9第二条列出短期薪酬的具体形式包括：职工工资、奖金、津贴和补贴，职工福利费，医疗保险费、工伤保险费和生育保险费等社会保险费，住房公积金，工会经费和职工教育经费，短期带薪缺勤，短期利润分享计划，非货币性福利以及其他短期薪酬。

一般来说，相关法律法规会要求企业按期（在1年内，通常还都在1个月内）、足额、以现金形式支付职工薪资，并缴纳相关保险及其他费用。由此，满足短期薪酬的定义和基本条件。也就是说，企业日常需要支付的绝大部分职工薪酬，都是短期薪酬（如图8－4所示）。

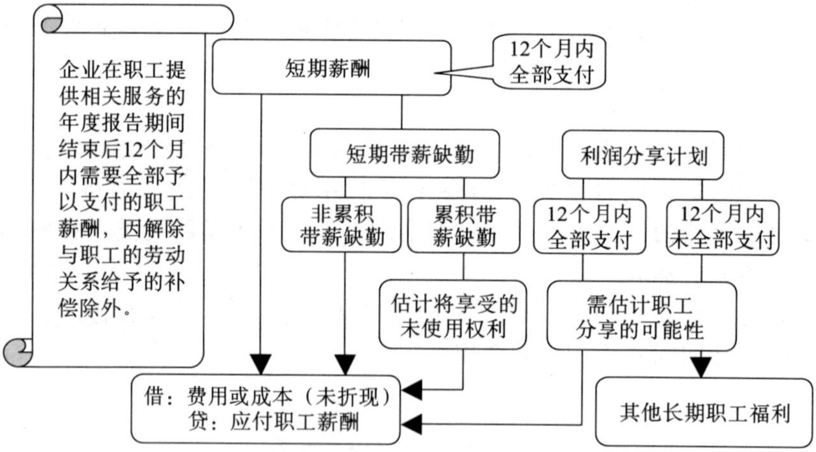

图8－4　短期薪酬定义、示例及其会计处理

二、业务分析及会计处理

（一）业务分析

从定义来看，对于短期薪酬，企业需要在职工提供相关服务的年度报告期间

结束后12个月内全部予以支付，这是企业的义务。

《基本准则》第二十三条指出，负债是指企业过去的交易或者事项形成的、预期会导致经济利益流出企业的现时义务。其中，现时义务是指企业在现行条件下已承担的义务。很明显，企业在承担短期薪酬义务之时，符合负债的定义，就要在资产负债表中列示一项负债。

（二）会计处理

前面提到，企业必须在利润表中对费用按照功能来分类。这就要求，企业在记录职工薪酬时，按照它对企业的用途，将其分别记录到不同的费用科目中。

会计处理建立在业务分析的基础上，就非常简单了。企业在发生一项短期薪酬之后的财务报表日，借记相关成本费用，贷记短期薪酬。

三、示例

新准则特别提到在现行准则中没有列举的两种短期薪酬。下面就以它们为例，说明短期薪酬的主要特点及其会计处理。

（一）带薪缺勤

1. 什么是“带薪缺勤”

CAS 9 第二条定义，“带薪缺勤，是指企业支付工资或提供补偿的职工缺勤，包括年休假、病假、短期伤残、婚假、产假、丧假、探亲假等。”简单地说，就是不用上班也能拿到钱。很多人都希望自己的工作“拿钱多、事情少、离家近”，而“带薪缺勤”已经超越了这个目标，达到了“不用干活也有钱赚”的境界，这绝对是职工的福利。

2. 带薪缺勤对企业的影响

对于雇主们来说，谁都不愿意让职工带薪缺勤。但是，出于法律规定等原因，迫不得已，企业只能承担这项义务，并把它认定为相关成本费用，希望能够从以后的收入中得以弥补。当然，企业须在会计上将带薪缺勤作为一项负债记录。

3. 带薪缺勤的几种形式

实务中，带薪缺勤有以下几种具体形式。按带薪缺勤是否可以累积，可将带薪缺勤分为累积带薪缺勤（职工在本期未享受的带薪缺勤权利可以累积到下一期或多期享受）和非累积带薪缺勤（当期只能享受当期授予的带薪缺勤权利，过期作废）。其中，累积带薪缺勤，又可根据离职时企业是否需要支付现金偿还职工未享受的缺勤部分，分为3种类型：（1）先进先出法结转。职工本期享受的带薪缺勤先抵减之前遗留下来的未享受权利，扣完之后再扣本期额度；（2）后进先出法结转。职工先享受本期权利，再抵减本期之前遗留的未享受权利，也就是说，扣完本期额度之后，再扣之前带薪缺勤的结转额度；（3）无限期结转。职工只要没享受完以前的任何带薪缺勤权利，都可以结转到当期使用。

4. 案例

某公司规定，允许每一职工每年请病假5天，职工甲每个工作日平均工资400元。截至20×1年初，甲已累计请病假2天，20×1年1月~12月，甲又请病假2天。

对于甲的带薪缺勤，针对公司对于带薪缺勤的不同规定或承诺，表8-2列示了该公司在20×1年末的相关义务及其会计处理。其中，会计分录中确认的项目都一样，每种条件下的金额分别为上一行“当前义务”的天数乘以400元。

表8-2　企业在不同条件下对某职工带薪缺勤承担的相关义务及其会计处理

基本情况	每一职工每年允许请病假5天，职工甲工作日薪400元，20×1年之前，甲已累计请病假2天，当年请病假2天。				
	示例1	示例2	示例3	示例4	示例5
主要条件	非累积带薪缺勤	后进先出法结转下1年，离职不付现金	先进先出法结转下1年，离职不付现金	先进先出法结转下1年，离职需付现金	无限期结转，离职需付现金
当前义务	无	3天带薪缺勤	5天带薪缺勤	5天带薪缺勤，离职转其他应付	6天带薪缺勤
会计分录	无	借：成本或费用 贷：应付职工薪酬——短期薪酬（累计带薪缺勤）			

（二）利润分享计划

1. 定义、对企业的影响及其会计处理

CAS 9第二条定义，“利润分享计划，是指因职工提供服务而与职工达成的基于利润或其他经营成果提供薪酬的协议。”

只有股东才能分享企业的利润。当然，也要分担企业的亏损。但有些企业为了激励职工好好干，会做出承诺，在满足一定条件下，拿出一部分利润与职工分享。

当然，如果条件得到满足，在职工拿到真金白银之前，企业也会因此承担一项义务。即，在会计上确认一项职工薪酬，同时确认相关成本费用。

2. 案例

20×1 年初，某公司承诺，拿出当年净利润的 3% 作为奖金，在 20×2 年末支付给所有职工，条件是接受奖励的职工在利润计提当年和利润支付当年全年在职。20×1 年末，该公司的净利润为 100 万元，企业预计，20×2 年的员工流失率为 10%。

由于职工已经提供了 20×1 年整年的服务，根据利润分享计划中的承诺，企业因此已经欠职工一笔钱，只是对于可能会在 20×2 年离职的某些员工，企业不需要支付给他们这笔钱。在 20×1 年末做账的时候，企业需要预先估计员工的离职率，计算因为短期利润分享计划而欠职工的福利（职工薪酬），并作相应会计记录，会计分录如下：

借：费用（或成本）　　　　　　27000.00（1000000×3%×90%）

　　贷：应付职工薪酬——短期薪酬（利润分享计划）　　　　27000.00

第五节　离职后福利

一、概念

字面理解，“离职后福利”就是职工离职后才能享受到的福利。从职工角度出发，这是典型的先干活后拿钱。从企业的角度出发，就是企业在职工离职（包括退休等职工与企业解除劳动关系的各种情况）后，提供的各种形式的报酬和福利。企业之所以有义务提供这些福利，是因为职工在离职之前已经向企业提供了服务。企业先收到服务后给钱，完全符合权责发生制下的负债定义，只是这个“后”在时间上比较长，长到在职工离职以后才发生。

对企业来说，由于支付的义务发生在距离当前相当长的未来某个期点，增加了企业的现金流的不确定性。这些不确定性大多与企业和职工之间的相关合同（包括企业向职工做出的承诺）条款有关。在有些情况下，企业可能因为职工违反相关条款（例如，提前离职）而不用支付。在有些情况下，企业可能需要估计支付的金额。例如，合同约定的福利金额随通货膨胀率而变化，或者职工离职后的医疗费报销金额难以确定等。另外，时间长到超过 1 年，从会计计量上，会计人员须考虑对未来金额的折现。

二、分类

企业为了激励职工现在能够提供劳务，承诺在他们离职后给一笔钱，由于职工现在已经提供了一部分劳务，企业就承担这一部分相关的义务（即离职后福利），远期支付、当期负债。

这种义务有2种情况。一种是每年交，交完跟企业就没关系了，这是“设定提存计划”。其他情况都归入另外一种，即“设定受益计划”，也就是说，企业即使交了钱，可能还要承担这方面的义务，而且都是到退休后才需支付。

对于这2个新名词，强调一遍：如果企业承担的义务完全转化为应该缴存的固定费用，就是“设定提存计划”；如果除了应该缴存固定费用，企业还承担其他义务，就是“设定受益计划”。从字面上看，“设定”就是约定，“提存”是企业的提存，而“受益”是职工的受益。这2类离职后的福利如图8－5所示。

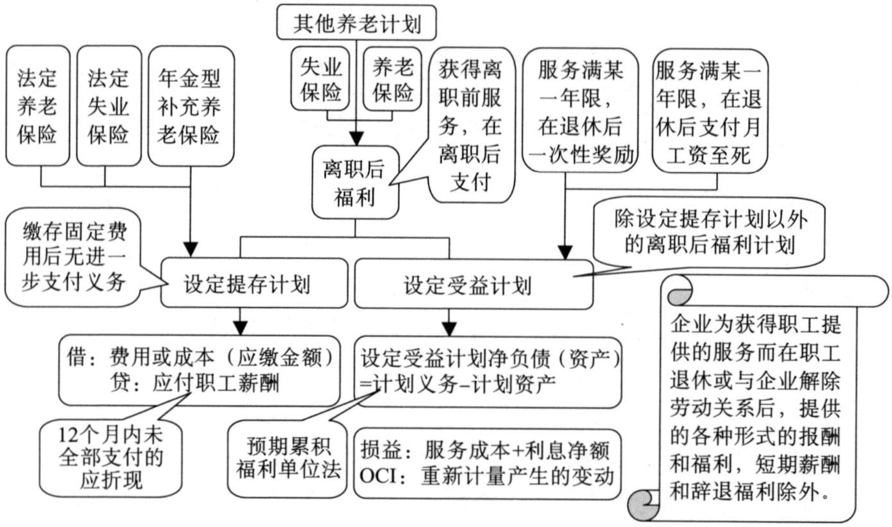

图8－5 离职后福利定义、分类、示例及其会计处理

由于是新术语，特别是其中的“设定受益计划”，很多人都很陌生。本节有必要分别针对这2类离职后福利予以介绍。

三、设定提存计划

“设定提存计划”，这个词有点拗口，明显是英语直译而来。把它逐个分解开，就好懂多了。“设定”，事先约定好；“提存”是指企业“提”一笔钱来“存”在某个机构（一般为基金）；计划，可以理解为企业与员工对未来的约定与承诺。把这 3 个词连起来即为，如果企业按照事先约定好的条件，向独立的某基金缴存固定金额后，就不再承担进一步支付的义务，这样的离职后福利就是设定提存计划（CAS 9 第十一条）。

在这种情况下，企业要确定何时发生了义务（职工薪酬的确认时点）以及义务的金额是多少（该项目的计量值）。企业之所以需要承担这类义务，是因为它收到了职工符合约定条件的服务，或者说，在职工为企业提供服务期间，如何符合事先约定可以获得这类福利的条件。对于企业而言，这项义务就产生了，就必须记一笔“应付职工薪酬”的负债；金额则为需要向独立的基金缴存的金额。实务中，如果企业预计在未来 12 个月内不能全部支付给独立的基金，还需要以折现值入账。设定提存计划的定义、示例和会计处理如图 8－6 所示。《企业会计准则第 9 号——职工薪酬》应用指南例 5 是更为细致的示例，可作参考。

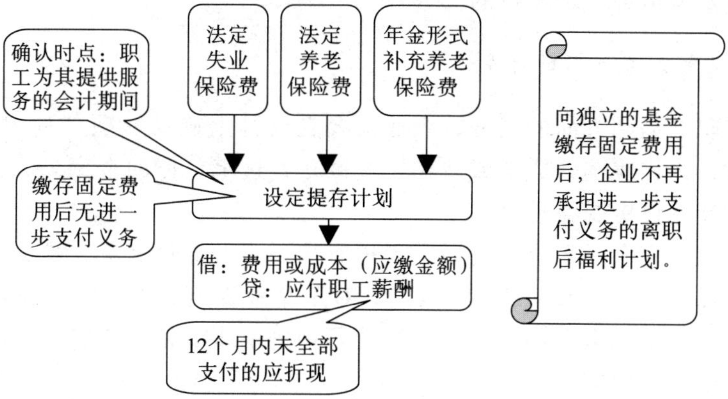

图 8－6　设定提存计划的定义、示例及其会计处理

四、设定受益计划

（一）定义和概念

1. “不完美”的定义

根据 CAS 9 第十一条中的定义，只要是设定提存计划以外的离职后福利计划，都是设定受益计划。严格来说，这样非此即彼的定义不算一个“完美”的定义。但由于实务中的情形非常丰富，这种“兜底式”的定义有助于归类，如

果会计上能找到如实反映的处理方法，也不失为一种实用的作法，而不必纠缠于定义学上的完美。毕竟，财务会计源于现实、反映现实，而现实本身并不完美。

2. “设定受益计划”的内涵

重新审视“设定提存计划”的定义，“向独立的基金缴存固定金额后不再承担进一步支付的义务”。既然是设定提存计划以外的离职后福利，我们自然可以理解为，即使企业向独立的基金缴存固定金额，也还要承担进一步支付的义务，这样的离职后福利就是设定受益计划。

3. 拆词解字

这样表达还是不好理解，我们再做一次拆文解字：“设定”，即约定好的；“受益”，即员工得到利益；“计划”，企业与员工在离职后福利方面的约定与承诺。与“设定提存计划”的最大区别在于，这里的“受益”的主语是企业的员工，而不是企业。由于这种计划主要是为了满足员工与企业事先约定好的条件，企业现在还无法确定因此在未来需要支付的金额，即使是向独立的基金缴存固定金额，也还要承担进一步支付的义务。

（二）设定受益计划的计量

既然有职工福利方面的义务，企业就要在会计上确认一项“应付职工薪酬”的负债项目，并相应确认成本或费用。关键是，这笔负债的金额怎么记，也就是说，该如何计量设定受益计划。

如果企业在提存一笔金额之后，不再有进一步的支付义务，那么，需提存的金额就可以计量这笔“设定提存计划”。对于企业而言，“设定受益计划”要求企业既向独立的基金缴存固定金额，又要承担进一步支付的义务。此时，如何计量，就是一个不小的问题。

1. 预期累计福利单位法

既然员工的“受益”是已“设定”的，会计人员只要计量员工未来可能受益的离职后福利是多少，就完成任务了。准则给会计人员提供了一项工具——预期累计福利单位法。

和前面的几个新名词一样，这个术语很亲切，每个字都认识，加起来却很难理解。再次动用拆字的法宝。企业要想知道现在欠员工多少钱，就需要先计算出员工离职的时候需要向员工支付多少福利，也就是预计累计福利，然后再将其分摊到员工已经服务的期间（时间单位）。也就是说，企业把预期要给员工在离职后能够受益的福利都累计起来，再分摊到职工已经服务的每个时间单位中，就是企业需要在当期确认的相关义务的金融，会计科目为“应付职工薪酬——离职后福利（设定受益计划）”。这就是“预计累计福利单位法”。

归纳上述会计处理步骤如下。企业为员工当期对企业付出的劳动，做出承诺，员工未来在离职后会得到一些约定的福利。此时，只要员工当期已经付出了劳动，企业就要在期末记一笔“应付职工薪酬”的负债，负债金额需要利用“预期累计福利单位法”来计量。也就是说，企业需要预计员工在离职后将会享受的累计福利是多少，再把它分摊到每个时间单位（每年或每月）中（如图8－7所示）。

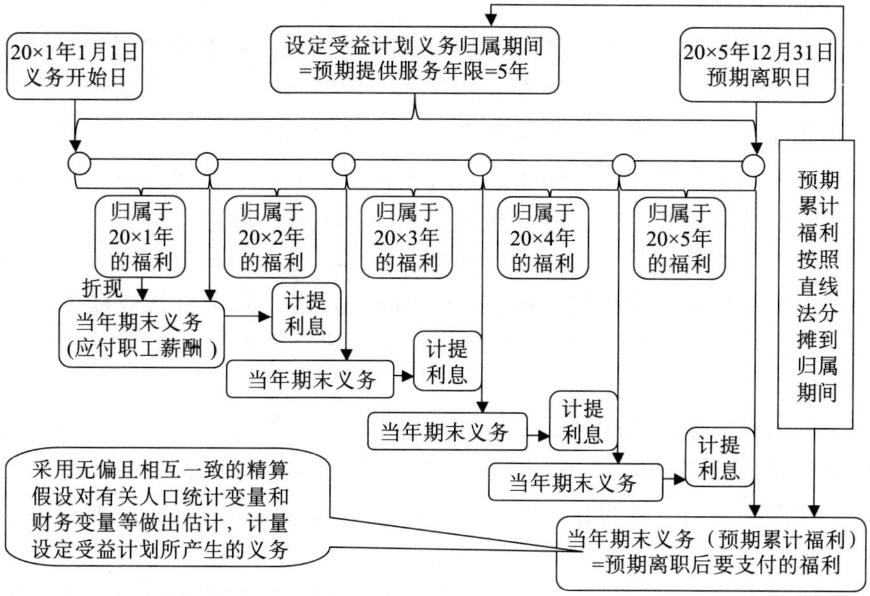

图8－7 预计累计福利单位法

2. 预期累计福利单位法：释义

由于给员工“设定”离职后“受益”的福利“计划”支出发生在距离现在较远的“员工离职后”，企业必须考虑时间带来的2个影响，即不确定性和货币的时间价值。

（1）有必要“预期”累计福利。首先，员工离职时，企业须支付的福利（即企业在员工离职时的义务）金额可能是不确定的，这取决于企业现在做出的承诺。如果企业承诺员工按通货膨胀率调整支付福利，或者是全额报销员工生病时扣除医保报销部分实际支付的医药费，或者是在员工不幸去世后向其未成年子女支付抚恤金直至其达到成年，这些承诺都将导致企业在未来（员工离职后）支付一笔现在还无法确定金额的福利。该费用因未来通货膨胀率、员工支付医药费情况、死亡率、未成年子女在员工死亡时的年龄等诸多因素而具有不确定性。这些不确定性就会影响这类福利金额的计量。但企业不能因为这种不确定，而回避确认将来（员工离职后）要支付的福利。这是因为，只要企业做出了相关承诺，员工已经为企业付出了劳务，而且这种付出使他符合在未来（离职后）领取相关福利的条件，企业就必须在这位员工离职后兑现承诺，履行这项义务。也就是说，这项义务在员工提供劳务时就已经发生。根据权责发生制原则，企业当期就应该在会计上把它记录下来。即使由于金额不确定，需要在预计后进行会计处理，也比借口未来金额不够确定而不作任何会计处理，能更好地履行会计的如实反映职能。

（2）如何预期累计福利？根据 CAS 9 第十三条要求，企业要采用无偏且相互一致的精算假设对有关人口统计变量和财务变量等做出估计，计量设定受益计划所产生的义务。也就是说，企业对于未来要支付的福利金额的预计，必须在中立无偏、前后一致的基础上，使用未来通货膨胀率、员工支付医药费未被医保覆盖比率、在职员工死亡率、员工未成年子女在该员工死亡时的年龄等影响支付预计因素的相关统计假设和财务假设，计算得出数值。这种利用数学、统计学等科学方法计算得出估计数字的作法，被称为“精算”，这些假设也就被称为“精算假设”。经过精算，估计出来的数字会相对比较合理，可以被其他财务人员或审计人员所验证。

由于员工离职距离当期还有一段时间（一般都会超过 12 个月），企业还须考虑进行会计处理的当前时间（一般是资产负债表日）与企业未来因员工离职后且符合条件而必须向其支付这类福利之间的货币时间价值。这就需要将未来要支付的福利折现到当期。根据 CAS 9 第十五条规定，“折现时所采用的折现率应当根据资产负债表日与设定受益计划义务期限和币种相匹配的国债或活跃市场上的高质量公司债券的市场收益率确定”。

（3）把“预期累计福利”分摊到每个时间“单位”中。确定（估计好）了预计累计福利，还须将其分摊到企业已经产生支付义务，也就是员工已经提供劳务的期间（时间单位）中去。这是因为，根据计划或承诺，此时企业已经承担了这类福利相关的义务，要确认相应负债。当然，还需要利用准则规定的折现率，才可以计算出企业现在因员工提供劳务而必须承担的离职后福利义务。

“冤有头，债有主”，哪一期欠的钱就要归到哪一期中去。第十四条要求，企业应当将福利义务归属于职工提供服务的期间，也就是企业的设定受益计划义务发生期间。具体来说，这一期间是指从职工提供服务以获取企业在未来报告期间预计支付的设定受益计划福利开始，至职工的继续服务不会导致这一福利金额显著增加之日为止（CAS 9 第十三条）。知道了要分摊的总额（预计累计福利）和期间（时间单位数量），考虑到时间是均匀流逝的，采取直线法就可以计算出企业当期期末欠职工的这类福利义务是多少钱，再用准则规定的折现率折现，这项负债的金额就很清楚了。

通过上述做法，未来员工离职后企业要支付的这类福利金额的不确定性问题解决了，会计处理期间需要承担义务的时间单位也确定下来了，折现到这一时间单位的折现率也有了，只要利用这三项数据，简单计算，就可以得到企业当前应该承担的义务，也就是企业因为这项设定受益计划而在当期承担应付职工薪酬负债的计量值。这就是“预期累计福利单位法”（如图 8－7 所示），具体示例参见《企业会计准则第 9 号——职工薪酬》应用指南例 6。

3. 预期累计福利单位法的重新计量

（1）重新计量时可能涉及精算假设变动。企业在每一个资产负债表日都要使用预期累计福利单位法来估计本期相关义务（负债）的金额，这就是对设定受益计划的“重新计量”。既然是用几个估计的数字（包括精算假设）对未来做出预计，就可能因为这几个数字的变化而改变预计的数值。也就是说，企业在重新计量设定受益计划的相关义务时，可能会因为所使用的精算假设和经验的调整而导致之前计量的设定受益计划义务现值增加或减少。

这里还要说明一下“设定受益计划资产”。企业由于向职工承诺了设定受益计划，在未来的某个时间，企业就需要支付一笔钱给那些符合条件的职工。如果符合条件的职工数量比较多，因该计划而需要支付的每一笔福利就会相当大。一般来说，企业就会未雨绸缪地做出一些提前安排。例如，定期存一笔钱在某个基金，由这个基金负责将这笔钱保值增值。这笔钱指定用于支付符合条件的职工的设定受益计划福利。存在基金的这笔钱，我们就称之为“设定计划资产”，它的公允价值减去根据前文所述方法计算出来的设定计划负债的净额，就被称为“设定受益计划净资产（或净负债）”。

（2）重新计量设定受益计划净资产或净负债产生变动带来的会计问题。很明显，在改变精算假设和经验调整基础上重新计量设定受益计划负债，就会改变设定受益计划净资产或净负债的金额。而这项金额的变动，实际上并不是这类计划本身的变动（例如，修改计划），也不是参与计划人数的变动（例如，增加参与计划的人数）等事实因素导致，而是假设的基础数字变动所产生的，这种变动反映的是短期中被假设的某些情况（例如，企业在职员工的离职率、在职员工死亡率等）的波动。称之为“波动”，是因为这些假设的数字很有可能在一些年份升高，而在另一些年份又会降低。而设定受益计划是离职福利的一种类型，离职福利是企业在符合条件的员工离职之后才需要支付的福利，是一项具有长期性质的负债。因此，在损益中确认这样的长期性质项目的短期波动，明显不合适。

但是，这种波动确实会产生设定受益计划净资产或净负债的变动。根据会计恒等式（资产＝负债＋所有者权益），这种变动不是因为股东以其身份与企业之间的交易（权益性交易）而产生的，不能直接计入“所有者权益”，也不能从利润表的损益中体现，进而通过“未分配利润”转入“所有者权益”，那该怎么处理呢？

（3）准则中对此问题所规定的会计处理。幸好还有“其他综合收益”这样一个科目。虽然有一些不同意见，经过一番争议，大多数会计专家还是同意，对于重新计量设定受益计划净资产或净负债产生的变动，应当计入其他综合收益，并且在后续会计期间不允许转回损益，但企业可以在权益范围内转移这些在其他综合收益中确认的金额（CAS 9 第十六条）。

4. 预期累计福利单位法的会计处理

利用预期累计福利单位法把相关的数字计算出来，理解了它们的确切含义之后，会计处理就不那么难了。

根据前面的分析，我们知道，利用预期累计福利单位法计算出来的数值就是企业需要承担的离职后福利——设定受益计划的当期义务金额，应当确认为企业的当期服务成本，是职工当期提供服务所导致的设定受益计划义务现值的增加额（CAS 9 第十六条）。

而前面讲过的重新计量设定受益计划净资产或净负债所产生的变动，应当计入“其他综合收益”科目，并且在后续会计期间不允许转回损益，但企业可以在权益范围内转移这些在其他综合收益中确认的金额。

5. 预期累计福利单位法的案例

（1）事实。20×1 年初，某公司承诺。对于 50 岁以上职工，如果他在 60 岁退休前一直在本公司工作，就可以在退休后获得一次性奖金，奖金的金额用公式表示如下：

一次性奖金金额 = 这位职工在退休当年的年薪 ×1% ×（60 - 符合条件职工的目前年龄）

也就是说，在退休前，员工每多服务 1 年，就可以多拿退休当年年薪的 1%。很明显，这是为了激励员工在退休年龄前尽量不要离职，多为公司服务。

正常情况下，企业会有很多职工符合这项计划的条件，企业会利用一些可以获得的数据，通过精算计算出这项计划下所有符合条件的员工福利。已知，职工 A 20×1 年年满 55 岁，生日为 1 月 1 日，当年年薪为 100000 元。

（2）假设与计算。假设该公司没有为该计划设立基金及相应的计划资产。管理层在需要对这项应付职工福利的负债进行会计处理时，也就是 20×1 年 12 月 31 日，针对职工 A 作如下精算假设：该职工的薪水将以每年 5% 的复利递增，他在 20×6 年前离职的概率为 20%，恰当的折现率为 10%。

有了这些已知条件和精算假设，会计人员就可以估计该公司在 20×1 年对这位员工的设定受益计划义务的金额。考虑薪水复利增长，该职工预期退休时年薪计算公式如下：

预期职工 A 退休年薪 $=100000\times(1.05)^4=121551$（元）

因此，如果该职工一直为公司服务，那么，第 5 年末（也就是该职工退休时）企业应支付的福利用公式表示为：

应付福利 $=121551\times1\%\times5=1215.51\times5=6077.55$（元）

由于职工 A 可能在退休前离职，需要以离职率对职工 A 预期累计福利做出调整，用公式表示为：

金额 $=6080\times80\%=4862.04$（元）

再把它分摊到当前已经产生义务的期间（也就是时间单位），计算归属于本年度的福利用公式表示为：

归属 20×1 年职工 A 福利 $=4862.04\times1\div5\approx972.41$（元）

最后就可以估计出这项设定受益计划对于职工 A 的计划义务现值，也就是企业因这项设定受益计划而针对职工 A 的当期服务成本。用公式表示为：

职工 A 的计划义务现值 $=97.41\div(1.1)^4\approx664.17$（元）

这就是利用预期累计福利单位法计算企业设定受益计划义务的整个过程。

（3）20×1 年末的会计处理。计算得出结果后，会计分录编制如下：

借：管理费用——当期服务成本　　664.17

　　贷：应付职工薪酬——离职后福利（设定受益计划）　　664.17

当然，上文的案例相对比较简单，如果企业的承诺与员工离职后的医疗费用挂钩，还要考虑未来医疗费用及其赔付率等因素。

（4）精算假设发生变化。当这个案例发生如下精算假设变化的情况，再来分析一下其会计处理。

20×2 年，职工 A 当年年薪为 105000 元。20×2 年 12 月 31 日，在会计处理时，公司根据当时的内外环境变化，调整了对职工 A 的精算假设：薪水将以每年 15% 复利递增（通货膨胀及员工短缺，只能提高工资），在退休前离职的概率降低为 10%（随着年龄增长与工资上涨，员工更不愿意离职），恰当的折现率保持不变，仍为 10%。

（5）精算假设变动下对设定受益计划负债的重新计量。

根据上述精算假设变动，20×2 年公司对职工 A 的设定受益计划义务预计如下：

预期退休时年薪 $=105000\times(1.15)^3\approx159691.88$（元）

因此，如果职工 A 一直为公司服务直至退休，退休时企业应向职工 A 支付的福利用公式表示为：

企业应付福利 = 159691.88 × 1% × 5 ≈ 1596.92 × 5 ≈ 7984.6（元）

由于职工 A 可能在退休前离职，需要以离职率对该职工预期累计福利做出调整，调整金额用公式表示为：

调整金额 = 7984.6 × 90% = 7186.14（元）

再把它分摊到当前已经产生义务的期间，计算归属于本年度的福利，用公式表示为：

职工 A 归属 20×2 年的福利 = 7186.14 × 1 ÷ 5 ≈ 1437.23（元）

最后就可以估计出这项设定受益计划对于职工 A 的计划义务现值，也就是企业因这项设定受益计划而针对职工 A 的当期服务成本，用公式表示为：

职工 A 的计划义务现值 = 1437.23 ÷ $(1.1)^3$ = 1079.81（元）

这里需要仔细琢磨一下，从这项设定受益计划角度来看，职工 A 已经在满足该计划条件的基础上，为企业提供了 2 年的服务，这 2 年的服务为他赚取的这项（离职后兑现）福利不应该是之前精算假设条件下计算出来的预计值，而应该调整为在新的精算假设条件下的预计值。也就是说，在 20×2 年末，公司对职工 A 的这项应付职工薪酬（离职后福利——设定受益计划）负债应该调整为 2159.6 元（1079.81×2）。接下来，就需要对 20×1 年末这项预计值的调整。

20×1 年末，20×2 年初这项负债的期初金额是 664.7 元，同时，由于时间过去了 1 年，企业因这项负债产生了利息，也就是负债的折现展开，需要记录计划义务净利息 66.42 元（664.17 × 10%），将这项负债科目下的金额全部加起来 1810.4 元。而根据分析，这项负债在 20×2 年末应调整为 2159.62 元。二者之间的差额为 349.22 元（2159.62 − 1810.4），是由于精算假设改变而产生的重新计量（预计）值的改变，这种变动是由于精算假设和经验调整导致之前所计量的设定受益计划义务现值的增加或减少，我们称之为“精算损失或利得”。如上所述，这种变动纯粹是因预计条件的改变而改变，根据准则要求，应该计入其他综合收益，并且在后续会计期间不允许转回损益，但企业可以在权益范围内转移这些在其他综合收益中确认的金额。例如，可转为盈余公积。

（6）精算假设变动下，当年年末的会计处理。

在精算假设变动基础上，20×2 年末应编制会计分录如下：

借：管理费用——当期服务成本　　1079.81
　　财务费用——设定受益计划净负债利息　　66.42
　　其他综合收益——设定受益计划重新计量变动　　349.22
　　贷：应付职工薪酬——离职后福利（设定受益计划）　　1495.45

这样一来，反映在本期资产负债表上的“设定受益计划净负债”项目，即“应付职工薪酬——离职后福利”为 664.17 + 1495.45 = 2159.62（元）

该金额等于按照最新精算假设计算得出的两年累计金额（1079.81×2）。反映在本期利润表上的相关综合收益为1495.45。其中，管理费用为1079.81元；财务费用（也有学者认为折现展开可以记为“管理费用”）为66.42元；其他综合收益为349.22元。

从以上案例可以发现，由于精算假设的改变，设定受益计划负债会产生变动，而这种变动需要被计入“其他综合收益”科目。如果精算假设不变，设定受益计划负债就不会发生改变，也就不会产生其他综合收益。

（三）其他问题

是不是觉得设定受益计划设计的问题很多，很复杂，会计处理很麻烦。如果你有这种感觉，那就对了，因为刚才讲的内容只是其中的一部分。

实务中，特别是在一些重视职工福利的发达国家，企业负担的设定受益计划负债占比很大，考虑了很多可能发生的情况，设置的条件相当复杂，企业为了应对这些巨额的未来支付，在计划资产方面也作了大量精巧的安排。当然，为了如实反映这么复杂的业务，必然需要繁杂而精细的会计处理。鉴于我国绝大多数企业目前在这方面还处于“初级阶段”，一般碰不到比刚才的示例更复杂的情形，本章也就不展开讨论。对于设定受益计划的变动，这类计划的计划资产及其回报（包括其所产生的利息）、资产上限以及这些项目的变动等问题，本章也不再说明。

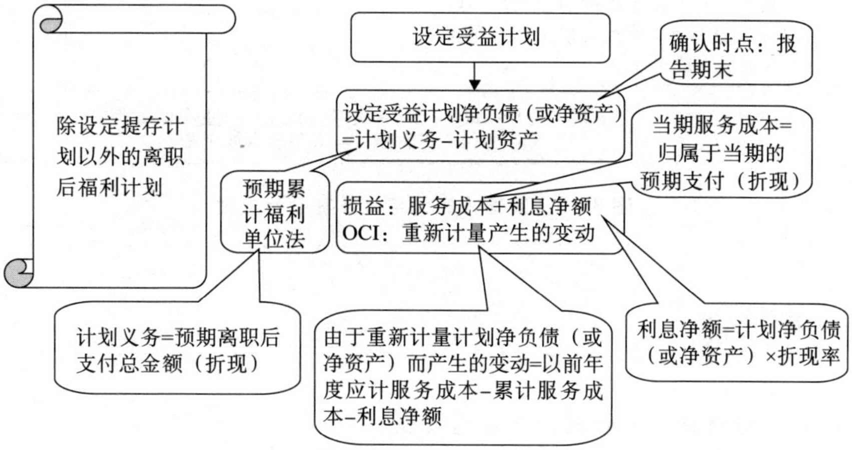

图8-8　设定受益计划的定义及其会计处理

第六节　辞退福利

一、定义

“辞退福利”，字面可理解为企业在员工接受辞退的时候要支付的一笔福利费，或者是企业在职工劳动合同到期之前解除与职工的劳动关系，或者为鼓励职工自愿接受裁减而给予职工的补偿（第二条）。很明显，企业之所以承担辞退福利这项义务（会计上要确认为负债），是因为能够换取职工接受辞退，而不是他们所提供的服务（如图8－9所示）。

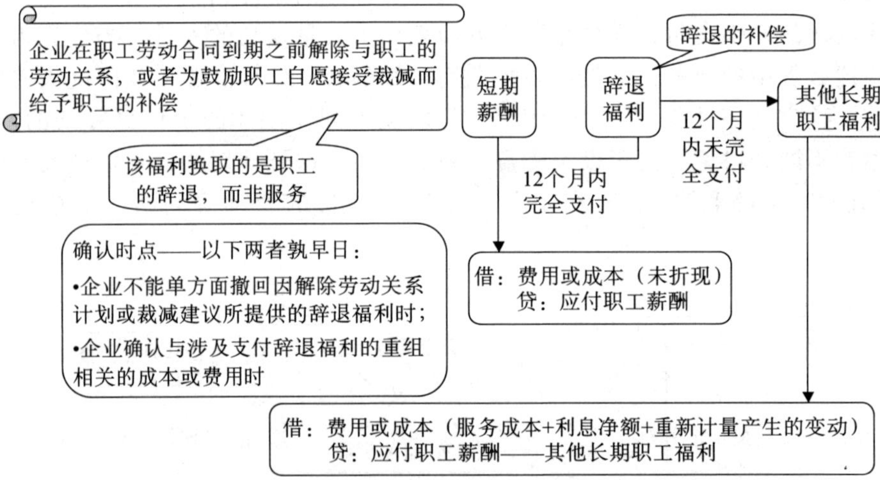

图8－9　辞退福利的定义及其会计处理

二、会计处理

（一）针对预计支付时间期限分类处理

总体来说，辞退福利的会计处理相对比较简单。如果辞退福利预计在12个月内可以完全支付，就参照短期薪酬进行会计处理；如果预计在12个月内不能完全支付，就参照本章第七节其他长期职工福利来处理。

这里特别说明一下有些企业比较常见的"内退"，也就是内部提前退休。这类政策其实就是企业对愿意接受提前退休的职工的补偿计划和承诺，目的是为了换取职工的辞退。因此，属于辞退福利。如果职工提前1年以上提出接受内退条件，企业对这项辞退福利的支付就不会在1年内全部完成。因此，企业需要参照其他长期职工福利的有关规定进行会计处理（如图8-9所示）。

（二）负债确认时点

需要注意的是，应付职工薪酬是一项"负债"。而负债，是指企业过去的交易或者事项形成的、预期会导致经济利益流出企业的现时义务。现时义务是指企业在现行条件下已承担的义务。未来发生的交易或者事项形成的义务，不属于现时义务，不应当确认为负债（《基本准则》第二十三条）。也就是说，只有在使企业产生义务的交易或事项确定已经发生之后，而且，这项交易或事项确定已经使企业在现行条件下承担了义务，才能确认为负债。

应用到"应付职工薪酬"这个负债科目，企业必须在辞退计划确定给自己带来以后需要向接受该计划的员工支付辞退福利的时候才能确认为一项负债（应付职工薪酬——辞退福利）。也就是说，企业应该在不能单方面撤回（过去交易已确定发生）因解除劳动关系计划或裁减建议所提供的辞退福利（在现行条件下必须承担相关义务）时确认负债。

另外，许多辞退计划是企业重组方案的组成部分。例如，企业为了重组之后能够更好地经营，重组方案包含企业必须辞退若干员工等相关内容。在这种情况下，重组企业确认涉及支付辞退福利的重组相关的成本或费用，就是在会计上对这项重组的记录。此时，相应的辞退福利计划义务也确定产生了，企业必须确认"应付职工福利——辞退福利"这项负债。

前面两种情况也可能在一家企业同时发生，即企业在重组过程中承诺，某些符合条件的员工可以在接受辞退之后，领取一定金额的补偿金（也就是辞退福利）。从会计角度看，在上述两项交易或事项中的任何一项发生之时，企业的相关义务就已经产生，企业就应该确认"应付职工薪酬——辞退福利"负债。因此，CAS 9第二十条规定，企业向职工提供辞退福利的，应当在下列两者孰早日确认辞退福利产生的职工薪酬负债，并计入当期损益：企业不能单方面撤回因解除劳动关系计划或裁减建议所提供的辞退福利时；企业确认与涉及支付辞退福利的重组相关的成本或费用时。

三、案例

（一）事实

某公司决定在10个月内关闭下属某工厂，辞退该工厂所有职工。目前，该工厂职工总数为120人。由于还需要一些职工从事工厂关闭前的各项事务，企业计划对于一直工作到该工厂关闭的职工给予辞退金3万元，而对于那些要求在工厂关闭前就离职的职工给予辞退金1万元。企业管理层估计，工作至工厂关闭的职工有100人，而选择现在就离职的职工有20人。

（二）业务分析及会计处理

虽然都被称为“辞退金”，但本质上，这些要支付给职工的钱，到底是换取他们对工厂的服务，还是换取他们提前离开工厂（接受辞退）。

很明显，所有职工都是要被辞退的，也就是说，企业要支付给所有职工的“辞退金”里面，至少有一部分是辞退福利。进一步分析，并不是所有“辞退金”都是辞退福利，那些愿意待到工厂关闭才离职的职工，他们在离职前为工厂提供的服务，企业是要给钱的，这部分钱就不是辞退福利，而是服务报酬。具体来说，因为是在12个月内全部支付完毕，从而认定是短期薪酬。对于那些目前就接受辞退的职工，工厂要支付的“辞退金”都是辞退福利。相应的，愿意待到工厂关闭才离职的职工的“辞退金”里面，要扣除这部分辞退福利，剩余部分是工厂要支付的短期薪酬。把业务分析透彻了，会计处理就很简单了（如图8－10所示）。

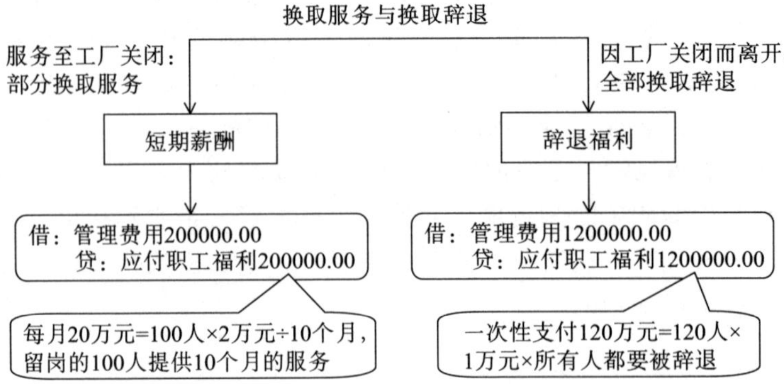

图8－10 辞退员工的福利案例分析及会计处理

第七节 其他长期职工福利

一、定义和概念

本章要分析的最后一类职工薪酬，就是其他长期职工福利，其实就是除短期薪酬、离职后福利、辞退福利之外所有的职工薪酬，包括长期带薪缺勤、长期残疾福利、长期利润分享计划等（CAS 9 第二条中的定义，如图 8-11 所示）。

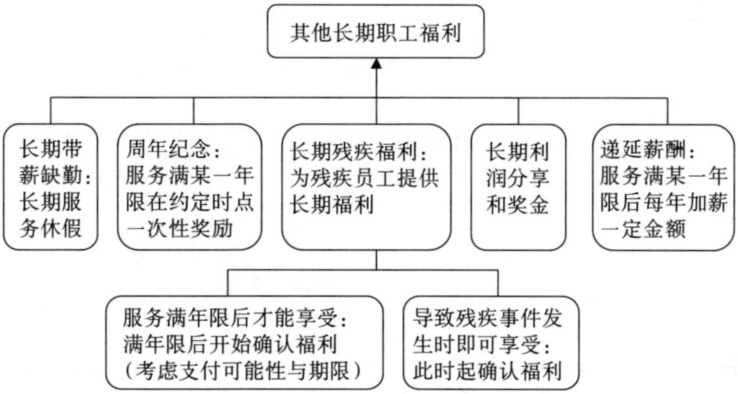

图 8-11 其他长期职工福利的各种具体形式示例

这个定义用排除法，将其他类型的职工福利排除之后，剩下的都归入此类。严格来说，这是不够“完美”的定义。当然，也是无奈之举。但它的意义在于，既遵循了本章第三节提到的分类基本原则（相互独立又囊括全部），便于应对新情况的出现，又便于对术语本身的理解。首先，这类职工福利必须是企业在未来 12 个月内不能全部支付的长期福利；其次，它是不同于职工离职后企业才需要支付（离职后福利）的其他福利。所以，它是排除以上所有类型之外的一种类型的职工福利。

二、分类及其会计处理

虽然具体的表现形式（即子类型）很多，但是，其他长期福利的业务特点不外乎两种：一是在缴存固定费用之后，企业就没有进一步支付的义务了，本质上，对于企业来说，这种子类型与设定提存计划是一样的，二者唯一的区别是未来职工领取福利的时间（设定提存计划是在职工离职后，而这一子类型福利是在职工与企业约定的离职前的某个时点）。实际上，这种区别对于企业并没有任何实质性意义，因为企业在缴存固定费用之后，对于这个子类型的职工福利，就没有任何义务了；另一种是除了上述这种子类型之外的其他类型的其他长期职工福利，可能包括很多形式，但它们对于企业的财务影响，在本质上，与前面讲的设定受益计划区别不大，都是长期职工福利，都需要在缴存固定费用之后还承担进一步支付的义务，二者的唯一区别也是未来职工领取福利的时间不同而已。

对于这两个子类型的其他长期职工福利，企业针对其所产生义务的特点，分别参照设定提存计划或设定受益计划进行会计处理，就可以了（如图 8 - 12 所示）。

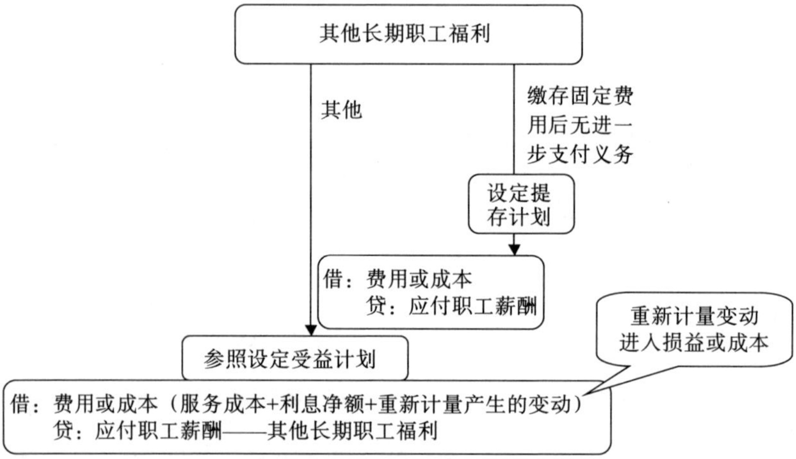

图 8 - 12　其他长期职工福利的分类及其会计处理

三、案例

以下列举一个与本章第五节设定受益计划示例非常相似的例子。

（一）事实

为了让职工在其黄金工作年龄期间能够安心地在本公司工作，20×1 年初，某公司承诺，对于 30～40 岁职工，如其 40 周岁前一直未离职，40 岁生日时将获得一次性奖金，一次性奖金的计算公式如下：

一次性奖金金额 = 40 岁当年年薪 × 1% ×（40 - 符合条件职工的目前年龄）

公司没有为该计划设立基金（即无计划资产）。20×1 年，职工 B 年满 35 岁，生日为 1 月 1 日，当年年薪为 100000 元。

（二）假设与计算

20×1 年 12 月 31 日，管理层对职工 B 作如下精算假设：薪水将以每年 5% 复利递增（20×2 年末调整为 15%，以后不变），在 20×6 年离职的概率为 20%（20×2 年末调整为 10%，以后不变），折现率为 10%（一直保持不变）。

（三）会计处理

与前面在设定受益计划中的示例作个对比可知，除了企业未来支付福利的时间不同外，二者几乎没有任何区别。同样，在会计处理上，对于这个案例，企业也需要使用预期累计福利单位法来预计“应付职工薪酬——其他长期职工福利”这项负债的金额，并将其确认在财务报表中。两者在会计处理的步骤上几乎一模一样（详见本章第五节相关内容）。

当然，为了适当简化会计处理与财务列报，本准则要求，对于其他长期职工福利中的这一类福利，因为精算假设变动等原因而导致重新计量变动的金额直接计入损益，而不是计入“其他长期受益”。在此案例中，在 20×2 年末，该公司要做一笔会计分录如下：

借：管理费用——当期服务成本　　1079.81
　　财务费用——设定受益计划净负债利息　　66.42
　　管理费用——设定受益计划重新计量变动　　349.22
　　贷：应付职工薪酬——离职后福利（设定受益计划）　　1495.45

第九章
财务报表列报

第一节　本准则特点及本章内容安排

一、本准则特点

《企业会计准则第 30 号——财务报表列报》（以下简称 CAS 30）只针对企业在财务报表列报与披露方面提出要求，不涉及具体会计要素及项目的确认和计量。本章中所称“本准则”即指《企业会计准则第 30 号——财务报表列报》。

需要注意的是，CAS 30 只是对财务报表列报（含披露）进行原则性和框架性的规定，是列报财务报表的最低要求。企业因具体情况而需要编制的报表，如合并财务报表、中期财务报表等，还需要规定更有针对性的原则与操作细节，才能满足财务报表使用者的要求。因此，还应当同时遵循其他相关会计准则（如 CAS 33、CAS 32 等）规定的特殊列报要求。

另外，如果是其他准则适用范围内的某个财务报表项目需要更细致地披露，一般都由相关准则提出要求。也就是说，这项准则不涉及具体业务的会计处理问题，也不规定某项（或几项）具体报表项目应该如何披露。

二、内容安排

要想准确把握这项准则，就需要在理解和把握准则上与其他准则有所区别。

首先，因为不是要反映某项（或几项）特定的业务，也就不需要利用图的形式来描述会计处理所涉及的相关业务及其对利益各方的影响。本章几乎不使用图形，只用几张表格对 CAS 30 进行解析。

其次，财务报表是企业财务人员经过千辛万苦而呈现的最终工作成果，也是财务报告使用者（阅读报告的内外部人员）全面了解企业财务信息的最主要渠道。可以说，财务报表是企业与财务报告使用者的沟通桥梁，也是双方博弈的“决战场所”。这就要求会计人员既要将根据其他准则确认计量获得的财务信息汇集起来，尽可能如实地反映企业财务现状，又要按一定的顺序和规则列示报表项目，披露相关信息，让财务报告使用者看得懂、用得上。因此，会计人员有必要从《基本准则》的高度，从财务报告目标与信息质量要求等基本概念的角度来理解这项准则，或者说，会计人员必须结合财务报告目标与信息质量要求等基本概念，从报告类准则的角度来把握这项准则。当然，原则性的规定总是要转化为会计人员可操作的具体要求，这需要会计人员根据自己对原则的理解，在财务报表编制过程中做出相关职业判断。

基于此，本章将 CAS 30 中的原则性要求、会计人员在编制过程中需要做出的相关判断以及对应的具体操作要求分列成表，希望帮助读者既能够理解原则，又能在实务操作中编制出符合这些原则的财务报告。另外，考虑到这项准则是一项修订版的准则，本章将把主要注意力放在修订部分。为了帮助财务人员理解本准则，并在列报中运用职业判断，本准则应用指南中已经列出了一些说明性示例，本章就不再举例。

第二节　准则概览（总则部分）

一、准则分类

首先，从实务操作的角度来看，会计人员如何将企业日常发生的交易与事项转变成外部人员看到的几张财务报表，借此从总体上再认识一下准则的分类。

一般来说，如果发生了一项对企业产生财务影响的交易或事项，会计人员就要根据准则，制作记账凭证（核心是编制会计分录）。如果是一般业务中经常出现的会计要素，就要遵循一般业务准则（例如，《企业会计准则第 1 号——存货》等准则）进行确认与计量。如果是一些特殊业务或特殊行业中经常出现的情形，就要遵循特殊业务准则（例如，《企业会计准则第 20 号——企业合并》等准则）来处理。做完这些基础工作之后，就要编制各种财务报表。这时，会计人员需要遵循报告类准则（例如，本准则）。

二、本准则的目标

与国际财务报告准则体系主要按照时间顺序排列有很大不同，我国准则体系大体上是按顺序排列这三大类准则。其中，《财务报表列报》是它们的第一项准则（IAS 1）。这不仅因为它是最早被制订出来的，还体现了它在国际财务报告准则体系中的特殊地位。

财务会计的目标是要有助于财务报告使用者进行经济决策（包括评价管理者的受托责任），而这些决策者能够借助的一项主要工具就是企业编制的财务报告。因此，财务会计的核心就是编制出有助于财务报告使用者经济决策的财务报告。会计准则的首要任务是规范财务报表的列报，希望财务报告使用者通过阅读这些报表，能够对同一企业在不同期间的财务状况、经营业绩与现金流量等方面进行比较，对同一期间不同企业的相关情况进行比较，保证其相互可比性（CAS 30 第一条），由此做出对企业的投资与借贷决策。这也是这项准则被列为国际会计准则第 1 号（IAS 1）的根本原因。

三、本准则的作用与地位

要实现这一目标，就需要规定企业要编制的成果：四表一注，即资产负债表、利润表、现金流量表、所有者权益变动表、这些报表的附注。它们是在复式记账的基础上汇集而成，分别从不同角度反映企业的财务现状、经营业绩、现金流量和所有者权益变动情况，其中的信息同等重要（企业会计准则第 30 号第二条）。只有对照阅读这些信息，才能完整地了解企业的相关财务情况。

再次强调，CAS 30 只是报告类准则的第一项，针对财务报表列报与披露进行原则性和框架性的规定，并做出最基础、最通用的规范要求，也是企业列报财务报表的最低要求。因此，对于某个具体报表，企业还需要同时遵循其他准则中规定的特殊列报要求（CAS 30 第三条）。

第三节 主要内容

我们先从准则条文中逐条看一看这项准则规定的主要内容（如表 9 - 1 所示）。

表 9－1　　企业会计准则第 30 号——财务报告列报的主要内容

<table>
<tr><th>总则</th><th>第几条</th><th>基本要求</th><th>第几条</th><th>报表</th><th></th><th>第几条</th><th>附注</th><th>第几条</th></tr>
<tr><td rowspan="3">目标：可比信息</td><td rowspan="3">一</td><td>列报基础：持续经营</td><td>四～六</td><td rowspan="2">资产负债表</td><td>流动/非流动的区分</td><td>十六～二十二</td><td>概念</td><td>三十七</td></tr>
<tr><td>编制原则：权责发生制</td><td>七</td><td>应单独列示信息</td><td>二十三～二十九</td><td>与报表项目相互参照</td><td>三十八</td></tr>
<tr><td>列报的一致性</td><td>八</td><td rowspan="5">利润表</td><td>费用按功能分类</td><td>三十</td><td>披露的基本信息及顺序</td><td>三十九</td></tr>
<tr><td rowspan="4">内容：四表一注，同等重要</td><td rowspan="4">二</td><td>重要性：单独或汇总</td><td>九～十</td><td>应单独列示信息</td><td>三十一</td><td>其他综合收益项目信息</td><td>四十</td></tr>
<tr><td>项目金额不得抵销</td><td>十一</td><td>综合收益</td><td>三十二</td><td>终止经营相关信息</td><td>四十一～四十二</td></tr>
<tr><td>比较信息的列报</td><td>十二</td><td>其他综合收益</td><td>三十三</td><td>期后股利信息</td><td>四十三</td></tr>
<tr><td>报表表首列报要求</td><td>十三</td><td>合并利润表</td><td>三十四</td><td colspan="2"></td></tr>
<tr><td rowspan="2">通用，最低要求</td><td rowspan="2">三</td><td>报告频率和期间</td><td>十四</td><td rowspan="2">所有者权益变动表</td><td>当期权益变动</td><td>三十五</td><td>衔接规定</td><td>四十四</td></tr>
<tr><td>单独列报项目</td><td>十五</td><td>应单独列示信息</td><td>三十六</td><td>附则：施行日 2014 年 7 月 1 日</td><td>四十五</td></tr>
</table>

第四节　主要变化及相关要求

为了便于理解，本节将新准则与原准则进行对比（如表 9－2 所示），将其中涉及的主要变化，这些变化的目的，准则中体现这些变化的相应规定，由此对财务人员提出的职业判断要求和具体要求，分别予以列示，并从《基本准则》中的一些基本概念角度加以备注。

表 9－2　　新准则的主要变化、目的、准则中的相应规定，需要的职业判断及具体要求

主要变化	目的	总体要求	相关判断	具体要求	备注
评价持续经营能力	确定列报基础：持续经营（即正常企业），有所怀疑，非持续经营（即破产企业）。	应当利用所有可获得信息来评价企业自报告期末起至少12个月的持续经营能力。评价时需要考虑宏观政策风险、市场经营风险、企业目前或长期的盈利能力、偿债能力、财务弹性以及企业管理层改变经营政策的意向等因素。（五）	持续经营（通常）：有近期获利经营的历史且有财务资源支持	应当以持续经营为基础编制财务报表。（四）	财政部于2016年12月20日发布了企业破产清算有关会计处理规定（财会〔2016〕23号）
			怀疑，须考虑更加广泛的相关因素做出评价：过去多年有亏损的记录等情况	披露对持续经营产生重大怀疑的因素以及拟采取的改善措施。（五）	
			非持续经营：已在当期进行清算或停止营业；已经正式决定在下一个会计期间进行清算或停止营业；已确定在当期或下一个会计期间没有其他可供选择的方案而将被迫进行清算或停止营业。	采用清算价值等其他基础编制财务报表，在附注中声明事实、披露原因和报表编制基础。（六）	
披露与列报终止经营	终止经营部分只会产生当期财务影响，需要特别列报披露，帮助认识其影响，并排除其对以后期间的影响。	应当针对终止经营披露其在整个报告期间的经营成果。	终止经营，是指满足下列条件之一的已被企业处置或被企业划归为持有待售的、在经营和编制财务报表时能够单独区分的组成部分：（一）代表一项独立的主要业务或一个主要经营地区；（二）是拟对一项独立的主要业务或一个主要经营地区进行处置计划的一部分；（三）仅仅为了再出售而取得的子公司。（四十二）	应当在附注中披露终止经营的收入、费用、利润总额、所得税费用和净利润，以及归属于母公司所有者的终止经营利润。（四十一）	相关性、重要性，财政部于2017年5月发布了《企业会计准则第42号——持有代售的非流动资产、处置组和终止经营》（财会〔2017〕13号）
			同时满足下列条件的企业组成部分（或非流动资产，下同）应当确认为持有待售：该组成部分必须在其当前状况下仅根据出售此类组成部分的惯常条款即可立即出售；企业已经就处置该组成部分作出决议，如按规定需得到股东批准的，应当已经取得股东大会或相应权力机构的批准；企业已经与受让方签订了不可撤销的转让协议；该项转让将在1年内完成。（四十二）	被划分为持有待售的非流动资产应当归类为流动资产（十八）。资产类应单独列示被划分为持有待售的非流动资产及处置组中的资产（二十三）。被划分为持有待售的非流动负债应当归类为流动负债（二十）。负债类应单独列示被划分为持有待售的处置组中的负债（二十五）。	

续表

主要变化	目的	总体要求	相关判断	具体要求	备注
定义与判断正常营业周期	作为标准，在资产负债表中分别列报流动和非流动资产（或负债），便于报表使用者计算（营运资本等）相关财务指标，并据以判断企业（偿债能力等）财务状况	预计在一个正常营业周期中变现、出售或耗用应当归类为流动资产（十七）	正常营业周期，是指企业从购买用于加工的资产起至实现现金或现金等价物的期间（十七）	正常营业周期通常短于1年。 因生产周期较长等导致正常营业周期长于1年的，尽管相关资产往往超过1年才变现、出售或耗用，仍应当划分为流动资产（房地产、造船）； 正常营业周期不能确定的，应当以1年（12个月）作为正常营业周期（十七）	相关性、可比性
		预计在一个正常营业周期中清偿的负债应当归类为流动负债（十九）	企业对资产和负债进行流动性分类时，应当采用相同的正常营业周期（十九）	企业正常营业周期中的经营性负债项目（包括应付账款、应付职工薪酬等，它们属于营运资金的一部分）即使在资产负债表日后超过1年才予清偿的，仍应当划分为流动负债（十九）	
			对于在资产负债表日起1年内到期的负债，企业有意图且有能力自主地将清偿义务展期至资产负债表日后1年以上的，应当归类为非流动负债（二十一）	不能自主地将清偿义务展期的，即使在资产负债表日后、财务报告批准报出日前签订了重新安排清偿计划协议，该项负债仍应当归类为流动负债	
			企业无权自主地将清偿推迟至资产负债表日后1年以上的负债应当归类为流动负债（十九）	负债在其对手方选择的情况下可通过发行权益进行清偿的条款与负债的流动性划分无关（例如，可转债）	
		资产负债表中的资产类（或负债类）至少应当单独列示反映相关信息的项目（二十三、二十四）	资产负债表中的资产类（或负债类）至少应当包括流动资产（或流动负债）和非流动资产类（或非流动负债）的合计项目，按照企业的经营性质不切实可行的除外（二十四、二十六）	金融企业等销售产品或提供服务不具有明显可识别营业周期的企业，其各项资产或负债按照流动性列示能够提供可靠且更相关信息的，可以按照其流动性顺序列示。从事多种经营的企业，其部分资产或负债按照流动和非流动列报、其他部分资产或负债按照流动性列示能够提供可靠且更相关信息的，可以采用混合的列报方式	

续表

主要变化	目的	总体要求	相关判断	具体要求	备注
定义与判断重要性	作为标准，区分重要信息与不重要信息，并在列报与披露中予以区别对待，以帮助报表使用者做出相关经济决策	重要性，是指在合理预期下，财务报表某项目的省略或错报会影响使用者据此做出经济决策的，该项目具有重要性（十）	重要性应当根据企业所处的具体环境，从项目的性质和金额两方面予以判断，且对各项目重要性的判断标准一经确定，不得随意变更（十）	判断项目性质的重要性，应当考虑该项目在性质上是否属于企业日常活动，是否显著影响企业的财务状况、经营成果和现金流量等因素； 判断项目金额大小的重要性，应当考虑该项目金额占资产总额、负债总额、所有者权益总额、营业收入总额、营业成本总额、净利润、综合收益总额等直接相关项目金额的比重或所属报表单列项目金额的比重（十）	明确重要性概念及其在列报披露中的具体应用
			性质或功能不同的项目，应当在财务报表中单独列报，但不具有重要性的项目除外（九）	性质或功能类似的项目，其所属类别具有重要性的，应当按其类别在财务报表中单独列报； 某些项目的重要性程度不足以在资产负债表、利润表、现金流量表或所有者权益变动表中单独列示，但对附注却具有重要性，则应当在附注中单独披露（九）	
			财务报表中的资产项目和负债项目的金额、收入项目和费用项目的金额、直接计入当期利润的利得项目和损失项目的金额不得相互抵销，但其他会计准则另有规定的除外（十一）	以下 3 种情况不属于抵销：一组类似交易形成的利得和损失应当以净额列示，但具有重要性的除外（汇兑损益、为交易而持有的金融工具利得和损失）； 资产或负债项目按扣除备抵项目后的净额列示（资产减值准备）； 非日常活动产生的利得和损失，以同一交易形成的收益扣减相关费用后的净额列示更能反映交易实质（非流动资产处置）（十一）	

续表

主要变化	目的	总体要求	相关判断	具体要求	备注
引入综合收益概念	利润表扩充为"综合收益表"，将某些特殊项目作为其他综合收益包含其中，并规定其他综合收益分类、列报与披露，以帮助报表使用者细致了解企业的经营业绩和所有者权益变动情况	利润表至少应当单独列示反映下列信息的项目 （十三）其他综合收益各项目分别扣除所得税影响后的净额； （十四）综合收益总额。综合收益总额项目反映净利润和其他综合收益扣除所得税影响后的净额相加后的合计金额（三十一）	综合收益，是指企业在某一期间除与所有者以其所有者身份进行的交易之外的其他交易或事项所引起的所有者权益变动（三十二）	其他综合收益项目应当根据其他相关会计准则的规定分为下列两类列报： （一）以后会计期间不能重分类进损益的其他综合收益项目，主要包括：重新计量设定受益计划净负债或净资产导致的变动、按照权益法核算的在被投资单位以后会计期间不能重分类进损益的其他综合收益中所享有的份额等； （二）以后会计期间在满足规定条件时将重分类进损益的其他综合收益项目，主要包括：按照权益法核算的在被投资单位以后会计期间在满足规定条件时将重分类进损益的其他综合收益中所享有的份额、可供出售金融资产公允价值变动形成的利得或损失、持有至到期投资重分类为可供出售金融资产形成的利得或损失、现金流量套期工具产生的利得或损失中属于有效套期的部分、外币财务报表折算差额等（三十三）	相关性，增加会计要素"其他综合收益"，但没有明确定义，须遵循相关准则中的规定来操作，并根据规定分类列报披露
		在合并利润表中，企业应当在净利润项目之下单独列示归属于母公司所有者的损益和归属于少数股东的损益，在综合收益总额项目之下单独列示归属于母公司所有者的综合收益总额和归属于少数股东的综合收益总额（三十四）	其他综合收益，是指企业根据其他会计准则规定未在当期损益中确认的各项利得和损失（三十三）		
		所有者权益变动表至少应当单独列示反映下列信息的项目： （一）综合收益总额，在合并所有者权益变动表中还应单独列示归属于母公司所有者的综合收益总额和归属于少数股东的综合收益总额（三十六）		企业应当在附注中披露下列关于其他综合收益各项目的信息： （一）其他综合收益各项目及其所得税影响； （二）其他综合收益各项目原计入其他综合收益、当期转出计入当期损益的金额； （三）其他综合收益各项目的期初和期末余额及其调节情况（四十）	

续表

主要变化	目的	总体要求	相关判断	具体要求	备注
充实附注披露内容	帮助报表使用者联系报表中的相关信息（特别是一些重要信息），由此从整体上更好地理解财务报表，并据此做出经济决策	附注是对在资产负债表、利润表、现金流量表和所有者权益变动表等报表中列示项目的文字描述或明细资料，以及对未能在这些报表中列示项目的说明等（三十七）	企业不应以附注披露代替确认和计量，不恰当的确认和计量也不能通过充分披露相关会计政策而纠正。如果按照各项会计准则规定披露的信息不足以让报表使用者了解特定交易或事项对企业财务状况和经营成果的影响时，企业还应当披露其他的必要信息（四）	企业应当按照资产负债表、利润表、现金流量表、所有者权益变动表及其项目列示的顺序，对报表重要项目的说明采用文字和数字描述相结合的方式进行披露。报表重要项目的明细金额合计，应当与报表项目金额相衔接。 企业应当在附注中披露费用按照性质分类的利润表补充资料，可将费用分为耗用的原材料、职工薪酬费用、折旧费用、摊销费用等（三十九）	可靠性、可理解性
		附注应当披露财务报表的编制基础，相关信息应当与资产负债表、利润表、现金流量表和所有者权益变动表等报表中列示的项目相互参照（三十八）	附注一般应当按照下列顺序至少披露： （一）企业的基本情况； （二）财务报表的编制基础； （三）遵循企业会计准则的声明； （四）重要会计政策和会计估计； （五）会计政策和会计估计变更以及差错更正的说明； （六）报表重要项目的说明； （七）或有和承诺事项、资产负债表日后非调整事项、关联方关系及其交易等需要说明的事项； （八）有助于财务报表使用者评价企业管理资本的目标、政策及程序的信息（三十九）	重要会计政策的说明，包括财务报表项目的计量基础和在运用会计政策过程中所做的重要判断等。重要会计估计的说明，包括可能导致下一个会计期间内资产负债账面价值重大调整的会计估计的确定依据等。 企业应当披露采用的重要会计政策和会计估计，并结合企业的具体实际披露其重要会计政策的确定依据和财务报表项目的计量基础，及其会计估计所采用的关键假设和不确定因素（三十九）。受行业监管部门监管要求的金融等行业企业，除遵循相关监管要求外，还应当按照本准则的规定，在附注中披露相关信息	重要性

注：表9－2中括号内数字表示在新准则中的相应条目编号。

第十章
公允价值计量

2014年1月26日，财政部发布了一项全新的准则——《企业会计准则第39号——公允价值计量》，要求相关企业于2014年7月1日开始实施。这是我国企业会计准则体系中唯一（以下简称CAS 39）一份以会计计量为核心内容的准则。本章中所称“本准则”即指《企业会计准则第39号——公允价值计量》。

第一节　本章内容安排

会计准则是企业财务活动的规范性文件。其中，有关会计计量的规定必不可少。这项准则只规范公允价值的计量与披露问题（CAS 39第一条），极少涉及会计确认问题，在结构上还有许多与其他准则很不相同的章节。那么，如何从整体上把握和理解这项准则？要计量一项资产或负债（或其组合）的公允价值需要注意哪些要点？对于某些特定项目的公允价值计量需要特别关注哪些问题？本章希望能够帮助大家回答这些问题。

一、从“是什么”到“怎么办”

“擒贼先擒王”，看问题要从本质入手。先了解一项事物到底是什么，才能知道应该怎么办。所以，会计人员要从概念上充分认识公允价值计量是什么，在此基础上，才能清楚地知道实务应用中应该怎么处理。为了全面、深入地把握公允价值计量，会计人员需要先从总体上、原则上认识公允价值计量概念，再将对这些概念的理解应用于具体的操作过程中。

在公允价值计量操作过程中，会计人员需要根据对准则的理解，运用判断，才能获得准则所规范的数字，而不是想当然地填写一个数字，将之称为公允价值计量。因此，会计人员首先需要知道在什么时候针对什么项目使用公允价值计量（即适用范围）；其次，重点掌握如何进行公允价值计量（即准则主体内容）；最后，还需要了解如何进行恰当地披露，才能为财务报告使用者提供对决策有用的信息（公允价值披露）。

二、内容安排

基于此，本章结构安排如下。首先，简要介绍公允价值计量的适用范围；其次，在理论层面介绍什么是公允价值计量；再次，深入操作层面，具体分析会计人员应该从哪几个因素（或关注点）来理解公允价值计量概念。基于此，展开说明公允价值计量的应用问题：针对所有被要求或允许公允价值计量的项目，应当如何进行公允价值计量；针对某些特定项目，在公允价值计量过程中需要特别注意哪些事项；最后，说明相关披露问题（如图 10－1 所示）。

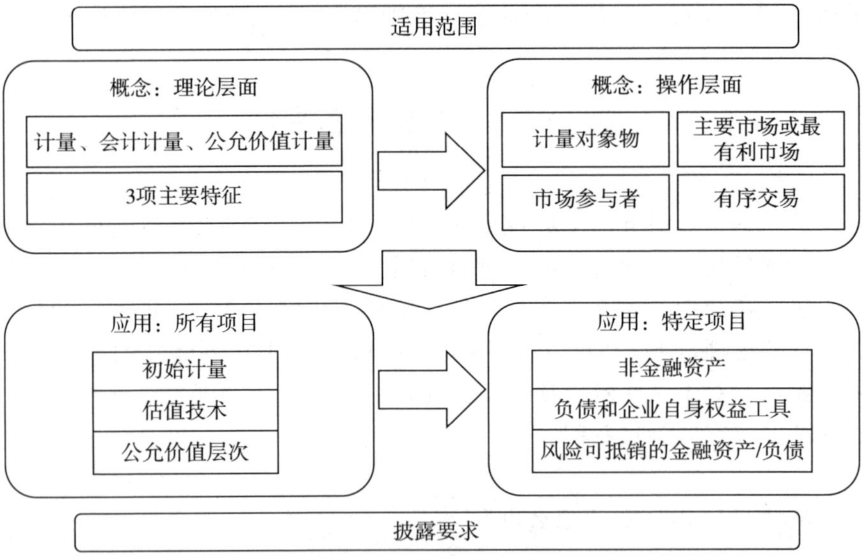

图 10－1　第十章内容安排

三、本准则结构安排

为了避免混淆，便于对照学习准则，简要介绍一下准则正文的结构安排，希望能够与本章的结构对应起来，加深理解。

跟许多具体准则一样，CAS 39 有总则（第一章）、计量（第五章、第六章、第七章）与披露（第十一章）等内容；考虑到会计计量的特殊性，需要规范公允价值计量的对象物（第二章）。另外，有几类对象物分别具有明显的特点，需要在操作上做出相应的规定，这些规定体现在第八章、第九章、第十章中。

第二节　公允价值计量的适用范围

什么时候需要用到本准则？有些现行准则规定了一些很相似的计量方法，到底算不算公允价值计量？有些准则虽然没有要求采用公允价值计量，但要求在财务报表附注中披露公允价值计量结果，是不是也要适用本准则？本章对这些问题一一作答，读者可以通过学习了解本准则的适用范围。

一、什么情况下适用本准则

（一）本准则中的有关规定

《企业会计准则第 39 号——公允价值计量》应用指南（本章简称“应用指南”）“总体要求”明确指出：本准则主要规范企业应当如何计量相关资产或负债的公允价值，以及应当披露哪些公允价值相关信息，但企业是否应当以公允价值计量相关资产或负债、何时进行公允价值计量、公允价值变动应当计入当期损益还是其他综合收益等会计处理问题，由要求或允许企业采用公允价值进行计量或披露的其他相关会计准则规范。

也就是说，对于在什么时候、哪些项目需要（准则要求）或可以（准则允许）公允价值计量，不是本准则规定的内容，而是由其他相关准则中对这 2 个问题做出规定。企业因为要遵循这些规定，需要计量某些项目在某个时点（计量日）的公允价值时，才有必须遵循本准则（如图 10－2 所示）。

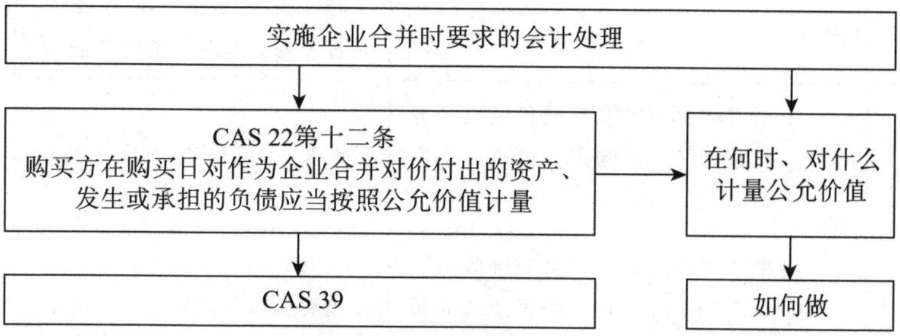

图 10－2　其他相关准则与本准则在公允价值计量上的分工——以企业合并为例

（二）其他准则相关规定

那么，到底有哪些相关准则要求或允许企业采用公允价值计量？

其实，正是由于公允价值计量的涉及面越来越广，而这些准则对公允价值计量的规定不统一，催生了本准则。大部分相关规定如表 10－1 所示。主要可以分成 2 大类：一类是要求或允许在初始计量时以公允价值计量；另一类是要求在后续计量中使用公允价值计量，特别是在减值测试中需要用到公允价值计量值。

表 10－1　　要求或允许公允价值计量的其他相关准则及其相关内容

<table>
<tr><th>项目类型</th><th>准则</th><th>初始计量</th><th>后续计量</th><th>减值测试</th></tr>
<tr><td rowspan="3">金融资产或负债</td><td>CAS 22</td><td rowspan="3">初始确认金融资产或负债，应当按照公允价值计量</td><td rowspan="3">摊余成本（持有至到期投资等）、成本（特殊权益工具投资）、公允价值（其他）</td><td rowspan="3">—</td></tr>
<tr><td>CAS 23</td></tr>
<tr><td>CAS 24</td></tr>
<tr><td rowspan="2">长期股权投资</td><td rowspan="2">CAS 2</td><td>对子公司、合营企业与联营企业投资可以公允价值计量</td><td>对账面价值做减值测试</td><td rowspan="3">比较账面金额与可收回金额</td></tr>
<tr><td>以发行权益性证券取得的长期股权投资，应当按照该证券的公允价值作为初始投资成本</td><td></td></tr>
<tr><td>投资性房地产</td><td>CAS 3</td><td>满足一定条件可选择公允价值后续计量</td><td>以成本后续计量的需进行复核与减值测试</td></tr>
<tr><td>固定资产</td><td>CAS 4</td><td>—</td><td>复核，减值测试，持有待售：预计净残值与账面价值孰低</td><td rowspan="5">公允价值减处置费用后的净额（预计净残值）与预计未来现金流量现值两者孰高（CAS 8）</td></tr>
<tr><td>生物资产</td><td>CAS 5</td><td>一定条件可选择公允价值计量</td><td>生产性生物资产需减值测试</td></tr>
<tr><td>无形资产</td><td>CAS 6</td><td>—</td><td>复核，减值测试，持有待售：预计净残值与账面价值孰低</td></tr>
<tr><td>企业合并相关资产或负债</td><td>CAS 20</td><td>合并中付出的资产或负债以公允价值计量；被购买方可辨认资产以公允价值计量</td><td>被购买方可辨认资产减值测试</td></tr>
<tr><td>商誉</td><td>CAS 20</td><td>购买方合并成本（公允价值）大于被购买方可辨认净资产公允价值份额的差额</td><td>年度终了减值测试</td></tr>
</table>

续表

项目类型	准则	初始计量	后续计量	减值测试
非货币性资产交换	CAS 7	非货币性资产交换……应当以公允价值和应支付的相关税费作为换入资产的成本		
收入	CAS 14	合同或协议……实质上具有融资性质的，应当按照应收的合同或协议价款的公允价值确定销售商品收入金额。		
政府补助	CAS 16	政府补助为非货币性资产的，应当按照公允价值计量		
债务重组债权债务	CAS 12	现金清偿债务以外重组债务后的相关项目以公允价值计量	—	—
企业合并相关资产或负债	CAS 20	合并中付出的资产或负债以公允价值计量；被购买方可辨认资产以公允价值计量	被购买方可辨认资产减值测试	

总的来看，主要是在涉及资本运营的时候要用公允价值计量。原因很简单，资本运营就是把所有东西都看成可以很快买进卖出的项目，即使整个企业也是如此。既然这样，就要考虑资本运营对象的即时脱手价格，也就是公允价值。

减值测试可以理解为谨慎性原则的具体应用：如果手中的资产已经不值账上记的那么多钱（低于账面金额）了，就要减值。而它到底值多少钱，要看是把它卖掉还是自己用。卖掉就能得到扣除处置费用后的公允价值（交换价值），自己用就是现金流量折现值（使用价值或在用价值），这 2 个金额哪一个更高，对企业来说，这项资产就值多少钱，也就是它的“可收回金额”。

二、其他相关情形

某些其他准则中也提到了公允价值或者类似术语，但在具体规定上与本准则有些细微的区别（如表 10－2 所示）。

表 10－2　与公允价值计量相关的准则

与公允价值类似的其他计量属性	可变现净值——CAS 1：存货
	预计未来现金流量现值——CAS 8：资产减值

续表

适用其他准则（含计量与披露）	CAS 11：股份支付
	CAS 21：租赁
计量适用本准则，披露适用其他准则	以公允价值减去处置费用后的净额确定可收回金额——CAS 8：资产减值
	以公允价值计量职工离职后福利计划资产——CAS 40：职工薪酬
	以公允价值计量企业年金基金投资——CAS 10：企业年金基金

（一）某些类似但不是公允价值的会计计量

公允价值计量以市场为基础（详见本章第四节），而不是以特定主体为基础。如果是企业基于自身角度判断和估计得到的某些计量，就不是公允价值。例如，存货的可变现净值。

（二）计量与披露都不需要遵循本准则

由于某些业务的特殊性质，需要有针对性的准则对其做出详细的规范，包括相关计量与披露的要求。因此，这些项目不适用本准则。例如，融资租赁业务中承租人对于最低租赁付款额现值的计量。

（三）计量适用，但披露不适用本准则

为了简化某些项目的披露，本准则要求企业分别根据相应准则的规定来披露，但是，它们的公允价值计量还是应当遵循本准则的要求。

第三节　计量——会计计量——公允价值计量

会计从业人员在编制财务报告的整个过程中，最关心的就是如何用会计语言来记录企业的交易与事项，最基础的工作有两项：确认——记什么、什么时候记，计量——记多少。

由于经常要琢磨记多少钱，不禁让人联想到这样一个形象：坐在椅子上，弓着腰，盯着账本，专心地扒拉着算盘，驾着一副险些要从鼻梁上掉下来的眼镜。对，这是一位典型的账房先生，也是许多外行头脑中的会计从业者形象。

听说你学会计，旁人经常客套地恭维你数学一定很好。在外行印象中，学会计的人都是数学很好的人。确实，会计离不开数字，但对于编制报表，经常只需要最基本的算术，而不是高深的数学。不管怎么说，数字是基础。那么，数字哪

里来？计量！

一、计量

在英文中“计量”（Measure）与“测量”（Measurement）是同一个词根。日常测量身高就是一项非常普通的计量，通过对它的分析，可以考察计量所涉及的一些基础特点，有利于我们了解什么是计量，进而把握公允价值计量的概念。

测量某人的身高，计量对象是这个人的身高，或者说，某人是“对象物”，计量对象是他的身高，而不是这个人本身，但这种特点附属在对象物上。测量者需要利用工具，掌握一定的技术和规程，才能得到计量结果（如图 10－3 所示）。测量身高，需要米尺作为计量工具，指定“厘米”或“米”为“计量单位”，要求被测量的人站直，脚跟、腿、臀部、后背、头部等几个部位贴在墙上，测量的人使用直角三角形，在直角一边碰到头顶的同时，另一边贴着墙壁，读出墙壁上的刻度，即计量技术和计量规程，测出这个人的身高，也就是计量结果。

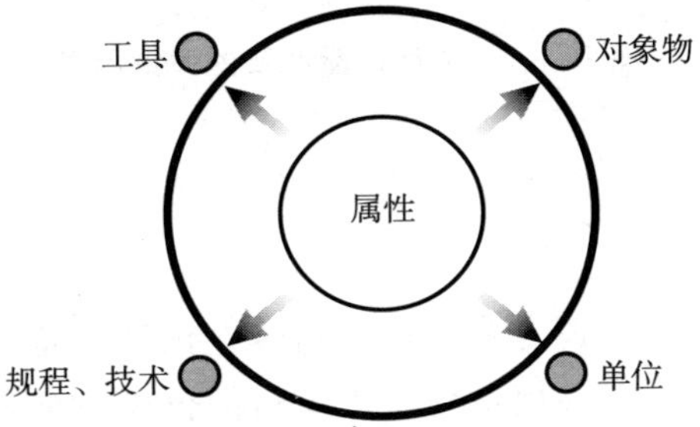

图 10－3　计量、测量涉及的关键因素

二、会计计量

会计计量当然也是一种计量，计量结果也是一个数值加上一个计量单位，一般被称为“价格”或“金额”（虽然有些术语使用“价值”一词，理论上，由于“价值”的主观性，含有“价值”或“值”的会计计量术语都是一项价格或某种金额）。

会计要反映经济事项与交易对企业的财务影响，计量单位必须是货币。虽然很多人希望从财务报表中知道企业的利润是多少，但会计计量的对象物只能是资产或负债，或者是它们的某种组合，利润只是在此基础上计算出来的结果。由于资产、负债的多样性，获取、持有、使用、脱手资产或负债的情况也千差万别，所以，根据时点不同、入手还是脱手的情况不同、计量技术不同，会计计量结果具有非常丰富的表现形式。在计量技术方面，有时我们只要观察交易与事项及其留下的痕迹就可以得到计量结果（例如，初始确认时的历史成本），有时需要估计和一定的计算（折余或摊余成本）。需要特别注意的是，如果计量结果是交易价格，还需要考察交易当时情况，包括交易所在的市场和参与交易的主体（企业或个人）。选取的市场和交易者不同，得到的价格可能有很大的差异（如图10－4所示）。

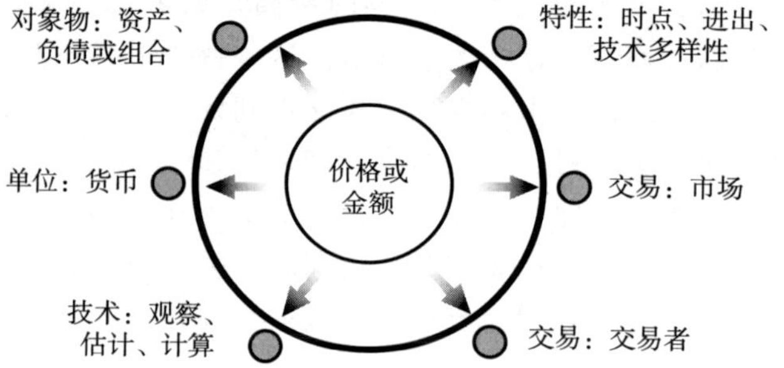

图 10－4　会计计量涉及的关键因素

三、公允价值计量

再来看公允价值计量的定义：市场参与者在计量日发生的有序交易中，出售一项资产所能收到或者转移一项负债所需支付的价格。结合刚才提到的会计计量需要关注的几个要素，分析一下这个定义。

公允价值计量想要获得的是计量日出售资产或者转移负债的价格，这是企业要将资产或者负债脱手的价格，所以，计量结果是当前脱手价格。

由于它是会计计量的一种，不可置疑的，计量单位是货币。

从计量角度看，要脱手的是资产或负债或它们的组合，自然，计量对象物也是它们。只是由于某些特定对象物的某些特点，要想获得它们的公允价值，需要特别注意某些事项。所以，本准则针对它们应该如何进行公允价值计量，做出详细的规定。

由于公允价值的虚拟性（详见本章第四节），除了观察，经常需要应用一些估值技术，并使用一些特定的假设（输入值），才能获得计量结果。

最后，既然是价格，就应该确定这个价格是在什么样的市场中由什么样的参与者通过什么样的交易产生的。根据本准则规定，必须是在主要市场或者最有利市场中，在市场参与者的有序交易过程中获得的价格才是公允价值（如图 10－5

所示)。

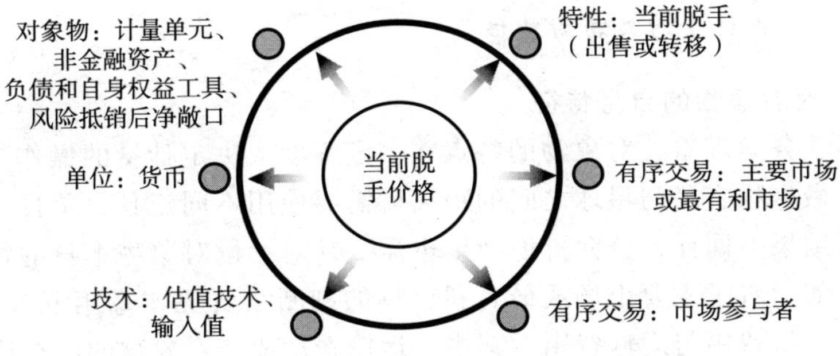

图 10－5　公允价值计量涉及的关键因素

第四节　公允价值计量的主要特征

公允价值计量具有 3 个非常重要且明显的特征：个体性、虚拟性、市场性。它们与刚才提到的公允价值计量涉及的几个关键因素之间存在一定的对应关系（如图 10－6 所示）。

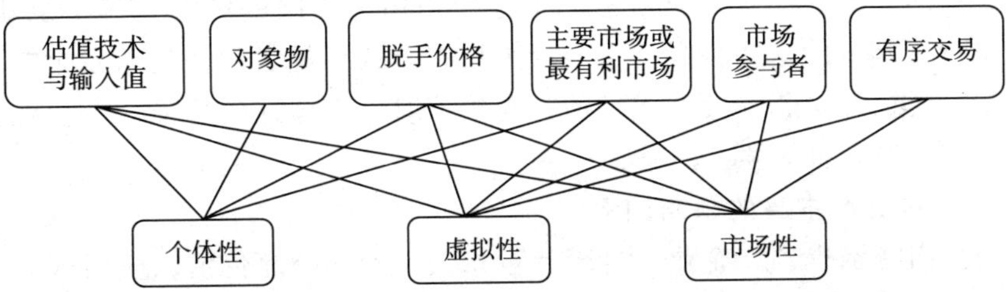

图 10－6　公允价值计量涉及的关键因素与其 3 个主要特征之间的对应关系

一、个体性

公允价值计量的对象是某种价格（脱手价格），对象物是资产或负债，或者它们的某种组合。资产负债本身具有各种特点，在获得交易价格的过程中，参与交易的主体的目的与特点不一样，还会表现出特定交易的某些特点。那么，在确定公允价值计量结果时，掺杂了不同对象物特点、交易者特点和交易特点的交易价格，到底哪一部分才是公允价值？或者说，在某次获得的交易价格中，到底应该保留哪些因素？剔除哪些因素？对此，本准则做出了明确的回答：公允价值计量只能聚焦于对象物本身的特点。

（一）只考虑计量对象物的特征

1. 只针对对象物的自身特征

从计量实务角度看，对象物的特点在一定程度上决定计量的操作。例如，同样是长度，微生物直径与星球之间的距离就需要使用不同工具、单位、操作规程来获得计量结果。同样，公允价值计量也需要针对计量对象物本身的特点来获得计量值。例如，对于主要市场或最有利市场的判断（详见本章第五节），需要考虑对象物的交易费用与运输费用。其中，运输费用改变对象物的所在位置（自身特点之一），需要用以调整市场价格，而交易费用并非对象物自身特点，企业不应当因交易费用而调整价格（CAS 39 第九条、第十二条）。

2. 只针对计量日定价时的特征

CAS 39 第六条明确要求，企业以公允价值计量相关资产或负债，应当考虑该资产或负债的特征。相关资产或负债的特征，是指市场参与者在计量日对该资产或负债进行定价时考虑的特征，包括资产状况及所在位置（应用指南例 1 中的写字楼，要考虑其所处商圈位置、新旧程度、配套设施等因素）、对资产出售或者使用的限制（应用指南例 2 中的上市公司限售股，要考虑其流动性受限的因素；例 3 中的土地使用权，应当考虑土地使用用途受限的影响）等。也就是说，计量对象物所具备的这些特征，不会因为持有者或计量者的变化而发生改变。如果市场参与者在计量相关资产或负债公允价值时会考虑这些特征，企业在计量时也应当考虑这些特征因素。

3. 只针对资产本身的限制因素

应用指南特别提到，企业为合理计量相关资产的公允价值，应当区分限制因素是针对资产持有者的，还是针对该资产本身的。如果是针对相关资产本身的，那么此类限制是该资产具有的一项特征，任何持有该资产的企业都会受到影响，市场参与者在计量日对该资产进行定价时会考虑这一特征。如果是针对资产持有者的，那么此类限制并不是该资产的特征，只会影响当前持有该资产的企业，而其他企业可能不会受到该限制的影响，市场参与者在计量日对该资产进行定价时不会考虑该限制因素。因此，企业以公允价值计量该资产时，也不应考虑针对该资产持有者的限制因素。应用指南例 4 中用于抵押的土地使用权，由于不转让土地使用权的承诺是针对持有企业的限制，而不是针对这项土地使用权本身，并不会转移给其他市场参与者。因此，在确定该土地使用权的公允价值时，不应考虑该限制。

本准则还在多处明确要求，如果因条件限制，需要通过计量类似或相关的对象物来获得对象物本身的公允价值，那么，需要以类似或相关对象物的公允价值为基础，并考虑两者在特征上的区别，做出相应调整，获得计量结果。

（二）计量单元

1. 从计量角度记录的“记账单元”

要想在账本上记上一笔，就需要知道什么时候记什么项目（会计确认），记多少（会计计量），两者需要配合才能产生对决策有用的财务信息。

会计确认的一个基本条件是“可计量性”——如果无法可靠计量，则不予确认。同样，相关准则要求确认的资产负债无论是单项还是组合，都要对相应的单项或组合的资产负债进行计量，这样才能将经过确认与计量的会计项目列报于财务报告中。

所以，与会计确认的“可计量性”相对应，会计计量也要求“可确认性”，公允价值计量是会计计量的一种，自然也有这种要求。考虑到本准则是一项不涉及确认的计量准则，需要专门强调“计量单元”。同时也是确认单元。因而，更准确的术语应该是“记账单元”，即“unit of account”（《国际财务报告准则第13号——公允价值计量》及IFRS 13中的术语）。

2. 概念及实例

所谓“计量单元”，是相关资产或负债以单独或者组合方式进行计量的最小单位（CAS 39第七条）。企业在确认相关资产或负债时，就应当按照其他相关会计准则的规定，确定该资产或负债的计量单元，也就确定了计量对象物——计量单元。例如，《企业会计准则第8号——资产减值》中的资产组、《企业会计准则第22号——金融工具确认与计量》中的金融工具组合、《企业会计准则第20号——企业合并》中的“业务”。相应地，在计量其公允价值时，需要以之为“计量单元”。

应用指南以需要进行减值测试的医疗器械生产设备为例，确定企业在计量日（期末的减值测试日）的计量单元：按照《企业会计准则第8号——资产减值》的有关规定，企业能够在期末确定该设备可收回金额的，计量单元则为该设备这一单项资产，否则，应将该设备所属的资产组作为一个计量单元，以确定该资产组的可收回金额。

3. 特例：金融工具净敞口

有时候，企业以市场风险和信用风险的净敞口为基础，管理金融资产和金融负债，如果具备其他条件（详见本章第十一节），可以以计量日市场参与者在当前市场条件下有序交易中出售净多头（即资产）或者转移净空头（即负债）的价格为基础，计量该金融资产和金融负债组合的公允价值（CAS 39第三十八条）。这条规定是本准则专门针对金融工具净敞口这类特殊的对象物做出的规定，不是其他相关准则中的要求，算是个“例外”。

另外，如果相关会计准则不允许金融工具以净额为基础列报，企业在资产负债表中应当分别列报金融资产和金融负债。此时，公允价值计量单元与相关准则中规定的确认单元不一致，就不能合称为“记账单元”了。

（三）案例

结合公允价值计量个体性的要求，分析如下示例。

1. 事实及其问题

甲公司持有上市公司乙 4.8% 的股份，该股份比例不会导致甲公司控制、共同控制或重大影响乙公司。因此，根据《企业会计准则第 22 号——金融工具确认和计量》，该股份以公允价值计量，计量日股票收盘价为 10 元/股，但日常的成交量都比较小，不到乙公司全部股份的 1‰。根据经验，如果甲公司在市场上全部出售这些股份，将会由于卖盘太重，价格迅速下跌，估计这些股份的平均售价为 8 元/股。乙公司目前有几个大股东，它们都没有控制或共同控制公司乙，但有重大影响，如果其中有 1 个股东受让甲公司的所有股份，可能导致这些股东之间的格局发生改变，受让方有可能因此能够与另一股东共同控制乙公司，甚至控制公司乙。目前，已经有两三个股东向甲公司表达受让股份的意向，出价明显高于市场价，约为 12 元/股。那么，甲公司持有的这些股份的公允价值是多少？

2. 问题分析

先来看计量单元，在持有期间，甲公司一直以“可供出售金融资产”来确认该股份，此时，甲公司计划全部出售，并没有将该股份区分成不同性质的两个（或多个）部分，所以，该全部股份作为一项计量单元。

看下一个问题：哪一个价格可以作为这些股份的公允价值。首先，需要分析这些价格的内涵是什么。也就是说，在这些价格中，到底包含哪些因素？由此决定计量公允价值时，要保留哪些因素，剔除哪些因素。

（1）股票市场成交价。该股份计量日的收盘价为 10 元/股。这个价格确实反映了公司乙发行的所有股份的一些特征，不然大家不会都以这个价格成交，但由于成交量远小于要计量的这部分股份，所以，这个计量单元的某些特征可能没有反映在这一价格中。

（2）假定在股票市场上全部出售的平均价。该股份在市场上全部出售时的估计的平均价为 8 元/股。因为是要全部出售，这个价格反映了这些股份（整个计量单元）的特征。但要注意，这个价格之所以比目前的市场价低，是由市场交易造成的，是由于太多股份出售导致市场阻塞，进而价格下跌。因此，这一价格不仅反映了这些股份的特征，还反映了这些股份出售时的交易特征（大宗持有因素），根据准则，交易特征是公允价值计量时不应该考虑的。

（3）假定出售给某个现有大股东的平均价。该股份如果全部出售给公司乙的某个现有大股东的价格为 12 元/股。由于该股份数量比较多，受让股份的大股东可能因此增强对公司乙的影响，由此愿意出更高的价格，这种现象被称为“控制权溢价”（反之，如果市场上都是大比例股份成交，某些小比例股份的成交价可能因无法影响受让方对被投资方的影响程度而低于市场价，称之为“少数股东权益折价”），这部分溢价是这些股份作为一个整体（这项资产）本身所具有的特点，而股份整体就是目前公允价值计量的计量单元。根据本准则，在计量其公允价值时，会计人员需要考虑控制权溢价部分。

3. 结论

最后的结论是，甲公司持有的公司乙 4.8% 股份的公允价值，是所有股份数量乘以 12 元/股（如图 10－7 所示，另参考本准则第二十二条及应用指南中相应内容）。

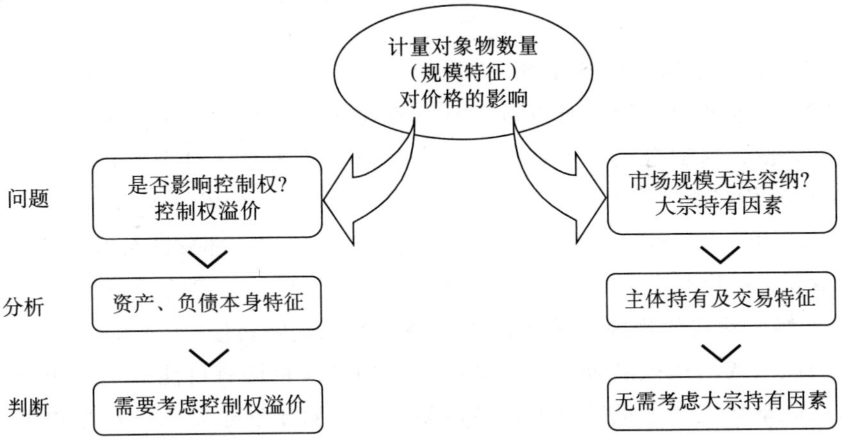

图 10－7　公允价值计量的个体性特征示例

（四）特殊类别的计量对象物

由于某些计量对象物具有特殊之处，本准则需要分别针对其在公允价值计量中的相关注意事项做出规定。（如图 10－8 所示，具体内容详见本章第九节至第十一节）。

1. 非金融资产

不同使用者可能对于同一非金融资产具有不同的用途，由此产生现金流量的

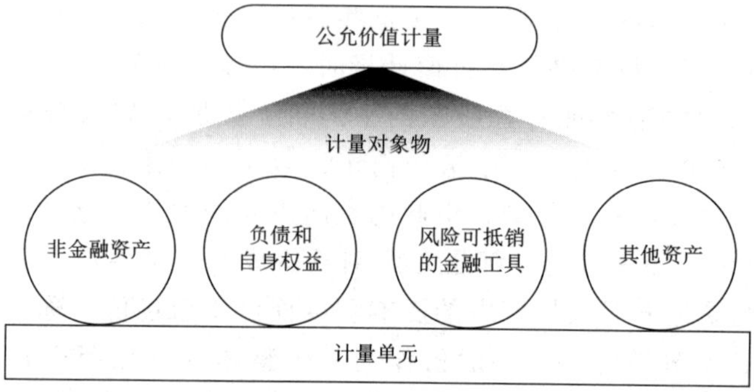

图 10－8　公允价值计量对象物

金额、时间与不确定性可能有很大区别，在此基础上，获得的公允价值自然也就不一样。为此，需要将非金融资产限定为某种唯一的用途，该用途又能符合公允价值计量的定义和目的。准则规定，只有市场参与者将非金融资产用于最佳用途（或出售给能够以最佳用途的方式来使用的其他市场参与者）时所计量得出的当前脱手价格最能代表公允价值。准则第八章详细规定了认定非金融资产“最佳用途”时的相关考虑（详见本章第九节）。

2. 负债和企业自身权益工具

有时，企业的负债和自身权益工具（都是企业与其他方之间的合同）需要以公允价值计量，这类合同一方是企业本身，会有其他方（对手方）将其作为资产（相应资产）而持有，负债的计量还会因为债务方不履约风险（含自身信用风险）的变动而产生反直觉效应。准则第九章及其应用指南相应部分针对这类计量对象物的特有情况，提供相关指引。本章第十节对此类项目的公允价值计量展开说明。

3. 市场风险或信用风险可抵销的金融资产和金融负债

市场风险或信用风险可抵销的金融资产和金融负债有可能被主体组合起来管理，并在此基础上产生抵销后的现金流量特点。对于这类特殊的计量单元，准则第十章规定了计量这类对象物的方法，需要满足的条件及其相关注意事项（详见本章第十一节）。

二、虚拟性

（一）虚拟（假定）当前脱手的价格

公允价值是当前脱手价格，是一种现行（当前）计量。也就是说，是要计量企业现有的某项资产、负债（或其组合）在当前情况下“值多少钱”。而此时，这项计量对象物还在企业手中，已经持有（入账），而且并不是现在就脱手。

之所以需要现行计量，主要是要将它与其他价格作比较。例如，与以前的入账价格相比较，看到目前为止，就这项资产、负债而言，企业是浮盈还是浮亏。这可以反映企业现在与当初的情况变化对这项资产、负债的影响，也可以使财务报告使用者了解企业如果现在把这项资产、负债出手（脱手），能换来多少钱。或者说，会对企业现金流量的金额产生多大影响，进而了解会对企业的财务状况有什么影响。无论是对企业内部的管理人员，还是对企业外部的财务报告使用者（财务会计服务的对象）来说，这些信息对于了解企业财务状况与未来现金流量都非常有用。

因此，从本质上说，只要是现行计量，都是虚拟的，都是出于财务会计的某种目的，假想出来的某种计量操作的结果。公允价值作为当前脱手价格，自然也具有非常明显的虚拟性。

（二）定义中的虚拟性

被定义为脱手价格的公允价值，是假想的交易的结果。中文表达的局限性可能会忽视这一点。

英文中有语态的区别。如果是虚拟语态，会使用“would”这个特有的助动词。实际上，IFRS 13 对公允价值的定义中就包含这个助动词。遗憾的是，中文没有对应的表达。所以，如果只是看定义，很难一眼就能识别公允价值的虚拟性。多说一句，本准则是在企业会计准则上国际趋同的结果，很多内容直接翻译自这份准则，特别是一些术语及其定义，如公允价值定义，几乎是逐字直译而来，这也是本准则阅读起来比较拗口的主要原因。

仔细揣摩本准则的中文表述，还是可以看出一些端倪。本准则第十六条写道：“在企业取得资产或者承担负债的交易中，交易价格是取得该项资产所支付或者承担该项负债所收到的价格（即进入价格）。公允价值是出售该项资产所能收到或者转移该项负债所需支付的价格（即脱手价格）”。进入价格与脱手价格的差别在于：进入价格是“所支付”或“所收到”，而脱手价格是“所能收到”或“所需支付”，“所能”或“所需”是“能够”或者“需要”这么做，但还没有这样做。因此，充分体现了公允价值作为一种脱手价格的虚拟性。

（三）要虚拟哪些要素

因为是虚拟的脱手，本准则有必要规范交易本身以及假想的交易环境。

要想获得具有虚拟性的公允价值计量值，需要计量者假想出以下场景：在特定的市场（主要市场或最有利市场）中，具有特定特征的交易者（市场参与者）

之间正在进行符合某种条件的交易（有序交易），由此产生的脱手价格就是公允价值计量。

首先，是交易本身。准则规定，计量公允价值应当假定是在有序交易的情况下进行的。

其次，是市场。有可能许多市场都有符合规定的有序交易，此时，就可能获得不同的脱手价格，那么，哪个市场中的价格才是公允价值呢？准则规定，有序交易必须假定是在主要市场或最有利市场中进行。

再次，是交易者。交易必须有买卖双方，交易者能力、交易意愿与目的不同，其对交易对象（计量对象物）的了解程度也不同，买卖双方还可能存在作为交易对手以外的其他联系（例如，关联方关系等），这些特征都会影响交易价格。考虑到公允价值计量的虚拟性，更要严格定义交易者。

本准则第三章、第四章规定了这 3 项虚拟要素，本章第五节对其进行详细解读。

（四）虚拟性在准则中的体现

关于公允价值计量的虚拟性，在本准则中多有体现。

1. 定义

本节已对公允价值计量的虚拟性做出了说明，这里不再重复。

2. 计量规程

计量者需要假想出有序交易、市场、市场参与者，以此为计量环境来获得公允价值计量值。关于计量规程的具体分析详见下文。

3. 公允价值层次与相应披露要求

一般来说，虚拟程度会影响可验证性，需要通过不同的披露要求来弥补。因此，本准则要求，使用的重要输入值越不可观察，虚拟程度越高，公允价值层次越低，就越需要更详细的披露。本准则第七章和第十一章对此做出非常明确而详尽的规定，这是在承认公允价值计量虚拟性的基础上，希望会计信息能够如实反映，并尽量可验证。

三、市场性

（一）不能将企业本身假定为市场参与者来计量公允价值

公允价值，是指市场参与者在计量日发生的有序交易中，出售一项资产所能收到或者转移一项负债所需支付的价格。该定义的第一个关键词就是“市场参与者”。什么样的“市场”中，具备什么特征的“参与者”才算“市场参与者”呢？具体分析留待本章第五节，这里先从理论角度来理解这个概念。

1. 只有市场参与者假定才符合公允价值计量目的

既然是虚拟的价格，如果不严格规定虚拟的条件，就会得到不同的虚拟结果，这样一来，虚拟计量不但达不到原来设想的会计目标，反而背道而驰，成为管理者盈余操纵的乐园。

市场中交易者很多，持有计量对象物的企业本身就是某个市场中的交易者，但出于公允价值计量的目的（估计市场参与者在有序交易中的脱手价格），首先要排除的就是它，这也是在计量公允价值操作规程中始终要绷紧的弦——以市场参与者而非报告主体作为假想的交易者。

2. 将企业自身假定为交易者会误导报表使用者

一般人很容易从自己的角度出发考虑问题，将自己假想为交易者，想象一下自己出售某资产可能会收到多少钱（基于主体的脱手价格），由此获得的价格虽然更为“真实”，也相对更容易获得，但这可能并不是市场中 2 个普通交易者的正常交易（有序交易）时的价格（基于市场的脱手价格）。

企业在具体交易中，可能选择交易很不活跃的市场（不是主要市场），也可能是出于某种特殊目的而交易。例如，因为符合资产管理规范的要求而被迫出售某些资产（不是有序交易，金融危机中许多金融机构就是如此），因为集团利益的考虑而将资产出售给关联企业（不符合市场参与者的特征条件），在这样的（基于主体的）具体交易情况下获得的价格具有明显的个体特征，有很强的主观性。

根据其他相关准则的规定，企业需要将其持有的某项资产的公允价值与之前获取该资产的价格相比较，并需要将两者的差额计入损益或其他综合收益。如果任由企业将自己想象为交易者，并将由此获得的价格视为公允价值，那么，企业就可以很方便的通过操作这些假设条件而获得自己想要的一个价格，进而获得自己需要的利润表数字。当然，这样公然的盈余操纵行为是财务报告使用者及其看门人——审计人员所不能接受的，也是会计准则所不允许的。

所以，相比于其他会计计量，公允价值计量需要更强调以市场为基础。

（二）市场性在准则中的体现

市场性最主要的特点是要假设市场参与者参与交易，由此获得的脱手价格才能被认定为公允价值。也就是说，本准则要求采用市场参与者视角进行公允价值计量。包括要使用市场参与者在定价时所使用的假设（CAS 39 第六条、第十三条、第十九条、第二十三条、第二十八条、第三十四条、第四十条），假定市场交易者在计量日所做的交易（CAS 39 第八条、第十八条、第二十二条、第三十三条、第三十八条），或者使用的方法（最佳用途，CAS 39 第三十条、第三十一条）。

当然，在某些情况下，能够且有意参与某种企业的股权交易的市场参与者可能很少，由此产生的交易可能非常少见，甚至可能根本没有可观察的市场，也就没有可观察到的市场价格。这时候，就需要采用估值技术，但仍应从持有资产或承担负债的市场参与者角度考虑，假设在计量日发生了交易，以此为基础来计量公允价值。

第五节　实务操作层面的三个概念

无论是实际发生还是虚拟的交易价格，都是在某种市场条件下，具有一定特征的交易者在某项交易过程中产生的。因此，在操作层面，我们需要从概念上进一步了解体现公允价值虚拟性与市场性的 3 个关键因素：市场（主要市场或最有利市场）、参与者（市场参与者）与交易（有序交易）。

要计量公允价值这个虚拟脱手价格，需要假想出一定的交易环境（如图 10 -9所示）。

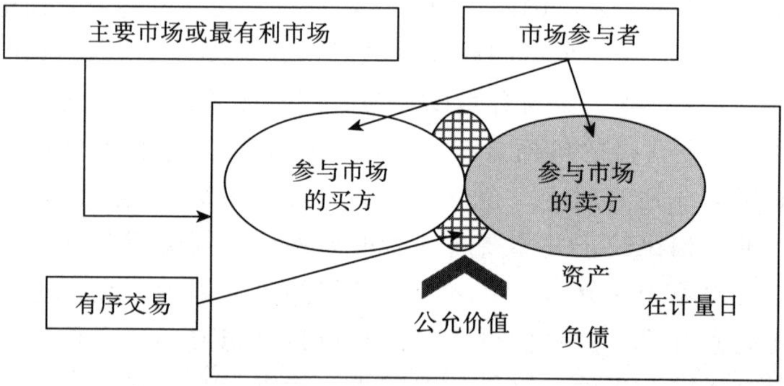

图 10 -9　公允价值计量的虚拟环境

一、主要市场或最有利市场

（一）公允价值计量需要符合一定条件的市场

1. 可观察的或假想的市场

交易者为了交易某项资产（或负债或其组合，也是计量对象物）而组成市场。如果现实中有可以观察到的市场，企业就可以通过观察计量对象物的交易情况来识别市场，进而识别交易者和有序交易，得到脱手价格。如果没有可观察市场，就需要假想出符合市场参与者有序交易计量对象物的情形，构造其脱手价格，以此作为计量对象物公允价值的基础。这也是市场性与虚拟性在公允价值计量中的体现。

2. 主要市场和最有利市场

在现实中，可能不只一个可观察市场在交易计量对象物，此时，需要进一步的标准来认定市场。本准则提出主要市场和最有利市场这两个概念。要求企业以公允价值计量相关资产或负债，应当假定出售资产或者转移负债的有序交易在该资产或负债的主要市场进行。不存在主要市场的，企业应当假定该交易在相关资产或负债的最有利市场进行（CAS 39 第九条）。

3. 企业在计量日可进入的市场

如果以企业在计量日无法进入的市场作为虚拟脱手的交易场所，即使其他条件都符合，由此得出的脱手价格也不是企业本身可能脱手计量对象物的价格。如果把它与之前获取计量对象物的价格（进入价格）或以后脱手的价格相比较，对于财务报告使用者决策的意义将会大打折扣。因此，准则要求，判断主要市场或最有利市场的先决条件是企业在计量日可以进入该市场，也就是说，企业应当从自身角度，而非市场参与者角度，判定相关资产或负债的主要市场，但考虑到公允价值的虚拟性，不要求企业于计量日在该市场上实际出售资产或转移负债（CAS 39 第十一条）。

（二）主要市场

主要市场是相关资产或负债交易量最大和交易活跃程度最高的市场。换句话说，它是资产或负债流动性最强的市场。相比于其他市场，在这个市场上，相关资产负债成交量最大，市场参与者的交易最容易成交，自然，它的交易价格最能代表公允价值。

因此，无论相关资产或负债的价格能够直接从市场观察到，还是通过其他估值技术获得，企业都应当以主要市场上相关资产或负债的价格为基础，计量该资产或负债的公允价值。即使企业能够于计量日在主要市场以外的另一个市场上获得更高的出售价格或更低的转移价格，企业也仍应当以主要市场上相关资产或负债的价格为基础，计量该资产或负债的公允价值。

（三）最有利市场

有时，相关资产负债不存在主要市场，或者，企业根据可合理取得的信息，无法确定交易日当时的主要市场。这时，就需要确定最有利市场——在考虑交易费用和运输费用后，能够以最高金额出售相关资产或者以最低金额转移相关负债的市场。

字面理解，最有利市场就是对交易者来说最划算的市场，如果是要出售资产，就是在扣除交易费用和运输费用后，出售方能够拿到最多钱；如果是转移负债，就要把包含交易费用所付出的钱加总起来，转移方需要付出的钱最少。

（四）实务中的应用

1. 判断标准

对于市场的判断是以相关资产负债为焦点，而不是从交易者的角度出发。也就是说，是不是主要市场，要看针对计量对象物的交易效果：资产或负债在这个市场中的交易量是不是最大，交易是不是最活跃。而不是看企业（交易者）是不是在这个市场中交易这项资产负债的量最大，或者是不是最经常在这个市场中交易。因为要计量的对象物是资产或负债，这样的规定也体现了公允价值计量的个体性特征。

2. 实务指引

实务中，有些企业可能由于各种原因，在计量日当时正在交易的市场并不符合主要市场或最有利市场的定义。针对这种情况，准则要求，企业在识别相关资产或负债的主要市场（或者在不存在主要市场情况下的最有利市场）时，应当考虑所有可以合理取得的信息。

可是，这样一来，企业可能为了确定主要市场或最有利市场，耗费远远超过获得公允价值的收益的成本。因此，从成本效益原则出发，准则规定，企业不必不计成本地考察所有可能的市场。通常情况下，如果不存在相反的证据，企业正常进行资产出售或者负债转移的市场可以视为主要市场或最有利市场（CAS 39 第十条）。

3. 同一项目的不同市场

还有一点需要注意，虽然不同企业交易的是同样的资产或负债，但它们可以进入的市场不同。这样一来，对相同资产或负债而言，不同企业可能具有不同的主要市场或最有利市场。

应用指南以某企业与银行签订了一项初始交易价格为零的利率互换为例，对这一问题加以剖析。分析认为，该企业只能进入利率互换的零售市场，而银行则能够同时进入利率互换的零售市场和做市商市场，并且其主要业务发生在做市商市场。由此判断，该企业应当以零售市场为主要市场，该银行应当以做市商市场为主要市场。

4. 交易费用与运输费用

由于交易费用与运输费用包含于企业出售资产所获得的结果中，由此会影响企业对最有利市场的判断。另外，从公允价值的个体性特征角度来看，产生这两项费用的事项对需要计量的资产（也是虚拟出售的资产）的特征影响不同，在计量时要做不同的考虑。在此，会计人员需要从计量的角度，考察交易费用与运输费用的性质及其对公允价值计量的影响。

（1）交易费用——与特定交易相关。交易费用是企业发生的可直接归属于资产出售或者负债转移的费用。它直接由交易引起，如果企业还没有出售资产或转移负债，它就不会产生，它是企业进行交易所必需的。可以认定，交易费用只与特定交易有关，取决于企业参与交易该资产或负债交易的不同方式（例如，零售交易或者批发交易、交易所交易或者场外交易等），不属于相关资产或负债的特征。因此，准则规定，企业在根据主要市场或最有利市场的交易价格确定相关资产或负债的公允价值时，不应当因交易费用对该价格进行调整，而应当根据其他相关会计准则对交易费用进行会计处理。

（2）运输费用——与特定资产相关。相关资产所在地理位置是该资产的特征，企业付出运输费用，将资产从当前位置转移到主要市场或最有利市场，改变了这项资产的特征。也就是说，这项资产在主要市场或最有利市场上的特征和它在当前位置上的特征不一样，两者之间的区别就在地理位置上。它们在不同位置上的交易价格自然也不同，假定其他情况都不变，区别在于：前者包含了运输费用，后者没有。也就是说，你在当前位置上能卖到的价格等于你在主要市场或最有利市场上出售的价格减去把这项资产运到那里付出的运输费用。所以，企业应当根据使该资产从当前位置转移到主要市场或最有利市场的运输费用调整其在主要市场或最有利市场上的价格。

（3）对准则规定的理解。CAS 39 第九条第三款规定："最有利市场，是指在考虑交易费用和运输费用后，能够以最高金额出售相关资产或者以最低金额转移相关负债的市场。"根据以上分析，在分析最有利市场时，企业在获得出售后的交易所得的基础上，需要扣除相关运输费用，但不能扣除交易费用。

图 10－10 参考台湾政治大学郑丁旺教授的课件，更直观地说明最有利市场及其环境下的公允价值，读者也可以参考应用指南中的例 5。

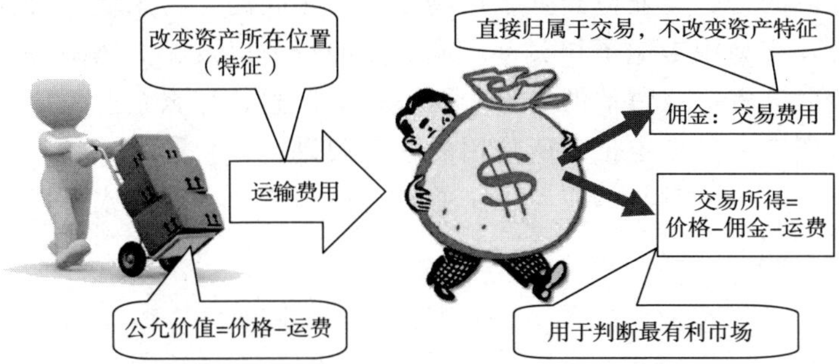

图 10－10 判断最有利市场及其环境下的公允价值

二、市场参与者

（一）何为市场参与者

凡是价格，必然存在于市场之中。成交之时，除了市场的特征以外，成交双方的利益诉求与特点决定了价格的高低。公允价值要反映市场参与者之间的公平交易，就应该假设市场参与者具备一定的条件：相互独立、有能力、有意愿并熟悉情况，为了实现自己的经济利益最大化而对计量物进行交易（CAS 39 第十四条）。

（二）如何确定市场参与者

应用指南要求，企业在确定市场参与者时，应当考虑所计量的相关资产或负债、该资产或负债的主要市场或最有利市场，以及在该市场上与企业进行交易的市场参与者等因素，从总体上识别市场参与者。例如，某一市场参与者愿意为一项业务支付更高的价格，因为该市场参与者能从该业务中获得协同效应，而其他市场参与者无法获得相同的协同效应。企业在确定该业务的公允价值时，不应以该特定市场参与者的报价为基础，而是应当以大多数市场参与者愿意支付的价格为基础。

由于主要市场或最有利市场是基于企业角度来确定的（企业可以进入的市场），市场参与者有可能是与企业在同一行业的其他企业，也可能来自其他行业。例如，在计量制造业企业拥有的土地使用权的公允价值时，房地产开发企业也可能作为市场参与者。

（三）市场参与者计量公允价值时关注什么

必须强调的是，企业应当基于市场参与者之间的交易来确定公允价值。如果市场参与者在交易中考虑了相关资产或负债的特征以及相关风险等，并根据这些特征或风险对该资产或负债的交易价格进行了调整，那么企业也应当采用市场参与者在对该资产或负债定价时所使用的这些假设。

在计量公允价值时，不应考虑企业自身持有资产、清偿或者以其他方式履行负债的意图和能力。

三、有序交易

（一）相关概念

有序交易，是指在计量日前一段时期内相关资产或负债具有惯常市场活动的交易。清算等被迫交易不属于有序交易（CAS 39 第八条）。

一般来说，在活跃市场中才会有惯常市场活动（此即有序）。因此，如果在交易日前一段时间交易活动不如以前活跃，此时，偶尔出现的交易价格可能是被迫交易，也就不再是有序交易了，市场中的交易价格就不能作为公允价值了。但这只是可能，需要有证据表明不活跃市场中的交易并非有序交易，才可以在公允价值计量中不考虑这种交易环境下的可观察交易价格。而在市场不可观察情况下，也就无所谓交易量的变化和交易的活跃程度，对于以上两种情况，只能采用估值来获取公允价值。

（二）实务中的应用

1. 判断条件

应用指南要求，企业在确定一项交易是否为有序交易时，应当全面理解交易环境和有关事实。基于可获取的信息，如市场环境变化、交易规则和习惯、价格波动幅度、交易量波动幅度、交易发生的频率、交易对手信息、交易原因、交易场所和其他能够获得的信息，运用专业判断对交易行为和交易价格进行分析。

2. 不作为有序交易的情形

不符合定义的交易就不是有序交易。当企业遇到下列情况时，相关资产或负债的交易活动通常不应作为有序交易：

（1）在当前市场情况下，市场在计量日之前一段时间内不存在相关资产或负债的惯常市场交易活动（不符合定义）；

（2）在计量日之前，相关资产或负债存在惯常的市场交易，但资产出售方或负债转移方仅与单一的市场参与者进行交易（可能因垄断而操纵市场）；

（3）资产出售方或负债转移方处于或者接近于破产或托管状态，即资产出售方或负债转移方已陷入财务困境（被迫清算）；

（4）资产出售方为满足法律或者监管规定而被要求出售资产，即被迫出售；

（5）与相同或类似资产或负债近期发生的其他交易相比，出售资产或转移负债的价格是一个异常值（受重大偶然因素干扰而导致不再有序）。

3. 日常应用

（1）直接针对计量对象物。出于成本效益原则，企业以公允价值计量相关资产或负债，不必为确定一项交易是否为有序交易而不计成本，应当假定市场参与者在计量日出售资产或者转移负债的交易，是当前市场情况下的有序交易。同时要注意，不能忽视可合理获得的信息。特别是当企业成为计量对象物的交易一方时，通常假定该企业有充分的信息来判断该交易是否为有序交易。

（2）对相关资产或负债是否为有序交易的判断及其应用。在计量对象物的公允价值过程中，企业有时候需要利用相关资产、负债的公允价值。此时，也需要判断相关资产或负债的交易是否为有序交易。如果是，就以该交易价格为基础来确定对象物的公允价值。

当然，企业在公允价值计量过程中赋予这些价格的权重时，还要考虑相关因素的具体情况，包括交易量、交易的可比性、交易日与计量日的临近程度等因素。如果经过判定，相关资产或负债的交易不是有序交易，在以公允价值计量对象物时，不应考虑该交易的价格，或者赋予该交易价格较低权重。如果企业根据现有信息不足以判定该交易是否为有序交易，在以公允价值计量对象物时，应当考虑该交易的价格，但不应将该交易价格作为计量公允价值的唯一依据或者主要依据。相对于其他已知的有序交易价格，企业应赋予该交易较低权重。

第六节　初始计量

根据其他相关准则要求，某些资产或负债需要以公允价值进行初始计量，也就是说，该资产或负债在第一次被记入账簿（并由此进入财务报表）时，就需要以其公允价值入账。

一般来说，某项资产在第一次入账时，大都是因某种交易而被企业取得（如果是负债，则是被企业所承担）。在这样的交易过程中，一般都会有一个交易价格。问题来了，如果相关准则要求必须以这项资产或负债的公允价值进行初始确认，这个公允价值是不是与它的交易价格（实际交易时获得的计量值）相等？或者说，它们在什么情况下相等，什么情况下不相等？如果不相等，在会计上，它们之间的差额应该怎么处理？本准则第五章专门回答了这些问题。

一、判断与交易价格是否相等

本准则规定，企业应当根据交易性质和相关资产或负债的特征等，判断初始确认时的公允价值是否与其交易价格相等（CAS 39 第十六条）。

从计量属性来看，交易价格是企业取得某项资产所支付或者承担某项负债所收到的价格，是进入价格；而公允价值是出售这项资产所能收到或者转移这项负债所需支付的价格，是脱手价格。虽然企业取得资产或承担负债的进入价格不一定等于该资产或负债的脱手价格，但在大多数情况下，我们都假设企业正常进行交易的市场就是该资产（或负债）的主要市场（或最有利市场），当时的交易是有序交易，它也符合市场参与者的条件，而且，其他准则规定的计量单元与交易价格所代表的计量单元无异，也就是说，企业在取得资产或承担负债时的情形符合公允价值计量所要求的虚拟脱手环境。由此，可以认定，相关资产或负债的进入价格等于其脱手价格。

当然，如果交易情形不符合上述几项基本条件，两者可能不相等：

（1）交易发生在关联方之间。但企业有证据表明该关联方交易是在市场条件下进行的除外（不符合市场交易者非关联方的条件）；

（2）交易是被迫的（不符合有序交易的条件）；

（3）交易价格所代表的计量单元与按照本准则第七条确定的计量单元不同（不符合计量对象物保持不变的条件）；

（4）交易市场不是相关资产或负债的主要市场或最有利市场（不符合市场条件）。

二、不相等时的会计处理

如果公允价值与交易价格不相等，在会计上就会产生两个问题：该用哪个价格来记账（计量问题），对二者之间的差额如何处理（确认问题）。

对于这两个问题，都要严守本准则的适用范围——本准则只规定如何计量，何时对什么进行公允价值计量不是本准则的问题，而需要遵循其他相关准则。

也就是说，如果其他相关会计准则要求或者允许企业以公允价值对相关资产或负债进行初始计量，就以公允价值计量该资产或负债。交易价格与公允价值的差额应当按照其他相关会计准则的要求进行处理。为了弥补漏洞，本准则第十七条规定，如果其他相关会计准则对此未作出明确规定，企业应当将该差额计入当期损益。

第七节　估值技术

虽然本准则对计量公允价值的虚拟条件做了相当严格细致的规定，包括主要市场或最有利市场、市场参与者、有序交易等，但是，在计量日当时，企业通过观察就可以获得与计量对象物完全相同的资产负债在完全符合这些条件下的脱手价格，这种情形并不常见。事实上，在很多情况下，我们需要借助一定的估值技术，通过估值才能获得公允价值。这就要求企业把握估值的操作原则，根据具体情况采用合适的估值技术，并在估值过程中做出适当的调整，以期获得更能代表公允价值的估值结果（如图 10－11 所示）。

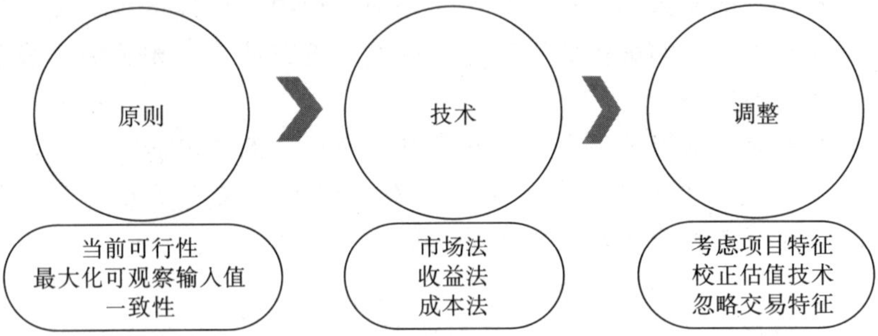

图 10－11　估值技术及其相关注意事项

一、操作原则

（一）使用适当的估值技术及其适用的相关支持

上文已经提到，之所以要估值，是因为同类项目在计量日的脱手价格难以被直接观察到，所以，会计人员需要采用适当的估值技术，还需要有适用且足够的可利用数据和其他信息来支持估值技术的应用（CAS 39 第十八条）。要判断技术及其支持信息是否适用，需要考虑估值时的当前情况。也就是说，估值技术和相关支持信息必须使会计人员的估值在当前是适当的、可行的、可操作的。

（二）尽量使用可观察输入值

既然是估值，就要使用一些假设，经过公式运算（估值技术体现在这些公式中），才可能获得估值结果。出于公允价值的定义，这些假设必须是市场参与者在给相关资产或负债定价时使用的假设，称之为“输入值”，包括可观察输入值和不可观察输入值。其中，可观察输入值是指能够从市场数据中取得的输入值，它们反映了市场参与者在对相关资产或负债定价时所使用的假设；不可观察输入值是指不能从市场数据中取得的输入，它们应当根据可获得的市场参与者在对相关资产或负债定价时所使用假设的最佳信息来确定。

为了尽量降低估值的主观性，增强其可验证性，准则规定，企业在估值技术的应用中，应当优先使用相关可观察输入值，只有在相关可观察输入值无法取得或取得不切实可行的情况下，才可以使用不可观察输入值（本准则第十九条）。

（三）为实现可比性目标而尽量保持一致性

为了使估值结果——计量物的公允价值及其参与构建的财务报告具有可比性，提升其决策有用性，准则要求，公允价值计量使用的估值技术一经确定，不得随意变更（CAS 39 第二十一条），这是对信息一致性的要求。

当然，一致性虽然与可比性有关，但两者并不一样。一致性要求对相同的项目使用相同的方法，无论是在一个企业的不同期间，还是在不同企业的同一期间。也就是说，可比性是目标，一致性有助于实现这个目标。因此，在变更估值技术或其应用能使计量结果在当前情况下同样或者更能代表公允价值的情况下，使用一致性的估值技术就没有必要了。因为这些情况已经破坏了企业希望通过估值技术的一致性来实现可比性目标的基础，也就破坏了继续实行一致的估值技术的必要性。准则提到了以下情况（包括但不限于）：出现新的市场、可以取得新的信息、无法再取得以前使用的信息、改进了估值技术、市场状况发生变化。

为了使公允价值计量及其相关信息对财务报告使用者决策有用，对于变化了的估值技术，需要有个交代。准则规定，企业变更估值技术或其应用的，应当按照《企业会计准则第 28 号——会计政策、会计估计变更和差错更正》的规定作为会计估计变更，并根据本准则的披露要求对估值技术及其应用的变更进行披露，而不需要按照《企业会计准则第 28 号——会计政策、会计估计变更和差错更正》的规定对相关会计估计变更进行披露（CAS 39 第二十一条）。

二、估值技术

实务中，可以使用的估值技术主要包括市场法、收益法和成本法。企业应当根据实际情况从中选择一种或多种估值技术，用于估计相关资产或负债的公允价值。企业如果使用多种估值技术计量公允价值，应当考虑各估值结果的合理性，选取在当前情况下最能代表公允价值的金额作为公允价值。

如果相关资产或负债存在活跃市场公开报价，说明有现成的符合条件的公允价值计量值，企业应当优先使用该报价确定该资产或负债的公允价值。如果没有，只要能够实现计量公允价值的目标，都是可以的。因此，准则未规定企业应当优先使用何种估值技术。

（一）市场法

市场法，是利用相同或类似的资产（或负债、或组合）的价格以及其他相关市场交易信息进行估值的技术。

企业在应用市场法时，除直接使用相同或类似资产或负债的公开报价（见应用指南例8）外，还可以使用市场乘数法（见应用指南例9）等估值方法。

下面进一步对企业持有的构成被投资方少数股东权益的无报价权益工具的估值做简要说明。其中包含市场法的应用。

（二）收益法

收益法是企业将未来金额转换成单一现值的估值技术。企业使用收益法时，应当反映市场参与者在计量日对未来现金流量或者收入费用等金额的预期。收益法包括现金流量折现法、多期超额收益折现法、期权定价模型等估值方法。

1. 现金流量折现法

（1）需要考虑的因素。收益法中，现金流量折现法最常用。企业在使用现金流量折现法估计相关资产或负债的公允价值时，需要在计量日从市场参与者角度考虑相关资产或负债的未来现金流量、现金流量金额和时间的可能变动、货币时间价值、因承受现金流量固有不确定性而要求的补偿（即风险溢价）、与负债相关的不履约风险（包括企业自身信用风险）、市场参与者在当前情况下可能考虑的其他因素等。如果其中所包含的上述因素有所不同，企业采用的现金流量折现法也有可能因此而不同。

（2）注意折现率与现金流量的一致性。企业在以现金流量折现法估计相关资产或负债的公允价值时，需要特别注意的是，为避免重复计算或忽略风险因素的影响，折现率与现金流量应当保持一致。例如，企业如果使用合同现金流量，也就是说，根据合同条款中的相关约定来预测未来现金流量，由于合同可能因为对方的违约而不能完全履约，导致未来实际现金流量与按照合同来预测的现金流量有所不同，所以，应当采用能够反映预期违约风险的折现率作为折现率；如果使用概率加权现金流量，就是以一定的概率（这些概率加起来等于100%）乘以考虑了各种风险后预测的各种现金流量，然后将其加总得出一个现金流量期望值，这样的期望值已经包含了对风险的考虑，所以，应当采用无风险利率作为折现率；如果使用包含了通货膨胀影响的现金流量，也就是包含了未来通货膨胀预期的名义金额，应当采用与之对应的名义折现率；反之，如果使用排除了通货膨胀影响的现金流量的，就应当采用实际利率；如果使用税后现金流量，就应当采用税后折现率；反之，使用税前现金流量的，应当采用税前折现率；使用人民币现金流量的，应当使用与人民币相关的利率等。

（3）可以采用两种方法来体现风险溢价。由于在现金流量折现法中使用的现金流量是估计金额，而不是确定的已知金额。当存在违约风险时，即使是合同约定的金额（例如，贷款承诺中约定的贷款金额）也是不确定的，所以，企业使用现金流量折现法时，将面临较多不确定性。这种不确定性要求企业在以公允价值计量该资产或负债时应当考虑风险溢价。当然，在某些情况下，确定合适的风险溢价可能会存在较大的困难，但是，企业不能仅仅因为难以确定风险溢价而在公允价值计量中不考虑风险调整因素。

应用指南指出，根据对风险的调整方式和采用现金流量类型，可以将现金流量折现法区分为两种方法，传统法和期望现金流量法。

传统法是使用在估计金额范围内最有可能的现金流量和经风险调整的折现率的一种折现方法；期望现金流量法是使用风险调整的期望现金流量和无风险利率，或者使用未经风险调整的期望现金流量和包含市场参与者要求的风险溢价的折现率的一种折现方法，在应用时有两种方法可以用来调整期望现金流量的风险溢价。两者各有其对应的适用条件、主要考虑因素和相关假设（输入值），也都可能需要根据计量对象物的具体特征做出调整。应用指南例 10 ~ 例 12 对此做出相当详尽细致的说明和示例。

2. 期权定价模型

如果企业要适用《企业会计准则第 11 号——股份支付》或《企业会计准则第 22 号——金融工具确认与计量》等准则，可能需要计量某些期权的公允价值，此时，可以使用布莱克—斯科尔斯模型、二叉树模型、蒙特卡洛模拟法等期权定价模型来估计。

其中，由于其中严格的假设条件，布莱克—斯科尔斯期权定价模型一般用于认股权证和具有转换特征的金融工具的简单估值。布莱克斯科尔斯期权定价模型中的输入值包括：即期价格、行权价格、合同期限、预计或内含波动率、无风险利率、期望股息率等。应用指南例 12 示例了用这种估值技术估计的上市公司发行的股票期权。

利用计算机强大的存储和计算功能，蒙特卡洛模拟法可以适用于包含复杂属性（例如，可变行权价格或转换价格、对行权时间具有限制条款等）的认股权证或具有转换特征的金融工具。简单理解，蒙特卡洛模拟法会根据认股权证或具有转换特征的金融工具的条款、条件以及其他假设，随机生成数千甚至数百万的可能结果，计算每种可能情形的相关回报，然后，将这些回报用概率加权并折现，由此计算相关资产或负债的公允价值。

（三）成本法

成本法，是反映当前要求重置相关资产服务能力所需金额的估值技术，通常是指现行重置成本法。

1. 估值结果符合公允价值定义

有人因为重置资产的成本更贴近于进入价格而不是脱手价格，质疑成本法与公允价值的定义是否相符。如果深入分析，可以发现，市场参与者卖方重置资产的成本应当等于作为该资产的买方的市场参与者为购置该资产（并以类似方式使用该资产）将支付的金额。在同一市场中同一资产的进入价格与脱手价格是相同的。它们都针对同一资产，是同一交易的两面，或者说，是在买卖两方两个角度观察到的同一交易结果，都不包含交易费用。所以，成本法的估值结果与公允价值的脱手价格定义相符。

2. 很少被单独出售的有形资产可以采用成本法来估值

如果某项有形资产需要与其他资产或其他资产和负债一起使用才能为企业创造价值，除非被迫拍卖等情况（此时，不符合公允价值计量的有序交易条件），它很少被单独出售，也就无法采用市场法；而企业没办法将它与其他相关资产负债合作产生的现金流量的相应部分归属于它，因此也不宜使用现金流量折现法。所以，在这种情况下，经常需要采用成本法来估计这类有形资产的公允价值。

3. 应用成本法估值时要考虑资产的折旧贬损情况

一般来说，对于一项有形资产，买方为该资产付出的金额不会比替代其服务能力所需的金额更高。企业如果要使用它，看中的是它的服务能力；如果要把它卖掉，对方（买方也是买入资产之后的使用者）看中的也是它的服务能力。所以，要计量这项资产当前的公允价值，就要假定重置后的那项新的资产在服务能力上与这项资产一样。也就是说，从市场参与者卖方角度来看，出售资产收到的价格取决于市场参与者买方获得或构建一项具有可比效用的替代资产的成本按陈旧贬值情况调整后的金额。因此，应用指南要求，在成本法下，企业应当根据折旧贬值情况，对市场参与者获得或构建具有相同服务能力的替代资产的成本进行调整。折旧贬值包括实体性损耗、功能性（技术）贬值以及经济性（外部）贬值。这种贬值要比出于财务报告目的（历史成本的分配）或纳税目的（使用特定的服务期限）的折旧范围更广（具体示例见应用指南中的例14）。

三、估值技术的选择

（一）针对计量对象物的特征

由于不同的计量对象物具有不同的特征，而估值技术也有各自的适用条件，所以，会计人员不仅要针对不同的计量对象物采用不同的估值技术，还要在估值过程中根据计量对象物的特征做出相应调整。例如，企业持有的构成被投资方少数股东权益的无报价权益工具不涉及对企业的服务能力问题，对其估值就不能采用成本法，而可以使用的市场法与收益法有多种具体方法（如表 10－3 所示）。当然，具体情况还要具体分析。

表 10－3　　对无报价权益工具公允价值的估值技术及其具体方法

估值技术	具体方法
市场法	对被投资方的相同或类似工具所支付的交易价格
	可比企业估值倍数法
收益法	现金流量折现（DCF）法
	分红折现法（DDM）
	固定增长的 DDM
	资本化模型

（二）使用单项还是多项估值技术

如果使用单项估值技术已经相当完美地符合公允价值计量的定义与相关条件，那么，在这样的情况下使用单项估值技术是恰当的。例如，企业使用相同资产或负债在活跃市场上的公开报价来计量该资产或负债的公允价值，直接使用市场法一种估值技术即可。

但在有些情况下，企业可能需要使用多种估值技术。例如，对于未上市企业股权投资的估值，由于被投资企业还没有上市，就没有股票的公开报价，但是，可能它的某些可比企业已经上市，可以利用它们的股价，并采用市场法来获得公允价值。对于一些没有盈利甚至没有收入的企业，可能就不宜采用以市盈率作为乘数的市场乘数法，而需要采集该行业认可的关键数据，再采用恰当的市场乘数，利用市场法来估值，或者在相关财务数据的预测基础上，采用收益法来估值。

（三）确定估值技术的主要考虑因素

企业应当基于更好地实现公允价值计量的目的（获得市场参与者对于计量对象物在计量日有序交易中的脱手价格），考虑操作上的便利性，运用职业判断，确定恰当的估值技术。至少应当考虑下列因素：

（1）根据企业可获得的市场数据和其他信息，其中一种估值技术是否比其他估值技术更恰当（便利性）；

（2）其中一种估值技术所使用的输入值是否更容易在市场上观察到或者只需做更少的调整（更少主观性）；

(3) 其中一种估值技术得到的估值结果区间是否在其他估值技术的估值结果区间内（可验证性）；

(4) 如果市场法和收益法结果存在较大差异，需要进一步分析存在较大差异的原因。例如，其中一种估值技术可能使用不当，或者其中一种估值技术所使用的输入值可能不恰当等。

(5) 由于不可观察输入值的主观性，在估值过程中，需要特别对待。应用指南指出，企业在公允价值后续计量中使用了估值技术，并且运用了不可观察输入值的，应当确保该估值技术反映了计量日可观察的市场数据。例如，类似资产或负债的最近交易价格等。

(6) 当权衡使用不同估值技术取得的公允价值计量结果时，企业应当考虑公允价值计量各种结果的合理性。即使相关资产或负债的交易量或活跃程度出现大幅下降，企业计量公允价值的目标仍应保持不变，还是要估计市场参与者在计量日按照当前市场情况愿意进行交易的价格，这需要企业考虑计量日的事实和环境，进行判断（见本章第八节相关内容）。

（四）应用出价——要价价差范围内的价格

准则规定，如果以公允价值计量的相关资产或负债在计量日只存在出价（经纪人或做市商购买一项资产或处置一项负债所愿意支付的价格）和要价（经纪人或做市商出售一项资产或承担一项负债所愿意收取的价格），而没有成交价格，企业应当以在出价和要价之间最能代表当前情况下公允价值的价格确定该资产或负债的公允价值。企业可以使用出价计量资产头寸、使用要价计量负债头寸，这是因为，如果在计量日要脱手相关资产负债，企业可以以这些价格成交。准则并不限制企业使用市场参与者在实务中使用的在出价和要价之间的中间价或其他定价惯例计量相关资产或负债（CAS 39 第二十三条）。也就是说，企业也可使用市场参与者在实务中使用的在出价和要价之间的中间价或其他定价惯例计量相关资产或负债。其他方法可作为权宜之计使用。但是，企业不应使用与公允价值计量假定不一致的权宜之计，如对资产使用要价，对负债使用出价。

（五）无公开报价权益工具的公允价值估值①

为了加强理解，便于操作，针对企业对不存在活跃市场的权益工具公允价值

---

① 这部分写作参考 IFRS 基金会（国际财务报告准则基金会，是国际会计准则理事会/IASB 的上级管理机构）于 2012 年 12 月发布的《对 IFRS 9〈金融工具〉范围内无标价权益工具的公允价值计量》（*Measuring the fair value of unquoted equity instruments within the scope of IFRS 9* Financial Instruments）中的有关内容，该文件是为帮助准则使用者理解 IFRS 13 而发布的重要教育资料。

估值，应用指南例 15 作了详细说明与示例。

1. 购买日与计量日之间的间隔长短影响估值

如果自权益工具购买日至计量日之间的间隔较短，并且在此期间没有发生对该权益工具价值产生重大影响的事件，企业可采用近期交易价格作为无公开报价权益工具的公允价值；如果权益工具不是近期购买，或者从购买日到计量日之间发行权益工具的企业（发行人）发生了重大变化，企业可能就不应当按照近期交易价格确定权益工具的公允价值，而应当根据发行人所处的发展阶段，选用恰当的估值方法进行估值。

2. 采用市场法对成熟的被投资企业权益的估值及其关注点

对于成熟的被投资企业，企业可采用市场法（例如，可比企业估值倍数法）计量其无公开报价权益工具的公允价值。企业选择可比公司作为基准公司时，应当重点考虑业务的性质、业务的盈利能力及所在地。有时候，企业可能无法找到与被投资企业在同一行业的上市公司，此时，可以选择最相近行业和具有相似经营风险和利润率的公司作为替代。

企业选定可比公司后，应当对关键指标的差异进行调整，从而增强市场法的适用性和可靠性。这些所需调整的关键指标差异包括可比公司所在不同市场的估值水平，可比公司与被投资企业之间增长性、盈利能力、股本回报率、流动性差异等。另外，企业也可以使用行业特定的一些业务驱动因素进行比较（例如，股价/页面浏览量、股价/床位）。

3. 采用收益法对成长型被投资企业权益的估值及其关注点

对于迅速成长的被投资企业，企业可采用收益法计量其无公开报价权益工具的公允价值。根据具体情况，可以选用现金流量折现法、分红折现法、固定增长的分红折现法、资本化模型等。企业使用收益法时，需要进行一系列的财务预测，预测时间至少包括企业一个业务周期，一般不少于 5 年。

如果被投资企业已经确定在近期能够实现上市流通，并且相应的股价已大致确定，企业可采用投资收益折现法，就是将当前投资的无公开报价股份在上市时出售将带来的收益折现后的金额，来确定被投资企业发行的权益工具的公允价值。由于上市日期已经不远，而且被投资企业确定会上市，可以使用较低的风险回报率确定计量日的现值。

另外，由于收益法建立在相当主观的财务预测基础上，企业应当采用市场法对收益法的结果进行交叉检验。

四、估值过程中的调整

（一）估值调整的必要性

因为是在大量假设条件下的估计，公允价值估值需要特别注意的是，估值过程中使用的假设是否能够代表计量对象物在计量日虚拟条件下脱手价格的特征。如果有明显的不同，就需要做出调整。例如，用某家上市企业在股票市场上的公开报价来估计某公司持有的该上市企业限制流通股票，虽然上市股票与该限制流通股票在大部分特征上完全相同，但在流通性（变现性）方面有明显的区别，该公司在估值时就必须为这种区别做出调整。

企业无论使用何种估值技术，都应当考虑当前市场状况，并做出市场参与者可能进行的风险调整，如对信用风险和流动性风险的调整。

（二）估值调整的主要类型

一般来说，估值调整包括以下几种类型：

（1）考虑未被估值技术反映的资产或负债特征而对估值技术的调整（公允价值个体性的体现）。例如，对使用可观察市场信息的估值技术校准计算的价值时，就需要做这样的调整。

（2）应用出价——要价价差范围内最能代表当前情况下公允价值的价格。

（3）考虑不履约风险（如企业自身或某项交易的交易对方信用风险）的调整（详见本章第十节）。

（4）考虑计量不确定性的调整。例如，当与计量对象物或其类似项目的正常市场活动相比，交易量或交易活跃程度显著减少，并且企业能够确定交易价格或报价不能代表公允价值，此时，也需要做出调整（详见本章第八节）。

因此，估值调整有助于避免公允价值的高估或低估，在估值技术或其输入值没有涵盖市场参与者在计量日对资产负债进行定价时所考虑的相关因素（包括有关风险的假设）时，就应当应用估值调整。

由于估值使用的假设（或输入值）与计量对象物的特征可能在许多方面有不同之处，估值技术本身也存在一些固有的缺陷（例如，收益法中财务预测的不确定性），需要调整的情况千差万别。下面介绍一些常见的估值调整。

（三）与初始计量相关的估值调整

一般来说，初始确认时的交易价格可以作为其公允价值。如果在公允价值后续计量中无法观察到相同项目在活跃市场的公开报价，就必须使用估值技术，而且很有可能使用了不可观察输入值。此时，就应当校正后续计量中运用的估值技术，以使得该估值技术确定的初始确认结果与初始确认时的交易价格相等。也就是说，企业可以直接将初始确认时的有关情况作为假设（或输入值），利用校正后的估值技术，估计得到的公允价值等于交易价格，而在后续公允价值计量中，继续使用这个已经校正的估值技术。这样一来，对该计量对象物而言，（校正后的）估值技术保持不变，维护了会计信息的一致性与可比性。

（四）针对计量日当时市场情况与对象物特征的估值调整

前文提到，企业采用估值技术计量公允价值时，应当选择与市场参与者在相关资产或负债的交易中所考虑的资产或负债特征相一致的输入值，包括流动性折溢价、控制权溢价或少数股东权益折价等，但不包括与计量单元不一致的折溢价（CAS 39 第二十二条，如图 10 - 7 所示及其相关分析）。

如果企业所使用的估值技术未能考虑市场参与者在对相关资产或负债估值时所考虑的所有因素，那么企业通过该估值技术获得的金额就不能作为对计量日当前交易价格的估计，可能需要经过调整后才能被采用。

在使用估值技术时，始终要聚焦公允价值计量的目的，并始终针对计量对象物在计量日当时的特征。例如，企业在估值时，应当以市场参与者在相同或类似资产出售中能够收到或者转移相同或类似负债需要支付的公开报价为基础。企业在市场价格或其他相关市场交易信息基础上，应当根据该资产或负债的特征，例如，当前状况、地理位置、出售和使用的限制等，对相同或类似资产或负债的市场价格进行调整，以确定该资产或负债的公允价值。

企业在应用估值技术估计相关资产或负债的公允价值时，应当根据可观察的市场信息定期校准估值模型，以确保所使用的估值模型能够反映当前市场状况，并识别估值模型本身可能存在的潜在缺陷。

第八节 公允价值层次

一、输入值及其应用简介

前文提到，企业以公允价值计量相关资产或负债，应当考虑市场参与者在对相关资产或负债进行定价时所使用的假设，这些假设就是输入值。根据是否被外部人员所观察到，分为可观察输入值和不可观察输入值。企业使用估值技术时，应当优先使用可观察输入值，仅当相关可观察输入值无法取得或取得不切实可行时才使用不可观察输入值。

（一）可观察输入值与不可观察输入值

可观察输入值通常可以从交易所市场、做市商市场、经纪人市场、直接交易市场获得。在交易所市场中，企业可直接获得相关资产或负债的收盘价，在做市商市场中，做市商随时准备用自有资本买入或者卖出做市项目，以此提供流动性并形成市场，所以出价和要价比收盘价更容易获得。但在直接交易市场中，买卖双方独立协商，无中介参与，所以难以获得这些交易价格。

如果市场参与者在对某些资产或负债的公允价值计量时会用到一些不可观察输入值，那么，企业也应当使用这些不可观察输入值。

（二）应用输入值的原则

公允价值计量的目的是：基于市场参与者角度确定在当前市场条件下计量日有序交易中该资产或负债的脱手价格。为了达到这个目的，可能需要使用不同类型的输入值，包括不可观察输入值。需要特别注意公允价值计量的个体性，聚焦于计量对象物的个体特征与市场性，始终从市场参与者的角度出发，在计量时应当选择与市场参与者在相关资产或负债交易中会考虑的、并且与该资产或负债特征相一致的输入值。

在此基础上，为了尽量降低公允价值计量的主观性，本准则将公允价值计量所使用的输入值划分为 3 个层次，并要求企业首先使用第一层次输入值，其次使用第二层次输入值，最后使用第三层次输入值（CAS 39 第二十四条）。

输入值的层次直接决定公允价值的层次。层次越低，输入值的主观性越强，以之为基础所计量的公允价值主观性就越强，准则要求的相关披露也就越详细。

二、三个层次输入值

（一）第一层次输入值及其应用与调整

准则规定，第一层次输入值是在计量日能够取得的相同资产或负债在活跃市场上未经调整的报价。其中，活跃市场是指相关资产或负债的交易量和交易频率足以持续提供定价信息的市场。在活跃市场中，企业应当能够易于且可定期从交易所、交易商、经纪人、行业集团、定价机构或监管机构等获得相关资产或负债的报价。

在活跃市场，交易对象具有同质性，可随时找到自愿交易的买方和卖方，并且市场价格信息是公开的。企业从活跃市场获得的这些报价，应当能够代表在公平交易基础上实际发生也经常发生的市场交易。

异常的市场报价不应作为第一层次输入值。例如，债券交易中出现的频繁对敲交易形成的市场价格。另外，当交易量和交易活动显著下降、可获得的价格因时间或市场参与者不同存在显著差异以及可获得的价格并非当前价格时，当前市场可能已经不是活跃市场了。

CAS 39 第二十五条认为，第一层次输入值为公允价值提供了最可靠的证据。在所有情况下，企业只要能够获得相同资产或负债在活跃市场上的报价，就应当将该报价不加调整地应用于该资产或负债的公允价值计量。但是，如果不符合公允价值计量的严格假设，就应该做出必要的调整。这些情况包括：

（1）企业持有大量类似但不相同的以公允价值计量的资产或负债，这些资产或负债存在活跃市场报价，但难以获得每项资产或负债在计量日单独的定价信息（计量单元不同）。例如，银行等金融机构持有大量的类似债券，可能在计量日较难取得每一债券的价格信息，而使用其中一些债券的报价确定其他类似债券的公允价值。在这种情况下，企业可使用不完全依赖于单个报价的备选定价方法作为权宜之计，但公允价值计量应当划入较低层次。

（2）因发生影响公允价值计量的重大事件等导致活跃市场的报价不代表计量日的公允价值（计量日市场情况已变化）。例如，在证券市场闭市之后但在计量日之前发生的买卖双方直接交易、经纪人交易或公告等重大事项。企业应当制定相应会计政策并一致应用，以识别那些可能影响公允价值计量的重大事项。企业根据该新信息而对报价有所调整的，公允价值计量应当划入较低层次。

（3）不存在相同或类似负债或企业自身权益工具报价，但其他方将其作为资产持有的负债或自身权益工具的公允价值。如果无须对资产报价进行调整，公允价值计量结果为第一层次。但企业（因对应资产与计量对象无特征不同）对资产报价进行调整的，公允价值计量应当划入较低层次（详见本章第十节）。

（二）第二层次输入值及其应用与调整

第二层次输入值是除第一层次输入值外相关资产或负债直接或间接可观察的输入值。对于具有合同期限等具体期限的相关资产或负债，第二层次输入值应当在几乎整个期限内是可观察的，这样才能算是可观察。第二层次输入值包括：

（1）活跃市场中类似资产或负债的报价；

（2）非活跃市场中相同或类似资产或负债的报价；

（3）除报价以外的其他可观察输入值，包括在正常报价间隔期间可观察的利率和收益率曲线、隐含波动率和信用利差等；

（4）市场验证的输入值等。市场验证的输入值，是指通过相关性分析或其他手段获得的主要来源于可观察市场数据或者经过可观察市场数据验证的输入值。

企业以公允价值计量相关资产或负债的，类似资产或负债在活跃市场或非活跃市场的报价为该资产或负债的公允价值计量提供了依据，但企业需要对该报价进行调整。企业在确定哪些资产或负债与相关资产或负债类似时，需要进行判断。

在非有序交易情况下，企业确定相关资产或负债的交易价格或报价不能完全代表计量日该资产或负债的公允价值。然而，有时候又需要以该交易价格或报价为基础来计量其公允价值，此时应当对该交易价格或报价进行调整。例如，在非活跃市场上，如果相同资产或负债的最近交易日不是该资产或负债的公允价值计量日，企业应当考虑两个日期的间隔期间内市场状况是否发生变动。例如，金融工具发行人信用评级的变动，与市场风险相关的信用利差变动等。

企业应当根据相关资产或负债的特征，对第二层次输入值进行调整。这些特征包括资产状况或所在位置、输入值与可比资产或负债的相关程度、可观察输入值所在市场的交易量和活跃程度等。企业使用重要的不可观察输入值对第二层次输入值进行调整，且该调整对公允价值计量整体而言是重大的，公允价值计量结果应当划分为第三层次（CAS 39 第二十六条）。

（三）第三层次输入值及其应用与调整

第三层次输入值是相关资产或负债的不可观察输入值。包括不能直接观察和无法由可观察市场数据验证的利率、股票波动率、企业合并中承担的弃置义务的未来现金流量、企业使用自身数据做出的财务预测等。

企业只有在相关资产或负债几乎很少存在市场交易活动，导致相关可观察输入值无法取得或取得不切实可行的情况下，才能使用第三层次输入值，但计量公允价值的目标仍应当保持不变，即从持有资产或承担负债的市场参与者角度确定资产或负债在计量日有序交易中的脱手价格。因此，企业使用不可观察输入值仍应当反映市场参与者给资产或负债定价时使用的假设，包括有关风险的假设，例如，特定估值技术及其输入值的固有风险的假设等（CAS 39 第二十七条）。

在确定不可观察输入值时，企业应当使用在当前情况下可合理取得的最佳信息，包括所有可合理取得的市场参与者假设。企业可以使用内部数据作为不可观察输入值，但如果有证据表明其他市场参与者将使用不同于企业内部数据的其他数据，或者这些企业内部数据是企业特定数据、其他市场参与者不具备企业相关特征（例如，企业的协同效应）时，企业应当对其内部数据做出相应调整（CAS 39 第二十八条）。

企业不必为获取关于市场参与者假设的信息而不计成本，但应当考虑所有可合理获得的有关市场参与者假设的信息。

三、公允价值层次的判断

公允价值计量结果所属的层次，由对公允价值计量整体而言重要的输入值所属的最低层次决定。在对公允价值层次作出判断时，要考虑以下两个因素：估值中使用的输入值所在的层次，这些输入值对计量而言是否重要。

输入值的层次主要根据上文的标准来判断，需要特别注意的是，必须是市场参与者角度，而不是企业本身在计量公允价值时会使用到的输入值。

企业应当在考虑相关资产或负债特征的基础上判断输入值的重要性。在进行重要性评估时，应当考虑公允价值计量本身，而不是考虑公允价值的变动以及这些变动的会计处理。判断输入值对于计量是否重要，要在考虑相关资产或负债特征的基础上，而不需判断其重要程度。也就是说，在回答输入值重要性这个问题时，要问一问：如果被忽略或者被换成一个不同的输入值，这个输入值是不是会严重影响计量的结果？如果是，那么，这个输入值就是重要的。重要性应当根据计量日当时计量对象物的具体特征及其所处的市场环境来判断，可参考应用指南中的例 17。企业应当在书面文件中记录其如何评估输入值对于公允价值计量的重要性，并一致应用该政策。

当企业使用的所有输入值都属于同一层次时（例如，企业使用未经调整的活跃市场的报价计量公允价值），公允价值计量结果所属的层次就比较容易确定。但企业在公允价值计量中所使用的输入值可能会属于不同层次，此时，企业评价某一输入值对公允价值计量整体的重要性，需要职业判断，考虑与相关资产或负债有关的特定因素。

如果企业在公允价值计量中需要使用不可观察输入值对可观察输入值进行调整，并且该调整引起相关资产或负债公允价值计量结果显著增加或显著减少，则公允价值计量结果应当划入第三层次的公允价值计量。例如，企业拥有一家非上市公司 100 万股普通股股票，并将其作为可供出售金融资产持有。企业以市场法估计该金融资产的公允价值，可以从可比上市公司获得可观察的市场乘数，在此基础上，考虑一个流动性折价的调整因素。由于流动性折价为不可观察输入值，企业使用该流动性折价对可观察的企业价值、税息折旧及摊销前利润乘数进行调整时，如果该调整对该金融资产的公允价值计量具有重大影响，那么公允价值计量结果应当被划入第三层次的公允价值计量。公允价值层次的判断原则如图10－12所示。

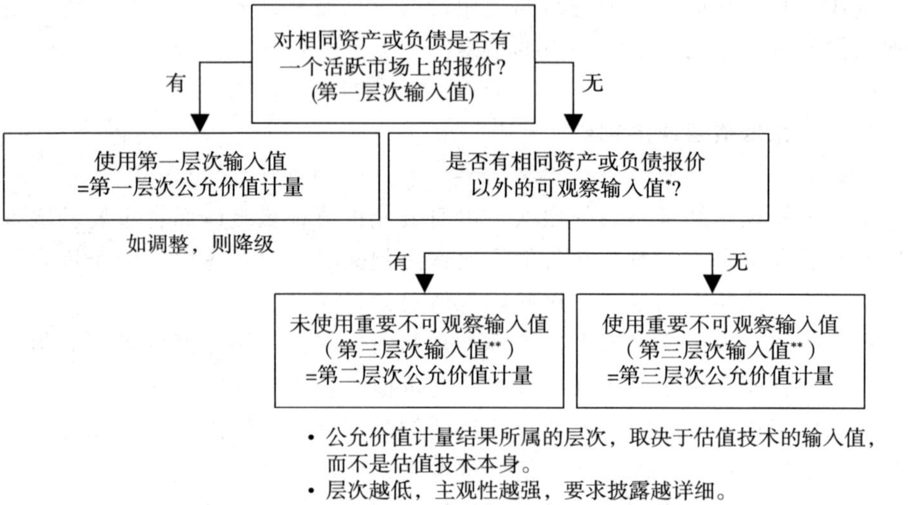

注：（1）*最大化使用相关可观察输入值，包括可公开获得的市场资料（例如，价格、收益率等）；
（2）**不可观察输入值包括主体内部资料（例如，预算、客户统计信息等），如果市场参与者将使用与之不同的假定，就要对其做出相应调整。

图10－12 判断公允价值层次的原则

四、第三方报价机构的估值

如果企业使用第三方报价机构（例如，经纪人、做市商等）提供的出价或要价计量相关资产或负债公允价值，应当确保该第三方报价机构提供的出价或要价遵循了本准则要求。企业应当综合考虑相关资产或负债所处市场的特点、交易是否活跃、是否有足够数量的报价方、报价方是否权威、报价是否持续等因素，对出价和要价的质量进行判断。

即使使用了第三方报价机构提供的估值，企业也不应简单将该公允价值计量结果划入第三层次输入值，而应当了解估值服务中应用到的输入值，并根据该输入值的可观察性和重要性，确定相关资产或负债公允价值计量结果的层次。例如，第三方报价机构提供了相同资产或负债在活跃市场报价的，企业应当将该资产或负债的公允价值计量划入第一层次。

如果相关资产或负债的交易量或交易活跃程度出现大幅下降，企业应当评估第三方报价机构在形成报价过程中是否使用了反映有序交易的当前信息或是反映市场参与者假定（包括有关风险的假定）的估值技术。

企业在权衡作为公允价值计量输入值的报价时，应当考虑报价的性质，例如报价是参考价格还是具有约束性的要约，对第三方报价机构提供的具有约束性要约的报价应赋予更多权重，并对不能反映交易结果的报价赋予较少权重。

五、市场不活跃时的公允价值计量

当相关资产或负债（或类似资产或负债）的交易量或交易活动比正常市场交易活动显著下降，交易价格或报价无法代表该资产或负债的公允价值时，企业应当在估值中考虑风险调整。

2007 年开始的全球金融危机凸显了对于市场活跃程度明显下降时该如何计量公允价值的重要性。国际会计准则理事会（IASB）与美国财务会计准则委员会（FASB）合作制定了有关文件，也分别提出了相关报告和指南。

根据多方征询和反馈意见，IASB 在 IFRS 13 中形成有关规定，本准则吸收了这些意见。首先，应该澄清，这些要求是针对资产或负债在可观察市场上交易量和交易水平显著下降的情况，而不是针对通常不存在可观察市场的资产和负债。其次，要认识到，在这种情况下，企业应该着重关注可观察的交易价格是否有序交易的结果，而不应该只关注市场的交易水平，理由很简单：即使与之前相比，交易显著不活跃，市场只有极少活动，交易也可能是有序的。因此，除非有证据表明交易并非有序交易，否则，企业应该考虑可观察的交易价格。如果企业不具备确定交易是否有序的充分信息，就应当执行进一步分析来计量公允价值。

一般来说，企业遇到下列情形时，应当确定相关资产或负债的交易量或交易活跃程度是否出现大幅下降：

（1）最近几乎没有发生该资产或负债的交易；

（2）该资产或负债的报价信息不是基于当前信息；

（3）报价信息在一段时间内或在做市商之间（例如，一些经纪人市场）变化极大；

（4）以往与该资产或负债公允价值高度相关的指数被证明与该资产或负债近期公允价值的指导价格不相关；

（5）与企业对期望现金流量的估计相比，在考虑了关于该资产或负债信用风险和其他不履约风险可获得的所有市场数据后，可观察交易或报价的隐含流动性风险溢价、收益率或业绩指标（例如，拖欠率或损失严重程度）大幅增加；

（6）出价和要价之间的价差很大或者大幅增加；

（7）该资产或负债（或者类似资产或负债）一级市场的交易活动大幅降低或不存在此类市场；

（8）几乎没有公开可获得的信息。例如，一些交易活动由买卖双方直接进行。

在此基础上，判断可观察市场中的交易是否还符合有序交易的概念。如果是，可以继续使用这些交易产生的价格。如果不是，可能需要改变估值技术或者使用多种估值技术。例如，使用市场法和收益法，并根据计量对象物的特征对估值技术做相应调整。应用指南中例16就此示例说明。

六、公允价值层次与估值技术的关系

再次强调，公允价值计量结果所属的层次，取决于估值技术的输入值，而不是估值技术本身（CAS 39 第二十四条）。但是，在实务操作中，由于不同的估值技术需要的输入值不同，而重要输入值的层次直接决定公允价值层次，因此，使用不同的估值技术还是可能会对公允价值层次的归属产生一定影响（如表10－4所示）。

表10－4　　公允价值层次与估值技术的关系

估值技术	公允价值层次		
	第一层次	第二层次	第三层次
市场法	相同项目未经调整	（1）价格需调整； （2）使用可观察输入值	（1）价格需调整； （2）使用不可观察输入值
收益法	不适用	（1）DCF法下直接可辨认的CF； （2）使用可观察输入值（例如，房租）； （3）实务常用	（1）使用不可观察输入值（例如，企业估计的金额）； （2）实务常用
成本法	不适用	（1）重置成本法且无相同项目市价； （2）使用可观察输入值实务罕见	（1）使用不可观察输入值（例如，企业估计的金额）； （2）实务常用

第九节　非金融资产的公允价值计量

由于某些计量对象物有自己非常明显的特点，本准则需要就其公允价值计量的相关注意事项作出规定。本章第九节至第十一节分别针对三类特别的计量对象物及其公允价值计量中的注意事项，说明其特别关注点。本节针对非金融资产的公允价值计量。

一、最佳用途

同一非金融资产可能具有不同的用途，由此产生的现金流量的金额、时间与不确定性可能有很大区别，因此，需要假定市场参与者能够将其用于最佳用途，或者出售给能够以最佳用途的方式来使用的其他市场参与者，此时所计量得出的当前脱手价格最能代表公允价值。本准则第八章详细规定了认定非金融资产“最佳用途”时的相关考虑。

（一）相关概念与原则

1. 只适用于非金融资产

这里需要解释一下：“最佳用途”只针对非金融资产，与金融资产无关。

由于金融资产拥有特定的合同条款（根据《企业会计准则第 22 号——金融工具确认和计量》第二条中的定义，金融工具是指形成一方的金融资产并形成其他方的金融负债或权益工具的合同），当且仅当金融资产的特征（即合同条款）发生改变时才可能具有不同用途。然而，特征的改变会导致特定资产变为一项不同的资产，因此，金融资产不具有替代用途。

即使企业可以通过以不同方式免除自身义务来改变与某项负债相关的现金流量，但此类不同方式并非不同用途。而且，虽然企业可能拥有特定的有利或不利因素使其能够比其他市场参与者更有效或更低效地清偿负债，但由于公允价值计量的市场性，这些主体特定（而非市场特定）的因素并不影响公允价值。

2. “最佳用途”的定义

CAS 39 第二十九条规定，“企业以公允价值计量非金融资产，应当考虑市场参与者将该资产用于最佳用途产生经济利益的能力，或者将该资产出售给能够用于最佳用途的其他市场参与者产生经济利益的能力。”所谓“最佳用途”，是指市场参与者实现一项非金融资产或其所属的资产和负债组合的价值最大化时该非金融资产的用途。

3. 最佳用途的限制条件

企业确定非金融资产的最佳用途，应当考虑非金融资产的用途是否符合以下3个方面的条件：

（1）法律上是否允许，要考虑市场参与者在对该资产定价时考虑的资产使用在法律上的限制。一般来说，只要在法律管辖区域内不被法律禁止，即认为符合这个条件。例如，如果政府禁止在生态保护区内进行房地产开发和经营，则该保护区内土地的最佳用途不可能是工业或商业用途的开发。

（2）实物上是否可能，应当考虑市场参与者在对该资产定价时，考虑的资产实物特征。例如，一栋建筑物是否能够作为仓库使用。

（3）财务上是否可行，应当考虑在法律上允许且实物上可能的情况下，市场参与者通过使用该非金融资产能否产生足够的收益或现金流量，从而在补偿使资产用于这一用途所发生的成本之后，仍然能够满足市场参与者要求的投资回报。

（二）实务操作

《企业会计准则第39号—公允价值计量》第三十一条规定，企业应当从市场参与者的角度确定非金融资产的最佳用途。这是公允价值的市场性体现，即使企业已经或者计划将非金融资产用于不同于市场参与者的用途也应遵守本准则。通常情况下，企业对非金融资产的当前用途可以视为最佳用途，除非市场因素或者其他因素表明市场参与者按照其他用途使用该非金融资产可以实现价值最大化。本准则应用指南例18至例20对此示例说明。

例如，某企业因正在使用的某商标产权纠纷，将该商标的所有权购入作为无形资产，并以公允价值计量该无形资产。之后，为了保护自身竞争地位，企业不再使用该商标，以此防御性地防止他人使用。此时，企业不应以该无形资产当前用途作为最佳用途，认定其公允价值为零（因不再使用，未来现金流量为零，其价值为零），而应当假定具备相关条件的市场参与者（熟悉情况、有能力并自愿的其他企业，一般可以假设是同行业有能力、有意愿使用该商标的企业）对该商标的用途为最佳用途，（例如，将该商标投入生产同类产品，而产生的经济利益），并以此为基础计量公允价值。

二、估值前提

（一）相关原则

CAS 39 第三十二条规定，企业以公允价值计量非金融资产，应当基于最佳用途确定该非金融资产的估值前提，也就是说，需要判定市场参与者是单独使用该非金融资产还是将其与其他资产或负债组合使用（如图 10 - 13 所示）。

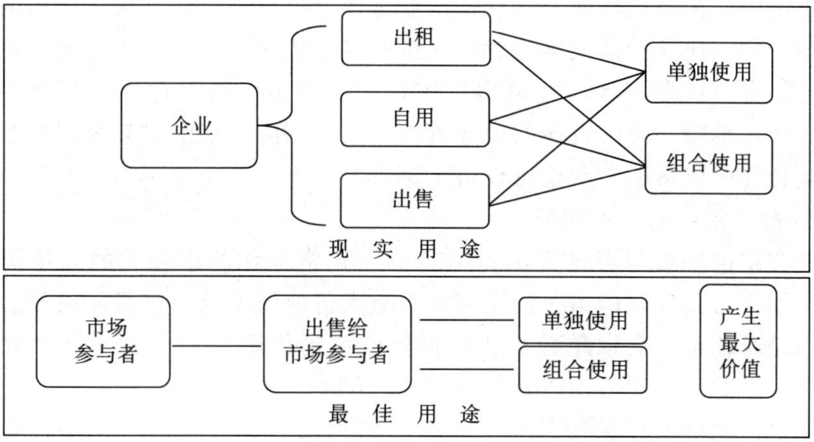

图 10 - 13 最佳用途与现实用途的区别

（1）如果通过单独使用实现非金融资产最佳用途，公允价值应当是将该资产出售给同样单独使用该资产的市场参与者的当前交易价格。

（2）如果通过与其他资产或负债组合使用实现非金融资产最佳用途，公允价值应当是将该资产出售给以同样组合方式使用资产的市场参与者的当前交易价格，并且假定市场参与者可以取得组合中的其他资产或负债。其中，负债包括企业为筹集营运资金产生的负债，但不包括企业为组合之外的资产筹集资金所产生的负债。最佳用途假定应当一致地应用于组合中所有与最佳用途相关的资产。

企业应当从市场参与者的角度判断该资产的最佳用途是单独使用、与其他资产组合使用，还是与其他资产和负债组合使用，但在计量非金融资产的公允价值时，应当假定按照其他相关准则确定的计量单元出售该资产（本准则第三十二条）。

（二）概念解析

判断最佳用途是非金融资产公允价值计量的估值前提。只要市场参与者能实现非金融资产的最佳用途，无论是单独使用还是组合使用，在计量其公允价值时都应当假定市场参与者以这样的方式（即最佳用途）使用，或者卖给能这样使用的其他市场参与者，使该资产实现价值最大化。

1. 计量单元问题

在确定计量对象（即非金融资产）时，必须仅针对符合其他相关准则要求的计量单元。如果经判定组合使用是最佳用途，而其他相关准则规定的计量单元是组合使用中的某个单项非金融资产，就可能导致计量单元与组合使用的整体计量单元不一致。在这种情况下，就须先按照最佳用途获得组合使用能获得的最大价值，再假定市场参与者已经取得使该资产正常运作的组合中的其他资产和负债，进而计量单项非金融资产的公允价值。本准则应用指南以某公司在非同一控制下企业合并中取得的一台精密设备示例说明。

2. 组合使用中的相关问题

由于假定市场参与者已经取得使该资产正常运作的组合中的其他资产和负债，即使那些与其他资产组合使用能产生重大价值而单独出售只能被作为废料处理的专用设备，也不会以单独出售的低廉的市场价格（相当于报废价值）认定公允价值。本准则应用指南以例 21、例 22 示例说明。

企业以公允价值计量与其他资产组合使用的非金融资产（例如，安装或配置）或与其他资产及负债（例如，一项业务）组合使用的非金融资产时，估值前提对该非金融资产公允价值的影响因下列情况而有所不同：

（1）非金融资产与其他资产或负债组合使用前提下的公允价值，与该非金融资产单独使用前提下的公允价值可能相等。例如，企业以公允价值对持续运营的业务进行计量时，需要对业务的整体进行估值。由于市场参与者都能获得业务中每一项资产或负债的协同效应，所以无论资产单独使用还是与其他资产或负债组合使用，协同效应都会影响各项资产和负债的公允价值。

（2）非金融资产与其他资产或负债组合使用前提下的公允价值，可通过对单独使用的该非金融资产价值进行调整反映。例如，非金融资产是一台机器设备，其公允价值计量基于机器没有为使用进行安装或配置的可观察价格确定，并就运输和安装成本进行调整，从而在公允价值计量中反映了机器的当前状况和所处位置。

（3）非金融资产与其他资产或负债组合使用前提下的公允价值，可通过市场参与者在资产公允价值计量中采用的假设反映。例如，非金融资产是在产品，则该在产品的公允价值将假设市场参与者已经获取或能够获取将在产品转化为产成品所需的任何特殊机器设备。

（4）非金融资产与其他资产或负债组合使用前提下的公允价值，可通过估值技术反映。例如，在使用多期超额收益法计量无形资产的公允价值时，该估值技术特别考虑了无形资产所在组合中的其他配套资产和相关负债的贡献。

（5）在少数情况下，非金融资产与其他资产或负债组合使用前提下的公允价值，可通过分配资产组合的公允价值，获得近似于公允价值的金额。例如，某电力集团拟处置其拥有的一家电厂及其输电系统。该输电系统，难以脱离该电厂等其他相关资产而单独产生现金流入，因此该电力集团必须将电厂和输电系统组合在一起，先确定该资产组合的公允价值，然后从资产组合的公允价值中减去电厂的公允价值来确定输电系统的公允价值。

第十节 负债和企业自身权益工具的公允价值计量

一、转移而非清偿的相关概念

（一）虚拟脱手（转移）

CAS 39 第三十三条规定，企业以公允价值计量负债，应当假定在计量日将该负债转移给其他市场参与者，而且该负债在转移后继续存在，并由作为受让方的市场参与者履行义务。对于企业以公允价值计量自身权益工具，本准则第三十三条也做出了类似的规定（如图 10 - 14 所示）。

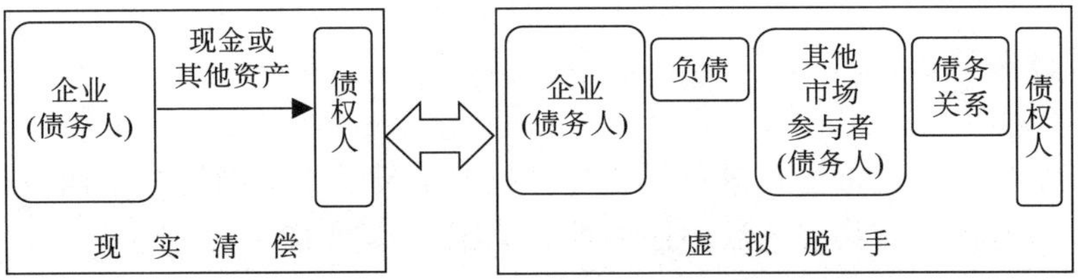

图 10 - 14 负债转移与现实清偿的区别

如果从日常实务角度来看，确实不好理解，但从公允价值定义（虚拟的市场参与者的转移价格）和特性（虚拟性、市场性）角度来看，就比较好懂了。

（二）符合财务报告目标

在许多情况下，企业可能不打算（或者不能够）向第三方转移其负债。例如，企业认为相对于市场通过自身内部资源来清偿负债更为有利；或者债权人不允许企业将负债转移给第三方。然而，根据定义，公允价值计量可以提供一个市场基准，作为评估企业在履行或清偿中相对于市场来说更有利或更不利的依据，由此可以向财务报告使用者提供对其决策有用的信息，也有利于评估企业管理层的受托责任（财务报告的核心目标）。如果企业以公允价值计量一项负债，它使用内部资源清偿负债的相对效率就会体现在清偿过程，并反映在当时的损益中。

（三）反映公允价值的个体性与市场性特征

此外，即使企业无法将负债转移给第三方，转移概念仍然是公允价值计量所必须的，因为这一概念体现了市场参与者对流动性、不确定性以及与负债相关的其他因素的预期，而清偿概念则并非如此，它只考虑企业的特定因素。

从市场参与者角度来看，无论负债是被清偿还是被转移，其公允价值都是相同的。理由如下：（1）负债的清偿或转移都反映了履行义务将发生的所有成本，包括市场参与者本身和作为受让方的其他市场参与者期望从这项活动中赚取的以市场为基础的利润；（2）市场参与者在履行义务时面临的风险与作为受让方的其他市场参与者履行该义务时面临的风险相同，它们都无法完全获悉现金流出的时间和金额；（3）在公允价值计量中，清偿的假设基础是计量日当日，而不是在一段时间（例如，从当前到付清本息期间）。因此，公允价值计量中的清偿金额反映的是债权人在一定期间接受清偿的经济利益（例如，付款额）的现值，这与市场参与者在计量日将这项负债转移给其他市场参与者的金额是一样的。如果前者更高，受让方不接受；反之，出让方不乐意。

二、计量原则

对于企业以公允价值计量负债或自身权益工具，本准则第三十四条规定了以下 3 项应当遵循，且具有先后顺序的计量原则（如图 10 – 15 所示）：

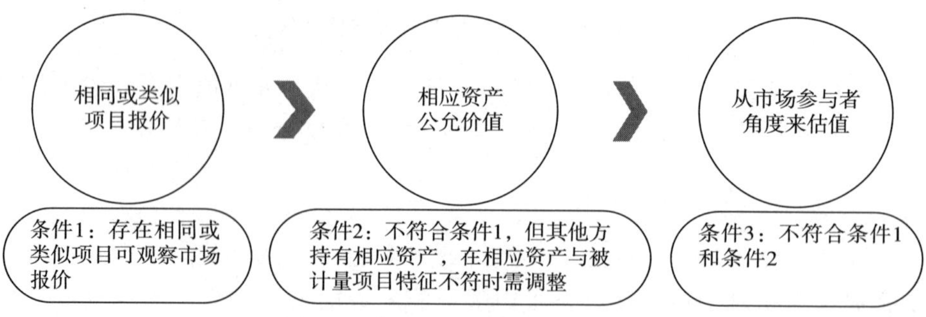

图 10 – 15 负债和企业自身权益根据公允价值计量原则

（一）如果存在相同或类似负债或企业自身权益工具可观察市场报价，应当以该报价为基础确定公允价值

（二）虽然负债和企业自身权益工具的转移一般很难或不能被观察到，但它们大都是与其他方签订合同，会有其他方将其作为资产（即相应资产）而持有

从概念上看，由于合同条款相同，没有理由认为，负债的价值与同一有效市场中对应资产的价值有什么不同，除非负债和资产的计量单元不一致。如果两者的价格不同，比如，对应资产价格低于负债转移的价格时，作为受让方的市场参与者就可以通过承担义务先获得一笔资金，再用这笔资金中的一部分购买对应资产，当这项资产与负债相抵销（权利义务也因此而抵销）后，还可得到负债转移价格高于对应资产价格的资金差额。反之，当对应资产价格高于负债转移的价格时，市场参与者就能够先通过卖出对应资产获得资金，再用这笔资金的一部分出让债务，对应资产与这项负债对抵后，市场参与者还可以赚取一定利润。由此可见，只要对应资产价格与负债转移的价格不同，就存在套利机会。在这种情况下，负债与资产的价格将进行调整，直至这种套利机会消失（有效市场的基本特点）。

因此，如果“不存在相同或类似负债或企业自身权益工具可观察市场报价，但其他方将其作为资产持有，企业应当在计量日从持有该资产的市场参与者角度，以该资产的公允价值为基础确定该负债或自身权益工具的公允价值”。

考虑到公允价值计量要求只能针对对象物的特征（个体性），当对应资产的某些特征不适用于所计量的负债或企业自身权益工具时，企业应当对该资产的公允价值进行调整，以调整后的价值确定负债或企业自身权益工具的公允价值。这些特征包括资产出售受到限制，资产与所计量负债或企业自身权益工具类似但不相同，资产的计量单元与负债或企业自身权益工具的计量单元不完全相同等。

（三）如果不存在相同或类似负债或企业自身权益工具可观察市场报价，并且其他方未将其作为资产持有的，企业应当从承担负债或者发行权益工具的市场参与者角度，采用估值技术确定该负债或企业自身权益工具的公允价值

三、操作指南

（一）具有可观察市场报价的相同或类似负债或企业自身权益工具

上述第一种情况最为理想，在操作上也很简单，本章不做详细讲解。

（二）被其他方作为资产持有的负债或企业自身权益工具

上述第二种情况相对比较常见，但由于公允价值计量的特殊性，需要特别注意市场参与者、对应资产与计量对象物在特征上的区别等因素，在实务中多加小心，细致操作。本准则要求，企业应当根据下列方法估计其公允价值：

（1）如果对应资产存在活跃市场的报价，并且企业能够获得该报价，企业应当以对应资产的报价为基础，确定该负债或企业自身权益工具的公允价值。

（2）如果对应资产不存在活跃市场的报价，或者企业无法获得该报价，企业可使用其他可观察的输入值。

（3）如果前两种情况下的可观察价格都不存在，企业应使用收益法、市场法等估值技术。若使用收益法，应当考虑市场参与者将该负债或企业自身权益工具作为资产持有时预期收到的现金流量现值。若使用市场法，应当考虑其他市场参与者作为资产持有的类似负债或企业自身权益工具的报价。

（4）调整因素

如果对应资产的某些特征不适用于负债或企业自身权益工具，企业应当对该资产的市场报价进行调整，以调整后的价格确定该负债或企业自身权益工具的公允价值。这些调整因素包括：

①对资产的出售受到限制；

②与对应资产相关的负债或企业自身权益工具与所计量负债或企业自身权益工具类似但不相同。负债或权益工具可能具有独特地特征。例如，发行方的信用质量与被作为资产持有的类似负债或权益工具的公允价值中反映的特征不同；

③对应资产的计量单元与负债或企业自身权益工具的计量单元不完全相同。如果对应资产的价格反映了相关债权和第三方信用增级，而负债的计量单元不包括第三方的信用增级，则企业在以公允价值计量该负债时，应当调整对应资产的可观察价格，剔除第三方信用增级的影响；

④其他需要调整的因素。应用指南例 23 举例说明以对应资产估计负债的公允价值及其对调整的考虑。

（三）未被其他方作为资产持有的负债或企业自身权益工具

1. 适用情形

上述第三种情况比较常见，因为有些金融工具几乎不在市场上出现报价。在这种情况下，企业应当从承担负债或者发行权益工具的市场参与者角度，采用估值技术计量该负债或企业自身权益工具的公允价值。特别是某些不存在对应资产的负债，例如，弃置义务，企业也可以使用估值技术计量该负债的公允价值。例如，市场参与者预期在履行义务时将发生的未来现金流出的现值。

2. 未来现金流现值法及其注意要点

企业使用现金流量折现法计量未被其他方作为资产持有的负债的公允价值时，应当估计市场参与者为履行相关义务预期流出的未来现金流量。这些未来现金流量的流量应当包括市场参与者关于履行义务成本的预期以及市场参与者为承担义务所要求的补偿。该补偿包括市场参与者承担履约义务（即履行义务的价值。例如，使用了本可用于其他用途的资源）所要求的回报以及承担与该义务相关风险（即反映实际现金流出可能不同于预期现金流出风险的风险溢价）所要求的回报。这些补偿是市场参与者在未来履行偿债义务过程中必须付出的现金流量。

对于因未来现金流出金额与时间的不确定而产生的风险问题，企业可通过增加现金流出金额，或者通过降低用于将未来现金流量折现到现值的折现率，将风险溢价反映在未被其他方作为资产持有的负债或企业自身权益工具的公允价值计量中。另外，需要注意本章第七节在分析收益法时提到的问题，企业应确保不重复计算或忽略对风险的调整。例如，企业如果已经考虑与承担义务相关的风险补偿，并增加了预计现金流量，就不应当再为反映该风险而调整折现率。

在选取输入值问题上，企业若采用现金流量折现法计量公允价值时，还应当考虑市场参与者在主要市场或最有利市场中发行具有相同合同条款的负债或权益工具时，在对相同项目（如具有相同信用特征的项目）进行定价时使用的假设以及承担相同负债或发行相同权益工具时取得的金额。

应用指南例 24、例 25 分别示例了因发行债券和弃置义务引起的负债以现金流量折现法来估计其公允价值，并对其中的风险调整予以了特别说明。

（四）不履约风险

1. 问题的产生

公允价值计量金融负债可能导致企业自身信用风险增大的假设，即市场上预期企业可能不能完全按期足额清偿债务，由此减弱对于企业按期足额偿债能力的信心。此时，在公允价值计量的虚拟场景中，承担企业某项负债的市场参与者要将该负债转移给其他市场参与者，有理由预期由于企业信用风险的增大使这项负债的转移价格比以前降低。换句话说，这项负债的公允价值将会下降。这样一来，根据其他相关准则，企业可能将由此确认一项利得，净资产也因此增加。

企业自身信用风险增大，导致金融负债的公允价值降低，进而企业的净资产增加。由此得出结论：企业自身信用变差，却能够由此获得一笔会计上的净资产增加。这种因果关系与日常思维明显相悖，我们称之为“反直觉效应”。反之，如果企业自身信用风险降低，将会导致企业净资产减少，其因果关系依然存在“反直觉效应”。

这种情况在现实中就曾经发生过。2009 年初，全球金融危机爆发后的半年时间内，美国许多大型金融机构受到重创，由于广泛采用公允价值来计量负债，一些机构因自身信用恶化而确认大量利得；与之相反，个别企业因被收购，信用前景被市场看好，却为此确认了大笔损失。

针对这种“反直觉效应”，许多人对以公允价值计量金融负债表示怀疑，特别是对计量金融负债时将包含企业自身信用的不履约风险作为考虑因素表示很难理解，要求准则制定机构修改甚至直接废除这条规定。

2. 问题解析

经过慎重考虑，IASB 认为，公允价值计量与因计量引起的会计确认是两个不同的问题，应该分别由不同的会计准则来规范。公允价值计量由 IFRS 13 规范公允价值确认归其他相关准则规范，如果是金融负债的确认，则适用 CAS 39 或 IFRS 9（《金融工具》），不能因为确认规定产生的问题而否定计量的相关规定。

实务中，一方面，债权人一般不允许债务人向信用状况相对更差的另一方转移其义务；另一方面，如果债务出让方协商的条款反映了自己相对较差的信用状况，信用状况较好的受让人也不愿意按相同条款承担这项债务义务。因此，在未明确承担义务方信用状况的情况下，这项负债可能因企业对受让方市场参与者特征的假设不同，存在完全不同的公允价值。同样，将企业负债作为资产（对应资产）持有的债权方在对这项资产定价时，也会考虑企业信用风险及其他风险因素的影响。因此，如果某项负债的不履约风险发生了变动，在计量该负债的公允价值时，需要作出如下假设（1）这项负债能够被市场参与者转移给受让方，这样才能获得虚拟脱手价格，也就是公允价值；（2）假设在转移当时不履约风险保持不变，才会得到一个相对确定的转移价格。

在会计确认方面，可以通过修改其他相关准则的相关规定，改善这种“反直觉效应”，而不是在计量时拒绝考虑不履约风险因素。

3. 准则规定

CAS 39 第三十五条规定，企业以公允价值计量相关负债，应当考虑不履约风险（企业不履行义务的风险，包括但不限于企业自身信用风险），并假定不履约风险在负债转移前后保持不变。

具体来说，企业以公允价值计量相关负债时，应该考虑其信用风险（信用状况）的影响以及其他可能影响负债履行的因素。这些因素的影响会因不同负债而有所不同。例如，该负债是否是一项偿付现金的义务（金融负债），或者一项提供商品或服务的义务（非金融负债），或者存在与该负债相关的信用增级条款。

应用指南例 26 和例 27 分别说明了计量负债的公允价值时对不履约风险的考虑。

（五）附有第三方信用增级的负债

"信用增级"，也称"担保"。发行人可以购买担保，并将其与负债相组合成证券，也就是附担保的债券，发行给投资者，这种债券就附有为发行人的支付义务提供担保的第三方财务担保。

一般来说，如果负债的发行人无法向投资者履行支付义务，担保人有义务代表发行人进行支付，由此发行人将对担保人附有义务。通过与信用增级进行组合发行债务，发行人可以更容易地推销其债务，并且能够降低须向投资者支付的利率，或者可以增加发行债务所取得的收益。

需要注意的是，负债的公允价值计量也要遵循其他相关准则规定的计量单元，当这类负债的计量单元是不附有信用增级的义务时，从发行人的角度来看，该负债的公允价值不同于另一方作为资产持有的被担保负债的公允价值。在计量不附担保的负债的公允价值时，需要对被担保负债的公允价值做出调整。所以，如果将第三方信用增级与负债分别进行会计处理，企业估计该负债公允价值时，不应考虑该信用增级的影响，而应当仅考虑企业自身的信用状况。

（六）负债或企业自身权益工具转移受限

公允价值计量的个体性特征要求，在计量时必须只考虑计量对象物的特征，但不能在估值时对这些特征重复计算。

资产与负债在对转移的限制方面存在两点根本差异：（1）相关因素不同；（2）限制范围不同。对负债转移的限制与义务的履行相关，也就是说，承担债务方被法定要求必须履行相关义务，并且必须为免除该义务而采取相应行动。而对资产转移的限制则与资产的可销售性相关。几乎所有负债都包含防止负债转移的限制，而大多数资产都不包含类似限制。或者说，几乎所有负债都存在转移限制，而资产转移限制具有明显的个体特征。

一般来说，在确定负债的交易价格时，债权人和债务人已经考虑了所有转移限制因素，双方在交易日完全了解相关义务（包含转移限制）情况，并接受负债的交易价格。由于交易价格已包含转移限制，企业不需要在交易日或后续计量日通过重新设立单独输入值或者对现有输入值的调整来反映转移限制的影响。

针对负债和自身权益工具与资产明显不同的这些特点，考虑到公允价值估值操作中需要使用输入值来反映这些特点，为避免操作失误，本准则第三十六条要求。企业以公允价值计量负债或自身权益工具，并且该负债或自身权益工具存在限制转移因素的，如果企业在公允价值计量的输入值中已经考虑了这些因素，则不应再单独设置相关输入值，也不应对其他输入值进行相关调整。但对于负债转移的限制，未反映在交易价格或用于计量公允价值的其他输入值中的，企业应当对输入值进行调整，以反映该限制。

（七）具有可随时要求偿还特征的金融负债

某些金融机构（如银行）拥有大量具有可随时要求偿还特征的金融负债（如活期存款）。此类负债可观察的市场价格是客户与存款接收方（银行）之间产生这种负债时所约定的价格，也就是存款客户要求偿还的金额。如果将这类金融负债的公允价值确认为低于要求偿还的金额，将导致它们在产生时就要立即确认一项利得，这样做明显不恰当。因此，本准则第三十七条规定，具有可随时要求偿还特征的金融负债的公允价值，不应低于债权人随时要求偿还时的应付金额，即从可要求偿还的第一天起折现的现值。

第十一节　市场风险或信用风险可抵销的金融资产和金融负债的公允价值计量

企业持有一组金融资产和金融负债时，将会面临市场风险（包括利率风险、汇率风险和其他价格风险等）和交易对手的信用风险。通常情况下，企业不是通过“出售”金融资产或“转移”金融负债来管理其面临的市场风险及信用风险敞口，而是基于一个或多个特定市场风险或特定交易对手信用风险的净敞口，管理这些金融资产和金融负债。

企业基于其市场风险或特定交易对手信用风险的净敞口，管理其金融资产和金融负债时，可将这一组金融资产和金融负债看作一组金融工具计量单元，并进行公允计量。即在满足本准则要求的情况下，可以在计量日市场参与者之间进行的有序交易中，以出售特定风险敞口的净多头（即资产）所能收到的价格或转移特定风险敞口的净空头（即负债）所需支付的价格为基础，计量该组金融资产和金融负债的公允价值。企业应当以与市场参与者在计量日对净风险敞口定价相一致的方式，计量这组金融资产和金融负债的公允价值。

本章第四节已述，关于组合管理的金融资产和金融负债的列报，企业应当遵循其他相关会计准则。如果相关会计准则不允许金融工具以净额为基础列报，企业在资产负债表中应当分别列报金融资产和金融负债。此时，计量单元与确认单元不一致，不能合称为“记账单元”。在这种情况下，企业需要将以净风险敞口为基础组合管理的金融资产和金融负债组合的公允价值，分配至各金融资产和金融负债。企业应当合理、一贯地采用适合于当前情况的方法进行分配。

一、金融资产和金融负债组合计量的条件

会计反映业务，无论是业务操作上、文件上，还是管理制度上，都要确定企业已经有相应的风险管理业务，才能在会计上组合计量。CAS 39 第三十九条要求，企业按照本准则的例外规定以公允价值计量金融资产和金融负债组合的，应当同时满足下列条件（如图 10－16 所示）：

图 10－16　以净敞口为基础计量公允价值需要满足的条件

（1）企业风险管理或投资策略的正式书面文件已载明，企业以特定市场风险或特定对手信用风险的净敞口为基础，管理金融资产和金融负债的组合。企业应当提供证据，证明其一致地基于市场风险或信用风险的净敞口管理金融工具。因为企业可能在各期间针对特定投资组合保持一致、统一的管理，也可能在有些期间针对该投资组合运用净额基础，而在其他期间运用总额基础。

（2）企业以特定市场风险或特定对手信用风险的净敞口为基础，向企业关键管理人员报告金融资产和金融负债组合的信息。

（3）企业在每个资产负债表日持续以公允价值计量组合中的金融资产和金融负债。如果是应其他相关准则要求，或者由于相关准则允许选择使用公允价值且企业做出这种选择，企业应当持续以公允价值计量这些金融工具。

如果企业并没有以净额基础管理风险敞口，或并没有基于公允价值管理这些金融工具的，就不应当基于企业的风险净敞口来计量这些金融工具的公允价值。

本准则的例外要求仅适用于符合上述条件并由《企业会计准则第 22 号——金融工具确认和计量》规范的金融资产、金融负债和其他合同的公允价值计量。

二、金融资产和金融负债的市场风险敞口

（一）只适用于实质上相同的特定市场风险敞口

如果企业以净敞口管理的市场风险实质上并不相同（例如，对与金融资产相关的利率风险和与金融负债相关的商品价格风险进行结合管理），这样做就不会减小特定风险（包括企业利率风险或商品价格风险）的敞口，起不到通过组合管理降低特定风险（无论是利率风险还是商品价格风险）的目的。因此，在风险管理业务上，企业以公允价值计量的基于特定市场风险净敞口管理的金融资产和金融负债，应当具有实质上相同的特定市场风险敞口（本准则第四十条）。

企业运用该规定时，应当考虑由于市场风险参数不完全相同引起的基差风险（风险管理工具与被管理对象之间价格波动不同步所带来的风险）。企业会因基差风险不同而选择不同的市场风险输入值。因此，对金融资产和金融负债进行组合管理的企业，如果不能缓解金融资产面临的市场风险和金融负债面临的其他市场风险，则不应适用于该规定。

（二）只适用于实质上相同的特定市场风险期限

企业以公允价值计量基于特定市场风险净敞口管理的金融资产和金融负债的，金融资产和金融负债应当具有实质上相同的特定市场风险期限。因期限不同而导致在一段时期内市场风险未被抵销的，企业应当分别计量其在市场风险被抵销时期的市场风险净敞口以及在其他时期（即市场风险未被抵销的时期）的市场风险总敞口。

例如，企业使用 12 个月的期货合同对应 5 年期金融工具中与 12 个月利率风险敞口价值相关的现金流量。对于由金融资产和金融负债组成的组合，企业应以净额为基础，计量 12 个月利率风险敞口的公允价值；而以总额为基础，计量剩余利率风险敞口（即第 2 年至第 5 年）的公允价值。

三、金融资产和金融负债的信用风险敞口

（一）适用于违约时能缓释信用风险敞口的安排

实务中，企业可能与交易对手达成协议；约定在出现违约情况时，考虑所有能够缓释信用风险敞口的安排。例如，与交易对手订立总互抵协议（根据《企

业会计准则第 37 号——金融工具列报》第三十四条，总互抵协议，是指协议所涵盖的所有金融工具中的任何一项合同在发生违约或终止时，就协议所涵盖的所有金融工具按单一净额进行结算)，或者要求基于双方对对方信用风险的净敞口交换担保品的协议。在这类情形下，如果企业以公允价值计量相关资产或负债，就应当在公允价值计量中考虑交易对手信用风险的净敞口或者该交易对手对企业信用风险的净敞口。

（二）应反映市场参与者预期在出现违约时能依法强制执行的可能性

企业以公允价值计量相关资产或负债，应当反映市场参与者对这些安排在出现违约情况下能够依法强制执行的可能性。也就是说，要从市场参与者角度出发，不仅要考虑体现在协议（也是金融工具的一部分）中的违约时可以减少损失的所有安排，还应当考虑对手方因违约而被强制执行时市场参与者能够挽回损失的概率。二者的乘积才是以信用风险净敞口进行组合计量时，对手方违约风险的预期损失补偿。净敞口扣除这些预期补偿得到的才是这类组合金融工具的公允价值。

（三）特定交易的信用风险很可能有别于其市场风险

企业的所有合同不可能都与相同的交易对手订立，所以，企业为管理一个或多个特定市场风险净敞口而进行组合管理的金融资产和金融负债，可能不同于企业为管理其特定交易对手信用风险净敞口而进行组合管理的金融资产和金融负债。

第十二节　公允价值披露

在 CAS 39 公布之前，其他相关准则中有关公允价值的披露要求各不相同，给财务报告编制工作带来困扰，也严重影响了财务报告信息的可比性。由于本准则正文与应用指南中已经对公允价值披露要求做出了非常详细的要求，本节仅就披露要求的原则性问题进行说明，希望读者在理解关于公允价值计量为什么要披露、披露哪些信息等问题上有个方向性的把握。至于如何披露，请对照准则正文与应用指南，并根据企业自身实际情况，做出既合乎管理目标，又清晰细致的披露。

一、披露的目标：决策有用

由于其他相关准则已经涵盖了初始确认时的公允价值披露，本准则要求，提供的披露仅限于初始确认后在资产负债表中的公允价值计量。披露的目标是，为财务报告使用者提供有关信息，以便了解公允价值计量所使用的估值技术和输入值以及使用重大不可观察输入值的公允价值计量如何影响当期损益或其他综合收益。

公允价值计量存在固有的不确定性和主观性，在许多情况下又是必须的，且其变动会对企业利润表产生影响（有可能是很大的影响），所以有必要加强公允价值计量的相关披露要求，使相关会计信息能够如实反映企业的财务状况、经营业绩与现金流量，为财务报告的使用者提供有用决策。

另外，某些相关准则规定企业需要披露公允价值计量信息，但不要求在财务报表中以公允价值来计量这些项目，对于这些项目，企业也需要对公允价值计量中的技术细节予以披露。特别是对于公允价值所属层次及其第二层次第三层次公允价值计量的某些技术细节、非金融资产最佳用途问题等方面，需要做出细致的披露。

二、披露的内容：分层分类

（一）根据公允价值计量层次，要求不同程度的披露

在公允价值披露中，首先应从公允价值计量层次角度确定分组。由于不同层次的公允价值计量的不确定程度与主观性不同，企业只有将它们根据公允价值计量层次的不同予以分组披露，才能使财务报告使用者清晰地了解其不确定程度与主观性，据此判断企业财务状况和经营业绩的不确定性与主观性。

（二）针对公允价值计量的持续性，要求不同的披露细节

在公允价值披露中，还需要关注企业对某项资产或负债的公允价值计量是否具有持续性。如果其他相关会计准则要求或允许企业在每个资产负债表日持续以公允价值进行计量（例如，对交易性金融资产公允价值的计量），就应该持续以公允价值计量。在这种情况下，所有可能产生期初（或期末）公允价值变动的信息，都可能重大影响企业利润表数字，也会影响财务报告使用者对企业经营业绩的判断。由于有些项目的公允价值在财务报表中只是一个数字，甚至仅是构成财务报表某行数字的一个因素，财务报告使用者无法识别，但又对企业的财务状况、经营业绩影响较大，因此对财务报告使用者的决策有很大影响。也就是说，对需要以持续性公允价值计量的项目，在计量技术上的某个微小变动或调整，就可能在财务报表上产生很大的数值影响，进而影响财务报告使用者对企业的判断

以及据此做出的决策。所以，对公允价值计量的披露需要更加细致，需要披露公允价值计量过程中的一些技术上的细节，特别是能够反映其不确定性与主观性的技术细节，包括公允价值层次、层次转换的金额、原因、相关会计政策、期初（或期末）余额变动情况及其细节（调节信息包括是否已实现的当期损益及其他综合收益，具体见应用指南表13），计入当期损益的已实现利得或损失总额以及确认这些利得或损失时的损益项目（见应用指南表14）等情况。

（三）对第三层次公允价值要求特别披露

如果企业利用重要的不可观察输入值估值获得公允价值，就会使该公允价值被分类为第三层次，从而需要让财务报告使用者了解这一层次公允价值计量主观性对企业的财务影响。包括敏感性分析，不可观察输入值之间的相关关系及其影响，输入值变更的事实及其带来的影响。

（四）小结

为了便于理解，本章编制了公允价值计量披露要求汇总表（如表10－5所示），概括了公允价值计量的影响因素，技术细节，对企业哪些财务信息质量特征产生影响以及为了提升这些信息质量特征而做出的披露要求。

表10－5　公允价值计量披露要求汇总表

影响因素	技术细节	信息质量	披露要求
估值技术	使用什么技术	可靠性	第二层次、第三层次使用估值技术的描述性信息
	估值技术有何变更，为什么要变更	可比性、可理解性	变更事实与原因
	第三层次使用什么样的估值流程	可理解性	第三层次使用估值流程的描述性信息
输入值	使用哪些输入值	重要性	第二层次、第三层次使用输入值的描述性信息
	使用哪些重要的、可合理取得的不可观察输入值	重要性、可比性	敏感性分析
	不可观察输入值有何变动	重要性	
	不可观察输入值之间的相关关系		
	输入值有何变更，为什么要变更	可比性、重要性	变更事实与原因
	层次转换时点、政策、影响金额	可比性	

续表

影响因素	技术细节	信息质量	披露要求
对利润表的影响	已实现当前损益有多大，什么项目		金额、损益项目
	未实现当前损益有多大，什么项目		金额、损益项目
	其他综合收益有多大，什么项目		金额、其他综合收益项目
计量单元	以净敞口为基础来计量		事实
	附有不可分割第三方信用增级的负债		事实，信用增级是否已反映在公允价值计量中
其他	最佳用途与当前用途不同	可理解性	事实及原因

为了便于编制与阅读，企业可以根据现行准则的规定与自身实际情况，在持续性公允价值计量与非持续性公允价值计量要求下的所有项目排列出来，再与公允价值的3个层次相组合，构成表格，将相关数字填入其中，简洁而清晰地向财务报告使用者呈现公允价值计量的数量化信息（见应用指南表11）。

三、第三层次公允价值计量的特别披露要求

相比于第二层次公允价值计量，第三层次公允价值计量主观性更强。因此，企业应当参照第二层次公允价值计量对估值技术和输入值的描述性要求，披露更多信息，以帮助财务报告使用者更好地理解企业在公允价值计量中作出的判断和假设。具体包括在公允价值计量中使用的估值技术和输入值的描述性信息，估值技术变更事实及其原因，使用的重要的、可合理取得的不可观察输入值的量化信息等。

为帮助财务报告使用者评价所披露的定量信息，企业可以考虑披露以公允价值计量的项目的性质，包括在确定相关输入值时考虑的相关资产或负债的特征以及在计量公允价值时如何考虑经纪人或定价服务机构报价等第三方信息。具体披露格式见应用指南表12。

四、非金融资产的最佳用途相关披露要求

对于非金融资产，最佳用途的确定是重要的技术细节。如果非金融资产的最佳用途与其当前用途不同，可能会对企业产生重大的财务影响，这方面信息也是财务报告使用者特别需要关注的。因此，也要求财务报告编制者做出相关披露。

第十三节　总　　结

“公允价值”不能简单拆字理解为“大家都认可的价值”。就像复式簿记的“借”与“贷”已经成为一种会计的特有符号一样，对于“公允价值”这样的专有术语，不能只从字面或日常生活角度来理解，否则在逻辑上将站不住脚。

先来看看“价值”这个术语。从理论上说，价值是人对某个事物对自身效用程度的一种判断，它完全是一种主观判断，因人因时而异。如同“你的美味是我的毒药”，又或者“昨天的煎熬是今天的美好”。从严格意义上说，这样的主观词语不适宜用在会计中，因为会计承担委托代理关系中的受托责任，需要向相关决策者提供决策有用的信息，除非配以大量说明和解释，完全主观的判断很难满足会计这一根本目标。事实上，本准则在这方面也有所体现，对于第三层次的公允价值计量，要求辅以大量的披露信息。会计计量中的许多“价值”或“值”或是指金额（例如，可实现净值、折现值等），或是指价格（例如，公允价值）。

再来看“公允”一词。这里的“公允”并没有道德意义。虽然“公允”具有非常鲜明的市场性，勉强含有“公”的概念，但这个“公”是指符合严格条件的市场参与者；“允”是指在虚拟环境中的虚拟交易。在虚拟交易中得到的脱手价格才是“公允价值”。

公允价值计量的目的是要提供一个以货币计价的数值。之所以需要这个数值，是由其他准则要求或允许采用的，而这个数值必须符合一定的条件，才能符合这些准则的要求。为此，本准则详细规定了公允价值的定义与计量公允价值的操作规范。这些规范共同构成了“公允价值”概念与获得这个数值的条件。遵循这些规范，得到的数值才是“公允价值”。带有道德色彩理解这个专业术语，难免贻笑大方。

为了便于理解本准则的主要内容，本章以表 10－6 做出总结。该表的特点是可以横着连起来读，从整体上把握本章的主要内容；也可以竖着读，细致理解相关概念。

表 10－6　　公允价值计量概念及准则内容总结表

公允价值	是计量单元在计量日的价格							脱手价格
	其他相关准则要求或允许何时针对什么进行计量，本准则规定如何计量							负债的义务转移给第三方，自身权益的权利义务转移给第三方，不考虑交易费用
	非金融资产		负债和自身权益工具			风险可抵销的金融工具		
要从市场参与者角度	确定最佳用途	转移而非清偿	也可以通过计量对应资产来获得	或者使用估值技术	可随时要求偿还的金融负债	是本准则特定的计量单元	须满足一定条件	
直接使用或出售给有此能力的市场参与者	实现价值最大化时的用途	受限于法律或企业计划，可能无法获得转移的公开报价	在对应资产某些特征不适用时，需作调整	使用DCF时要在现金流量或折现率中体现风险溢价，但不可重复	例如：活期存款	可能与其他相关准则的列报要求不一致	正式文件已载明、以净敞口为基础报告、持续以公允价值计量	
通常是企业当前用途，但未必都是	法律上允许，实物上可能，财务上可行	要考虑不履约风险，但不考虑信用增级	出售受限、类似但不相同、计量单元不同、其他		公允价值不应低于债权人随时要求偿还时的应付金额	要考虑减少信用风险敞口的现行安排及其强制执行的可能性	面临的特定市场风险及其期限实质相同	
	估值前提是产生最大价值的使用方式：组合或单项	由此产生的“反直觉效应”由其他相关准则解决						

续表

<table>
<tr><td colspan="6">是在一定市场条件下虚拟交易的结果，</td><td colspan="3"></td><td colspan="6">可以通过估值来获得。</td></tr>
<tr><td colspan="6">在严格规定的虚拟环境中得到的交易价格，不包括交易费用</td><td></td><td colspan="2">其中，初始计量</td><td colspan="3">需采用一定的估值技术</td><td colspan="3">并使用相关输入值</td></tr>
<tr><td colspan="2">市场参与者在</td><td>主要市场</td><td>或最有利市场</td><td colspan="3">中的有序交易</td><td colspan="2">一般等于进入价格</td><td>市场法</td><td>收益法</td><td>成本法</td><td colspan="3">分 3 个层次</td></tr>
<tr><td rowspan="2">具备限定条件的交易方</td><td rowspan="2">要从总体上予以识别</td><td>交易量最大、交易最活跃的市场</td><td>最有利于市场参与者的市场</td><td colspan="3">计量日前一段时期有惯常市场活动的交易</td><td colspan="2">某些情况下，交易价格与公允价值不相等</td><td>利用相同或相似项目价格及相关市场交易信息</td><td>将未来金额转换成单一现值</td><td>重置相关资产服务能力所需金额</td><td rowspan="4">相同项目活跃市场上未经调整报价</td><td>除此以外的相关项目可观察输入值</td><td>相关项目的不可观察输入值</td></tr>
<tr><td rowspan="2">企业在计量日能够进入的交易市场，但不要求实际交易</td><td rowspan="2">不考虑交易费用，但要根据运输费用做调整</td><td rowspan="2">应全面理解交易环境和有关事实</td><td rowspan="2">识别相关资产负债有序交易中的价格</td><td rowspan="2">对不是或难以判断是否为有序交易中的价格</td><td rowspan="5">关联方之间的交易、被迫交易、计量单元不同、交易市场并非主要或最有利市场</td><td rowspan="3">其他相关准则要求或允许以公允价值进行初始计量</td><td rowspan="2">除公开报价外，常用市场乘数法等</td><td rowspan="3">包括现金流量折现法和期权定价模型</td><td rowspan="3">应根据折旧、贬值情况对有相同服务能力的替代资产的成本作出调整</td><td rowspan="3">活跃市场中类似资产负债报价；非活跃市场中与资产负债报价、除报价以外的其他可观察输入值相同或相似</td><td rowspan="3">包括不能直接观察和无法由可观察市场数据验证的利率等</td></tr>
<tr><td rowspan="4">相互独立、熟悉情况、有能力与意愿</td><td rowspan="4">考虑计量对象、市场以及与企业进行交易的市场参与者</td></tr>
<tr><td>通常假定企业正常进行交易的市场就是</td><td>判断市场的条件与确定公允价值的条件不同</td><td>有些情况下的交易活动不应作为有序交易</td><td rowspan="3">考虑交易量、交易的可比性、交易日与计量日的临近程度等因素而赋予权重</td><td rowspan="3">不考虑或赋予低权重</td><td>要考虑计量相关的定性、定量因素，选择恰当的市场乘数</td></tr>
<tr><td rowspan="2">如果不存在可观察市场，应从市场参与者角度假定进行交易</td><td rowspan="2"></td><td rowspan="2">计量日前一段时间不存在惯常交易、仅与单一参与者交易、交易一方已陷入财务困境或被迫交易、交易价格异常</td><td rowspan="2">差额按其他相关准则的要求处理，否则计入当期损益</td><td colspan="3">可能需要单项或多种估值技术，应考虑的相关因素包括：可获得信息、可观察及需调整程度、估值结构区间、分析产生较大差异的原因</td><td colspan="2">源于交易所、做市商、经纪人、直接交易市场，优先使用可观察输入值，某些情况下需作出调整，并可能因此划入较低层次</td><td>只有在相关可观察输入值无法取得或取得不切实可行时才能使用</td></tr>
<tr><td colspan="3">保持一致，但在一定条件下可以变更技术</td><td colspan="3">根据重要输入值的层次，公允价值也分为对应的 3 个层次</td></tr>
</table>

第十一章 收 入

2017 年 7 月，财政部发布财会〔2017〕22 号文件，对《企业会计准则第 14 号——收入》进行了修订，要求在境内外同时上市的企业以及在境外上市并采用国际财务报告准则或企业会计准则编制财务报表的企业，自 2018 年 1 月 1 日起施行新准则；其他境内上市企业，自 2020 年 1 月 1 日起施行新准则；执行企业会计准则的非上市企业，自 2021 年 1 月 1 日起施行新准则。同时，允许企业提前执行。本章详细介绍新修订的《企业会计准则第 14 号——收入》准则，并在本章中以“本准则”“新准则”或“CAS 14”简称。

几乎所有企业利润表的第一行数字都是“收入”。因此，新准则几乎对各行各业都会产生一定的影响。新准则在收入确认原则上与原准则完全不同，要求企业审核与客户之间的合同细节条款，在履行其中的履约义务时确认收入。对于收入计量，包括交易价格的确定与分摊，规定更细致。针对各行各业在实务中可能发生的特定交易的会计处理，新准则分别予以详细的规定。另外，新准则特别便于企业对各种形式的多重交易安排（包含多项履约义务的客户合同）的会计处理。

2008 年 12 月，IASB 和 FASB 联合发布收入确认讨论稿《客户合同收入确认的初步意见》（Preliminary Views on Revenue Recognition in Contracts with Customers）。之后，笔者开始跟踪研究这项准则，并在《财务与会计》等刊物上发表了相关文章。IASB 和 FASB 在收集利益相关方的大量意见与建议的过程中，先后于 2010 年 6 月和 2011 年 11 月发布了两份征求意见稿，最后，于 2014 年 5 月发布了国际财务报告准则第 15 号（IFRS 15，这三项文件的名称一样，都是“源于客户合同的收入”，即“Revenue from Contracts with Customers”）。

在我国企业会计准则与国际准则持续趋同的政策指导下，财政部相关机构跟踪这项准则的制订，做了大量工作。在 2017 年《企业会计准则》修订的前期准备阶段（2014 年 5 月至 2015 年 3 月），财政部密切关注该项目的进展并要求国内相关机构反馈意见；新准则起草阶段（2015 年 3 月至 2015 年 12 月），财政部在国内会计界广泛征求意见，并在实地调研与沟通的基础上，草拟了征求意见稿；公开征求意见阶段（2015 年 12 月至 2016 年 6

月），财政部印发了《企业会计准则第14号——收入（修订）（征求意见稿）》，向社会公开征求意见，并对所有反馈意见进行了整理和分析；测试阶段（2016年3月至2016年11月），财政部选择部分央企和上市公司开展了新收入准则的测试工作，形成了新收入准则测试报告；修改完善阶段（2016年11月至2017年7月），对于反馈意见中的一些重点和难点问题，结合测试情况，深入研究，听取各方专家意见，并选取部分可能会受到较大影响的行业，针对实务中的常见交易和业务类型，收集相关案例，对新收入准则进行了全面系统地修改和完善，形成准则最终稿。2017年7月5日，《企业会计准则第14号——收入》正式发布。

从新准则文本来看，它所规范的具体内容与IFRS 15基本一致，但还缺少应用指南等文件，不如IFRS那么详细。基于此，本章以新收入准则正文为蓝本，参考IFRS 15的正文、结论基础和示例，以及收入准则过渡小组（Transition Resource Group for Revenue Recognition[①]已公布的文件，希望能够帮助大家更好地理解准则。

第一节　本章内容安排

本章首先提出现行准则存在的问题；近而依据新准则在原则上做出的重大调整，介绍新准则在框架上的设置。而后，针对框架中每个步骤（或称模块），逐一展开讲解。最后，考虑到实务中一些特定交易可能同时涉及不止一个步骤中的特殊情况，新准则将其单列，本章因此也单列一节，对新准则中提到的特定交易的经济性质认识及其会计处理做出说明。另外，新准则对合同成本、收入列报、新旧准则衔接等其他问题也作出了规定。虽然这些问题也比较重要，但不是新准则框架的组成部分，为了避免认识混乱，也为了便于读者阅读与理解，在短时间内把握新准则的核心内容，本章将不解读这几个问题。本章的内容安排如图11－1所示。

---

① IASB为帮助准则使用者顺利实现对该准则的过渡而设立的临时专业机构。

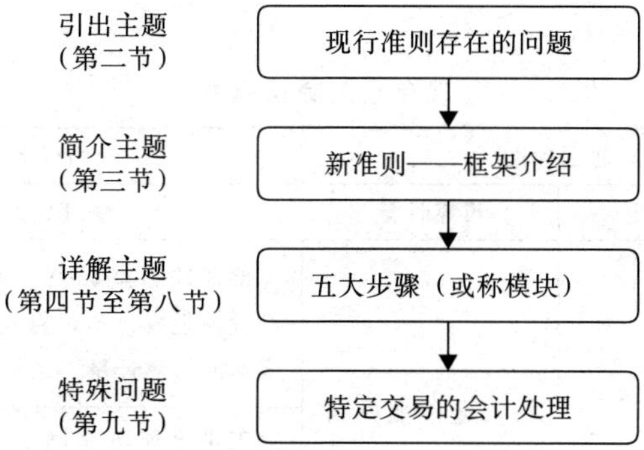

图 11 -1　第十一章内容安排

第二节　现行准则存在的问题

从 2002 年到 2014 年 5 月，IASB 与 FASB 联合研究了 12 年，才发布了收入确认准则 IFRS 15（在美国企业会计准则体系中，编号是 ASC Topic 606）。那么，到底为什么要花费这样漫长的时间修订一项覆盖面已这么广泛的准则？现行准则又出了什么问题吗？

一、现行收入准则概述

（一）收入确认条件

会计的基础是记账，也就是确认（什么时候应该记什么项目）和计量（记多少金额）。在现行准则中，收入确认就是要认定什么事项发生后在什么时候要记收入；收入计量就是要记多少收入。会计确认判断过程中的一个通用条件。就是要看某个事项的结果是不是符合收入定义，即可定义性。要判断某个事项发生后应该怎么进行会计处理，就需要知道它是否产生一项符合某个报表要素项目（资产、负债、收入、费用）定义的项目，如果符合，就确认该项目。这是会计确认判断过程的另一个条件是可计量性，就是要求该项目能够被可靠计量。同时，考虑到“收入”的重要性，收入舞弊的常见性以及其对报表使用者的危害性，有必要制定一些附加的、特殊的条件：（1）已赚得，即已经完成取得收入所必要的生产、销售等核心活动；（2）已实现或可实现，即已经取得对方支付的对价，或者已经取得可以取得这种对价的权利。现行收入确认的条件如表

11－1所示。

表11－1　　现有收入确认标准

交易事项	通用标准		专用标准（实现原则）	
	符合定义	可靠计量	已赚得	已实现或可实现
销售商品	日常活动，导致权益增加，与投入资本无关	收入金额能够可靠计量	主要风险报酬转移，不保留继续管理权，不再有效控制，成本能可靠计量	相关利益很可能流入企业
提供劳务			完工进度能可靠确定，成本能可靠计量	
让渡使用权			根据合同，随着时间流逝，就可认定收入已赚得	
销售商品和提供劳务能分则分，不能分或能分而不能单独计量，销售商品				

（二）对于一些特定交易会计处理的规定

有了以上这些条件，收入确认似乎就很清晰了：买卖东西属于销售商品，固定资产出租、资金借贷属于让渡使用权，其他都是提供劳务。但是，现实经常比想象更复杂、更精细。

实务中，企业经常会将几项不同性质的业务合起来操作。例如，电信运营商卖话费送手机，IT企业为客户集成软硬件，这些特定交易在会计上应该如何处理呢？《企业会计准则第14号——收入》（CAS 14）第十五条规定：企业与其他企业签订的合同或协议包括销售商品和提供劳务时，销售商品部分和提供劳务部分能够区分且能够单独计量的，应当将销售商品的部分作为销售商品处理，将提供劳务的部分作为提供劳务处理。销售商品部分和提供劳务部分不能够区分，或虽能区分但不能够单独计量的，应当将销售商品部分和提供劳务部分全部作为销售商品处理。在《企业会计准则讲解2010》的相应部分，通过示例做出讲解，并增加了“奖励积分”方面的规定及其解释。

（三）留下不少遗憾

虽然现行准则看上去已经“相当完美”，但遗憾的是，对于如何判断和区分收入，以及一些更细节的问题（例如，总价打折怎么分配到能够区分的产品或服务中），准则和讲解都没有明确的规定。

特别需要提出的是，在“已赚得”条件中，除了让渡使用权交易以外，都有“成本能够可靠计量”这一条。虽然讲解和举例说明中也都做了解释，但在商业创新不断出现的现代社会，总感觉词不达意，不够有说明力。

例如，很多互联网企业花了很多成本向客户提供免费服务，而在向客户收费的项目上几乎未花费成本或者，很难认定哪些成本花在免费项目上，哪些花在收费项目上。在这种情况下，要在“成本能够可靠计量”标准下确认收入，不具有操作性。而且，这些企业在花费大量财力提供免费服务时，并不能确定以后的收费项目可以成功实现，或实现多大的金额，因此，实施这类商业模式的企业在业绩上存在“大起大落”的明显特征，如果会计上一定要讲究“配比原则”，反而不能如实反映业务的实质。

上升到理论高度，“成本能够可靠计量”这个标准反映财务会计的“配比原则”，要求收入和成本要配比，这样才便于计算出财务报表使用者认为至关重要的利润，这是典型的“利润表观”。可是，当企业已经符合确认收入的其他条件时，也已经完成取得收入必要的活动，并取得了对方付款时仅因为企业不知道或者没算清赚的这些钱花了多少成本就不能确认收入，确实不太合理。

下面，我们看几个实例，来了解一下现行收入准则。

二、现行收入准则存在的问题

（一）确认时点问题

以房地产销售为例，各个房地产销售企业确认收入的时点不尽相同，并都得到了审计机构的认可。有的在房地产项目竣工验收之时，得到政府权威机构认可，并完成收取首付款、签订合同等事项，企业已经将商品所有权上的主要风险和报酬转移给购房方；有的在发放入伙通知书（即通知购房人来领取房门钥匙）之时，企业就已经不再保留房产的继续管理权，而且不再承担主要风险和报酬；有的在向购房人交钥匙之时，企业才真正转移了主要风险报酬，不再保留房产的继续管理权，也不再对房产实施有效控制。企业对这个问题的具体分析及其结论见表 11－2 所示。同样是房地产企业，同样是销售房产这项交易，遵循同样的企业会计准则（CAS 14），为什么确认收入的时点会不一样呢？很明显，这么做不利于报表使用者对于房地产企业（同行业）之间的比较。也就是说，损害了财务信息的可比性。财务信息的可比性是《基本准则》第十五条和《企业会计准则第 30 号——财务报表列报》第一条都强调的会计信息质量要求。

表 11-2　房地产企业收入确认的时点及原因

确认收入时点	理　由
办理产权证时（罕见）	明显符合收入确认所有条件，且表明所有权已转移
竣工验收时	之后同一地区房产价格变动都由购房人承担，由此可以被认定为主要风险报酬已经转移
发放入伙通知书时	表明企业不再保留继续管理权
交钥匙时	只有客户收到钥匙才表明企业不再保留继续管理权

（二）计量问题

有时候，企业会跟客户约定，商品或服务的收费要根据未来具体情况而定。

案例：A 公司作为供应商向 B 生产型企业提供质量顾问服务，约定基本顾问服务费为 100 万元。合同期满后，如果 B 企业的次品率低于约定标准，A 公司另外收取 20 万元；如果 B 企业的次品率高于约定标准，减免 20 万元。合同期初，A 公司收到预付款 50 万元。报告期末，合同期满，顾问服务已全部付清。可是，由于 B 企业的商品已出售给其客户，有可能因质量问题而退货，由此，本报告期所生产商品的次品率要等到财务报告公布日之后才能得到，余款也因此未结。

在以上案例中，是否确认收入？如何计量收入呢？收入确认的金额应为多少？对于本示例涉及收入计量问题的相关考虑及其存在的问题如表 11-3 所示。

表 11-3　可变对价下收入计量相关考虑及其存在的问题

计量金额（万元）	相关考虑及其存在的问题
0	除了“收入金额要能够可靠计量”以外，其他条件都已符合，如果因此不确认收入，不能如实反映交易实质
50	预收款作为收入确认，不符合权责发生制
100	取中值，但不可能是最后收到对价的真实金额

以上案例反映了这么一类合同下的收入计量问题：如果企业与客户之间约定的价格会随交易的结果或其他情况而变，企业从事这项交易获得的对价就是或有的（可变的），我们因此称之为“或有对价”，或者是“可变对价”。对于具有这类特征的合同，如何确定收入的计量值，就是一个非常现实而重要的问题。可惜，现行准则中对于这方面的规定几乎没有。实务中，会计人员常常因此而无所适从。

（三）多重交易安排

随着市场竞争愈发激烈，企业需要不断的业务创新。企业把几项商品或服务打包、打折销售；或者在销售商品的同时，给客户相应的激励。例如，赠送购物抵扣券或打折券等。这些做法，一方面会为企业带来尽可能多、尽可能早的销售收入；另一方面，企业也因此可能需要在不同时间向同一客户提供不同商品或服务，而企业跟客户约定的价格却是固定的。这时候，收入确认是在每项商品或服务提供给客户的时候确认，还是把它们合起来，等到最终全部商品或服务都提供完再确认？如果要分开确认收入，提供某一项商品或服务的时候，到底要确认多少收入？这类情况的出现，是因为企业和客户之间签订的合同涉及多重交易安排，或者称之为“多要素安排”（Multiple - element Arrangements）。未来，这类安排在实务中将会越来越频繁地出现。但是，现行准则对此没有提出可以依据的具体规定。

（四）小结

实务中，除了上面提到的这些问题，还有很多复杂的情形。例如，商品捆绑销售时折扣如何分担；履行部分合同后双方约定的价格发生变化怎么处理等。通过表 11 -4 对现行收入准则的相关问题作简要总结。

表 11 -4　　我国现行收入准则问题归纳

准则分歧	准则缺失	
确认	计量	多重交易安排
（1）标准众多 （2）含糊不清 （3）相互矛盾 （4）难以把握	（1）规定简单 （2）未考虑复杂情形 ①折扣分担 ②价格变动	（1）规定过少 （2）未考虑复杂情形 ①是否区分 ②如何区分

很明显，现行收入准则已经不能满足实务和财务报告的需要了，国际会计准则也存在同样的弊病。为了更相关可靠地向财务报告使用者提供信息，国际会计准则理事会（IASB）和美国财务会计准则委员会（FASB）走到了一起，并共同制定了新的收入准则。这个新收入准则也成为我国即将颁布的新收入准则的蓝本。

第三节　新准则——框架介绍

一般来说，如果某件事存在太多问题，用老办法解决问题的同时经常会产生很多新问题，那么，换个角度看待和分析问题，可能是解决问题的捷径。

IASB 和 FASB 这两个高水平的准则制定机构经过多次讨论、征询、反馈、商议，最后决定，从客户合同角度出发，从业务实质上认识和分析企业的收入，进而在会计上确认和计量收入。通过本节我们可以更深入地了解这个新的准则。

一、合同

某男陪老婆逛街，偶遇老同学，互相问候生活工作近况。某男道：“最近比较忙，刚才和中移动签了个协议，一会儿还要跟中石化有个单，等这两天闲一点，还有一个体育项目要签约。”朋友点头微笑，满眼疑惑，热切握手告别。某男一脸得意，回头看向老婆。老婆怒目相视，说道“不就是换了张手机卡，给摩托车加点油，买了张体育彩票吗?”

虽然，以上只是笑谈，但在生活中，我们确实在不断地跟向我们提供商品和服务的企业签订合同，并履行各种合同。在日常生活和商业活动中，合同无处不在，形式纷繁多样，内容千差万别，覆盖千家万户。企业在向客户提供商品和服务时只有履行了符合一定条件的合同，才能确认收入。这就要求企业“识别客户合同”。

从法律角度来看，只要是合同，就必然有权利和义务。下面我们从企业角度出发，看看企业在合同中可约定哪些主要的权利和义务；对于这些权利和义务，企业又应如何在会计上加以记录。

二、合同的权利与义务

对企业来说，最重要的权利就是收钱，现在或未来有收钱的权利，是企业签订并履行合同的基础。当然，有权利收取多少钱，也是关键，我们一般称之为“交易价格”。

有权就有责。企业要想实现收入，必须做出向客户提供商品或服务的承诺，并实践承诺，这就是企业与客户之间的合同的义务，我们称之为“履约义务”。现实中，一项合同的义务可能很简单，例如，仅包含一件商品；也可能相当复杂，例如，合同要求企业在不同时间向客户提供不同的商品和服务，即一项合同中可能有多项履约义务。

企业在履行含有多项履约义务的合同过程中，对于其中需要提供的商品和服务，总有个先后顺序。在履行了某项履约义务后，企业就获得了这项义务相应的收钱权利。要（或能）收多少钱，要看整个合同的交易价格是多少，还要看这项已履约的义务在所有履约义务中占多大比例。会计人员要按这个比例，来“分摊交易价格”。

企业在履行了某项履约义务后，就可以认定自己有权力收到这项履约义务所对应的金额，也就是交易价格中分摊到这项履约义务的金额，这也就是企业履行这项履约义务的收入，企业因此而“确认收入”。

三、收入确认框架：五步骤

总结一下，要确认收入，企业需要做好 5 个步骤：（1）识别客户合同；（2）识别履约义务；（3）确定交易价格；（4）分摊交易价格；（5）确认收入（如图 11－2 所示）。

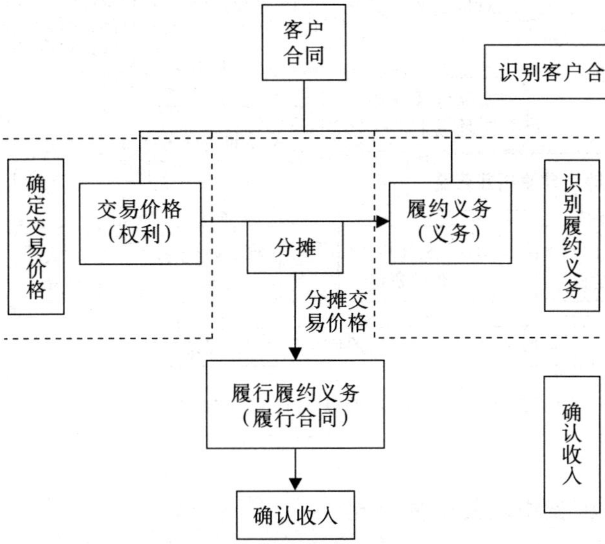

图 11－2 新的收入确认模型

四、收入确认框架：会计角度

以上是从法律角度出发，通过企业在合同中的权利义务来认识收入确认的 5 个重要环节。作为会计人员，我们更习惯看到和听到的是“确认”“计量”等这些更能显示专业水平的词汇。下面，我们就从会计角度来讲述收入确认框架。

新准则规定，客户取得相关商品（或服务）控制权之时，企业就已经向客户转移了相关资产。因此可以据此认定企业履行了合同中的相关履约义务，并可以确认相应部分的收入。

这是对什么时候可以确认收入的确认标准做出的规定。在计量方面，还得确定计量值，即在收入中记多少金额。这就要先确定交易价格，然后，将交易价格分摊到各个单项履约义务中。在某项履约义务被履行时，以之前分摊给这项履约义务的部分交易价格作为计量值，确认相应收入。

新准则要求，在收入确认方面，企业需要遵循单一的原则。由于企业向客户转移资产可能是在某个时点，也可能是在某个时段，所以，企业收入的确认，可能是在某个时点上，也可能是在某个时段内。而在收入计量方面，由于在确定交易价格和分摊交易价格过程中，可能需要估计，因此，需要考虑各种影响因素（如图11－3所示）。

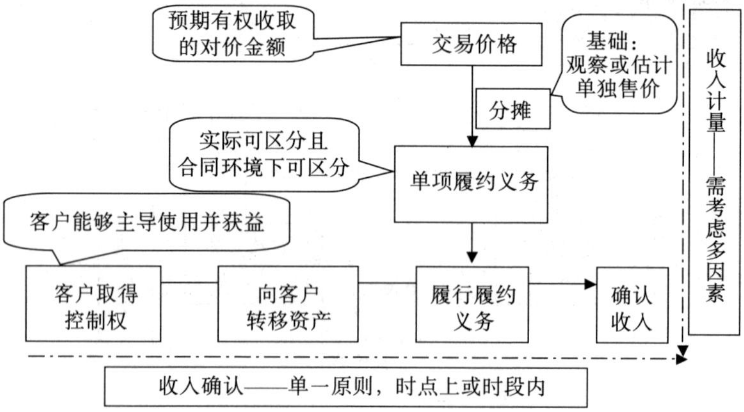

图 11－3　收入确认与计量及其关键点

五、收入确认框架中的几个关键点

由于新准则是与现行准则完全不同的确认框架，我们自然需要针对里面的全新表达仔细琢磨。

收入确认的条件是“客户取得相关商品（或服务）的控制权”。那么，怎么样才算符合这个条件呢？新准则规定，这个条件是指客户能够主导该商品（或服务）的使用并从中获得几乎全部的经济利益。这里面有 3 个关键词：“能够”（有能力）、“主导使用”（对资产如何使用由客户决定或说了算）、“获益”（获得几乎全部的经济利益，资产使用所得几乎都归属于客户）。

收入计量应分成两个部分，即两个步骤：确定交易价格和分摊交易价格。新准则规定，交易价格，是指企业因向客户转让商品（或提供服务）而预期有权收取的对价金额。根据合同，企业向客户转让商品或提供服务，就有权利收取一笔对价（现金、应收账款、实物等），这项对价的金额就是交易价格。当然，如果现在还没办法确定这项对价的具体金额，企业可以做出预期。有了交易价格，还要将其分摊到每项履约义务中。新准则规定，企业应当在合同开始日，按照各项履约义务所承诺商品（或服务）的相对单独售价，将交易价格分摊至各项履约义务。单独售价，是指企业向客户单独销售某商品（或提供某服务）的价格。也就是说，企业在合同开始日，就要收集信息，知道每一项履约义务对应商品或服务在单独出售的情况下能够卖多少钱，并把这些金额加总起来，作为分母。同时，将某项履约义务所对应商品或服务的单独售价作为分子，乘以总的交易价格，得出一个数值，在企业履行这项履约义务之时，将这一数值作为收入确认的计量值。实务中，有些商品或服务在单独售价时可以观察得到的该数值，有些观察不到，只能靠估计。

为了便于理解和记忆，我们将新准则对现行准则做出的重大改变总结在表11－5中。

表11－5　　对现行准则的重大修订

<table>
<tr><td colspan="2">以客户合同为基础</td></tr>
<tr><td rowspan="3">履行履约义务即可确认收入</td><td>以客户是否取得控制权为标准</td></tr>
<tr><td>可以在某时点确认收入</td></tr>
<tr><td>也可以在某时段确认收入</td></tr>
<tr><td colspan="2">针对单项履约义务，分别确认分摊其中的收入</td></tr>
<tr><td colspan="2">交易价格及其分摊可能涉及估计</td></tr>
</table>

当然，这只是简单扼要的解读，现实情况可能相当复杂。如何正确理解这些术语，合理运用职业判断，还需要结合具体情况深入研究。对于每一个步骤的具体解读，请参阅本章后文相关内容。

六、收入确认框架的简单应用——对上文示例问题的解决

还记得前面提到现行准则存在的问题吗？既然掌握了新准则给我们的框架，现在就针对前面提到的几个示例，对新准则的收入确认框架，加以应用。

（一）确认时点问题

对于房地产销售，企业只能在向购房人交接房门钥匙的时候才能确认收入，因为只有在这个时点，购房人才能够主导这个房间的使用，并从中获得几乎全部的经济利益。也就是说，只有当购房人拿到房门钥匙这一时点，购房人才取得这

个房间的控制权，企业也才符合确认出售这个房间收入的条件。

（二）计量问题

如本章第二节案例中所述，提供质量顾问服务的A公司，可以在合同期满之时确认收入。因为此时B企业已经完全取得这项顾问服务的控制权。至于要记多少收入，可以采用A公司因向B企业转让这项服务而预期有权收取的对价金额。由于目前对价金额还无法确定，A公司可以根据以往经验和在提供顾问服务期间观察到的情况，做出预计。如果A公司预计有80%的可能收到120万元，有20%的可能收到80万元，那么，就可以确认112万元（120×80%＋80×20%）的收入。

（三）多重交易安排

对于多重交易安排，可以在确定交易价格的基础上，按照各项履约义务所承诺商品（或服务）的相对单独售价，将交易价格分摊至这些履约义务中。在某项履约义务被履行之时，确认这部分收入。

七、新准则对实务的影响

看到这里，可能有些读者会觉得，新准则推翻了现行准则，建立了一套新原则，改变了不少实务的会计处理，影响太大。其实，新准则对实务是有一定影响，但并没有想象中的那么大。

（一）影响的总体评估

在收入确认方面（如图11－4所示），对于销售商品的企业而言，一般情况下，商品所有权的主要风险报酬转移之时（现行准则商品销售收入确认的主要条件），就是企业向客户转移这项商品的控制权之时（新准则收入确认的唯一条件）。对于提供服务的企业而言，新准则要求在客户取得控制权的基础上，可以使用完工百分比法（具体讲解见本章第八节相关内容），现行准则没有对基础条件的规定，但在实务中，大多数服务都是在客户取得控制权的基础上被提供，只有在部分例外情况下，由于新旧准则的差别，可能造成它们在会计处理上的不一致。对于多重交易安排而言，现行准则的相关规定很少，而新准则的收入确认原则却非常便于这种情况的实务操作。只是由于新准则要区分履约义务，并且要将交易价格分摊给这些单项履约义务，可能需要很多估计和判断。

在收入计量方面（如图11－4所示），确定和分摊交易价格都可能涉及大量估计和预计，这就需要会计人员发挥“艺术”，施展“魔术”。

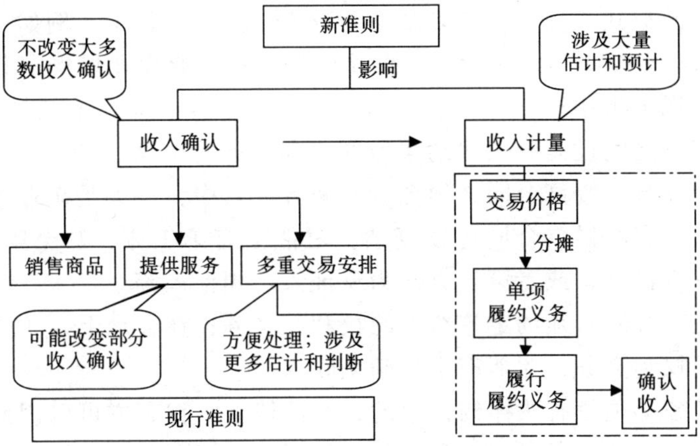

图 11－4 新准则产生的主要影响

（二）新准则的逻辑一致性

好琢磨的人可能会问："既然影响不大，为什么把现行准则中的原则完全推翻，另起炉灶?"之所以要采用新的收入确认原则，主要是因为现行准则有很多问题（参见本章第二节），新的收入确认准则在逻辑上比较一致。随着实务中的业务创新不断出现，如果未来出现新的业务情形，可以遵循新原则，做出与其他业务在逻辑上一致的会计处理，从而增强财务信息的可比性。

至于为什么对于现行实务改动不大。这主要是因为，在新准则制定过程中，各个利益相关者，特别是一些行业协会，竭力争取有利于自己的会计规范。最后，经过多方讨论、协商和妥协，才最终把新准则确定下来，并形成了我们看到的变化：在原则上变化很大，但在实务中影响不大的局面。

下面，我们针对新准则框架中的每一个步骤，作逐一介绍。

第四节 识别客户合同

一、"合同"和"客户"的定义

（一）"合同"是什么

如本章第三节所述，在现实生活中，企业与客户之间的合同关系无处不在。

无论合同是书面形式（例如，纸质版、电子版）、口头形式（例如，电话录音），还是其他形式（例如，视频录像），或者是隐含于企业商业惯例（例如，遵照行业惯例，给予现金折扣）之中，企业都与客户订立了合同。新准则规定，合同，是指双方或多方之间设立有法律约束力的权利义务的协议。

从字面上理解，签订合同必须至少有两方。其中，一方是企业本身，另一方是客户。当然，有时候，合同比较复杂，可能会有第三方，甚至第四方。例如，客户委托第三方付款，或者第三方作为见证人、担保人等。

在法律上，合同必须约定签约人的权利与义务；在会计上，正是由于签约方具有合同上的权利义务，才能产生并确认收入。

权利和义务必须是有法律约束力的，在法律上，权利方可以因此向义务方要求其履行义务，义务方也可因此而必须向权利方履行义务；会计上，企业可以因此而确定交易价格。企业也因此而必须识别合同中的履约义务，并履行这些履约义务，由此确认相应的收入。

（二）“客户”是谁

新准则规定，客户是指通过与企业订立合同向该企业购买其日常活动产出的商品（或服务）并支付对价的一方。

之所以会有这样的定义，是因为它“瞄准”了收入的定义。在《基本准则》第三十条中规定：“收入是指企业在日常活动中形成的、会导致所有者权益增加的、与所有者投入资本无关的经济利益的总流入。”新修订的《企业会计准则第14号——收入》第二条中也作出了相同的规定。所以，客户购买的必须是企业“日常活动”产出的商品或服务。

客户作为签订合同的一方，也有自己的权利与义务。权利是获得企业向他提供的商品或服务，义务是要“支付对价”，支付钱或者其他东西。

二、合同可能产生收入的条件

不是所有合同都叫“客户合同”，只有符合一定条件、一定类型的合同才能被认定为新准则中的“客户合同”。

（一）纳入新准则的合同类型：新准则的适用范围

实务中，企业会跟不同客户签订不同类型的合同，由此对自己造成不同的财务影响。为了反映这些财务影响，企业需要进行合理的会计处理，为了规范这些会计处理，需要制定针对性的会计准则。因此，出于准则体系内部的明确分工，新准则只规范那些能够承受符合定义的收入的客户合同，而排除应由其他准则规范的客户合同。

新准则第三条规定，以下客户合同由其他准则来规范，不在新准则适用范围之内：（1）金融工具及其他合同的权利和义务合同，这些合同需要遵循《企业会计准则第 2 号——长期股权投资》、《企业会计准则第 22 号——金融工具确认和计量》、《企业会计准则第 23 号——金融资产转移》、《企业会计准则第 24 号——套期会计》、《企业会计准则第 33 号——合并财务报表》以及《企业会计准则第 40 号——合营安排》等准则的规范；（2）由《企业会计准则第 21 号——租赁》规范的租赁合同；（3）由《企业会计准则第 25 号——原保险合同》规范的原保险合同；（4）由《企业会计准则第 26 号——再保险合同》规范的再保险合同。

（二）客户合同成立要件：作为收入确认的基础

在说明“合同”与“客户”的定义时，我们已经大致了解客户合同的基本特点和成立条件，但是，由于客户合同是收入确认的基础，我们还需要了解，在什么情况下才能确认收入。因此，需要对“客户合同”的成立条件提出更严密的要求。新准则规定，合同应当同时满足下列条件（如图 11－5 所示）：合同各方已批准该合同并承诺将履行各自义务；该合同明确了合同各方的权利和义务；该合同有明确的支付条款；该合同具有商业实质，即履行该合同将改变企业未来现金流量的风险、时间或金额；企业很可能收回因向客户转让商品（或提供服务）而有权取得的对价。

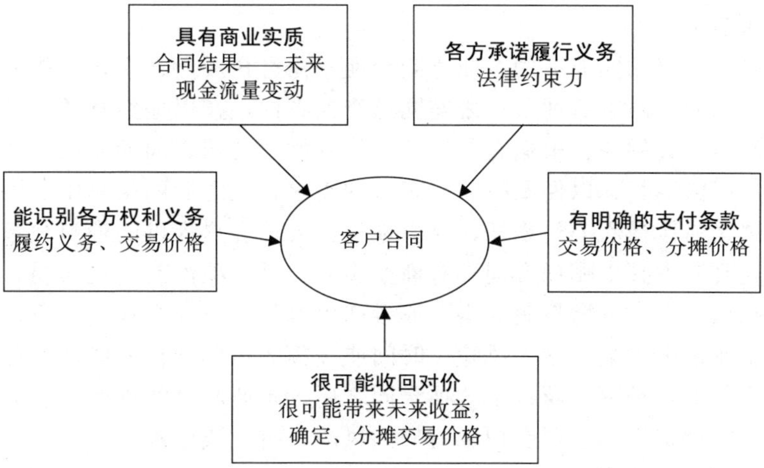

图 11－5　客户合同的成立要件

下面，我们对照收入确认的新框架及其中的5个步骤，简单梳理客户合同的成立要件。

1. 各方承诺履行义务

合同，合而协同。只有合同各方都已经签订该合同，并承诺将履行各自义务，合同才能生效，并对各方有法律约束力。也正基于此，企业因已承诺履行义务，有必要向客户交付相关商品或服务，并行使要求客户支付对价的权利即，因客户已承诺履行其义务。进而，在会计上，在客户取得相关商品或服务时，企业才能认定自己已经履行了合同中的履约义务，同时，根据合同中约定的对价金额来确定交易价格，并将其分摊至每一项履约义务。

2. 能识别各方权利义务

合同各方之所以要求各方履行各自的义务，是为了获得其中赋予自己的权利。由此，合同各方也必须承担合同赋予自己的义务。所以，光有承诺还不够，合同各方还得明确各自承诺的义务和对方的权利是什么，这样的承诺才有意义。在会计上，企业依据这些权利和义务确定合同的交易价格，识别自己的履约义务。

3. 有明确的支付条款

其实，企业体现在合同中最重要的一项权利，就是能够获得履行义务的对价，且明确对价的金额到底是多少。只有这样，企业才能在会计上确定合同的交易价格（支付条款中的某些细节会影响交易价格的确定及其金额，详见本章第六节）。某些支付条款还会针对具体的履约义务做出特别的约定，因此，阅读明确的支付条款，有利于将交易价格合理地分摊给每一项履约义务（详见本章第七节）。

4. 具有商业实质

有时候，从事相同业务的企业之间为便于向客户或潜在客户销售而进行非货币性交换。例如，两家石油公司之间同意交换石油，在甲地经营的甲公司收到客户要求在乙地为其供油，根据它与在乙地经营的乙公司之间的协议，要求乙公司向这个客户提供油料，以便及时满足客户的需求，在之后的结算中，甲公司将这笔业务抵销之前接受乙公司委托，在甲地为乙公司客户提供的油料数量。对于这类交易，需要考虑其中哪项合同具有商业实质，哪一项没有商业实质，否则，将导致重复确认收入，虚增报表数字，或者产生舞弊。新准则规定，只有在履行合同将改变企业未来现金流量的风险、时间或金额的情况下，才能认定这项合同具有商业实质。也就是说，履行了这项合同之后，企业原有的资产转变成另一项资产，而且，这种转变会表现在现金流量的风险、时间或金额上。

5. 很可能收回对价

做生意，当然是希望能够赚钱。向客户交付商品或服务，最好是能够收到现金；有时候，收到其他东西（银行票据、实物）也很开心。这些东西，都统称为“对价”。如果对价金额不能确定，我们可以估计；如果对价可能无法全部收回来，我们可以忍；如果对价有一点点可能收不回来，我们保持耐心；如果很可能收不到对价，我们当然就开心不起来了！

所以，新准则规定，客户合同应当满足条件：企业因向客户转让商品而有权取得的对价很可能收回。这一点，在会计上是必须的。只有很可能收回对价，确定交易价格，进而分摊交易价格，在账上记录、财务报表上列报相应的金额，才有意义。

6. 以上条件需要同时满足

从上文可以看出，只有这 5 个条件都具备，企业才有可能在会计上完整、合理、如实地反映基于合同基础上的收入。因此，新准则第五条对企业与客户之间签订的合同须满足的条件也做出了明确要求，企业应当在客户取得相关商品控制权时确认收入。

三、合并合同的条件

财务会计的目的是要反映企业的财务状况、经济业绩和现金流量，而会计准则等会计规范本身又是类法律规范①。碰到法律形式与经济实质判断发生冲突的时候，财务会计坚定地站在经济这一边。《基本准则》第十六条明确指出，企业应当按照交易或者事项的经济实质进行会计确认、计量和报告，不应仅以交易或者事项的法律形式为依据。这就是会计上著名的“经济实质重于法律形式”原则。

实务中，企业可能会与同一客户，或者这个客户的关联方签订多份合同或法律文件，但是，我们除了要查看这些法律文件的内容，更要关注这些法律文件指向的企业与合同其他方之间的经济实质。如果这些法律文件具有某些特点，导致它们在经济实质上具有整体性，会计人员可能需要将这些法律文件（合同）合并起来，作为一项合同来处理。例如，企业与银行签订两份合同。其中，一份合同约定，企业将自己拥有产权的某房产以一定价格（X 万元）出售给银行，另一份合同约定，在获得房产产权两年后，银行将该房产以 X 加上某个固定金额（Y 万元）出售给企业。很明显，这两份合同相互关联，在经济实质上具有整体性，实质是企业以房产做抵押，向银行借款 X 万元，两年利息为 Y 万元的借款合同。企业与银行都应根据这个实质判断进行会计处理，而不是分别根据两份合同内容

① 类法律规范，为我国法律体系中相对层级比较低的部门规章，但也是广义法律的一部分。

进行购销房产的会计处理。

因此，新准则第七条规定，企业与同一客户（或该客户的关联方）同时订立或在相近时间内先后订立的两份或多份合同，在满足下列任一条件时应当合并为一份合同进行会计处理：

（1）该两份或多份合同基于同一商业目的而订立并构成一揽子交易；

（2）该两份或多份合同中的一份合同的对价金额取决于其他合同的定价或履行情况；

（3）该两份或多份合同中所承诺的商品（或每份合同中所承诺的部分商品）构成本准则第九条规定的单项履约义务。

第一种情形中所述“一揽子交易”，是表面上有很多交易，实质上是一整项交易中相互联系的各个步骤（或环节），为了如实反映这些交易的经济实质，需要将这些形式上的多项交易（或合同）合并起来，整体作为一项交易来处理。关于一揽子交易在长期股权投资方面的主要表现是获得或处置长期股权的分步交易。其中的经济实质及其分析，详见本书第六章第三节、第四节相关部分内容。

第二种情形中如果一份合同的对价金额取决于其他合同的定价或履约情况，说明这份合同本身在定价方面依赖于其他合同，本身并不独立，无法独立确定其交易价格，需要将其与其他合同合并起来，才能确定两项或多项合同的真实交易价格，如实反映它们的经济实质。

对于第三种情形，因为涉及单项履约义务判断问题，请详见本章第五节相关内容，此处不再展开。

四、合同变更的会计处理

合同签下来了，除了担心履行合同的各项事务，还会有一项担心：合同变了怎么办？

合同当然有可能会变。变更合同以后，会计人员需要从会计角度来认识变更后的合同，主要考察合同已完成部分和未完成部分的性质以及变更的价格针对的是合同的哪一部分。

（一）合同变更：范围或价格

新准则认为，合同变更，是指经合同各方批准对原合同范围或价格作出的变更。为了便于理解，我们只考虑合同价格增加与合同义务增加的情况（如图11－6所示）。合同变更的其他情况与此性质相同，不再赘述。

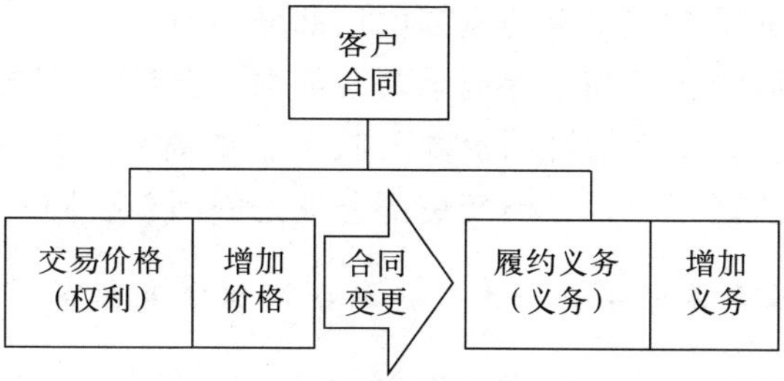

图 11－6 合同范围和合同价格的变更

企业要重点考察合同范围的变更部分、合同价格的变更部分，以及范围变更与价格变更的对应关系。从价格变更针对的合同义务来看，一般包括以下 3 种情形：（1）只针对合同范围的变更部分；（2）针对未履行部分（含变更部分）；（3）针对全部（含已履行部分）。如果延续刚才的思路，我们只考虑合同价格增加与合同义务增加的情况，对于合同变更，我们可以把它分解成如图 11－7 所示的三种情形。

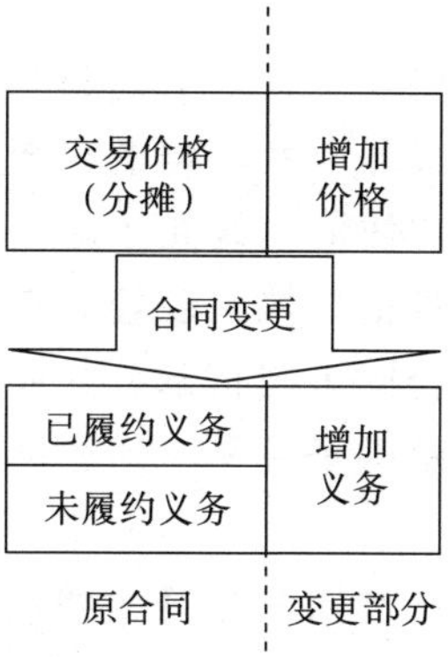

图 11－7 合同变更的分解

（二）合同价格变更部分只针对合同范围的变更部分

如果合同价格变更所增加的交易价格只针对合同范围变更所增加的履约义务，那么，从客户角度来看，之所以多付钱，是要企业多给一部分东西，也就是说，多给的钱买多给的货。反过来，从企业角度来看，之所以要多给客户一部分东西，是因为客户会多支付这部分钱，也就是说，多卖货多收的钱。

这样就很清楚了，这种合同变更，从本质上看，合同价格变更只针对合同范围的变更，原合同其他条款不变。在会计上，对于这种情形，我们应当认定原合同不变，只是增加了一份新合同。这份新合同的交易价格就是合同变更的价格增加部分，履约义务就是合同变更的范围增加部分。

当然，经济实质的认识和会计记录要有依据，会计人员要有依据表明新增部分的相互对应关系。如果新增合同价款反映了新增商品（或服务）的单独售价，会计人员就可认为依据充分，合同变更部分就是一项新合同（如图 11 - 8 所示）。

（三）合同价格变更部分针对未履行部分（含变更部分）

上述合同范围变更与合同价格变更完全对应的情况，实际上，相当于企业与客户以补充协议或协议变更的形式签了个新协议。除了签约方不变以外，新协议与原合同没有任何关系。

实务中，上述情况并不是很常见。比较常见的是，除了签约方不变以外，新协议与原合同多少有点关系。

从合同价格变更的角度出发。新增价格如果只是买新增义务，就是刚才说的第一种情形；如果买的是新增义务和原合同未履行部分义务的调整，就是这里要讲的第二种情形；如果买的是新增义务和原合同的全部义务，就是下面要说的第三种情形。

在第二种情形下，合同价格变更针对的是新合同的所有未履行部分，包括原合同到目前为止还没有履行的义务以及新增的未履行义务。对于这种情形，会计人员可以将变更看作企业与客户协商，终止了原合同，重新签订了新合同，新合同的交易价格就是原合同交易价格分摊给已经履行部分后剩下部分再加上新增价格；新合同的履约义务就是原合同未履行部分的履约义务再加上新增部分的履约义务。但这种情形会计认定的基础条件是，原合同的已履行部分和未履行部分可以明确区分开。

同样，会计上需要证据。在合同变更日，如果原合同已转让的商品（或已提供的服务）与未转让的商品（或未提供的服务）之间可以明确区分，我们就认定是以上第二种情形。此时，企业就应当视为原合同终止，同时，将原合同的未履约部分与合同变更部分合并为新合同，进行会计处理（如图 11 - 8 所示）。

（四）合同价格变更部分针对全部义务（含已履行部分）

如果原合同的已履行部分和未履行部分不可以明确区分，就是上述第三种情形。这种情况下，合同价格变更不知道针对的是哪一部分，会计人员只能认定，它针对的是新合同的全部义务。也就是说，企业与客户协商，终止了原合同，重新签订了新合同，新合同的交易价格就是原合同交易价格加上新增价格；新合同的履约义务就是原合同的履约义务加上新增部分的履约义务。或者也可以这样来理解：原合同还存在，合同变更部分仅作为原合同的组成部分。

此时，会计人员应该调整合同的交易价格，并把它重新分摊到所有履约义务中。企业在已经履行了部分合同，已经确认了部分收入的情况下，应当在合同变更日调整已经确认部分的收入，调整部分作为当期收入（如图 11－8 所示）。

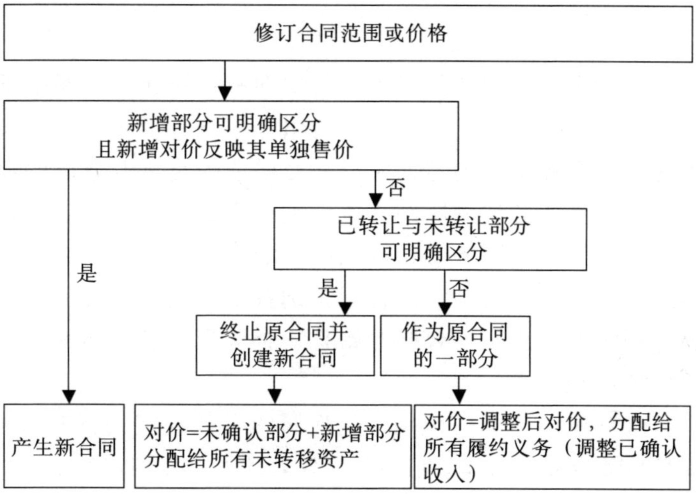

图 11－8　合同变更的 3 种情形及其会计处理

（五）小结

以下为新准则第八条中的相关规定，作为合同变更的经济性质认定及其会计处理的总结。

"企业应当区分下列 3 种情形对合同变更分别进行会计处理：

（一）合同变更增加了可明确区分的商品及合同价款，且新增合同价款反映了新增商品单独售价的，应当将该合同变更部分作为一份单独的合同进行会计处理；

（二）合同变更不属于本条（一）规定的情形，且在合同变更日已转让的商品或已提供的服务（以下简称"已转让的商品"）与未转让的商品或未提供的服务（以下简称"未转让的商品"）之间可明确区分的，应当视为原合同终止，同时，将原合同未履约部分与合同变更部分合并为新合同进行会计处理；

（三）合同变更不属于本条（一）规定的情形，且在合同变更日已转让的商品与未转让的商品之间不可明确区分的，应当将该合同变更部分作为原合同的组成部分进行会计处理，由此产生的对已确认收入的影响，应当在合同变更日调整当期收入。"

另外，合同变更后还可能出现可变对价的后续变动，涉及交易价格的分摊

（参阅本章第七节相关内容）。

第五节　识别履约义务

对于企业来说，合同最主要的义务就是要向客户转让在合同中承诺的商品或服务。一项合同中，企业需要转让的商品或服务可能有很多项，而且可能在不同时间转让，因此，在会计上，为了如实反映经济业务给企业造成的财务影响，就需要将这些商品或服务所对应的履约义务识别出来，区分开来，并将交易价格分摊其中，在履行每一项履约义务时，确认相应的收入。同时，为了避免被随意操纵，企业应当在合同开始日就针对该合同识别各个单项履约义务，并分摊交易价格。由此，新准则第九条规定，合同开始日，企业应当对合同进行评估，识别该合同所包含的各项履约义务。

本节讲解企业对履约义务的识别，包括履约义务的定义、识别和区分。实务中，有很多类型的履约义务，针对它们的会计处理千差万别，除了识别履约义务之外，还要考虑客户合同的识别、交易价格的确定与分摊、履约义务的履行方式等复杂问题。新准则专列一章，规定这些特定交易的会计处理。考虑到这些特定交易在收入确认上的复杂性以及相关问题在判断上的综合性，本章也专列第九节，细致讲解。因此，在本节中，不再说明特定交易中所包含的特殊履约义务的识别问题。

一、履约义务的定义

新准则第九条定义，履约义务，是指合同中企业向客户转让可明确区分商品的承诺。

合同的形式多样，履约义务也可以有很多形式。既可以是合同中明确的承诺，也可以是由于企业已公开宣布的政策、特定声明或者习惯做法等导致合同订立时客户合理预期企业将履行的承诺。例如，企业对外公开声明，对自己生产的某商品“免费保修三年”。虽然没有写在合同里，但客户有理由对此做出合理预期。因此，企业在客户购买了该商品之时，就承担了未来三年提供保修服务的义务，这也是一项履约义务。

二、单项履约义务的识别

既然一项合同中可能存在许多履约义务，会计上需要识别并区分这些履约义务，新准则也要求区分履约义务所承诺的商品或服务，我们就要了解什么样的商品或服务才算是“可明确区分”，如何区分？区分到什么程度？

（一）识别履约义务的原则：能分尽量分

新准则要求，企业对于要向客户转让的商品或服务，能区分的尽量区分，不能区分而需要组合起来的，以可区分的商品或服务的最小组合为单位，作为单项履约义务。也就是说，要将每个单项履约义务分开处理，以反映合同的经济实质（如图 11－9 所示）。

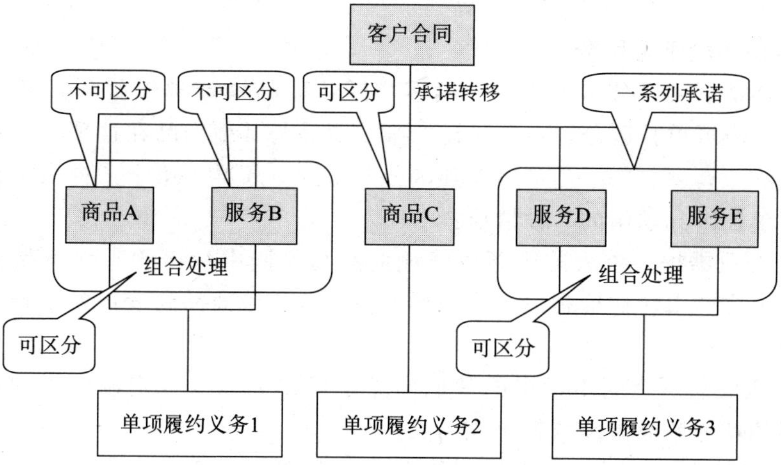

图 11－9 合同中履约义务的识别原则

（二）区分商品或服务的条件

商品或服务要被认定为可明确区分，必须同时符合两个条件，即实际可区分且合同环境下可区分。

1. 实际可区分

新准则认为，实际可区分，是指客户能够从该商品（或服务）本身或者从该商品（或服务）与其他易于获得的资源一起使用中受益。也就是说，如果客户能够直接、单独使用企业所转让的商品（或服务）并从中收益，或者，客户能够将该商品（或服务）与另一件（些）他很容易获得的商品或服务合起来使用而受益，就说明该商品（或服务）是实际可区分的。当然，要从企业角度来判断客户是否具有这些能力，有时候并不容易。如果能够从企业自己的角度来判断，就更好一些。一般来说，如果企业有规律地单独出售某项商品（或服务），就可以认定客户确实愿意单独购买该商品（或服务），由此表明客户能够从该商品（或服务）本身或者将该商品（或服务）与其他易于获得的资源一起使用，并从中受益，进而证明该商品（或服务）是实际可区分的。

例如，某企业在同一合同中约定向客户出售以下商品：笔记本电脑 X 部，鼠标 Y 个，外接键盘 Z 个。虽然在使用笔记本电脑时需要外接鼠标和外接键盘，但是，客户也可以不使用鼠标和外接键盘，单独使用笔记本电脑而受益。如果某个客户只买了外接键盘，他可以将其接在自己已有或随时可以买到的一部电脑上，鼠标也是如此。因此，这几类商品都是实际可区分的商品。在实务中，这家企业经常将这几类商品分别单独销售给不同的客户，也说明这些商品是实际可区分的。

2. 合同环境下可区分

合同环境下可区分，是指企业向客户转让商品（或提供服务）的承诺与合同中其他承诺可单独区分。也就是说，某个商品与其他商品在这项合同中没有相互高度依赖、高度关联，是可以单独区分开来的。新准则第十条提供了在合同环境下不可单独区分承诺的 3 种情形：

（1）企业需提供重大的服务以将该商品与合同中承诺的其他商品整合成合同约定的组合产出转让给客户。这一点，可以说明该商品高度依赖于合同中所承诺的其他商品；

（2）该商品对合同中承诺的其他商品予以重大修改或定制。这一点，也表明合同中的其他商品高度依赖于该商品；

（3）该商品与合同中承诺的其他商品具有高度关联性。这些商品之间的这种高度关联性，使企业在合同环境下没办法将它们单独区分开来。

例如，某施工企业承担设计、建造一座医院的大楼，并负责该项目的整体管理。在建设过程中，该施工企业提供工程所有相关物料和服务，包括场地清理、奠基、采购物料、建造、管线布置、设备安装等并负责将建设好的大楼交付给医院，也就是我们说的“包工包料”。那么，在这项建造合同中，有几项单独的履约义务呢？

先看商品，施工企业采购的物料要交付给医院，医院可以单独使用这些物料（钢筋水泥等），或者将这些物料与其他易于获得的商品或服务一起使用而受益，所以，这些物料本身是实际可区分的。但是，施工企业需要提供重大的服务（即建造服务），从而将这些物料与合同中承诺的其他物料和施工前后的其他服务整合成组合产出（即大楼）转让给医院。这一点可以说明，这些物料高度依赖于合同中的其他商品（或服务），也就是说，它们在合同环境下不可区分。

再看服务，对于场地清理、奠基、建造、管线布置、设备安装等服务，医院很难单独使用，或者将这些服务与其他易于获得的商品或服务一起使用而受益，所以，这些服务本身是实际不可区分的。另外，这些工程服务相互之间高度关联，可以认定，它们在合同环境下也是不可区分的。

因此，施工企业应当将所有物料和服务整体视为一个单项履约义务。

（三）识别履约义务：小结

对于合同中履约义务的识别原则以及对于可明确区分商品或服务的判断（如图 11－10 所示）。

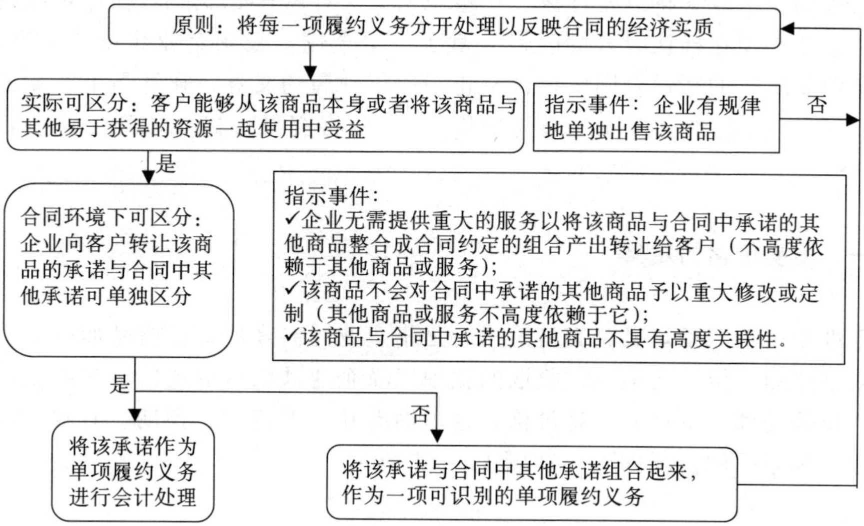

图 11－10　合同中履约义务的识别原则以及对可明确区分商品或服务的判断

三、特殊情况

对于履约义务所承诺转让的商品或服务，准则规定的总体原则是，能区分的尽量区分。这有助于企业清晰地辨别各个单项履约义务，并在此基础上，在履行某个单项履约义务时，及时、如实地确认相应收入。

但是，如果都这样做，会增加企业在会计处理上的负担。例如，企业在一段时期内向同一个客户连续提供保洁、供电等重复性服务，如果要求企业识别出每一项可明确区分的商品（或服务），并且按照单独售价将交易价格分摊到每一项相应的履约义务（例如，每小时的保洁或供电服务），然后在这些履约义务得到履行时确认收入，明显不符合成本效益原则，也没有必要。

因此，新准则第九条规定，企业向客户转让一系列实质相同且转让模式相同的、可明确区分商品的承诺，也应当作为单项履约义务。转让模式相同，是指每一项可明确区分商品均满足本准则第十一条规定的、在某一时段内履行履约义务的条件，且采用相同方法确定其履约进度。

第六节　确定交易价格

会计的一个重大特点是计数，计量是财务会计的核心职能。在计量收入的过程中，企业必须在确认收入的时候，赋予一个金额，表明企业获得了多少收入。如果企业要履行的客户合同中包含不止一项单独履约义务，在计量上，就要做两件事：（1）确定整个合同的交易价格；（2）将交易价格分摊到每一项履约义务中。

一、交易价格的定义

新准则第十四条定义，交易价格，是指企业因向客户转让商品而预期有权收取的对价金额。企业代第三方收取的款项以及企业预期将退还给客户的款项，应当作为负债处理，不计入交易价格。这里面有几个关键词：预期、有权收取、对价金额。其对应的情况如下（如图 11－11 所示）。

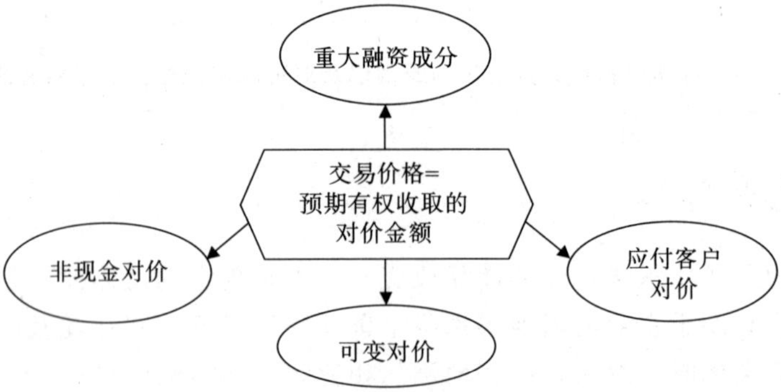

图 11－11　影响交易价格的主要因素

（一）预期：可变对价

“可变对价”，或称“或有对价”，对价金额因未来结果而确定，具有不确定性，而企业要有一个金额作为计量的基础，所以，需要“预期”。如何预期？对于预期结果有什么限制条件？现实与预期结果不同，或者改变了预期（例如，产生了新的预期）时应该怎么办？这些问题，都将在本节一一解答。

（二）有权收取：各种销售激励

“有权收取”，意味着要将那些企业无权收取的部分排除在外。所以，企业在确定交易价格时，应当扣除合同中约定的折扣、回扣、返还、信用、激励、绩效奖金、罚款、折让及其他类似项目。实务中，这些项目有很多表现形式，可能因为某些情况的发生才会发生。例如，双方约定，客户只有在约定时间内购买一定数量以上的商品时才能享受折扣，此时，涉及可变对价问题，也可能涉及应付客户对价问题。

（三）对价金额：非现金对价和重大融资安排

做生意，就是交换，用自己的东西换客户的对价。这个对价最好是现金，而且，越早到手越安心。但有时候，换到的可能不是现金，而是一些其他东西，即非现金对价。对于这种情况，我们将在本节后述中加以讲解。

有时候，不是签完合同钱就能到手，也不是把商品或服务交付给客户就能拿到钱，而是要经过一段时间（1 年以上）才到手。当然，也有可能企业的商品或服务很紧俏，谈判能力很强，客户提前给钱，企业以后再慢慢交货。这时候，这项客户合同就可能存在重大的融资成分，就要在确定交易价格时考虑货币的时间价值。

（四）应付客户对价

一般情况下，金额对抵后应由客户向企业支付差额，但有时候，企业不但要推迟拿钱，还要付钱或者其他对价给客户，也就是说，企业还要向客户支付对价。当遇到这种情况时，客户合同的交易价格又应当如何计算呢？详见本节后面的讲解。

二、可变对价

可变对价，就是对价金额可能会随着未来情况的变化而改变，当前没办法完全确定，所以，需要“预期”。

（一）如何预期可变对价

预期，是对未来的预计。既然是预期，不可能与未来的结果完全一致，但也不能因此放弃预期，而是希望能够尽量接近未来的结果。也就是说，要获得一个最佳估计数。

怎么样才算最佳估计数呢？最接近现实就是最佳。因为是未来发生的事，只能从过去的经验中找“现实”。如果根据经验得出，“现实”的可能很多，而且，都有一定的可能性，我们可以把这些“现实”的结果与其对应的可能性相乘，加总起来，作为“最佳估计数”。这在数学上，称为“期望值”。如果根据经验得出，这一类“现实”只有3种可能的情形，而且，其中一种情形发生的可能性比另一种大很多（例如，第一种情形的可能性是80%，第二种只有20%），这种情况下，“最佳估计数”可以直接用最可能发生的金额（即第一种情形下的交易价格）。可变对价的估计原则、最佳估计数的取值及其适用情形如表11－6所示。

表11－6　可变对价的估计原则、最佳估计数的取值及其适用情形

	最佳估计数		估计原则
	期望值	最可能发生金额	
取值	概率加权金额合计数	可能对价范围内单一的最可能金额	包含可变对价的交易价格，应当不超过在相关不确定性消除时累计已确认收入极可能不会发生重大转回的金额
适用情形	有大量类似合同	只有两种可能结果	

（二）对可变对价预期结果的限制条件

既然是预期，就很可能会出现事实结果与预期结果不相符。如果事实结果比预期结果乐观，在事实发生（交易价格）确定之时，比预期多确认一点收入，比较容易进行会计处理。但是，如果事实结果比预期结果要差，到时候就要少记收入，也就是说，要减记一笔收入，这种情况处理起来就比较麻烦。如果企业在事实发生当期正好没有收入，就要记一笔负的收入，这是企业不愿看到的结果。

会计人员给人的印象总是：太保守。但如果有人当面这么说，会计人员一定会纠正：“不是保守，是谨慎！”《基本准则》第十八条要求，企业对交易或者事项进行会计确认、计量和报告应当保持应有的谨慎，不应高估资产或者收益、低估负债或者费用。所以，对于收入，会计人员不能高估。表现在对可变对价的预期上，如果“可变”变为“不可变”的时候，也就是与可变对价相关的不确定性消除的时候，累计已确认的收入，最好不要超过当时可以确定的交易价格。在新准则第十六条中规定：“包含可变对价的交易价格，应当不超过在相关不确定性消除时累计已确认收入极可能不会发生重大转回的金额。”

（三）新的预期与原有预期不一致时的会计处置原则

既然是预期，很可能出现表明有必要调整预期的事实。这时候，应该怎

么办？

记住，会计要如实反映企业的经济实质！既然事实表明企业的经济实质已经超出了原来的预期，就要调整预期，以新的预期来替代原有预期。当然，调整不能过度频繁，还是要有规矩，掌握节奏。企业只能在每一个资产负债表日，重新估计应计入交易价格的可变对价金额。至于重新估计可变对价之后涉及的分摊交易价格相关问题，请见本章第七节。

（四）小结：新准则中的相关规定

以新准则第十六条作为小结：合同中存在可变对价的，企业应当按照期望值或最可能发生金额确定可变对价的最佳估计数，但包含可变对价的交易价格，应当不超过在相关不确定性消除时累计已确认收入极可能不会发生重大转回的金额。企业在评估累计已确认收入是否极可能不会发生重大转回时，应当同时考虑收入转回的可能性及其比重。每一资产负债表日，企业应当重新估计应计入交易价格的可变对价金额。

三、非现金对价

做生意赚钱，赚到手的最好是现金。可是，有时候，企业赚到手的是非现金对价，会计上应该怎么处理呢？

（一）确定交易价格的原则：以非现金对价的公允价值计量

企业确定交易价格时，对价如果是现金，交易价格就是该现金的金额，非常明确。对价如果不是现金，而是非现金对价，企业在只想确定交易价格时，可以假设立刻把非现金对价卖出去，卖出的价格就可以作为这项合同的交易价格。假设当时非现金对价被卖出去的价格，就是它的公允价值。

（二）延伸问题：非现金对价的公允价值发生变动

随着业务的复杂多变，会计正在变得越来越复杂。

由于涉及公允价值，可能延伸出这样一个问题：如果非现金对价的公允价值发生了变动，怎么处理？

非现金对价的公允价值变化，可能是因为非现金对价本身变了，即是它的形式发生了变化。例如，非现金对价由鸡蛋变成了小鸡。对于这种情况，当然要调整交易价格。也有可能非现金对价的形式没有变，但是公允价值变了。例如，非现金对价是固定数量的某公司股票，股票市场上该股票价格就是它的公允价值，股价变了，当然非现金对价的公允价值也就变了。这种变化，是因为非现金对价的公允价值本来就一定会变，导致企业在确定交易价格之时就知道它以后还会变。本质上，企业获得的就是一项可变对价，只是这项可变对价的形式没有变，一直是这项非现金对价，而对价的金额之所以是可变的，是因为非现金对价的公允价值一直在变。因此，非现金对价公允价值因其形式以外的原因而发生变动的，应当作可变对价，按照以上可变对价的会计处理办法处理。

（三）技术问题：无法合理估计非现金对价的公允价值

还有一些技术上的问题。有时候，因为各种条件限制，企业没办法合理估计非现金对价的公允价值。这时候，企业没必要根据《企业会计准则第 39 号——公允价值计量》，想尽各种办法，尽量合理地估计非现金对价的公允价值。要记住，企业只不过需要在收入确认中确定一个交易价格，而不是为了计量非现金对价本身。毕竟，企业在合同开始之时，就要确定交易价格，而在这个时候，企业还没有取得非现金对价。因此，非现金对价的公允价值计量，并不能被用于确认非现金对价本身。

所以，会计人员应换个角度，看看有没有替代办法来帮助取得合同的交易价格。较容易想到的替代办法是，假设企业以现金对价方式销售同一商品（或服务），收到的现金对价。就可以作为非现金对价公允价值的参照。也就是说，如果企业曾经承诺向客户转让该商品（或服务），知道它的单独售价是多少，就可以参照这个金额，间接确定交易价格。

（四）小结：新准则中的相关规定

新准则第十八条规定，“客户支付非现金对价的，企业应当按照非现金对价的公允价值确定交易价格。非现金对价公允价值不能合理估计的，企业应当参照其承诺向客户转让商品的单独售价间接确定交易价格。非现金对价公允价值因其形式以外的原因而发生变动的，应当作为可变对价，按照可变对价的相关规定处理（如图 11－12 所示）。

四、存在重大融资成分

知易行难，行胜于言！经常会看到这样一些小老板，做一笔生意前，信誓旦旦，“这次肯定赚大钱！”。可是，生意都做完了，一算下来，又亏了，小老板就变成更小的老板了。

之所以会这样，主要是因为事实和他预期的不一样：期望得到的收入没有得

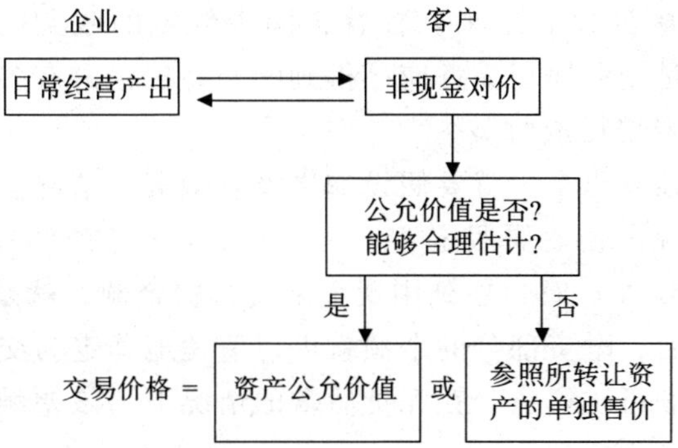

图 11－12　新准则对于可变对价会计处理的相关规定

到（收入的钱比预期的少），实际花的成本没有算清（花费的钱比预期的多）。一方面，由于小老板在上下游交易中的谈判能力一般都非常有限，经常会被客户要求货到之后一段时间才收款，甚至合同履行了，其他也都满足合同条件了，货款还被拖欠；另一方面，小老板在融资方面的谈判能力也很有限，借钱往往要付出更多的利息。

如果是大企业，就有可能占尽便宜，既可以压低采购价，又可以坚决不降价，还可以延期支付对方货款。

（一）合同具有"重大融资成分"具体情况

如果合同中约定了义务，企业也完成了合同中的相关义务，其他各项条件也都满足了，企业就有权利要求客户付款。在会计上，这就形成了一笔企业的"应收账款"。此时，要是客户还拖欠不付款，企业就要判断，该笔款项收回的可能性。如果有可能收不回来，应记"坏账准备"；如果很可能收不回来，应记"坏账损失"。

如果双方在合同中约定，企业要在履行义务后很长一段时间才能收到钱，那么，企业就不能记"应收账款"，而应认定该合同存在重大的融资成分。反之，如果双方在合同中约定，企业有权先收钱，而后经过很长一段时间再履行义务，合同也是同样具有"重大融资成分"。在这种情况下，企业须在确定该合同的交易价格时，考虑货币的时间价值。

出于成本效益原则，以上所述情况只考虑时间间隔在 1 年以上，如果时间间隔不超过 1 年，就不需考虑合同中的重大融资成分。

（二）对于"重大融资成分"的会计处理

1. 确定金额

客户合同中如果存在重大融资成分，为了如实反映业务实质，就要在合同开始之日起，把融资成分独立出来，看看合同中约定的收到的钱（即合同对价）里面，到底有多少是企业履行义务应该得到的交易价格，有多少是融资方面应付或应得的金额（融资费用或收益）。

要把融资部分独立出来，就要假设如果没有融资，情况会怎么样？企业能收到多少钱？也就是说，企业要假定客户在取得合同中约定的商品（或服务）控制权（即可以确认收入）时，立刻用现金来支付的金额，就是合同的交易价格。

交易结果确定后，融资部分的金额就可以清楚地确定为交易价格与合同对价之间的差额，且差额可正可负。在先货后款的情况下，该差额为正数，在先款后货的情况下，该差额为负数。

2. 摊销费用

对于这部分金额，还需要考虑并解决一个细节问题：在会计上，每个资产负债表日都要列报相关融资费用或收益，应该怎么记录？

参考一下其他类似情况下的会计处理。例如，融资租赁，也是一种含有融资成分的合同。在会计上，准则要求，未确认融资费用应当在租赁期内各个期间进行分摊，承租人应当采用实际利率法计算确认当期的融资费用（CAS 21 第十五条）。会计人员在收入确认中碰到同样的问题时，可以如法炮制，用实际利率法摊销客户合同中的重大融资成分，即交易价格与合同对价的差额。

（三）小结：新准则中的相关规定

新准则第十七条规定，“合同中存在重大融资成分的，企业应当按照假定客户在取得商品控制权时即以现金的应付金额确定交易价格。该交易价格与合同对价之间的差额，应当在合同期间内采用实际利率法摊销。”

合同开始日，企业预计客户取得商品控制权与客户支付价款的时间间隔不超过 1 年的，可以不考虑合同中存在的重大融资成分。

五、应付客户对价

一般来说，企业向客户转让商品，客户向企业支付对价。然而，有时候，企业也要向客户支付对价。

（一）可能的情形

例如，企业向超市销售货物，为了能够多卖一些自己的货，企业愿意向超市支付“促销服务费”。也就是超市帮助企业促销，开展各种促销活动而向企业收取的费用。

再如，企业与超市约定，如果超市在一定时期内的销售量超过约定数额，企业将向超市支付“销售返利”。

（二）业务实质分析

要知道以上业务情形的会计处理，就得先搞清楚业务的性质。会计人员首先要了解，企业为什么要向客户支付对价，也就是说，应付客户对价的目的是什么。

从企业与客户之间存在的合同角度分析，可以概括为以下两种情况：(1) 企业要向客户购买这项合同以外的东西；(2) 企业要求客户帮助企业更顺利地履行这项合同。

（三）第一种情况：采购可区分商品或服务

如果是第一种情况，企业与超市本质上是订立了另一项合同。在这项合同中，企业作为了客户，向超市购买服务。在会计上，企业要按照采购来处理。

对于这类情况，我们需要更细致地分析一些细节问题。

1. 必须是可明确区分的商品或服务

企业要购买的商品（或服务）必须与已有合同中约定的商品（或服务）能够明确区分开来，不然，就不能算是采购。

2. 采购价格对原有合同交易价格的影响

企业与客户在原有合同中本来就有合同关系，现在又订立了一项新的合同。新合同在交易价格上，就有可能受原有合同的影响，导致企业在新合同中的采购价格和市场价格不一致。

在这种情况下，我们需要确定新合同中企业所采购商品（或服务）的公允价值。如果企业应付客户的对价超过公允价值，超过部分的金额就不能作为采购价，而应当作为原有合同交易价格的抵减项。如果企业不能合理估计公允价值，会计人员应认定新合同与原有合同之间纠缠不清，这两项合同中约定交付的商品（或服务）无法明确区分。新准则要求，在这种情况下，企业应付客户对价应当全额作为交易价格的抵减项。

（四）第二种情况：非采购

如果是第二种情况，企业应付客户对价的目的就是为了让客户帮助企业更顺利地履行这项合同。例如，销售返利是为了促进超市能够尽早、尽可能多地销售企业的商品，而不是企业向客户采购。相应的，企业应付客户对价就不是采购价格，而是企业要获得合同中约定的客户对价的一个组成部分，但是，支付的方向相反。在这种情况下，企业应当将应付客户的这项对价作为合同交易价格的抵减项。

当然，这时也存在一个细节问题。例如，在销售返利约定中，企业要求超市必须在约定时间内达到约定的销售数量，如果没有达到，企业就不用支付这笔钱。所以，会计人员必须等事情完全确定下来后，才能记录这笔销售返利对合同交易价格的影响。也就是说，在将应付客户对价作为交易价格的抵减项处理时，企业应当在确认相关收入与支付（或承诺支付）客户对价二者孰晚的时点抵减当期收入。

（五）小结

以新准则第十九条中的相关规定作为应付客户对价的相关业务性质判断及其会计处理的总结（如图 11－13 所示）。

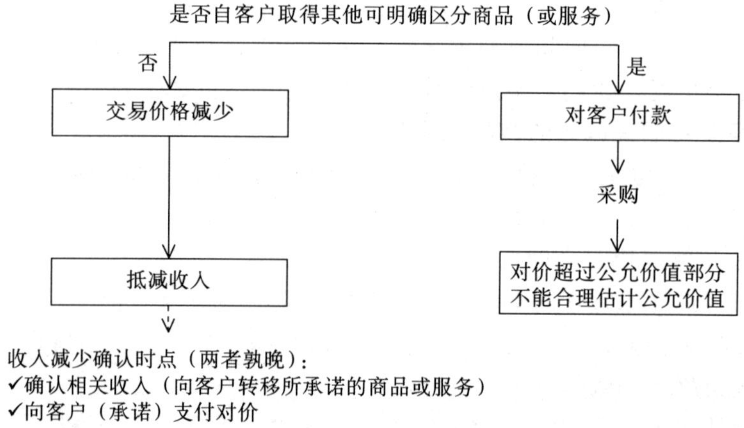

图 11－13　应付客户对价的相关业务性质判断及其会计处理

企业应付客户（或向客户购买本企业商品的第三方，本条下同）对价的，应当将该应付对价冲减交易价格，并在确认相关收入与支付（或承诺支付）客户对价二者孰晚的时点冲减当期收入，但应付客户对价是为了向客户取得其他可明确区分商品的除外。

企业应付客户对价是为了向客户取得其他可明确区分商品的，应当采用与本企业其他采购相一致的方式确认所购买的商品。企业应付客户对价超过向客户取得可明确区分商品公允价值的，超过金额应当冲减交易价格。向客户取得的可明确区分商品公允价值不能合理估计的，企业应当将应付客户对价全额冲减交易价格。

第七节 分摊交易价格

新准则虽然对现行实务的影响不是很大，但是由于其原则上的改变，可以应对不断创新的业务形式，适应各种可能出现的新实务，并在其内在一致性的逻辑指引下，提升财务信息的可比性。新准则的广泛适用性特别表现在其对多重交易安排的会计处理上：如果企业与同一客户签订合同，合同中含有多项需要在不同时间履行的履约义务，就形成“多重交易安排”，新准则要求，企业需要先识别其中的每一个单项履约义务，再将已确定的合同交易价格分摊至各项履约义务，最后，在每项履约义务被履行时，确认相应收入。在这个过程中，识别履约义务和分摊交易价格是两个关键步骤。本章第五节已经讲解了识别履约义务的相关问题，本节主要讲解企业如何分摊交易价格的问题。

一、分摊时间：合同开始日，之后不得改变

新准则第二十条规定，“合同中包含两项或多项履约义务的，企业应当在合同开始日，按照各单项履约义务所承诺商品的单独售价的相对比例，将交易价格分摊至各单项履约义务。企业不得因合同开始日之后单独售价的变动而重新分摊交易价格”。

我们知道，会计准则具有很明显的经济后果，财务报表上的利润等指标直接影响股东的分红、经理人的奖金等。如果允许合同开始日改变分摊比例，很可能将会有企业以各种理由在合同开始日之后改变分摊对象和比例，甚至有人就会利用准则漏洞，获得自己想要得到的财务数字（特别是当期收入和利润）。为了避免这些重要的财务数据被轻易操纵，新准则做出上述规定。

既然是要分摊交易价格，就需要有一个合适的分摊基础。新准则规定，企业应当以各项履约义务所承诺商品（或服务）的单独售价为基础分摊交易价格。另外，虽然为了防止被操纵，新准则不允许企业在合同开始日之后，以承诺商品（或服务）单独售价的变化为由重新分摊交易价格，但是除了可区分商品（或服务）单独售价以外，其他情况还可能会发生变化。例如，企业可能会给予购买多项商品（或服务）的客户折扣，企业可能与客户约定的交易价格就是可变对价，随着合同的履行，可变对价的估计自然也会变。对于以上这些情况，都需要在分摊交易价格这个步骤中考虑清楚（如图 11－14 所示）。

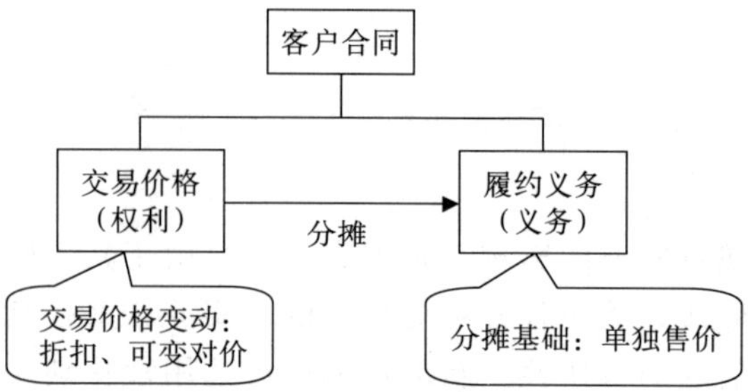

图 11－14　分摊交易价格过程中可能涉及的重要问题

二、分摊基础：单独售价，观察或估计

既然是分摊，现实中最常用的方法，就是按比例分摊。按什么样的比例分摊，需要明确分摊比例的基础。这个分摊基础在实务中最常见的便是每件东西的单独价格。

（一）以单独售价作为分摊交易价格的基础

要分摊的是交易价格，分摊的基础是企业向客户单独销售某商品（或提供某服务）的价格。也就是说，企业应当按照各项履约义务承诺商品（或服务）的相对单独售价来分摊交易价格。

如果企业在相似环境下向相似客户单独销售某商品（或提供某服务），而且，在这种情况下可以观察到该商品（或服务）的价格，就是该商品（或服务）单独售价的最佳证据，会计人员就可把它作为分摊交易价格的基础。

（二）单独售价的获取：观察或估计

有时候，并不能直接观察到商品（或服务）的单独售价。例如，超市赠送客户的购物抵用券、折扣券等（涉及附有客户额外购买选择权的销售，将在本章第九节介绍）。现实中，并没有这类票券的流通市场，也就没有这些票券所代表的商品（或服务）的单独售价。此时，会计人员又应如何进行会计处理呢？

观察不到价格是会计上常有的事，还可以采用估计的方式。但采用估计的方式也得有合理的依据和方法，才能说服审计人员等外部人士。新准则规定，企业应当综合考虑其能够合理取得的全部相关信息，采用经调整的市场调整法、预计成本加毛利法、余值法等方法合理估计单独售价。

另外，为了信息可验证，最好能够尽量使用可观察的输入值，且尽量保持一致性。对于以前合同中估计过的资产，尽量采用以前的估计方法（如图 11 - 15 所示）。

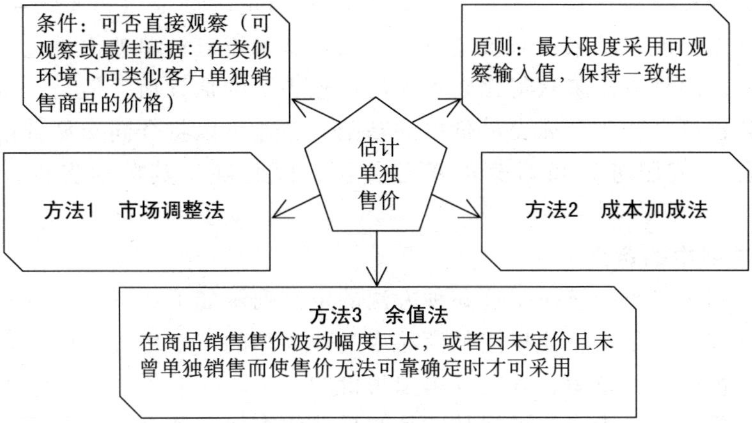

图 11 - 15 估计单独售价的原则、条件与方法

新准则中提到的这 3 种估计技术，是参考资产评估实务中常用的 3 种方法：市场法、成本法与收益法。下面，我们一一加以分析讲解。

（三）估计单独售价的 3 种合理方法

由于收益法是通过估算被评估资产的未来预期收益并折算成现值，借以确定被评估资产价格的评估方法，一般适用于预期在未来一段时间能够持续产生收益的某种资产。而估计单独售价，需要估计的是企业准备出售的商品（或服务）的单独售价，所以，不适用收益法。

1. 市场调整法

市场调整法通过参照市场上已经发生的、与被评估对象相同或类似资产的交易价格，经过适当调整，来确定被评估资产的价值。这种方法最简单、有效。应用市场调整法，需要具备以下条件：（1）有一个充分发育、活跃的资产市场，由此可以找到参照物；（2）参照物及其与被评估资产可比较的指标、技术参数等资料可以被搜集到。如果具备这两个条件，估计单独售价时首选市场调整法。基于同样理由，新准则将市场调整法作为估计单独售价的首选方法。

2. 成本加成法

成本加成法，是将被评估资产的现时重置成本扣减其各项损耗来确定被评估资产价值的一种方法，它的基本思路是重建或重置被评估资产。而单独售价是商品（或服务）被单独出售时的价格，企业之所以要出售它，是为了能够获得一定的毛利。所以，单独售价应当以该商品（或服务）的预计成本加上毛利才比较合理。

3. 余值法

考虑到确实存在这样一种情况，即合同中约定的商品（或服务）以往售价波动幅度巨大；或者从来没有被定过价，而且从来没有被单独出售过，这时企业无法使用上述两种方法来获得比较可靠的单独售价的估计值。但是，企业又需要有一个单独售价，作为分摊交易价格的基础。企业可以将合同交易价格减去合同中其他商品（或服务）可观察的单独售价，以此确定其单独售价，这就是余值法。

4. 新准则中的定义

将新准则第二十一条对于这 3 种方法的定义列示如下：

市场调整法，是指企业根据某商品或类似商品的市场售价考虑本企业的成本和毛利等进行适当调整后，确定其单独售价的方法。

成本加成法，是指企业根据某商品的预计成本加上其合理毛利后的价格，确定其单独售价的方法。

余值法，是指企业根据合同交易价格减去合同中其他商品可观察的单独售价后的余值，确定某商品单独售价的方法。

（四）小结

以新准则第二十一条、第二十二条中的相关规定作为估计单独售价问题的小结。

企业在类似环境下向类似客户单独销售商品的价格，应作为确定该商品单独售价的最佳证据。单独售价无法直接观察的，企业应当综合考虑其能够合理取得的全部相关信息，采用市场调整法、成本加成法、余值法等方法合理估计单独售价。在估计单独售价时，企业应当最大限度地采用可观察的输入值，并对类似的情况采用一致的估计方法。

企业在商品近期售价波动幅度巨大，或者因未定价且未曾单独销售而使售价无法可靠确定时，可采用余值法估计其单独售价。

三、分摊折扣：原则与例外

实务中，企业为了多收钱、早收钱，会对出售给同一客户的商品（或服务）打折。也就是说，这类合同的交易价格会因合同折扣低于其所包含的所有商品（或服务）单独售价的总和。在这种情况下，原则上，当然要将合同的交易价格以这些商品（或服务）的单独售价为基础，按比例分摊下去。

但是，有原则就有例外。有时候，企业设定的合同折扣只是与合同中一项或多项，但而不是全部履约义务相关。也就是说，合同的打折部分仅针对部分履约义务，而不是针对全部。此时，企业应当将相关合同折扣都分摊给这部分履约义务。

例如，某企业捆绑出售旅行套装，包括毛巾、牙刷和牙膏，总价 36 元。如果单独出售，毛巾 20 元、牙刷 9 元、牙膏 11 元。如果捆绑销售牙刷和牙膏，销售价格为 16 元。在这种情况下，企业就应当认定全部的折扣 4 元（20 + 9 + 11 - 36）只跟牙刷和牙膏直接有关。因此，企业应当将所有折扣都分摊给这两种商品，而毛巾的销售价格仍等于它的单独售价（20 元）。

还有一个细节问题，需要注意。余值法由于自身固有的不可靠性，应该慎用。新准则第二十三条规定，“合同折扣仅与合同中一项或多项（而非全部）履约义务相关，且企业采用余值法估计单独售价的，应当首先按照前款规定在该一项或多项（而非全部）履约义务之间分摊合同折扣，然后采用余值法估计单独售价。”

四、可变对价：后续变动额的分摊

本章第四节提到，如果合同约定的是可变对价，企业该如何确定交易价格。但确定了交易价格还不够，还要进一步考虑和落实，如何分摊可变对价。

（一）正常情况

总的原则没有改变，企业应当在合同开始日，按照各项履约义务所承诺商品（或服务）的相对单独售价，将交易价格分摊至各项履约义务。而且，企业不得因合同开始日之后单独售价的变动而重新分摊交易价格。如果出现例外，也就是说，如果有确凿证据表明可变对价的可变部分仅与合同中一项或多项（而非全部）履约义务相关，企业应当将这部分可变对价分摊给这项或这些履约义务。总而言之，对于可变对价及可变对价的后续变动额，企业应当将其分摊至与之相关的一项或多项履约义务。

（二）合同变更之后发生可变对价后续变动

确定和分摊交易价格的目的，是在企业履行某项履约义务的时候确认相应的收入。正常情况下，这没有问题，但如果企业已经履行了部分合同，企业对可变对价的估计就发生变动。根据规定，可变对价的后续变动额有一部分要分摊给已经履行的履约义务，可是，企业已经在履行这部分履约义务时确认了相应的收入，当可变对价变动后，要分摊给这部分履约义务的金额怎么记？是调整以前报告期的收入金额，还是直接记在可变对价变动当期？是追溯调整，还是未来适用？

1. 会计处理原则：分摊至已履约部分调整当期收入

这个问题，需要追究可变对价后续变动的实质。把它搞清楚，会计处理也就自然明白了。

我们知道，可变对价之所以会变动，是因为环境发生了变化，也就是说，估计的基础发生了变化，或者由于取得新信息、积累更多经验以及后来的发展变化，导致会计估计的变动。《企业会计准则第28号——会计政策、会计估计变更和差错更正》第九条规定，企业对会计估计变更应当采用未来适用法处理。会计估计变更仅影响变更当期的，其影响数应当在变更当期予以确认；既影响变更当期又影响未来期间的，其影响数应当在变更当期和未来期间予以确认。根据这条规定，对于已履行的履约义务，其分摊的可变对价后续变动额应当调整变动当期的收入。

2. 分摊可变对价后续变动额：针对不同情形分别处理

有一个交叉性的细节问题：合同变更之后发生可变对价后续变动，在会计上应该如何处理？

这要根据合同变更的情况来决定。本章第四节分析过合同变更的3种情形及其会计处理。

现在，我们结合可变对价问题，把合同变更的3种情形作为分析这个问题的基础，进一步加以分析。

因为这是对合同变更性质的判断，在会计上，是确认问题。而合同变更后发生可变对价的后续变动，进而引出的交易价格分摊问题，是随之而来的计量问题。在此基础上，我们需要遵循分摊的原则，把变动部分的金额分摊给与之相关的部分。对于合同变更情形的认识（本质上是对合同变更性质的判断和分类），须根据分摊的原则来处理，大原则之下执行小原则。这样就很清楚了。

企业应当区分下列3种情形分别进行会计处理。

3. 第一种情形

对于第一种情形，企业应当判断可变对价后续变动与哪一项合同（原合同还是新合同）相关，并参照分析可变对价后续变动额的分摊方法进行相应处理。

4. 第二种情形中的特定情形

对于第二种情形，相对比较复杂一点。要先判断可变对价的后续变动与合同变更前还是变更后所承诺的可变对价相关。也就是说，可变对价到底是变更前的合同就已经决定了，还是由变更后的合同所决定的。如果变更前的原合同就已经包含可变对价，那么，合同变更后出现的可变对价的后续变动，就跟原合同中已经履行的那部分履约义务有关，就需要将部分交易价格的变动（即可变对价的后续变动部分）分摊给这部分履约义务；如果只有变更后的新合同才包含可变对价，那么，合同变更后出现的可变对价的后续变动，就跟原合同中已经履行的那部分履约义务无关，只需要将可变对价的后续变动部分分摊给所有未履行的履约义务。

因此，对于第二种情形，如果可变对价后续变动与合同变更前已承诺可变对价相关的，企业应当首先将该可变对价后续变动额以原合同开始日确定的基础进行分摊，然后再将分摊至合同变更日尚未履行履约义务的变动额以新合同开始日确定的基础进行二次分摊。

5. 其他情形

对于上述两种情况以外的其他情况，合同变更之后发生可变对价后续变动，企业应当将该可变对价后续变动额分摊至合同变更日尚未履行的履约义务。

五、小结

企业分摊交易价格，应当在合同开始日进行。合同开始日之后不得改变，应当以可观察或估计的单独售价作为分摊的基础，将合同折扣分摊至相关的履约义务中。对于可变对价及可变对价的后续变动，也应遵循上述原则，并将已履行的履约义务所分摊的可变对价后续变动额调整变动当期收入；如果合同变更之后发生可变对价的后续变动，应区分上述三种情形，分别进行会计处理（如图11－16所示）。

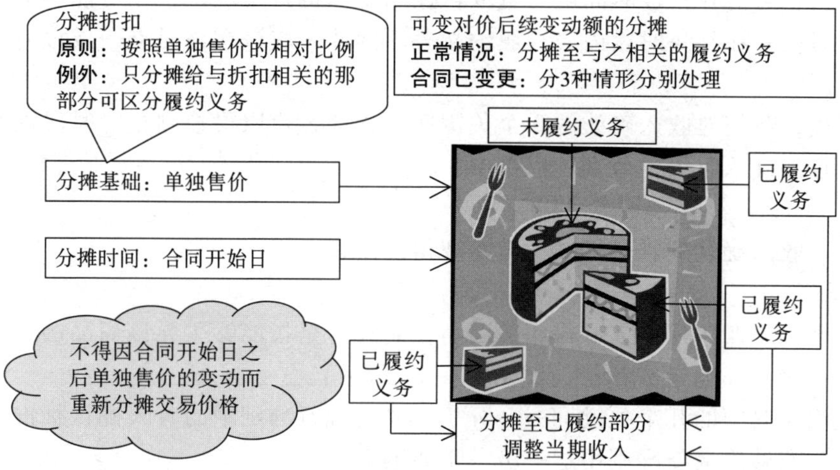

图 11－16　分摊交易价格小结

第八节 确认收入

新准则规定，企业应当在履行了合同中的履约义务，即客户取得相关商品（或服务）控制权时确认收入（如图 11－17 所示）。

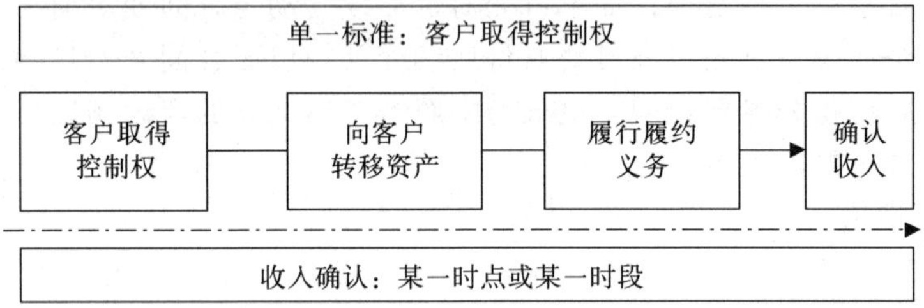

图 11－17 收入确认原则

也就是说，与现行准则不同，新准则不再根据企业获得收入的形式（例如，销售商品、提供劳务、让渡使用权）分别适用不同的收入确认条件，而是针对所有合同，只提供单一标准，即在客户取得控制权时确认收入。

要判断是否能够确认收入，就需要判断客户是否已经取得控制权。新准则认为，如果企业向客户转移了合同所承诺的商品（或服务），客户就获得了它（或它们）的控制权，此时，可以认定，企业履行了相关履约义务。

同时，针对不同的履约义务，客户取得控制权的情形也不同。可能是在某个时点上，也可能在某段时间内一直取得控制权。也就是说，企业可能在某一时点上，也可能是在某一时段内履行履约义务。因此，应该在该时点，或该时段内确认收入。

下面，我们对收入确认的 3 个关键问题，即客户取得控制权、时段内确认收入、时点上确认收入，分别予以讲解。

一、收入确认的唯一标准：客户取得控制权

新准则第四条规定，取得相关商品控制权，是指能够主导该商品的使用并从中获得几乎全部的经济利益（如图 11－18 所示）。

我们对其中的几个关键词一一分析，并与现行准则中的收入确认标准加以对比，希望能够澄清新准则中这一极其重要的概念。

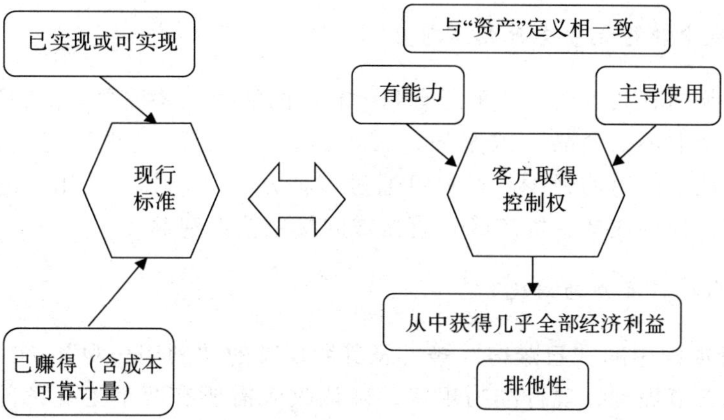

图 11－18　新准则中的收入确认标准及其与现行准则中相关标准的对比

（一）主导使用

客户主导使用的能力是指客户在其活动中使用该商品、允许其他方在其活动中使用该商品、或者限制其他方不得使用该资产的权利。

有时候，是不是自己主导使用，并不是那么清晰可观察。但会计人员可以从反面考察，若一方主导，则其他方不能主导；若客户主导使用，那么已失去对这项商品控制权的企业方就不再主导使用，这就是"排他性"，在判断时段内确认收入的情况，比较容易操作。

（二）有能力

对于资产的控制，我们需要理解的是，只要客户有能力主导使用，就可以判断他已取得控制权，而不必关注他是否正在主导使用，也不必关注他是否已经从中获益。

例如，在房地产销售的示例中，购房人拿到房门钥匙后，可以装修后自己住，可以出租给他人收取租金，这些选择都表明购房人在收到钥匙后可以主导使用这个房间，并从中获益。

既便购房人拿到钥匙以后，既不装修、也不出租，就放着不管，也没有从中获益，是不是他就没有控制这个房屋？只要他有能力（能够）主导使用并从中获益，就已说明他已经控制，至于他现在怎么主导，如何获益，是否正在主导和获益，都不能改变他已经控制这个房屋的本质。这个问题，在本书第三章第二节中，已经做出很详细的解释。如有兴趣，请参阅相关内容。

（三）从中获得几乎全部经济利益

客户必须拥有获得资产几乎所有剩余利益的能力，才被视为已获得对资产的控制。从概念上说，商品（或服务）带来的利益是潜在的现金流量，即现金流入的增加或现金流出的减少。客户可通过多种方式（例如，使用、消耗、处置、出售、交换、抵押或持有资产等）直接或间接地获得利益。

（四）与现行准则的对比

1. 现行准则中的“已赚得”条件及其所反映的“利润表观”

本章第二节提到，现行准则规定，确认收入需要有两个主要条件：（1）已实现或可实现；（2）已赚得。但是，“已赚得”这个条件的几项标准比较含糊，在某些情况下可能还会相互矛盾，导致准则使用者难以把握。这是现行准则的主要缺点之一。

还有一点，这里需要说明一下。关于“已赚得”，现行收入准则第四条和第十一条特别要求，“已发生或（和）将发生的成本能够可靠地计量”。也就是说，只有在成本能够可靠计量的情况下才能确认收入。《企业会计准则讲解 2010》中还举了一个例子来说明，让人感觉很有道理。可是，如果企业其他事情都做了，就这个条件没有满足，因而不确认收入，真的合适吗？想想现在很多互联网企业，它们在收到客户的钱款并向客户提供全部服务之后，可能并没有完全可对应的成本需要计量。同时，它们向客户提供的其他服务，可能花费了大量成本，在这方面“业务”上，企业一分钱也没收到，这是许多互联网企业收入确认方面的特点。那么，这些互联网企业在收入确认上应该怎么办呢？收钱的业务，因为成本不能可靠计量，所以不确认收入？不收钱的业务，因为没有收到钱，所以也不确认收入？这么做，真的合适吗？

现行准则之所以会有这样的规定，是为了能够在确认收入时就能确定由此产生的销售毛利（收入减去成本），进而计算得出“当期净利润”。而这项财务数据，企业财务报表的某些使用者认为至关重要，这是典型的“利润表观”。

2. 新准则的“控制原则”及其所反映的“资产负债观”

有能力主导使用，是第三章中解读的“控制”定义的三要素之一，也是最重要的要素——权力，就是“有能力主导被投资方的相关活动”。“有能力主导”某项资产的使用，就可以认定取得了这项资产的控制权，“有能力主导”某个被投资单位的相关活动，就可以认为对它拥有权力，进而很可能对其实施控制。很明显，“有能力主导”是“控制”的核心概念。

再进一步展开联想可以发现，《基本准则》第二十条定义，资产是指企业过去的交易或者事项形成的、由企业拥有或者控制的、预期会给企业带来经济利益的资源。由企业拥有或者控制，是指企业享有某项资源的所有权，或者虽然不享有某项资源的所有权，但该资源能被企业控制。也就是说，“控制”也是“资产”定义中的关键词。

细思极恐！资产必须是拥有或者“控制”的，而这种控制又必须是“能够主导”（对资产的控制是能够主导使用，对企业的控制是能够主导其相关活动）的。而要确认收入，必须是客户取得控制权。以“控制”为纽带，收入确认与“资产”的定义紧密联系在一起，相互一致。只有在客户控制资产的时候，才能认定企业对这项资产失去了控制，企业才能确认收入，同时，企业终止确认这项资产，即在资产的终止确认之时，收入得以确认。在会计理论上，这被称为“资产负债观”。

由于本书不是理论性书籍，关于“资产负债观”与“利润表观”的原则、主要关注点、各自支持性意见、在企业会计准则中的体现以及由此展开的广泛争议等相关问题，已经超出本书范围，存而不论。

二、时段内履行履约义务

前面说过，客户可以在某个时点，也可以在某个时段取得控制权。相应的，企业应当认定，自己在某个时点或者某个时段内履行履约义务，由此，确认相应的收入。考虑到时段内确认收入的情况相对比较复杂，我们首先了解新准则对于这个问题的规定，将时点上履行履约义务的相关问题留待后叙。

（一）三种情形

如果企业是在一段时间内向客户转移商品（或服务），或者，反过来看，客户是在一段时间内取得商品（或服务）的控制权，就可以认定它是在这个时段内履行履约义务，企业就可以按照一定的方式确认收入（如图 11－19 所示）。

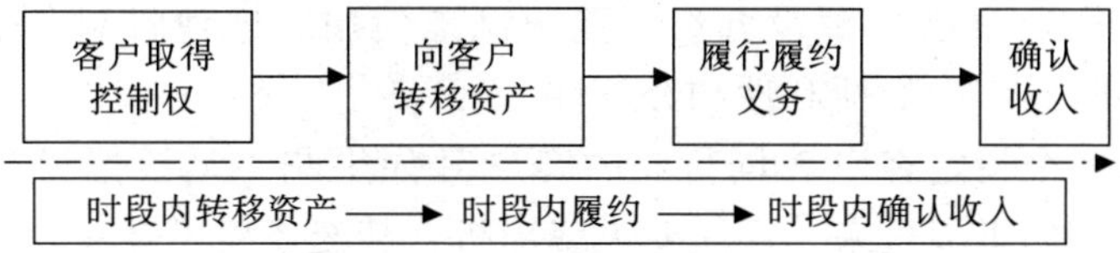

图 11－19 时段内确认收入

因此，如何认定客户在一段时间内取得控制权，就是判断企业在时段内确认收入的关键所在。为此，新准则第十一条规定了 3 种情形。

第一种情形，纯服务。也就是说，客户在企业履约的同时取得并消耗企业履约带来的经济利益。很多即时性服务就是这种情形。例如，电信通话、流量服务等。正如我们在本章第三节提到的，虽然新准则在原则表述上与现行准则差异很大，但是对于现行实务，包括服务收入的确认，差异并没有想象中的那么大。

第二种情形，客户始终控制商品（或服务）。换句话说，客户能够控制企业履约过程中在建的商品（或服务）。这种情况在建造合同中很常见，特别是，客户要求定制，或者在其指定（或可以控制）的场所建造某件东西。在这种情况下，会计人员大多可能认定，客户始终控制在建商品（或服务）。当然，企业在整个在建过程中一直在履行履约义务，就可以在这个时段内确认收入。虽然新准则将取代《企业会计准则第 15 号——建造合同》，但是对于大部分建造合同来说，会计上的实务操作并没有太大影响。

第三种情形比较复杂，说起来也比较拗口。新准则是这样表述的：企业履约过程中所产出的商品具有不可替代用途，且该企业在整个合同期间内有权就累计至今已完成的履约部分收取款项。

新准则还对其中的两个关键词作了进一步解释。

（二）对第三种情形的特别解释

1. “具有不可替代用途”的含义

针对控制权的排他性，客户在取得服务的同时就消耗掉了企业履约带来的经济利益，即上述第一种情况。当然须在排除其他人对这些服务控制的前提下。同样，如果企业向客户提供的是具有不可替代用途的商品（或服务），客户对这项商品（或服务）的控制权就具有排他性。也就是说，这个标准是由资产控制的排他性引申出来的。

要判断商品（或服务）是否具有不可替代用途，还需要更明确的指示。新准则规定，具有不可替代用途，是指因合同限制或实际可行性限制，企业不能轻易地将商品用于其他用途。也就是说，对于这项商品（或服务），除了该客户，其他人（包括企业自己）都没办法不受限制地使用。这种限制，来自合同的约定，或者是实际操作中的便利性和经济性。

例如，与某个指定客户 A 同行业的客户 B 如果花一笔钱把为客户 A 量身定制的商品从企业那里买过来，可能要大费周折，甚至还要另花一笔钱，才能为己所用。两笔钱加起来，可能比客户 B 掏钱去定制商品更贵。在这种情况下，这件商品就具有不可替代用途。

2. “有权就累计至今已完成的履约部分收取款项”的含义

新准则对这个要点的规定如下：“由于客户或其他方原因终止合同的情况下，

企业有权就累计至今已完成的履约部分收取能够补偿其已发生成本和合理利润的款项，并且该权利具有法律约束力。”

可以想象，因为客户或其他方原因，导致合同终止，客户控制着已经部分完成的商品（或服务）。例如，在产品。此时，如果客户再找一家企业，由它来履行本来应该由原企业履行的剩余义务，新企业不必从头开始做（即实质性重做）原企业迄今为止已经完成的工作，那么，我们可以认定，对于原企业已经履行的那部分履约义务，客户已经受益，而且正在受益。换句话说，客户获益于原企业已完成的履约部分。

在评估这个标准时，主体应忽略可能阻碍自己向其他主体转移剩余履约义务（即合同性或实务性）的潜在限制条件。

3. 两个要点之间的联系

这两点标准要求之间存在着逻辑联系。假设企业创建的一项资产对于自身没有任何替代性用途，该资产仅是在客户主导下建造，如果客户终止该合同，企业将会留下一项对自己来说没有用的资产。对于这种风险，企业有权要求获得法律上的保护。最有效的保护措施，就是如果合同因客户或其他方原因而终止，企业就有权针对已完成的履约部分收取能够补偿其已发生成本和合理利润的款项，并且该权利具有法律约束力。

其实，这两个要点都与“客户取得控制权”这个收入确认的原则有直接联系。我们知道，资产的控制具有排他性，也就是说，控制包括有能力阻止其他主体主导使用并获得源于该资产的利益。由此可见，第一个要点，即企业履约过程中所产出的商品（或服务）具有不可替代用途，与之相一致。

这种联系由于第二个要点，即在整个合同期间内该企业有权就迄今为止已完成的履约部分收取款项，而在判定“客户取得控制权”上得以增强。可以反过来想，如果客户没有取得控制权，客户不会同意就企业迄今为止已完成的履约部分支付款项。

因此，这两个要点的组合足以提供证据表明，是客户而不是企业控制了企业履约而产生的资产，也就是企业履约过程中所产出的商品（或服务）。换句话说，企业已经用这个（或这些）商品（或服务）中的利益换取了要求客户支付的权利。

（三）收入计量

如果已经确定企业是在时段内履行履约义务，接下来，就要确定企业到底履行了多少义务，或者说，企业可以确认多少收入。

1. 原则性规定

对于这个问题，最直观的想法就是，除非特殊情况，企业应按照履约进度来计量收入，即按已经完成的比例确认收入。也就是现行准则中所说的“完工百分比法”。新准则与现行准则的规定基本一致。新准则第十二条规定，对于在某一时段内履行的履约义务，企业应当在该段时间内按照履约进度确认收入，但是，履约进度不能合理确定的除外。

具体而言，会计人员必须了解以下2个问题：（1）怎么确定履约进度？（2）什么情况下算是“履约进度不能合理确定”？

2. 确定履约进度

虽然这个问题相当复杂，但是现行准则和实务已经提供了足够的经验。新准则规定，企业应当考虑商品（或服务）的性质确定恰当的履约进度计算方法。计算履约进度的方法包括产出法、投入法等。对于类似情况下的类似履约义务，企业应当采用一致的计算方法。

所谓“产出法”，就是要确定已经履约部分的产出占全部履约产出的比例，将这个比例乘以这项履约义务所分摊的交易价格，计算得出并确认相应的收入。

所谓“投入法”，是从投入的角度考虑，确定已经履约部分的投入（或成本）占全部履约投入（或成本）的比例，将这个比例乘以这项履约义务所分摊的交易价格，计算得出并确认相应的收入。

严格意义上说，企业需要确定的是，它在资产负债表日预期有权收到的那部分对价金额。很明显，产出法是最符合这个条件的方法，投入法只是一种模拟，是在产出法无法适用的情况下，不得已而采用的方法。

新准则第十二条规定：企业应当考虑商品的性质，采用产出法或投入法确定恰当的履约进度。其中，产出法是根据已转移给客户的商品对于客户的价值确定履约进度；投入法是根据企业为履行履约义务的投入确定履约进度。对于类似情况下的类似履约义务，企业应当采用相同的方法确定履约进度。

3. 履约进度不能合理确定时的做法

如果产出法和投入法都不能合理反映企业的履约进度，就应认定，履约进度不能合理确定。对于这种情况，现行准则第十四条规定，“企业在资产负债表日提供劳务交易结果不能够可靠估计的，应当分别下列情况处理：（一）已经发生的劳务成本预计能够得到补偿的，按照已经发生的劳务成本金额确认提供劳务收入，并按相同金额结转劳务成本。（二）已经发生的劳务成本预计不能够得到补偿的，应当将已经发生的劳务成本计入当期损益，不确认提供劳务收入”。

现行准则的这项规定比较合理，特别是第一款：既然不能确定履约进度，就按成本来确定收入，而且，给定成本必须能够得到补偿的限制条件。但是，这项规定还不够完美，第二款中规定，如果企业发生的成本可能不能够得到补偿，就都不确认收入。假设企业仅能够得到一定程度的补偿时，这项规定就过于绝对了。

本准则第十二条规定，当履约进度不能合理确定时，企业已经发生的成本预计能够得到补偿的，应当按照已经发生的成本金额确认收入，直到履约进度能够合理确定为止。根据新准则，企业要确认的收入是预期有权收到的那部分对价金额。如果有一部分成本预计能够得到补偿，企业完全有理由确认这部分收入。基于这一点，新准则对现行准则做出了修改，使之更加合理，也更符合现实。

4. 小结

关于时段内确认收入的计量方法如图 11－20 所示。

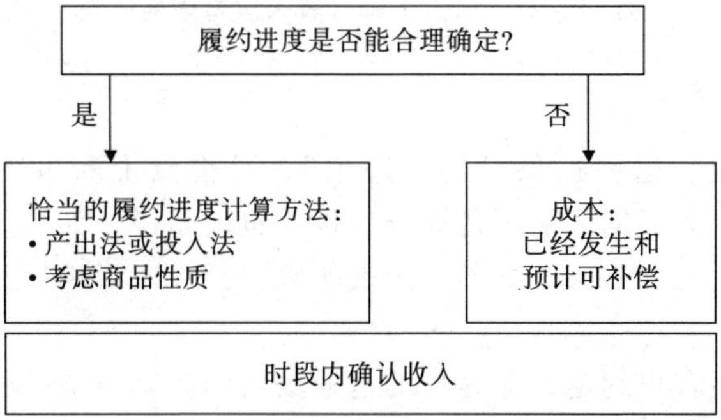

图 11－20　时段内确认收入的计量方法

三、时点上履行履约义务

新准则规定，除了上述提到的那些情况，都要在时点上确认收入。也就是说，在某个时点，企业可以认定客户取得商品（或服务）的控制权，同时，企业也在这个时点上失去了这项资产的控制权，由此，企业可以确认相应收入。对于在时点上确认收入，会计人员须关注哪些迹象可以表明客户取得了控制权。

（一）新准则相关规定

新准则第十三条规定，“对于在某一时点履行的履约义务，企业应当在客户取得相关商品控制权时点确认收入”。在判断客户是否已取得商品控制权时，企业通常应当考虑下列迹象：企业就该商品享有现时收款权利；企业已将该商品的法定所有权转移给客户；企业已将该商品实物转移给客户；企业已将商品所有权上的主要风险和报酬转移给客户；客户已接受该商品；其他表明客户已取得商品控制权的迹象（如图 11－21 所示）。

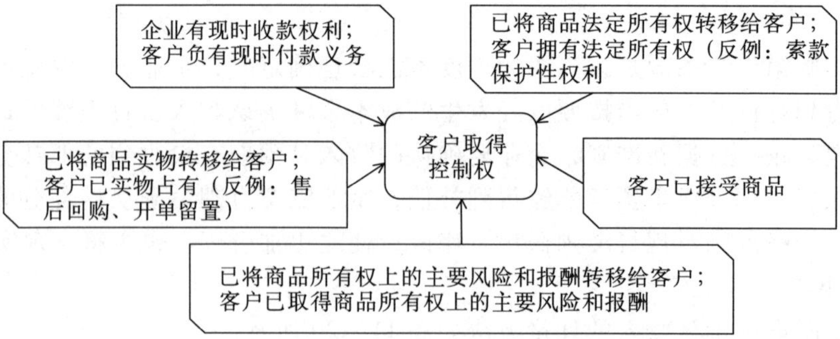

图 11－21　时点上确认收入应考虑的迹象

（二）特别提示

需要注意的是，这些迹象只是“迹象”，是借以推断事物的某种痕迹和表象，本身并非确定的证据，更不是充分条件。也就是说，如果企业在现实中发现具备这几项中的一两项迹象，并不一定表明客户已经取得控制权，也不一定就能确认相应收入。

例如，企业跟客户约定，在客户的营业场所内为其改造一件专用设备。然而当设备已根据要求改造完毕，但企业保留该设备的所有权证，作为索取客户未付清尾款的保护性措施。在这种情况下，客户对这件设备并没有拥有法定所有权，但因其已经能够主导使用该设备，并且能够从中获得几乎全部的经济利益，企业不能因为这个迹象没有出现（满足），认定该客户还没有取得该设备的控制权而不确认收入。

再如，企业与客户之间签订合同构成售后回购。当客户实物占有企业未来要回购的某商品时，从迹象上看，客户已经占有该商品实物，但是，由于回购协议约束后，该客户不能主导该商品的使用并从中获得几乎全部的经济利益，所以，客户并没有取得该商品的控制权，企业也不能由此确认销售该商品的客户收入。

第九节　特定交易的会计处理

“收入”是几乎所有企业利润表中的第一行项目，所以新收入准则影响到几乎所有需要遵循企业会计准则体系的企业。实务中，企业的收入源于各种各样的业务形式。新收入准则能够用清晰而单一的原则（客户获得控制权即确认收入）来规范覆盖范围极为广泛、表现形式纷繁复杂、具体情况千差万别的各个企业的各种收入相关业务，确实是一个理论上的创新。理论是灰色的，实践之树常青。

针对一些比较复杂但相对常见的业务，会计人员如果只是掌握理论，而未能灵活运用，即使是非常简单而清晰的理论，也很难根据实际情况，如实反映这些业务。

因此，会计人员有必要熟练掌握新准则中收入确认的5个步骤及其基本原则和操作规范，特别要在识别履约义务、分摊交易价格和收入确认等3个步骤中，做到理论与实践紧密结合，针对各类特定交易活学活用，使会计处理能够如实反映相关信息。

在新准则中，对于特定交易的会计处理，专门列为一章。在IFRS 15中，相关内容安排在应用指南（Application Guidance）中，形式略有不同，实质相差无几。由于许多特定交易在业务实质判断上涉及收入确认的多个步骤，需要细致分析，综合考虑，本章将其单列一节，针对不同类型的特定交易，分别予以讲解。本书先做业务描述，再进行业务实质的分析，主要从客户合同及其权利义务的角度出发，对特定交易涉及收入确认的某些关键步骤，运用本章第四节至第八节中讲解的收入确认五步骤的各项具体原则，重点分析，希望能够帮助读者理解它们的业务实质并掌握其会计处理方法，如实反映其业务实质。

一、附有销售退回条款的销售

（一）业务描述

企业为了尽量早、尽量多销售商品，会向客户承诺N天内无理由退货。也就是说，只要客户觉得不需要，即使已经购买的商品没有任何瑕疵，客户也可以退还给企业，要求企业退回相应的款项。从企业角度来看，这类销售附有销售退回条款，需要在销售商品及收到货款（上述二者经常同时发生）时确定到底能确认多少收入，在退货有效期内根据具体情况做出调整，并在退货期结束时做最后调整。

（二）业务分析

从客户合同的权利义务角度出发，在附有销售退回条款的销售合同中，企业的主要权利是收取货款（如图11－22所示）。但是，在这类合同中，因为其中部分货物可能会被退回来，可以确认收入的货款不是销售出去的所有货物的货款。对于被退回部分货物的货款，企业是没有权利确认收入的。即使企业已经收取这部分货款，未来也是有可能要退回去的。也就是说，企业在收到全部货款的时候，只有那些不被退回的货款才是权利，企业在这类合同中承担对客户退货部分退款的义务。

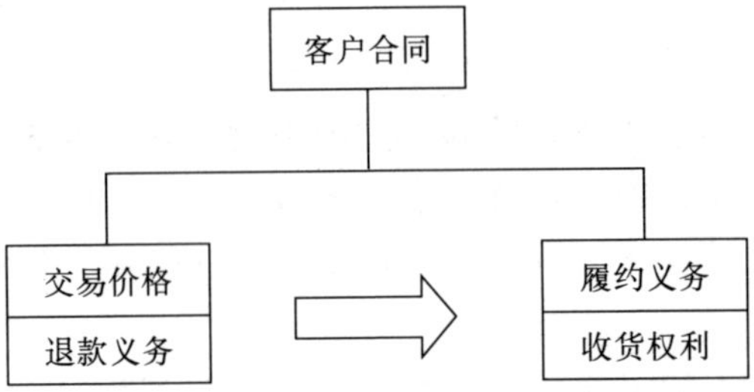

图 11－22　企业在附有销售退回条款的销售合同中的权利义务

同样，在这类合同中企业的主要义务是交货。虽然企业将客户购买的所有的货物都交出去了，但是如果有客户退货，企业在履行这部分货物退款义务的同时，还拥有相应的权利——收回这部分退货。也就是说，在这类合同中，企业的主要义务是向客户转让不会被退货的那部分货物，同时享有收回客户退货的权利。

（三）会计反映

把这类合同中的权利义务搞清楚了，会计上的处理就比较简单了。

企业在这类销售发生时，就要预计退货情况。企业只能将预期有权收取的对价金额（即扣除预期因销售退回将退还的金额）作为交易价格；与之相对应，企业须向客户转让预期不被退货部分的货物。在履行这项履约义务时，企业确认相应收入，并按照所转让商品（即全部货物）的账面价值扣除预计退货部分的成本，以其净额结转成本。

另外，对于预计可能退货部分，企业应当将预计退款部分确认为一项负债；与之对应，要将相应的收货权利确认为一项资产。对于这项资产的计量，需要更精细的考虑，并以预期将退回商品的成本为依据，扣减收回该商品预计发生的成本。如果退回商品可能会发生减值，还要扣减它的潜在减值，计算后的余额，才是这项资产的计量值。

还有一个会计上的细节，即这类合同的退款有效期很可能跨越资产负债表日。因为原来对于退货部分就是估计的数字，企业须在每一资产负债表日重新估计未来销售退回情况。如果根据新的情况，估计发生变化，就应当作为会计估计变更进行会计处理。

（四）准则规定

对于这类销售的业务实质及其会计处理，以新准则第三十二条的相关规定作为总结。

对于附有销售退回条款的销售，企业应当在客户取得相关商品控制权时，按照因向客户转让商品而预期有权收取的对价金额（即不包含预期因销售退回将退还的金额）确认收入，按照预期因销售退回将退还的金额确认负债；同时，按照预期将退回商品转让时的账面价值，扣除收回该商品预计发生的成本（包括退回商品的价值减损）后的余额，确认为一项资产，按照所转让商品转让时的账面价值，扣除上述资产成本的净额结转成本。

每一资产负债表日，企业应当重新估计未来销售退回情况，如有变化，应当作为会计估计变更进行会计处理。

二、附有质量保证条款的销售

（一）业务描述

消费者购买商品，总是希望所购商品在质量上没有问题，直到耗尽商品的使用价值为止。一旦商品质量出现问题，最好能够退换，或者企业能够为产品提供质量保证或维修服务，让消费者在质保期间放心使用。

从企业的角度来看，在销售商品的时候做出这样的承诺，当然有利于吸引客户。这类销售，就是“附有质保条款的销售”。但是，要向客户保证产品的质量，就要准备在产品质量出问题的时候付出一定的代价，派人维修或用新产品换旧产品。也就是说，对企业而言，这类销售是有代价的，在销售合同成立的时候，除了交付商品，还有履行质量保证的义务。

（二）业务分析

我们来看看企业在这类销售合同中的权利和义务。

权利方面，跟其他客户合同相似，主要是向客户收款的权利。义务方面，表面上的主要义务是向客户转让商品；实际上还有一项义务，就是在合同所承诺的质保期间提供质保服务。对于这项质保服务，我们需要更细致的分析，以鉴别它的经济性质，便于指导会计处理问题。

作为消费者，当然希望质保的时间越长越好，质保的范围越广越好，质保的项目越细越好，出现质量问题得到的维修越到位越好。可是，企业要赚钱，自然希望质保条款中对企业的约束条件越少越好。双方博弈的结果是，法律或行业协会等文件上，会针对企业所销售商品的质保期限、范围、项目等，制定一定的标准。在这个标准以内，企业必须承担质量保证义务；超过这个标准，就看各个企业的能力和定价，量力而行。也就是说，在既定标准以内的质保，被认定为企业所销售商品的一部分，连带该商品一起被出售；而既定标准以外的质保，有的企业提供，有的企业不提供，有的企业根据客户购买商品是否含有这部分质保而定不同的价格。所以，质保独立于该商品，应当被认定为一项单独的质保服务（如图 11－23 所示）。

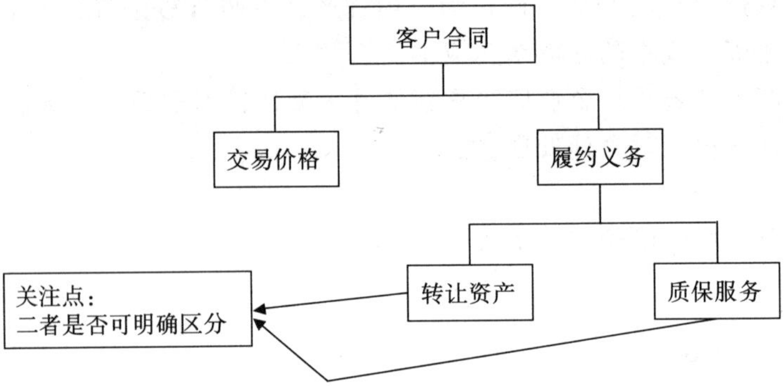

图 11－23　附有质保条款的销售合同分析

强调一下，企业在评估质保条款是否向客户提供了一项既定标准之外单独的服务时，应当考虑这项质保义务是否为法定要求、质保期长度、企业承诺履行质保义务的性质等因素。一般来说，如果客户能够选择单独购买这项质保服务，就表明它是单项履约义务。

（三）会计反映

会计人员需对既定标准内外的质保义务区别对待。

标准以内的质保，是一项与所销售商品不可分割的义务，无需在销售商品时另外记一笔账。但是，它确实是一项企业需要承担的现实义务，而且，履行这项义务很可能导致经济利益流出企业，如果这项义务的金额能够可靠计量，根据《企业会计准则第 13 号》第四条，企业就须将其确认为一项预计负债。

对于标准以外的质保，如果根据判断，企业确实因此向客户提供了一项单独且额外的服务，就应当作为单项履约义务，根据本章第五节识别这项履约义务，并根据本章第七节分摊交易价格，在企业履行这项服务的过程中，根据本章第八节确认收入。

（四）小结

关于这类特定交易的业务实质判断及其会计处理，如图 11－24 所示。

将新准则第三十三条的相关规定作为总结。

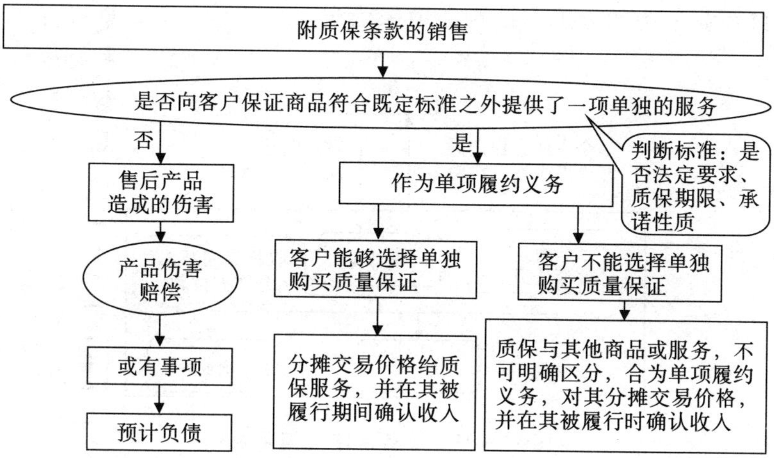

图 11-24 附有质量保证条款的销售的业务实质判断及其会计处理

对于附有质量保证条款的销售，企业应当评估该质量保证是否在向客户保证所销售商品符合既定标准之外提供了一项单独的服务。企业提供额外服务的，应当作为单项履约义务，按照本准则规定进行会计处理；否则，质量保证责任应当按照《企业会计准则第 13 号——或有事项》规定进行会计处理。在评估质量保证是否在向客户保证所销售商品符合既定标准之外提供了一项单独的服务时，企业应当考虑该质量保证是否为法定要求、质量保证期限以及企业承诺履行任务的性质等因素。客户能够选择单独购买质量保证的，该质量保证构成单项履约义务。

三、对总额法与净额法的判断

（一）业务描述

随着经济和商业的发展，企业要满足用户的多样性需求，经常需要与其他方合作，实现优势互补，为一个客户提供商品或服务，并通过业务分成等形式收取款项（如图 11-25 所示）。例如，商场与设在其中的专柜合作向消费者出售商品，平台网站和游戏运营商合作向玩家提供游戏服务，电信运营商与网络增值服务提供商合作向客户提供网络增值服务。

有合作必有分工与利益分配。在业务分工方面，企业一般会与合作方在合作合同中详细约定；在利益分配方面，一般由直接面对客户的一方向客户收费，再根据合同约定，与合作方分享所收到的金额，合作各方利益分配的比例或数量一般根据各自在业务中的分工与谈判能力来确定。

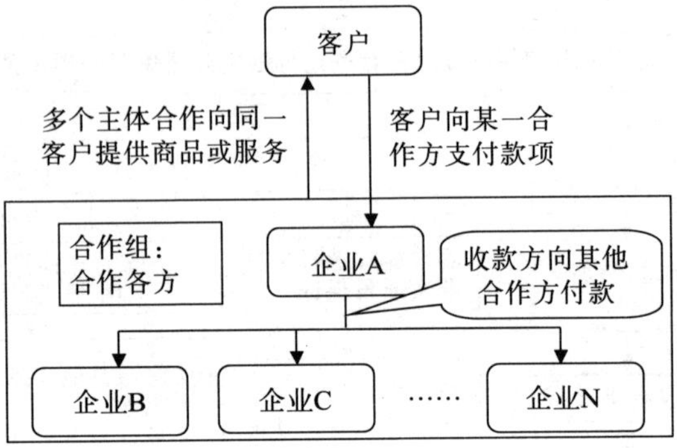

图 11－25 业务合作（简化版）

在会计上，各个合作方要分别确认自己的收入，以反映自己在这类合作中取得的成果。问题来了，各方应该确认多少收入呢？是分别确认自己收到的那部分，还是将客户的所有对价都作为收入，再将支付给其他方（合作方）的那部分作为成本或费用？

（二）业务分析

1. 主要责任人与代理人

从业务上来看，在合作向同一客户提供商品（或服务）的过程中，一般都会有一个合作方在主导整项业务，在向客户转让商品（或提供服务）之前能够控制相关商品（或服务），我们称之为“主要责任人”；同时，其他方可能向客户直接收取款项，但在转让之间并不能控制这些商品（或服务），只是代理主要责任人，履行向客户转移商品（或服务）的义务，我们称之为“代理人”。

很明显，在合作向客户提供商品（或服务）并取得收入的过程中，主要责任人承担的是总体责任，它向客户出售商品（或服务）；代理人只是中介，它向主要责任人提供中介（代理）服务（如表 11－7 所示）。

表 11－7　　业务合作中合作各方的实际客户及其实际业务

合作方	主要责任人	代理人
实际客户	客户	主要责任人
实际业务	出售商品或服务	中介（代理）服务

2. 判断标准

对于这类合作业务，最关键的是要判断合作方在向客户转让商品或服务前是否控制该商品或服务。

既然是对控制的判断，当然要回到“控制”的定义和概念。如前所述，资产的控制就是有能力主导其使用，并从中获得几乎全部的经济利益。如果只是一家企业向客户转移控制权，只要判断控制权是在企业这一方还是客户这一方，就可以由此决定是否需要确认收入。

3. 判断原则及其相关情形

在这类特定交易中，需要分别针对每一个合作方判断其是否控制要向客户转让的商品（或服务），而且，实务中的合作形式多样，合作方式各异，要想做出明确的判断，光是拿着“控制”概念作为尺子，相当麻烦，也没有必要。最好能有一些判断原则，或一些指示或迹象，帮助会计人员明确地判断某一家合作方式商品（或服务）向客户转让之前的控制方（也就是主要责任人），其他方自然就都不是控制方（都是代理人）。

新准则给出了这些原则和指示器。

如果企业是从第三方（客户及企业本身以外的其他方）取得资产的控制权之后再转让给客户，说明在向客户转让该资产之前，企业能够控制该资产，当然就是主要责任人。

如果企业取得由第三方提供服务的控制权后，能够主导该第三方代表本企业向客户提供服务，表明第三方只是代理人。在向客户提供服务之前，这家企业才是主要责任人，真正控制这项服务。

如果企业从第三方取得商品（或服务）控制权后，需要通过提供重大的服务，才能将该商品（或服务）与其他商品（或服务）整合成某组合产出转让给客户。那么，根据本章第五节中关于单独履约义务的判断，如果是在同一合同下，由一家企业向一个客户转让商品（或服务），就可以认定，这种类型的重大服务与该合同中企业承诺转让的其他商品（或服务）在合同环境下不可区分。因为在这种情况下，其他合作方已经将商品（或服务）的控制权转移给企业，而且，这些商品（或服务）高度依赖于这家企业的重大服务。

4. 判断时可以借助的指示器

企业在具体判断向客户转让商品（或提供服务）前是否已经拥有对相关商品（或服务）的控制权时，不应该局限于合同的法律形式，而需要综合考虑所有相关事实和情况。这些事实和情况，就是我们经常提到的指示或迹象，它们有利于将上述判断原则转变为更容易把握和操作的“抓手”，一般包括以下几种：

（1）企业承担向客户转让商品（或提供服务）的主要责任。如果在企业与合作方的合作合同中，在企业与客户签订的合同中都明确指出了这一点，那么，就可以直接判断企业就是主要责任人。

（2）企业在转让商品（或提供服务）之前或之后承担了该商品（或服务）

的主要存货风险。本章第八节在讲解时点上确认收入时，提到企业判断控制权是否转移的一个迹象，即是否已经将商品（或服务）所有权上的主要风险和报酬转移给客户。很明显，如果企业在转让商品（或提供服务）之前（或之后），一直承担该商品（或服务）的主要存货风险，说明它并没有转移该商品（或服务）所有权上的主要风险，自然，也就一直对其保持控制，应当被认定为主要责任人。

（3）企业有权自主决定所交易商品（或服务）的价格。如果企业能够自主定价，说明在客户控制该商品（或服务）之前，企业能够通过控制价格而主导该商品或服务的使用，并从中获得几乎所有经济利益，自然，也就作为主要责任人，控制了这项商品（或服务）。

5. 特别提醒

需要特别强调一点，并不是谁向客户收钱，谁就是主要责任人。实践中，很可能是离客户最近、最方便收款的一方向客户收钱，但它有可能只是代理人。例如，网络游戏平台企业向玩家收款并根据协议约定与游戏运营商分成，根据上述提供的判断原则和指示器，实务中，游戏平台企业经常只是代理人，而游戏运营商则经常是主要责任人。

另外，也不能根据分成比例大小来判断谁是主要责任人或代理人。还是举网络游戏的例子，现实中，强势的游戏平台企业分成远超过一半，但它有可能只是代理人。

（三）会计反映

在合作中，主要责任人在向客户转让商品（或服务）之前拥有控制权，它承担总体责任，实际客户就是合作组的客户，实际业务是向该客户出售商品（或服务）；代理人向主要责任人提供中介（代理）服务，实际客户是主要责任人，实际业务是提供中介（代理）服务（如图 11－26、表 11－7 所示）。

主要责任人承担总体责任，当然要将整个合作组向企业收取的对价总额作为收入（总额法），它是代理人的客户，就要将代理人（合作组中的其他合作方）要收取的那部分对价作为主要责任人的成本费用。从代理人角度来看，它是向其实际客户——主要责任人提供代理服务。当然，只能以代价总额扣除应支付给合作组其他方的价款后的净额或者佣金金额来确认收入（净额法）。这就是收入确认会计上的总额法和净额法。

仔细分析，总额法还是净额法确认收入并不影响企业最终的利润数字，但影响收入总额与毛利率等直接相关的财务指标，也会对以收入总额为基础的某些税前扣除额产生影响。因此，实务中，有些企业会从财务指标与税务影响的角度反过来决定以总额法还是净额法确认收入。作为以"如实反映业务实质"的会计准则制定机构，遵循准则的企业可以根据自己所需要的财务报表结果来决定会计方法（会计操纵），坚决反对，极力阻止。企业内部会计人员是企业的雇员，有时难免身不由己。如果准则能有非常明确的规定，作为严肃的会计人员，还是希望能够明确区分总额法和净额法的应用条件，严格遵循准则进行会计处理。

要做到这一点，还是要回到对于主要责任人还是代理人的判断，包括对其判断原则的理解和把握，以及在这些原则的指导下对指示器的应用。

（四）小结

我们用新准则中的相关规定和图 11－26 作为对这类特定交易参与各方性质认定及其会计处理的总结。

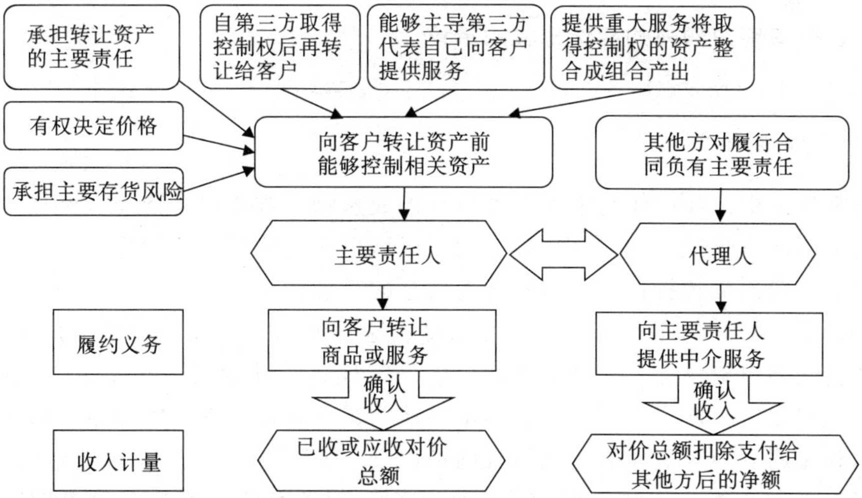

图 11－26　收入确认的总额法与净额法

1. 新准则第三十四条的相关规定

企业应当根据其在向客户转让商品前是否拥有对该商品的控制权，来判断其从事交易时的身份是主要责任人还是代理人。企业在向客户转让商品前能够控制该商品的，该企业为主要责任人，应当按照已收或应收对价总额确认收入；否则，该企业为代理人，应当按照预期有权收取的佣金或手续费的金额确认收入，该金额应当按照已收或应收对价总额扣除应支付给其他相关方的价款后的净额，或者按照既定的佣金金额或比例等确定。

企业向客户转让商品前能够控制该商品的情形包括：

（1）企业自第三方取得商品或其他资产控制权后，再转让给客户。

（2）企业能够主导第三方代表本企业向客户提供服务。

（3）企业自第三方取得商品控制权后，通过提供重大的服务将该商品与其他商品整合成某组合产出转让给客户。

在具体判断向客户转让商品前是否拥有对该商品的控制权时，企业不应仅局限于合同的法律形式，而应当综合考虑所有相关事实和情况，这些事实和情况包括：

（1）企业承担向客户转让商品的主要责任。

（2）企业在转让商品之前或之后承担了该商品的存货风险。

（3）企业有权自主决定所交易商品的价格。

（4）其他相关事实和情况。

2. 图示收入确认的总额法与净额法（如图11－26）

四、附有客户额外购买选择权的销售

（一）业务描述

日常生活中，我们作为消费者外出吃饭或购物，难免遇到商家营销——消费满一定金额送一张抵扣券或打折券，用于以后再次消费时享受优惠，抵扣一定金额或给予一定比例的折扣——消费者占便宜的心理往往被商家利用。当然，消费者以后是否会持券到商家购物而享受优惠，这是消费者的权利。换个角度来看，商家通过向客户提供在未来某个期间可以一定优惠额外购买某些商品（或服务）的条件实现促销，使客户尽量早、尽量多地购买，并在优惠期间尽量能够再次购买。这就是附有客户额外购买选择权的销售。

对于商家来说，上述是促销的正面作用，但还有负面影响。优惠期间客户持券购买时必须兑现承诺，由此导致企业当期将会收到比标价更少的钱。这些都是这类销售给商家带来的经济影响，也是会计人员在确认收入时需要考虑的问题。

（二）业务分析

我们还是从企业在客户合同中的权利义务角度来看一看（如图11－27所示）。

1. 相关权利

权利方面，比较简单，就是合同上约定的交易价格。实际上，这类销售一般都是在销售商品或提供服务之时，甚至在之前就已经完全确定交易价格，并已

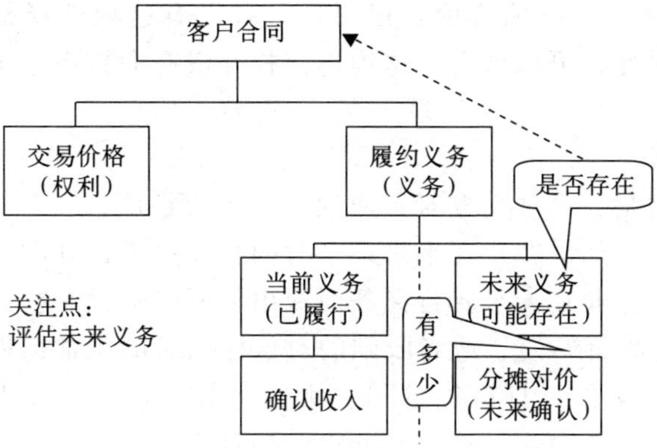

图 11－27　附有客户额外购买选择权的合同的权利义务分析

经收到全额款项。例如，航空公司的里程赠送，在常旅客购买机票时就承诺赠送未来的一定里程，在其享受航空服务时就确定收到这份额外购买选择权。

2. 相关义务

义务方面，相对比较复杂。首先，企业得先判断客户的额外购买选择权对于自己是否一项真实的义务。一般来说，如果企业向客户提供了一项重大权利，就应当作为一项现在已经做出承诺。未来必须履行的履约义务。对于“重大权利”的判断，可以反过来考虑，如果客户没有履行当前这项合同，是不是就不能获得这项权利？而且，相对于没有权利的客户而言，这项权利是重大的。还以赠送航空里程为例。航空公司一般会针对以不同折扣购票的客户给予不同比例的里程赠送。例如，买全价机票赠送 20% 里程，买九折机票赠送 15%，买八折机票赠送 10%，买七折机票赠送 5%，七折以下购票者不赠送。很明显，被赠送里程的客户在未来可以消费相应里程的免费航空服务，而未被赠送的客户则享受不到这项权利，而且，这项权利是重大的。因此，可以认定，航空公司针对七折以上购票者给予的额外购买选择权（里程赠送）是向这些客户提供了一项重大权利，也是航空公司未来需要履行的义务。

这里需要解释一下，给予客户什么样的额外购买选择权才算是“重大的”。一般来说，“重大”体现为质上的不同和量上的区别。从质上来看，如果与没有这项权利的客户相比，持有这项选择权的客户具有实质上的权利；从量上看，有没有这项权利，并不是微不足道的。二者具备其一，就可以认定为“重大”。需要指出的是，如果客户被赋予一项额外购买商品（或服务）的选择权，但是，这个客户在行使这项选择权，购买额外商品（或服务）的时候发现，这些额外商品（或服务）的价格，跟那些没有持有这项选择权而只能单独购买的客户的购买价格一样，也就是说，额外商品（或服务）的价格反映的是这些商品（或服务）的单独售价。很明显，有没有这项选择权，对于客户来说没有任何区别。因此，可以认定，这项选择权并没有向持有它的客户提供一项重大权利。

3. 义务的大小

接下来的问题是，这项义务对企业的财务影响是什么，有多大？

对于企业来说，如果客户在未来某个时间行使这项选择权，就会要求企业履行相应的义务，使企业在未来履行义务而流出资源时却没有收到对价（一定金额的“抵扣券”“免费购买”），或者收到的对价比当时的正常销售要少（使用一定比例的“打折券”享受“打折优惠”）。无论是哪一种，对于当期做出附有客户额外购买选择权的企业而言，这项义务将会导致它在未来某个期间必须履行一项履约义务，这项义务的履行在表面上没有给这家企业带来现金（抵扣券），或者使企业减少了一部分现金收入（打折券），这就是它对企业产生的经济影响，影响的程度就是未来少收到的这部分现金收入。

（三）会计反映

在业务分析基础上，会计要采用权责发生制如实反映业务的实质。

1. 区分履约义务

因为提供给客户的这项权利是由于企业做出这类销售而产生的，所以，应该在销售当期进行会计处理，以体现权责发生制。也就是说，企业在销售当期即产生两项履约义务，一项是向客户即时转移商品或服务（例如，航空公司提供航空运输服务，让客户坐了一趟飞机）；另一项是承诺在未来某个时期向客户提供额外商品或服务（例如，航空公司向获得里程赠送的常旅客提供未来的航空运输服务，让客户在那段期间内可以再坐一趟相应里程的飞机）。

2. 分摊交易价格

企业需要将当期确定的交易价格（例如，航空公司向常旅客收取的机票价格）分摊到这两项履约义务中，分摊的比例就是这两项履约义务所对应的商品或服务的单独售价（例如，航空公司单独出售相应里程航空服务的票价）。

3. 确认相关收入

对于企业当期已经履行的某项履约义务，当期就确认相应的收入；对于企业未来可能要履行的某项履约义务，既使当期企业并没有收到相应的现金当期只能先以被分摊下来的金额确认为一项负债（递延收益），一旦客户行使这项选择权（例如，兑换里程积分），或者这项选择权失效（例如，里程积分失效），也应确认这部分收入。

4. 估计单独售价

还有一个细节问题。要想比较合理且准确地分摊交易价格，就必须知道这类选择权的单独售价。有时候，选择权的单独售价并不能轻易被观察到。例如，超市在消费者消费满一定金额后赠送的未来某个时期的“打折券”，一般来说，消费者不会把这些打折券卖给其他人，也没有这类打折券的交易市场，因此也就观察不到这类打折券的“单独售价”。在这种情况下，超市应该怎么办呢？

实际上，整个新准则体系，特别是我们与之持续趋同的国际会计准则体系，都在鼓励并扩大估计和预计的范围。当然，这种估计，必须“合理”。如何才能“合理估计”，可以参阅本章第七节相关部分内容。当然，由于这类销售所提供的额外选择权是在与没有享受这项权利的客户之间的对比而被确认下来的，所以，如果是针对“折扣券”，在估计其单独售价时，需要考虑客户行使这项权利与不行使这项选择权所能获得的折扣的差异，以体现这项权利赋予其持有者与无权利客户之间的实质性区别。另外，作为选择权，客户具有不行使的权利。所以，企业在估计其单独售价时，还要考虑客户行使这项选择权的可能性，使之尽量接近未来的现实，以体现估计的合理性。

5. 示例

（1）事实。某商场以100元/件的价格销售商品A，买了A的消费者被赠送一张折扣券，在未来30天内，消费者凭此折扣券购买新商品可享受六折优惠，但是，一张券只能购买标价最多为100元的商品。另外，这家商场贴出公告，将在未来30天促销，对所有商品九折优惠出售。

（2）业务分析。首先，很明确，折扣券赋予客户在未来30天内针对标价100元以内的商品六折优惠的额外购买选择权，在未来30天内，跟购买同样金额（至多100元）的普通客户相比，持有这张折扣券的客户可以少交一笔钱，这是他的权利，自然也就是这家商场的一项履约义务。这里要注意，与普通消费者相比，这张折扣券给其持有者带来的优惠是商品标价的30%（90% - 60% = 30%），因为普通消费者可以享受九折优惠，而“折扣券”的是六折。对于这项履约义务，企业在出售商品A而获得100元现金收入的时候，就要分摊一部分交易价格。因为市场上根本没有人会去交易这张折扣券，折扣券也就没有可观察的单独售价。要分摊多少，怎么估计最为关键。

（3）会计估计。企业须先把以前类似促销活动的相关数据调出来，作为本次估计的基础数据。数据调出来后，企业发现，根据经验，平均会有80%的这类折扣券被消费者拿来兑换，而且，每张折扣券兑换时平均会购买标价50元的商品。有了这两个数据，就可以估计这张折扣券的单独售价了。

单独售价估计值 = 50（平均购买额）×30%（实质性折扣）×80%（行权概率）
= 12（元）

（4）业务实质。该业务的实质可以理解为，这家商场在销售商品A时附有客户额外购买选择权，并体现在打折券中，实际上是把标价 112 元的商品以 100 元的价格卖给客户，现在（销售 A）已经收到了 100 元，但还有标价 12 元的货没有给。当然，这里的 12 元是估计出来的，但是，这也比商场在收到 100 元直接确认全部收入，并在以后抵减当期收入的做法，更符合权责发生制，更为合理。

（5）分摊交易价格。在分摊交易价格时，分摊的计算公式如下：

商品 A = 100 × [100 ÷ (12 + 100)] = 89.3(元)，

折扣券 = 100 × [12 ÷ (12 + 100)] = 10.7(元)

（四）小结

1. 新准则中的相关规定

本部分以新准则第三十五条的相应规定作为总结。

对于附有客户额外购买选择权的销售，企业应当评估该选择权是否向客户提供了一项重大权利。企业提供重大权利的，应当作为单项履约义务，按照本准则第二十条至第二十四条规定将交易价格分摊至该履约义务，在客户未来行使购买选择权取得相关商品控制权时，或者该选择权失效时，确认相应的收入。客户额外购买选择权的单独售价无法直接观察的，企业应当综合考虑客户行使和不行使该选择权所能获得的折扣的差异、客户行使该选择权的可能性等全部相关信息后，予以合理估计。

客户虽然有额外购买商品选择权，但客户行使该选择权购买商品时的价格反映了这些商品单独售价的，不应被视为企业向该客户提供了一项重大权利。

2. 图示

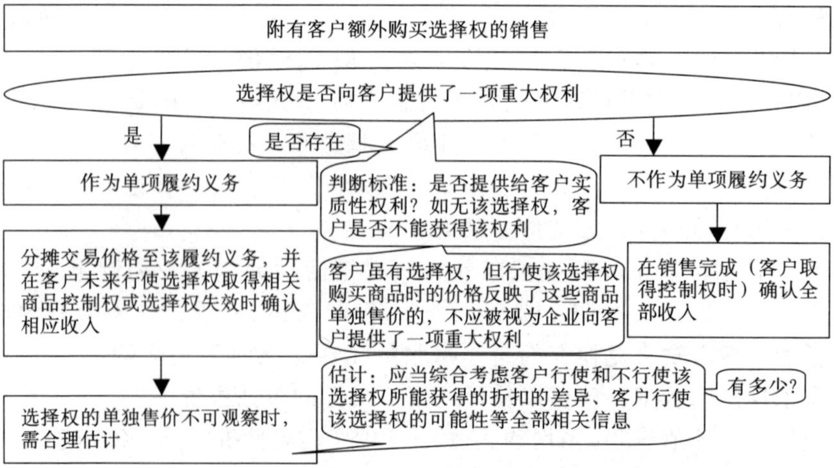

图 11－28　附有客户额外购买选择权的销售的相关判断及其会计处理

五、向客户授予知识产权许可

知识就是力量！对于专业依靠知识、生产知识的脑力劳动者来说，这是一个振奋人心的口号，而且，不断被现实所验证。掌握知识的一方，在一定条件下，脑力劳动者对其智力劳动所创作的成果可以享有法律规定的财产权利（即知识产权），也就是说，知识就是金钱。拥有知识产权的人或者企业可以许可客户使用其知识成果，而收到一笔钱，而且，有时候还可以对同一知识产权向不同客户多次授权，可以收到多笔钱。

随着经济的发展，企业向客户授予知识产权许可的事将会越来越多，涉及的情况也会越来越复杂，会计人员有必要了解这类业务实质是什么，会计上应该怎么处理。

（一）业务描述

授予知识产权许可就是允许客户使用，但不占有某项知识产权。知识产权的载体包括软件、电影、音乐、专利、商标等。这类许可合同要求企业要在约定时间内向客户转移含有知识产权的某种载体（将刻录的光盘交给客户），有可能还需要提供一定的服务（指导客户以正确的方式使用光盘）。很明显，这些承诺构成许可企业的履约义务。问题来了（如图 11－29 所示），这项履约义务是一个单项履约义务吗？也就是说，所承诺转移的商品（或服务）是明确可区分的吗？这直接影响相关收入的确认和计量。履约义务是在时段内还是在时点上履行的呢？这也直接关系到收入的确认和计量。

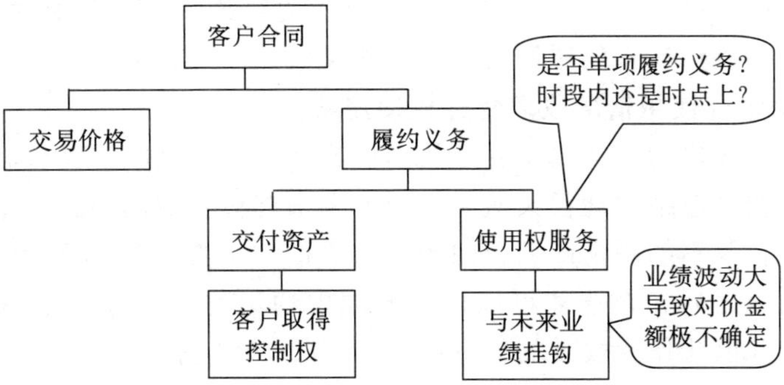

图 11－29 向客户授予知识产权许可的相关权利义务分析及其引申的问题

这类许可有一个独有的特点，即企业经常会跟客户约定，按客户的某项商品（或服务）的实际销售数量或金额，或者是使用情况（例如，耗用的时间或某种数量、次数）来收取特许权使用费，而这项商品（或服务）受益于被许可的知识产权。在这种情况下，企业的许可收入金额直接决定于这项商品（或服务）的后续销售或使用行为，或者说，企业的许可收入与客户的未来业绩挂钩。由于是客户在销售或使用，计算收入的基础（即客户销售额等）波动很大，企业事先难以预计收入，即使做出预计，准确率也很低。也就是说，预期有权收取的对价金额具有很大的不确定性，这直接影响收入的计量，进而影响收入的确认。

（二）业务分析

1. 是否单项履约义务

判断是否为单项履约义务，要看许可合同中承诺转移的商品（或服务）是否可明确区分，也就是说，它们是否实际可区分且在合同环境下可区分。对于这两个条件的判断，详见本章第五节相关内容。

2. 时段内还是时点上履行义务

判断时段内还是时点上履行义务，首先要认识到，只有已经被判定为单项履约义务，才有必要对这类许可（或服务）做进一步判断：它是在时段内被履行，还是在时点上被履行。对于这个问题，需要以本章第八节讲解的相关内容为基础，结合实际情况进行判断。除了 3 种特别情形被认定为需要在时段内履行履约义务以外，在其他情形下，企业都必须将其认定为在时点上履行履约义务，进而确认收入。

需要注意，这类合同可能经常会存在一种特殊的情形。合同要求或客户能够合理预期企业将从事对该项知识产权有重大影响的活动，该活动对客户将产生有利或不利影响且不会导致向客户转让某项商品（或提供某项服务）的，企业应当将授予知识产权许可作为在一段时间内履行的履约义务确认相关收入；否则，应当作为在某一时点履行的履约义务确认相关收入。

3. 基于销售或使用情况收取特许权使用费

企业如果与客户约定，基于客户的销售或使用情况来收取特许权使用费，就可能由于客户相关业绩波动很大而无法预期未来有权收取的对价金额。因此，在合同开始时，企业不能确定此类合同的交易价格。只有在客户后续销售或使用行为实际已经发生之后，企业才可以根据合同中约定的计算标准（或公式）计算出交易价格，并以此作为收入的计量值。

（三）会计反映

如果企业对客户的知识产权许可不是单项履约义务，它就被其他履约义务所包含，企业就应当在这一整项履约义务被履行之时确认收入。

如果企业对客户的知识产权许可被断定为单项履约义务，企业就要进一步考察：是在时段内还是时点上履行义务。对于在时段内被履行的义务，企业应当按照履约进度确认收入；对于在时点上被履行的义务，应当在客户取得相关商品或服务的控制权时点确认收入。详见本章第八节。

针对基于销售或使用情况收取特许权使用费的许可合同，企业应当将上述得到的计量值用于确认收入。一般来说，在客户后续销售或使用行为实际已经发生之时，企业正在履行特许权许可这项服务（即许可服务）。此时，可以确认上述计量结果的许可收入。但是，有时候，根据合同，企业需要履行的相关履约义务可能并不会随着客户后续销售或使用行为的发生而自然完成。也就是说，相关履约义务并没有被完全履行。在这种情况下，企业须在完全履行相关履约义务之时，才能确认相应收入。反过来，如果企业已经履行了相关履约义务，但客户后续销售或使用行为还没有发生，企业须在这些行为发生之后，才能确定收入的金额，由此确认收入。

总之，针对这类合同，企业应当在客户后续销售或使用行为实际发生与企业履行相关履约义务二者孰晚的时点确认收入。

（四）小结

1. 新准则中的相关规定

以新准则第三十六条、第三十七条的相关规定作为这部分内容的总结。

第三十六条　企业向客户授予知识产权许可的，应当按照本准则第九条和第十条规定评估该知识产权许可是否构成单项履约义务，构成单项履约义务的，应当进一步确定其是在某一时段内履行还是在某一时点履行。

企业向客户授予知识产权许可，同时满足下列条件时，应当作为在某一时段内履行的履约义务确认相关收入；否则，应当作为在某一时点履行的履约义务确认相关收入：

（一）合同要求或客户能够合理预期企业将从事对该项知识产权有重大影响的活动；

（二）该活动对客户将产生有利或不利影响；

（三）该活动不会导致向客户转让某项商品。

第三十七条　企业向客户授予知识产权许可，并约定按客户实际销售或使用情况收取特许权使用费的，应当在下列两项孰晚的时点确认收入：

（一）客户后续销售或使用行为实际发生；

（二）企业履行相关履约义务。

2. 图示

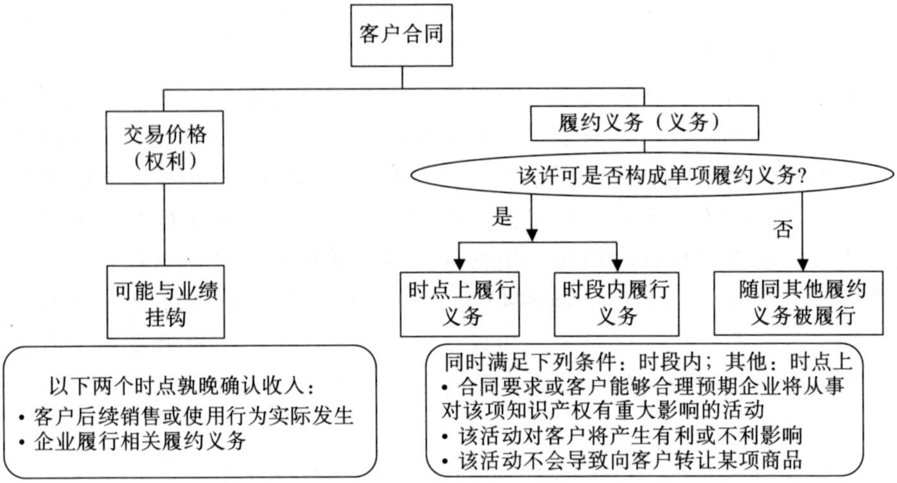

图 11－30　向客户授予知识产权许可的相关判断及其会计处理

六、售后回购

（一）业务描述

有时候，企业会与客户约定，在向客户出售某项商品后的未来某个时间，再向客户购买（即回购）该商品。这种约定，可能在企业与客户签订的同一项合同中，也可能在他们签订的时间间隔不久的多份合同中。企业回购的商品可能与之前出售的商品完全一样，也可能略有区别，或者是以之前出售商品作为组成部分的新的商品。回购的约定可能是企业向客户做出的承诺（企业有回购义务，同时客户有回售权利），也可能是企业有权利选择是否回购（企业行使选择权时，客户有回售义务）。对于这类约定所构成的整体合同关系，我们称之为“售后回购”。

（二）业务分析

从企业回购商品的权利和义务角度考察，可以发现，售后回购有 3 种类型，相应的，其业务实质也有 3 类（如表 11－8 所示），需要根据企业和客户约定的条款及合同实施的具体环境，做出相应的业务实质分析（如图 11－31 所示）。

表 11－8　　售后回购的业务实质分类

合同设定的回购权利（或义务）	业务实质
企业承担回购商品的义务	企业持有一份远期安排
企业享有回购商品的权利	企业持有一份买入期权
企业承担应客户要求回购商品的义务	客户持有一份卖出期权

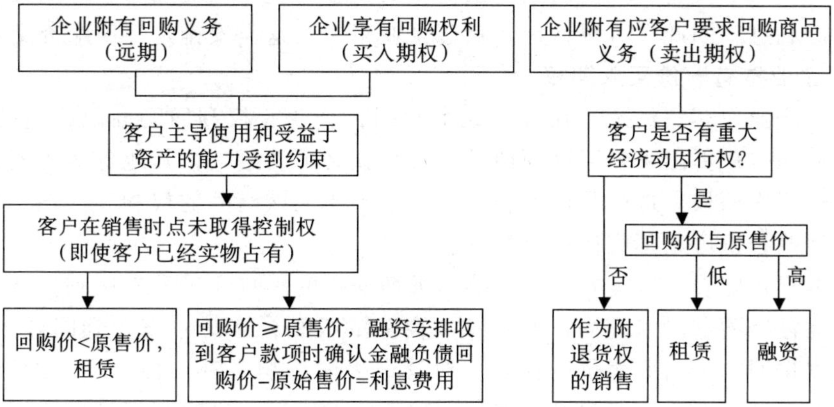

图 11－31　售后回购安排的业务实质分析

1. 企业与客户之间存在远期安排

如果企业与客户约定未来某个时间确定要做某件事，其业务实质就是一项远期安排。在这种情况下，企业就要确定在未来某个时间回购商品，同时，客户要确定回售该商品，因而，企业承担回购商品的义务。

在这种情况下，合同对于客户的约束（对企业也是约束）表明，客户在商品销售时点，也就是在开始实物占有该商品之时，已确定要在未来某个时间把该商品回售给企业，所以，客户不能主导使用该商品并从中获得几乎全部经济利益。由此认定，客户并没有取得该商品的控制权，不符合收入确认的条件。当然，企业就不能认定为商品销售，进而，不能确认收入。

不是销售商品，那么，这类业务的实质是什么？这就要看合同约定的回购价格与原售价相比，是高还是低。

如果回购价格低于原售价，也就是说，企业与客户约定，在未来某个时间以低于原售价的价格将商品买回来。从企业角度看，商品还在，在这段时间内，赚到了回购价与原售价之间的差价。从客户角度看，在这段时间内，使用了该商品，损失了回售价与原买价之间的差价。根据《企业会计准则第 21 号——租赁》第二条的规定，在约定的期间内，出租人将资产使用权让与承租人，以获取租金的协议，就是租赁。所以，这类安排，在业务实质上符合租赁的特点，应当被视为租赁交易。

如果回购价格不低于原售价，也就是说，企业与客户约定，在未来某个时间以不低于原售价的价格将商品买回来。从企业角度看，商品还在，在这段时间内，损失了回购价与原售价之间的差价。从客户角度看，在这段时间内，实务上一直占有该商品，赚到了回售价与原买价之间的差价。实质上，企业在销售商品时获得现金，而在回购该商品时，支付原售价再加上这笔差价。很明显，在这段时间内，企业一直占有并使用销售该商品的资金，直至回购之时，并为此付出差价，作为利息。因此，可以认定，对于企业来说，这类安排是一项融资交易。

2. 企业持有一份买入期权

如果企业与客户约定，在未来某个时间，企业有权利回购商品，也就是说，如果企业向客户提出来要买这项商品，客户就必须卖给它，其业务实质就是企业持有一份买入期权。也就是说，企业享有未来买入该商品的权利。当然，如果企业不想回购，也可以不行使这个权利。

从客户角度看，这类安排的影响与远期安排的影响几乎没有区别。从买入商品到商品被回购这段时间内，对于这项商品的权利，客户一直受到同样的约束。而且，根据回购价与原售价的比较，对其产生的影响也都一样。唯一的区别是，上述远期合同对企业和客户双方都是一项确定的承诺，必须履行。而这类安排对于企业而言，是一项权利，可以行使，也可以不行使。如果企业到期没有行使回购权利，这项权利就失效了，客户因而就确定地取得这项商品的控制权。

3. 客户持有一份卖出期权

在合同中，如果双方约定，在未来某个时间，只要客户提出要求，向企业回售商品，企业就一定要回购该商品，那么，可以认定，此时，客户持有一份卖出期权义务。

对于这类安排，会计人员要关注客户所处的环境，进而推断客户未来回售商品的意愿。

如果预计在未来这段时间内，市场上同样商品的价格要比原售价低很多，或者客户回售该商品，可以获得重大经济利益，或者可以避免重大经济损失，企业可以认定，客户有重大经济动因行使这项期权，要求企业回购该商品。如果是这样，客户在主导使用该商品并从中获益的能力就受到约束。在出售商品时，企业就不能认定为销售商品，而应当根据上述分析，判断交易是一项租赁交易还是融资交易。

如果不能确定客户是否有重大经济动因而行使回售的选择权，企业就没办法判断客户在未来这段时间内是否会退货。对于企业来说，这就是一项附有销售退回条件的销售交易。按照本节已述的分析进行判断，并做相应会计处理。

（三） 会计反映

在认清业务实质的基础上，会计处理就比较简单了。只要分别针对不同类型的业务，遵循相应准则，进行会计处理，就可以了。

对于被认定为租赁交易的回购安排，遵循《企业会计准则第 21 号——租赁》的相关规定，进行会计处理。

对于被认定为融资交易的回购安排，企业应当在收到客户款项时，确认金融负债，并将该款项和回购价格的差额确认为利息费用等。如果企业到期没有行使回购权利，就应当在回购权到期时，终止确认金融负债，同时确认收入。

对于被认定为附有销售退回条件的销售交易，企业应当按照本节第一部分的分析进行判断和估计，并进行相应的会计处理。

（四） 新准则第三十八条的相关规定

对于售后回购交易，企业应当区分下列两种情形分别进行会计处理：

（一）企业因存在与客户的远期安排而负有回购义务或企业享有回购权利的，表明客户在销售时点并未取得相关商品控制权，企业应当作为租赁交易或融资交易进行相应的会计处理。其中，回购价格低于原售价的，应当视为租赁交易，按照《企业会计准则第 21 号——租赁》的相关规定进行会计处理；回购价格不低于原售价的，应当视为融资交易，在收到客户款项时确认金融负债，并将该款项和回购价格的差额在回购期间内确认为利息费用等。企业到期未行使回购权利的，应当在该回购权利到期时终止确认金融负债，同时确认收入。

（二）企业负有应客户要求回购商品义务的，应当在合同开始日评估客户是否具有行使该要求权的重大经济动因。客户具有行使该要求权重大经济动因的，企业应当将售后回购作为租赁交易或融资交易，按照本条（一）规定进行会计处理；否则，企业应当将其作为附有销售退回条款的销售交易，按照本准则第三十二条规定进行会计处理。

售后回购，是指企业销售商品的同时承诺或有权选择日后再将该商品（包括相同或几乎相同的商品，或以该商品作为组成部分的商品）购回的销售方式。

七、客户放弃行使合同权利

（一） 业务描述

客户合同赋予企业和客户相应的权利和义务。一般来说，一方的权利就是另一方的义务。例如，客户的权利是取得商品（或服务）的控制权，相应的，企业的义务是向客户转移控制权。有时候，客户一直没有行使他的这项权利，以致于企业一直没有转移控制权。虽然客户付了钱，而且，根据合同，这些钱不需要再退还给客户，但是根据新准则中收入确认的原则（即客户取得控制即确认收入），也就一直不能确认收入，这部分未确认的收入就一直“挂在账上”。例如，超市售卖只能用于购物、不可退款、没有兑现期限的“购物卡”。超市依据经验数据表明，总会有一定比例的购物卡不会被拿来兑现购物，也就是说，客户可能会放弃其全部或部分合同权利。这种情况（贸易术语为“breakage”，一般翻译为“破损”）下，企业应该怎么处理？

（二）业务分析

对于这种情况，在会计上需要深入分析，重点看看交易是否、何时符合收入确认的条件以及如何计量收入。至于在业务上，没有太多值得分析的地方，企业只需根据以往经验，分析在这种情况下自身的履约义务中，是否有一部分是无需履行的义务。如果有，就可以认定当前存在“破损”的事实（如图 11－32 所示）。

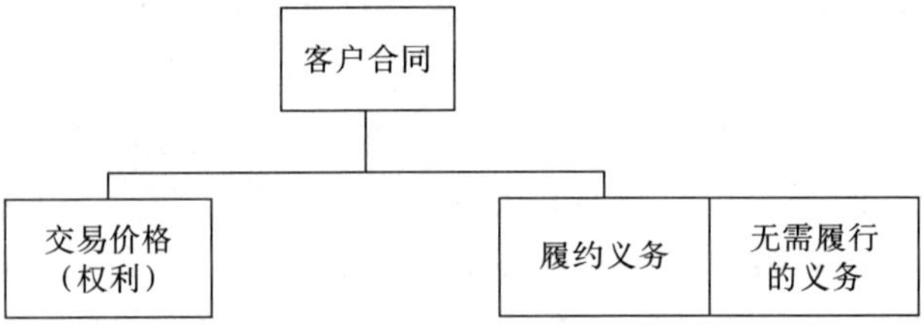

图 11－32　基于客户合同角度认识客户未行使的权利

（三）会计反映

首先，企业在预收款项之后，向客户交付商品（或服务）之前，已经获得了权利，还没有履行相关义务，应当将这些款项确认为负债，在符合收入确认的条件时，再转为收入。接下来，企业要判断，在出现“破损”情况下，是否可以确认为收入；如果是，还要关注何时确认收入，如何计量。当然，确认和计量的基础，就是要确定客户取得控制权的时点和交易价格的比例。

1. 是否可以确认收入

正本清源。要辨别这个问题，还是要回到收入确认的源头，也就是五步骤中的第一个步骤——识别客户合同。首先，我们要知道，客户未行使的权利是否符合新准则的客户合同中的权利。很明显，答案是肯定的。基于此，我们有可能需要确认收入。

只有对企业产生的财务影响符合财务报表要素的某个项目定义（可定义性）且可以可靠计量（可计量性）的情况下，企业才能确认该项目。因此，我们要判断这类情况下企业是否确认收入，就需要看看它对企业造成的财务影响是否满足会计确认的两个条件。

可定义性。新准则沿用现行准则对“收入”的定义：企业在日常活动中形成的、会导致所有者权益增加的、与所有者投入资本无关的经济利益的总流入。在这类情况下，“日常活动”“与所有者投入资本无关”，这两个条件完全符合，无需讨论。由于企业已经预收款项，而且根据合同和法律，无需退回这些预收款项，“经济利益总流入”这一条已经不可置疑。再来看看“会导致所有者权益增加”这个条件。如果企业能够根据以往经验，相当明确地确定客户将要放弃其全部或部分合同权利，企业就无需履行相应的义务。例如，售卖购物卡的超市基本可以确定，总会有一定比例的购物卡不会被拿来兑换。对于客户而言，这部分是权利；对于企业来说，就是义务。客户放弃权利，视为已经履行了这部分义务。收到无需退回的预收款项，导致企业的资产增加了，企业无需履行被客户放弃的那部分权利，导致这部分负债为零，根据会计恒等式“资产 = 负债 + 所有者权益”，自然，会导致企业所有者权益增加。最后一个条件也符合了。这样，“可定义性”的 4 个条件都具备了。

再看可计量性。如果企业可以根据经验，预计将有权获得与客户所放弃的合同权利相关的金额。在长期、多次、大量数据的积累和调整下，这个金额还是相当可靠的（当然，可靠性不如已经发生的事实所产生的“历史成本”，至于“可靠性”“计量可靠性”与会计确认、计量及会计目标的关系，理论和实务界争论很多，限于本书目的，在此不探讨）。对企业所产生的财务影响，就符合会计确认的第二个条件——“可计量性”。例如，售卖购物卡的超市在以往数据的支持下，一般都能预计有多大比例的购物卡不会被拿来兑换，可以根据已经拿来兑换的购物卡金额，乘以这个比例，推断出不会被兑换的金额。而且，企业如果不能足够合理地预计客户所放弃权利的那部分金额，就不符合“可计量性”，因而不能确认收入。

总体来说，在企业预收款项无需退回的情况下，客户可能会放弃其全部或部分合同权利。此时，如果企业能够预计，它将有权获得客户放弃的那部分合同权利的相关金额，就可以确认这部分收入。否则，如果企业不能合理预计这部分金额，就不能确认这部分收入。

2. 客户取得控制权的时点

客户取得控制权的时点就是对客户何时放弃行使权利的认定。企业不是客户，当然无法完全确定这件事。但是，可以估计，条件是，估计必须是有依据的，合理的。所谓“有依据”，就要求企业以往要有足够多的类似经验；所谓“合理”，就要求企业估计“破损”产生的时间及其金额“有道理”，一般来说，客户行使合同权利的模式是什么样，相应的，“破损”的情况就是什么样。

3. 应确认收入占交易价格的比例

比例也要靠估计。一般来说，“破损”的金额会跟客户已经行使的权利成一定的比例。至于具体的比例数字，需要以往类似交易数据的支持，在此基础上，取得合理的比例。企业可以按照这个比例，将“破损”金额确认为收入。

如果企业以往没有类似经验，或者这次情况在表面上与以往情况差不多，但其在客户行使权利（消费者拿购物券来兑换）的模式与以往经验区别很大，波动很大，那么，再用以往经验数据作为比例的计算就不合理了。在会计上，就涉及计量的不确定性问题。《基本准则》第四十三条指出，企业在对会计要素进行计量时，一般应当采用历史成本，采用重置成本、可变现净值、现值、公允价值计量的，应当保证所确定的会计要素金额能够取得并可靠计量。对“破损”金额的估计不是历史成本计量，但也应当保证相关金额能够“取得并可靠计量”，而在上述情况下，就不符合这个条件。同样，IASB 在其于 2015 年 3 月发布的《财务报告概念框架》（Conceptual Framework for Financial Reporting）征求意见稿（段落 6.55）中也认为，影响计量基础提供信息相关性的一个因素是在估计该信息时计量的不确定性程度。计量不确定性程度高并不影响估计提供最相关的信息。但是在某些情况下，计量不确定性的程度过高以至于另一种计量基础可能会提供更相关的信息。而且，如果一项资产或一项负债的任何一种计量基础都不能够提供相关的信息，那么，不适合确认该资产或负债。因此，如果出现上述情况，就不能确认“破损”收入，企业只有在客户要求其履行剩余履约义务的可能性极低时，才能确认相关收入。

（四）小结

1. 新准则相关规定

新准则第三十九条规定，企业向客户预收销售商品款项的，应当首先将该款项确认为负债，待履行了相关履约义务时再转为收入。当企业预收款项无需退回，且客户可能会放弃其全部或部分合同权利时，企业预期将有权获得与客户所放弃的合同权利相关的金额的，应当按照客户行使合同权利的模式按比例将上述金额确认为收入；否则，企业只有在客户要求其履行剩余履约义务的可能性极低时，才能将上述负债的相关余额转为收入。

2. 图示客户放弃行使合同权利的相关判断与会计处理

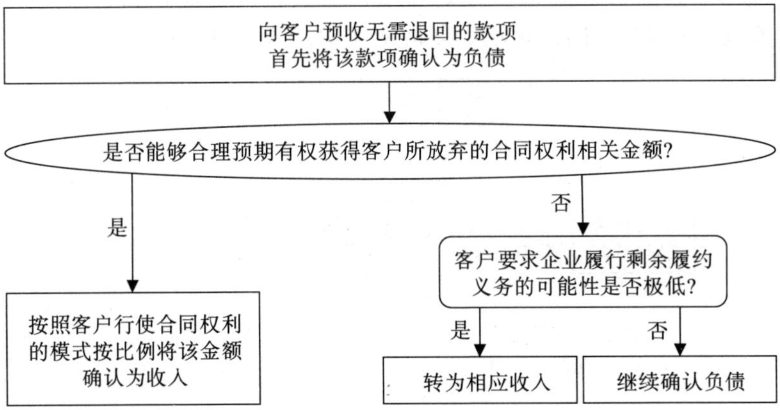

图 11－33　客户放弃行使合同权利的相关判断与会计处理

八、无需退回的初始费

企业通常希望先收钱，再履约，还不用退款。这等好事并不常见，但还真有。

（一）业务描述

有些企业（例如，健身俱乐部）会要求客户先缴纳一份“入会费”或“会员费”等初始费，才能成为“会员”，这笔初始费是不会再退还给会员的。接纳会员之后，企业有可能会“免费”提供一些商品（或服务），有可能会以低于非会员的价格来提供，也有可能什么都不提供，但企业只对会员提供，而不向非会员出售任何商品（或服务）。

（二）业务分析

对于这类情况，最核心的问题有两个。

首先，要认定企业收取的初始费跟今后（缴纳初始费的人成为会员之后）需要向会员转移的哪项（几项）商品（或服务）相对应。解决这个问题，就能进一步跟踪这项（几项）履约义务的履行情况，在会计上，才能在这项（几项）履约义务被履行，也就是在客户取得这项（几项）商品或服务的控制权的时候确认与初始费相关的收入。其次，还要看转移这项（几项）商品（或服务）的承诺是否构成一项单独的履约义务。本章第八节说过，企业只有在履行了单项履约义务，也就是客户取得了对应的可区分的商品（或服务）时，才能确认相应的收入。因此，针对这类交易，在会计上，是否确认收入，确认多少收入，还需要细致考察这个问题，才能如实反映业务（如图 11－34 所示）。

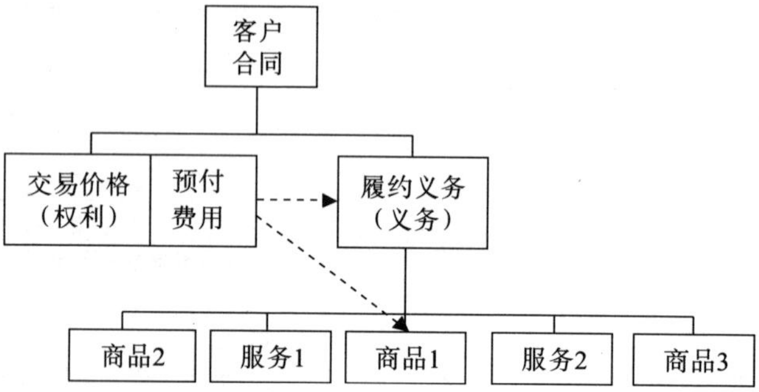

图 11－34　企业在合同开始时向客户收取无需退回的初始费而产生的权利义务

实务中，一般来说，初始费可能会对应以下几种情况（以健身卡会员开卡费为例）：首先，要判断其与未来合同的履行是否相关。如果不相关，可能是为了补偿合同订立成本（补偿会员卡推销员佣金），可能不补偿任何成本（企业无偿取得）；如果相关，可能是针对未来某项商品（或服务）的预付款（向持卡人"免费赠送"一本画册等纪念品），也可能不针对具体商品或服务（允许持卡人在该卡有效期内打折消费）。

（三）会计反映

针对实务中出现的不同业务实质，对于无需退回的初始费用，相应的会计处理如下：首先，要判断其与未来合同的履行是否相关，再区别不同情形决定其会计处理。如果不相关，对于补偿合同订立成本的，应当作为相关费用的抵减；对于不补偿任何成本的，应当确认营业外收入。如果相关，对于针对未来某项商品（或服务）的预付款，应当在转让该商品（或服务）时确认收入。这里还有一个细节，如果与初始费用相关的商品（或服务）不可明确区分，则需要在该商品（或服务）全部被转移给客户之时，即客户取得这些商品（或服务）的控制权才能确认初始费的相应收入；对于不针对具体商品或服务的情况，应当在整个合同期内确认收入。

有时候，企业收取了无需退回的初始费，而且需要为履行相应合同开展初始活动，但这些活动本身并没有向客户转让已承诺的商品（例如，新会员的特别接待活动），就应当将该初始活动发生的支出应当确认为一项资产或计入当期损益。如果这项初始费用与未来将要转让的已承诺商品相关（例如，企业需要赠送一份会员勋章)，企业就应当在未来转让该商品时确认为收入。另外，需要注意，初始活动不是企业履行义务的必要活动，企业在确定履约进度时不应当考虑这些初始活动。

（四）小结

1. 新准则第四十条的相关规定

企业在合同开始（或接近合同开始）日向客户收取的无需退回的初始费（如俱乐部的入会费等）应当计入交易价格。企业应当评估该初始费是否与向客户转让已承诺的商品相关。该初始费与向客户转让已承诺的商品相关，并且该商品构成单项履约义务的，企业应当在转让该商品时，按照分摊至该商品的交易价格确认收入；该初始费与向客户转让已承诺的商品相关，但该商品不构成单项履约义务的，企业应当在包含该商品的单项履约义务履行时，按照分摊至该单项履约义务的交易价格确认收入；该初始费与向客户转让已承诺的商品不相关的，该初始费应当作为未来将转让商品的预收款，在未来转让该商品时确认为收入。

企业收取了无需退回的初始费且为履行合同应开展初始活动，但这些活动本身并没有向客户转让已承诺的商品的，该初始费与未来将转让的已承诺商品相关，应当在未来转让该商品时确认为收入，企业在确定履约进度时不应考虑这些初始活动；企业为该初始活动发生的支出应当按照本准则第二十六条和第二十七条规定确认为一项资产或计入当期损益。

2. 图示企业在合同开始时向客户收取无需退回初始费用的业务分析与会计处理

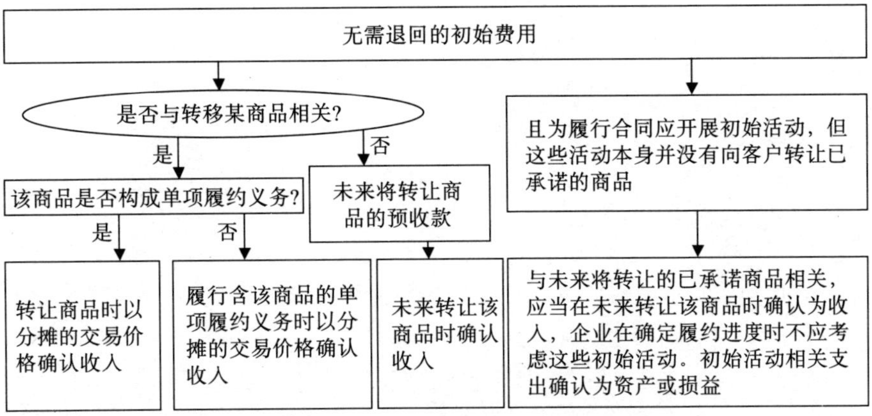

图 11－35　针对企业在合同开始时向客户收取无需退回的初始费用的业务分析与会计处理

参考文献

[1] 中华人民共和国财政部．企业会计准则（2006）[M]．北京：经济科学出版社，2006.

[2] 中华人民共和国财政部．企业会计准则——应用指南（2006）[M]．北京：中国财政经济出版社，2006.

[3] 财政部会计司编写组编．企业会计准则讲解2010 [M]．北京：人民出版社，2010.

[4] 中国证券监督管理委员会会计部编．上市公司执行企业会计准则案例解析 [M]．北京：中国财政经济出版社，2012.

[5] 陈朝琳．母公司保持控制下股权变动的合并报表问题 [J]．财会月刊，2013（19）：3－6.

[6] 财政部会计司编．企业会计准则第2号：长期股权投资 [M]．北京：经济科学出版社，2014.

[7] 财政部会计司编．企业会计准则第9号：职工薪酬 [M]．北京：中国财政经济出版社，2014.

[8] 财政部会计司编．企业会计准则第30号：财务报表列报 [M]．北京：中国财政经济出版社，2014.

[9] 财政部会计司编．企业会计准则第33号：合并财务报表 [M]．北京：经济科学出版社，2014.

[10] 财政部会计司编．企业会计准则第39号：公允价值计量 [M]．北京：中国财政经济出版社，2014.

[11] 财政部会计司编．企业会计准则第40号：合营安排 [M]．北京：经济科学出版社，2014.

[12] 财政部会计司编．企业会计准则第41号：在其他主体中权益的披露 [M]．北京：中国财政经济出版社，2014.

[13] 天职国际会计师事务所（特殊普通合伙）专业技术委员会著．会计准则内在逻辑 [M]．北京：中国财政经济出版社，2016.

[14] 中国会计准则委员会组织翻译．国际财务报告准则：A、B部分

(2015)［M］. 北京：中国财政经济出版社，2016.
［15］中华人民共和国财政部会计司网站：http：//kjs. mof. gov. cn/.
［16］中国会计视野网站：http：//www. esnai. com/.
［17］国际财务报告准则基金会网站：http：//www. ifrs. org/.
［18］德勤 CAS plus 网站：http：//www. casplus. com/home. asp.

后　记

记得我第一次发表会计专业文章，很高兴地将杂志带回家，我的父母甚至比我更兴奋。父亲激动地畅想："以后你一定要多发表文章，争取把它们编成书！"。恕我愚钝，他的畅想在九年后才实现。这是我人生中的第一本书，难免生涩和存在各种不足，但想到它可能作为我的一点成绩让我的父母骄傲，我倍感欣慰。

在写作的过程中，我的妻子承担了更多的家务，我的儿子得到了更少的陪伴。没有他们的理解和支持，自然也就不会有这本书。

教学互长，这本书的大部分内容来源于我在课堂内外与学生的反复沟通。不止于此，几位学生更是帮助我整理了本书的一部分内容，对某些章节做出了贡献。他们分别是厦门大学会计学博士柴才，厦门大学在读博士生李文文，中国财政科学研究院在读博士生张红岩。在此，一并表示感谢！

"事非经过不知难"。原来以为，只要将几年来的讲义整理一下，稍作润色，就可以出书了。事实上，本书经过了中国财政经济出版社编辑周桂元和刘畅的加工，不断地发现并修改错误，才得以亮相。我的体会，这本书是作者与编辑辛勤合作的成果。感谢两位编辑的细心与专业！

当然，文责自负。如有错误和问题，欢迎联系我的微信号：chenchaolinxnai，敬请批评指正。

"光环效应"下，权威人士的推荐会增加人们的好感。基于此，我冒昧地请黄世忠院长为本书做序。他欣然同意，并在一些场合提前为本书做推广。荣幸之至！

在我读博士期间，每次上交文稿，几天的惴惴不安之后，总会收到布满红笔标记的修改意见。伏案写作这本书的过程中，不时感觉有一双慈祥而又严厉的眼睛在审视书里的每一句话，督促我在专业上尽可能精深，在写作上尽可能无误。谨以此书纪念我的恩师——葛家澍先生。

陈朝琳

2018年5月